プリント形式のリアル過去問で本番の臨場感！

奈良県

奈良学園中学校

2025年春受験用 解答集

本書は，実物をなるべくそのままに，プリント形式で年度ごとに収録しています。
問題用紙を教科別に分けて使うことができるので，本番さながらの演習ができます。

■ 収録内容

・解答集(この冊子です)

　書籍ID番号，この問題集の使い方，最新年度実物データ，リアル過去問の活用，
　解答例と解説，ご使用にあたってのお願い・ご注意，お問い合わせ

・2024(令和6)年度 ～ 2021(令和3)年度　学力検査問題

JN132087

○は収録あり	年度	'24	'23	'22	'21
■ 問題(A日程・B日程)		○	○	○	○
■ 解答用紙		○	○	○	○
■ 配点					

算数に解説があります

注)国語問題文非掲載:2023年度A日程の一とB日程の二, 2022年度B日程の二, 2021年度A日程の一とB日程の二

問題文の非掲載につきまして

　著作権上の都合により，本書に収録している過去入試問題の本文の一部を掲載しておりません。ご不便をおかけし，誠に申し訳ございません。

　本文の一部を掲載できなかったことによる国語の演習不足を補うため，論説文および小説文の演習問題のダウンロード付録があります。弊社ウェブサイトから書籍ID番号を入力してご利用ください。

　なお，問題の量，形式，難易度などの傾向が，実際の入試問題と一致しない場合があります。

教英出版

■ 書籍ID番号

入試に役立つダウンロード付録や学校情報などを随時更新して掲載しています。
教英出版ウェブサイトの「ご購入者様のページ」画面で，書籍ID番号を入力してご利用ください。

書籍ID番号 **107426**

（有効期限：2025年9月30日まで）

【入試に役立つダウンロード付録】
「要点のまとめ（国語／算数）」
「課題作文演習」ほか

■ この問題集の使い方

年度ごとにプリント形式で収録しています。針を外して教科ごとに分けて使用します。①片側，②中央のどちらかでとじてありますので，下図を参考に，問題用紙と解答用紙に分けて準備をしましょう（解答用紙がない場合もあります）。

針を外すときは，けがをしないように十分注意してください。また，針を外すと紛失しやすくなりますので気をつけましょう。

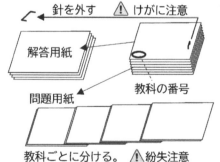

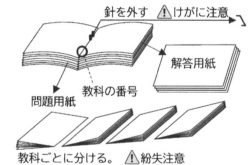

※教科数が上図と異なる場合があります。
　解答用紙がない場合や，問題と一体になっている場合があります。
　教科の番号は，教科ごとに分けるときの参考にしてください。

■ 最新年度 実物データ

実物をなるべくそのままに編集していますが，収録の都合上，実際の試験問題とは異なる場合があります。実物のサイズ，様式は右表で確認してください。

問題用紙	B5冊子（二つ折り）
解答用紙	B4片面プリント

リアル過去問の活用

～リアル過去問なら入試本番で力を発揮することができる～

🌸 本番を体験しよう！

問題用紙の形式（縦向き／横向き），問題の配置や余白など，実物に近い紙面構成なので本番の臨場感が味わえます。まずはパラパラとめくって眺めてみてください。「これが志望校の入試問題なんだ！」と思えば入試に向けて気持ちが高まることでしょう。

🌸 入試を知ろう！

同じ教科の過去数年分の問題紙面を並べて，見比べてみましょう。

① 問題の量

毎年同じ大問数か，年によって違うのか，また全体の問題量はどのくらいか知っておきましょう。どのくらいのスピードで解けば時間内に終わるのか，大問ひとつにかけられる時間を計算してみましょう。

② 出題分野

よく出題されている分野とそうでない分野を見つけましょう。同じような問題が過去にも出題されていることに気がつくはずです。

③ 出題順序

得意な分野が毎年同じ大問番号で出題されていると分かれば，本番で取りこぼさないように先回りして解答することができるでしょう。

④ 解答方法

記述式か選択式か（マークシートか），見ておきましょう。記述式なら，単位まで書く必要があるかどうか，文字数はどのくらいかなど，細かいところまでチェックしておきましょう。計算過程を書く必要があるかどうかも重要です。

⑤ 問題の難易度

必ず正解したい基本問題，条件や指示の読み間違いといったケアレスミスに気をつけたい問題，後回しにしたほうがいい問題などをチェックしておきましょう。

🌸 問題を解こう！

志望校の入試傾向をつかんだら，問題を何度も解いていきましょう。ほかにも問題文の独特な言いまわしや，その学校独自の答え方を発見できることもあるでしょう。オリンピックや環境問題など，話題になった出来事を毎年出題する学校だと分かれば，日頃のニュースの見かたも変わってきます。

こうして志望校の入試傾向を知り対策を立てることこそが，過去問を解く最大の理由なのです。

🌸 実力を知ろう！

過去問を解くにあたって，得点はそれほど重要ではありません。大切なのは，志望校の過去問演習を通して，苦手な教科，苦手な分野を知ることです。苦手な教科，分野が分かったら，教科書や参考書に戻って重点的に学習する時間をつくりましょう。今の自分の実力を知れば，入試本番までの勉強の道すじが見えてきます。

🌸 試験に慣れよう！

入試では時間配分も重要です。本番で時間が足りなくなってあわてないように，リアル過去問で実戦演習をして，時間配分や出題パターンに慣れておきましょう。教科ごとに気持ちを切り替える練習もしておきましょう。

🌸 心を整えよう！

入試は誰でも緊張するものです。入試前日になったら，演習をやり尽くしたリアル過去問の表紙を眺めてみましょう。問題の内容を見る必要はもうありません。どんな形式だったかな？受験番号や氏名はどこに書くのかな？…ほんの少し見ておくだけでも，志望校の入試に向けて心の準備が整うことでしょう。

そして入試本番では，見慣れた問題紙面が緊張した心を落ち着かせてくれるはずです。

※まれに入試形式を変更する学校もありますが，条件はほかの受験生も同じです。心を整えてあせらずに問題に取りかかりましょう。

━━━━━━━━━━━━━━━━ 《Ａ日程　国語》 ━━━━━━━━━━━━━━━━

一　1．Ａ　　2．エ　　3．ウ　　4．自分の提案は志鳥くんと相談していないことを先生に見ぬかれたように感じ
たから。　　5．⑴作業を簡単に終わらせることができる　⑵正解　　6．エ　　7．これからどうすればよいの
かを自分一人で考え続けなければならない　　8．Ａ．寄りそう　Ｂ．共感

二　1．ア　　2．自分の気に入ったものを選べばよいということ。　　3．昭和的な価値観への抵抗
　　4．Ａ．自分にしかわからない　Ｂ．他人が作った尺度に当てはめようとする　　5．周囲から認められたい
　　6．イ　　7．ウ

三　(A)1．ウ　　2．つる　　3．ア　　4．①ウ　②ア
　　(B)1．副菜　　2．新居　　3．射的　　4．処置　　5．変革　　6．寸劇　　7．夕立
　　8．貧　　9．ちくば　　10．こうぎょう

━━━━━━━━━━━━━━━━ 《Ａ日程　算数》 ━━━━━━━━━━━━━━━━

1　(1)1840　　(2)3351.75　　(3)6　　(4)8

2　(1)150　　(2)ア．216　イ．2　　(3)88　　(4)ア．1　イ．黄

3　(1)70　　(2)8　　(3)9

4　(1)36　　(2)12　　(3)7

5　(1)27：8　　(2)1330　　(3)770

6　ア．30　　イ．31　　ウ．42　　エ．43　　オ．182　　カ．183　　キ．22　　ク．23　　ケ．27　　コ．28
　　サ．102　　シ．103　　ス．5043　　セ．41

━━━━━━━━━━━━━━━━ 《Ａ日程　理科》 ━━━━━━━━━━━━━━━━

1　(1)イ　　(2)エ　　(3)カ　　(4)④0.20　⑤2.25　　(5)1.00　　(6)1：16

2　⑴体を支える／血液をつくる　などから1つ　　(2)関節　　(3)①イ　②エ　③ウ　④カ　　(4)エ
　　(5)図2…イ，ウ　図3…ア，エ

3　(1)①石かい水　②ウ　　(2)①炭酸水　②イ，エ　　(3)155　　(4)器具Ｘ…メスシリンダー／下図

4　(1)回路　　(2)ウ，カ，キ　　(3)下図　　(4)イ　　(5)イ，カ，キ，ケ　　(6)ウ

5　(1)ア　　(2)観測地点とは異なる支流につながる地域で大雨が降った。
　　(3)①ウ　②線状降水帯　　(4)①ハザードマップ　②石や砂をせき止めて，運ぱんされる土砂を減らす。

6　(1)エ　　(2)ウ　　(3)ア　　(4)①下グラフ　②吸収する二酸化炭素の量と放出する二酸化炭素の量が同じだから。
　　(5)ウ

7　(1)ウ　　(2)2　　(3)おもりの重さに関係しない。　　(4)下グラフ　　(5)エ

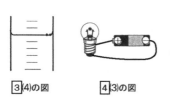

3(4)の図　　4(3)の図　　6(4)①のグラフ　　7(4)のグラフ

━━━━━━━━━━━━━━━━━━━━ 《Ａ日程　社会》 ━━━━━━━━━━━━━━━━━━━━

1 問１．エ　　問２．⑴大化の改新　⑵律令　⑶イ　　問３．⑴国分寺　⑵イ　　問４．中尊寺金色堂　　問５．イ
問６．⑴キ　⑵雪舟　　問７．石見　　問８．ウ　　問９．ウ　　問10．ア　　問11．ア　　問12．エ
問13．ア　　問14．エ　　問15．治安維持法　　問16．ウ　　問17．イ

2 問１．富士山　　問２．鹿児島県　　問３．①　　問４．イ　　問５．⑴エ　⑵ウ　　問６．⑴前橋市　⑵ア
⑶エ　　問７．⑴ウ　⑵カ　⑶ウ　⑷中京　⑸ジャスト・イン・タイム　⑹エ　　問８．⑴ア　⑵ウ　　問９．エ
問10．ウ　　問11．イ　　問12．⑴ウ　⑵大陸だな　　問13．⑴屋久島　⑵ア

3 問１．ア　　問２．イ　　問３．オ　　問４．ウ　　問５．東日本　　問６．キ　　問７．イ　　問８．エ
問９．コミュニティ　　問10．イ　　問11．ア　　問12．(中学校)夜間学級　　問13．沖縄　　問14．ＪＩＣＡ
問15．イ

━━━━━━━━━━━━━━━━━━━━ 《Ｂ日程　国語》 ━━━━━━━━━━━━━━━━━━━━

一 １．Ⅰ．ウ　Ⅱ．イ　　２．文香が大林くんにメールを送っていないことがわかり、いかりがこみあげてきている。
３．ア　　４．周りから賛成してもらえていないことがわかり、あわてた　　５．Ａ　　６．イ

二 １．Ａ．ウ　Ｂ．エ　　２．ア　　３．ウ　　４．ア　　５．それぞれの〜いが生じる　　６．産業化を果たし、
環境問題を悪化させたうえで先に豊かになった国々。　　７．イ

三 (Ａ)１．エ　　２．たい　　３．エ　　４．①イ　②ウ
(Ｂ)１．無防備　　２．刻一刻　　３．海洋　　４．権限　　５．供給　　６．秒針　　７．批評
８．疑　　９．なかにわ　　10．おりふし

━━━━━━━━━━━━━━━━━━━━ 《Ｂ日程　算数》 ━━━━━━━━━━━━━━━━━━━━

1 ⑴52.624　　⑵136984　　⑶$\frac{7}{18}$　　⑷$4\frac{5}{7}$

2 ⑴150　　⑵128　　⑶$9\frac{1}{2}$　　⑷804.16

3 ⑴15　　⑵3330　　⑶6660

4 ⑴3　　⑵5.4　　⑶4.6

5 ⑴125.6　　⑵1256　　⑶392.5

6 ア．8　　イ．16　　ウ．5　　エ．6　　オ．5　　カ．8　　キ．8　　ク．5　　ケ．13
コ．21　　サ．34　　シ．7　　ス．13　　セ．24　　ソ．81

1. (1)①36　②22　(2)P. 60　Q. 240　(3)①40　②67.5　(4)X. 20　Y. 20　Z. 80

2. (1)ウ，エ　(2)①61.92〔別解〕61.9　②ア　(3)方法…ろ過　<u>ガラス棒</u>を伝わらせて　（下線部は<u>かくはん棒</u>でもよい）
／ビーカーの<u>内側</u>につける　（下線部は<u>かべ</u>でもよい）　(4)35.4

3. (1)たいばん　(2)①消化　②ウ　(3)①乳にふくまれるたんぱく質の割合が大きい　②イ

4. (1)カ，ク，ケ　(2)A．キ　B．オ　C．ア　(3)ウ　(4)オ　(5)エ　(6)イ

5. (1)①ク　②キ　③イ　④ウ　⑤ウ　(2)右図　(3)イ，オ，カ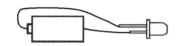
(4)1．×　2．○　3．×　4．○　5．○　6．○　7．×
(5)1．×　2．×　3．×　4．×　5．×　6．×　7．×

6. (1)ア，オ　(2)オ，カ　(3)イ，ウ　(4)①160　②3　③1　④9　⑤28

7. (1)ア，エ，オ　(2)イ　(3)イ　(4)自分で養分をつくることができる

1. 問１．エ　問２．渡来人　問３．ウ　問４．唐招提寺　問５．ウ　問６．ア　問７．ウ　問８．イ
問９．エ　問10．イ　問11．ア　問12．鎖国　問13．解体新書　問14．ペリー　問15．イ
問16．エ　問17．(1)貝塚　(2)カ　問18．ア　問19．ア

2. 問１．(1)ア　(2)大和　(3)エ　問２．(1)エ　(2)季節風　問３．(1)ウ　(2)ウ　(3)イ　問４．(1)ア，イ　(2)京都府
問５．(1)エ　(2)(X)花　(Y)新鮮さ　(3)イ　問６．(1)イ　(2)太平洋ベルト　(3)空どう化　(4)イ　問７．(1)ア
(2)水俣市

3. 問１．(a)イ　(b)コ　(c)オ　(d)条例　問２．(1)18　(2)５月５日　問３．障害者差別解消法　問４．イ
問５．核家族　問６．イ　問７．グローバル　問８．エ　問９．ア　問10．(a)国民　(b)疎開
問11．(a)家庭　(b)カ　(c)ウ　問12．児童基金

[1] (1) 与式＝$11×11×8＋11×12×8－(11＋12)×8＝11×11×8＋11×12×8－11×8－12×8＝$

$11×8×(11－1)＋12×8×(11－1)＝11×8×10＋12×8×10＝(11＋12)×80＝23×80＝$**1840**

(2) 与式＝$25×123－(25×0.1)×(123×0.1)＋(25×0.01)×(123×10)＝25×123×(1－0.01＋0.1)＝$

$25×123×1.09＝$**3351.75**

(3) 与式＝$7×7×(\frac{2}{3}×\frac{2}{5}－\frac{1}{5}×\frac{1}{6})×(\frac{8}{28}＋\frac{7}{28})－\frac{1}{8}＝49×(\frac{4}{15}－\frac{1}{30})×\frac{15}{28}－\frac{1}{8}＝\frac{105}{4}×(\frac{8}{30}－\frac{1}{30})－\frac{1}{8}＝$

$\frac{105}{4}×\frac{7}{30}－\frac{1}{8}＝\frac{49}{8}－\frac{1}{8}＝\frac{48}{8}＝$**6**

(4) 与式より，$(\frac{7}{4}－\frac{1}{3})－(3÷\frac{1}{4}－\frac{12}{5})÷□＝\frac{3}{10}－\frac{1}{12}$ $(\frac{21}{12}－\frac{4}{12})－(3×4－\frac{12}{5})÷□＝\frac{18}{60}－\frac{5}{60}$

$\frac{17}{12}－(\frac{60}{5}－\frac{12}{5})÷□＝\frac{13}{60}$ $\frac{48}{5}÷□＝\frac{17}{12}－\frac{13}{60}$ $\frac{48}{5}÷□＝\frac{85}{60}－\frac{13}{60}$ $□×\frac{72}{60}＝\frac{48}{5}$ $□＝\frac{48}{5}×\frac{5}{6}＝$**8**

[2] (1) 【解き方】1 m＝100 cmだから，1 m³＝$(100×100×100)$cm³＝1000000 cm³である。また，1 L＝1000mL＝1000 cm³だから，1 m³＝$\frac{1000000}{1000}$L＝1000 Lである。

1辺の長さが10mの正方形の土地に降った雨の量は，1時間あたり$10×10×(3÷1000)＝\frac{3}{10}$(m³)，つまり$\frac{3}{10}×1000＝$300(L)である。よって，2 L入りのペットボトル$300÷2＝$150(本分)の雨が降る。

(2) 【解き方】円すいの展開図において，側面のおうぎ形の曲線部分の長さは，底面の円周の長さと等しい。

おうぎ形の中心角は，$360°×\frac{6×2×3.14}{10×2×3.14}＝216°$である。よって，灰色の部分の面積は$10×10×3.14×\frac{216°}{360°}＝60×3.14$(cm²)である。円の面積は$6×6×3.14＝36×3.14$(cm²)だから，長方形の面積は$60×3.14－36×3.14＝24×3.14$(cm²)となるので，A＝$24×3.14÷(6×2×3.14)＝$**2**(cm)である。

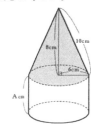

(3) 1人に3個ずつ配ると19個あめが余り，さらに1個ずつ配ると4個足りなくなるので，グループの人数は$(19＋4)÷(4－3)＝23$(人)である。よって，あめの個数は$3×23＋19＝$**88**(個)である。

(4) 【解き方】表にまとめて考える。

バトンを受け取ったときと，ゴールしたときの順位は右表のようになる。

バトンを受け取ったときとゴールしたときの順位が同じ人はいないから，

	赤	黄	緑	青
受け取ったとき	ア	3	イ	
ゴールしたとき	エ	オ	ウ	1

バトンを受け取ったときに青組は1位ではなく，緑組は赤組に1度も追いついていないので，緑組も1位ではない。よって，赤組が1位となるので，ア＝1である。また，2位でバトンを受け取った人は3位でゴールしたから，これは緑組のことだとわかる。よって，イ＝2，ウ＝3であり，赤組は緑組に一度も追いつかれていないので，エ＝2である。したがって，オ＝4となるので，赤組が1位でバトンを受け取り，4位でゴールしたのは**黄組**である。

[3] 【解き方】ある点への行き方の数は，その点の左側の点までの行き方の数と，その点の下側の点までの行き方の数の和に等しくなる。

(1) それぞれの点への行き方の数は右図のようになるから，道順は全部で**70**通りある。

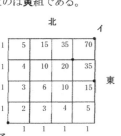

(2) アからウまでは合計で東に3回，北に3回進めば着く。東に3回続けて移動するような行き方は，アから北に0回から3回のいずれかを進んでから，東に3回移動し，ウに着くまで北に進むので，全部で4通りある。

この4通りそれぞれに対し，ウからイへの進み方は2通りだから，道順は全部で$4×2＝$**8**(通り)ある。

(3) 【解き方】東に3回以上進み始める点は，右図で〇印をつけた6個の点である。

エからイへの行き方は1通りなので，アからエへの行き方を考えればよい。

オ，カ，ク，ケからエに行く方法はそれぞれ1通りである。

アから東へ3回進んだとき，さらに合計で東に1回，北に2回進めばエに着く。

よって，エへの行き方は東に進み始める点によって，3通りある。

キから東へ3回進んだとき，さらに合計で東に1回，北に1回進めばエに着く。

よって，エへの行き方は2通りある。

以上より，求める道順は $1 \times 4 + 3 + 2 = 9$（通り）ある。

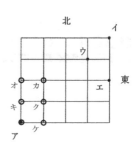

4 (1) 【解き方】右図のように4つの四角形の面積に分けて考える。

アとイは面積が等しく，エ＝$12 \times 12 = 144$（cm²）である。

2つの正方形の面積の差は（ア＋イ＋ウ＋エ）－ウ＝ア＋イ＋エ＝216（cm²）となるから，

ア＋イ＝$216 - 144 = 72$（cm²）より，イ＝$72 \div 2 = 36$（cm²）である。

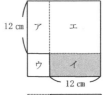

(2) 【解き方】(1)の解説をふまえ，右図のように4つの四角形の面積に分けて考える。

オ＋カ＋キ＋ク＝$8 \times 8 = 64$（cm²），キ＋ク＝40（cm²），オ＝カだから，

カ＝$(64 - 40) \div 2 = 12$（cm²）

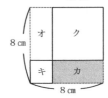

(3) 【解き方】(2)をふまえる。2つの立方体が1つの頂点のみで接しているとき，

図iのように作図できる。

2つの立方体の1辺の長さをそれぞれ a cm，b cm（ただし，a は b より小さい）と

する。このとき，1辺の長さが10cmの立方体の体積から，1辺の長さが a cmの

立方体の体積と，1辺の長さが b cmの立方体の体積を引くと，3つの辺の長さが

それぞれ a cm，a cm，b cmの直方体（Xとする）の体積3つ分と，3つの辺の長さ

がそれぞれ b cm，b cm，a cmの直方体（Yとする）の体積3つ分の和になる。

直方体Xと直方体Yの体積の和は$(10 \times 10 \times 10 - 790) \div 3 = 70$（cm³）だから，図ii

より，$a \times b = 70 \div 10 = 7$ となる。したがって，求める面積は縦と横の長さが

それぞれ a cm，b cmの長方形の面積なので，7cm²である。

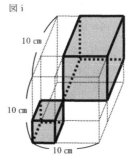

図i

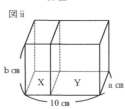

図ii

5 (1) 【解き方】おじいさんと学ちゃんの歩幅の比は2：9の逆比の9：2である。

おじいさんが歩幅9で3歩進む間に，学ちゃんは歩幅2で4歩進むので，2人の

速さの比は$(9 \times 3) : (2 \times 4) = 27 : 8$である。

(2) 【解き方】同じ時間に進む道のりの比は，速さの比に等しい。

おじいさんと学ちゃんの進んだ道のりの比は27：8だから，2人がすれ違う前に進んだ道のりをそれぞれ㉗，⑧

とすると，⑧＋361＝（㉗＋⑧）÷2　⑯＋722＝㉟　⑲＝722　①＝38より，2人の家の間の道のりは

$38 \times \dfrac{㉟}{①} = 1330$（m）である。

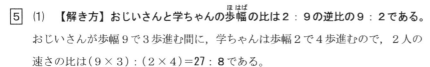

(3) 【解き方】学ちゃんの家から地点Aまでの道のり

は $38 \times \dfrac{⑧}{①} = 304$（m）だから，右のように図示できる。

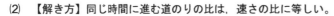

地点Aから地点Bまで，おじいさんが歩いた道のりを㉗，学ちゃんが歩いた道のりを⑧とすると，おじいさんは

学ちゃんよりも，学ちゃんの家と地点Aの間の道のりを往復した分だけ多く歩いたので，㉗－⑧＝304×2

⑲＝608だから，地点Bはおじいさんの家から $1330 - 304 - 608 \times \dfrac{⑧}{⑲} = 770$（m）のところにある。

6 【解き方】「＝」より左側にある式を左辺，右側にある式を右辺とする。このとき，左辺にある数をどのようにすれば右辺と等しくなるかを考える。

1＋2＝3，4＋5＋6＝7＋8のような等式について，左辺の整数の個数は右辺の整数の個数よりも1個だけ多い。整数25から35を使った等式について，整数は全部で35－25＋1＝11(個)だから，(11－1)÷2＝5より，ア＝25＋5＝**30**，イ＝30＋1＝**31**である。整数36から48を使った等式について，整数は全部で48－36＋1＝13(個)だから，(13－1)÷2＝6より，ウ＝36＋6＝**42**，エ＝42＋1＝**43**である。整数169から195を使った等式について，整数は全部で195－169＋1＝27(個)だから，(27－1)÷2＝13より，ウ＝169＋13＝**182**，エ＝182＋1＝**183**である。

1＋2＝3，2＋3＋4＋5＋6＋7＝8＋9＋10のような等式について，左辺の整数の個数と右辺の整数の個数の比は2：1になる。整数5から31を使った等式について，左辺の整数の個数は$(31－5＋1)×\dfrac{2}{2＋1}＝18$(個)だから，キ＝5＋18－1＝**22**，ク＝22＋1＝**23**，整数6から38を使った等式について，左辺の整数の個数は$(38－6＋1)×\dfrac{2}{2＋1}＝22$(個)だから，ケ＝6＋22－1＝**27**，コ＝27＋1＝**28**，整数21から143を使った等式について，左辺の整数の個数は$(143－21＋1)×\dfrac{2}{2＋1}＝82$(個)だから，サ＝21＋82－1＝**102**，シ＝102＋1＝**103**である。よって，21＋…＋102の和は，ス＝$\dfrac{(21＋102)×82}{2}＝123×41＝$**5043**であり，123＝3×41だから，5043＝3×41×41である。したがって，5043の約数は小さい方から，1，3，41，…となるので，セ＝**41**である。

(6)

1 (1) 与式＝$2.024×5＋(2.024×10)×0.6＋(2.024×100)×0.07＋(2.024×1000)×0.008＝$

$2.024×5＋2.024×6＋2.024×7＋2.024×8＝2.024×(5＋6＋7＋8)＝2.024×26＝$**52.624**

(2) 与式＝$11×(11＋111)＋111×(111＋1111)＝11×122＋111×1222＝1342＋135642＝$**136984**

(3) 与式＝$(\frac{11}{8}×\frac{7}{22}＋\frac{5}{8}×\frac{9}{5}÷\frac{4}{3})×\frac{8}{9}－\frac{3}{4}＝(\frac{7}{16}＋\frac{9}{8}×\frac{3}{4})×\frac{8}{9}－\frac{3}{4}＝(\frac{14}{32}＋\frac{27}{32})×\frac{8}{9}－\frac{3}{4}＝\frac{41}{32}×\frac{8}{9}－\frac{3}{4}＝\frac{41}{36}－\frac{27}{36}＝$
$\frac{14}{36}＝$**$\frac{7}{18}$**

(4) 与式より，$\frac{7}{9}×\frac{15}{11}×□＝1＋5÷1.25$　　$\frac{35}{33}×□＝1＋4$　　$□＝5×\frac{33}{35}＝\frac{33}{7}＝$**$4\frac{5}{7}$**

2 (1) 【解き方】仕事量の合計を180と225と300の最小公倍数の900とする。

AさんとBさんの2人が1時間にする仕事量は$900÷180＝5$，BさんとCさんの2人が1時間にする仕事量は
$900÷225＝4$，CさんとAさんの2人が1時間にする仕事量は$900÷300＝3$だから，3人が1時間にする仕事量
は$(5＋4＋3)÷2＝6$である。よって，3人で仕事をすると$900÷6＝$**150**(時間)かかる。

(2) 【解き方】1以外の奇数は必ず2つの連続する整数の和で表すことができるから，偶数について考える。

125から132までの偶数について，約数に1以外の奇数を持つとき，もとの数をその奇数で割った数をふくむ連続
する整数の和で表すことができる。例えば，126は約数に3を持つから，$126÷3＝42$より，$126＝41＋42＋43$と
なる。同様に，130は5と13，132は3と11で割り切れるが，$128＝2×2×2×2×2×2×2$となり，約数に
1以外の奇数を持たないので，128は連続する整数の和で表すことができない。

(3) 【解き方】短針は1時間で$360°÷12＝30°$進むから，1分間で$30°÷60＝\frac{1}{2}°$進む。長針は1分間に
$360°÷60＝6°$進む。したがって，短針と長針が進む角度の差は1分あたり$6°－\frac{1}{2}°＝\frac{11}{2}°$である。

時計の針が17時ちょうどをさすとき，短針と長針の間の小さい方の角度は，$30°×5＝150°$である。17時から17
時29分の間に長針が短針を追いこすので，求める角度は，$\frac{11}{2}°×29－150°＝\frac{19}{2}°＝$**$9\frac{1}{2}°$**である。

(4) 【解き方】1辺の長さが10cmの立方体の体積から，①球が移動できない立方体の8つの角の部分と，②球が移
動できない12本の辺にそった部分の体積を引いて求める。

①の体積について，球の直径は$3×2＝6$(cm)だから，1辺の長さが6cmの立方体の体積と，半径が3cmの球の
体積の差である。よって，$6×6×6－\frac{4}{3}×3×3×3×3.14＝216－36×3.14$(cm³)

②の体積について，底面が右図の色つき部分の図形であり，高さが$10－3×2＝4$(cm)の
柱体の体積12個分だから，$(3×3－3×3×3.14×\frac{90°}{360°})×4×12＝432－108×3.14$(cm³)

よって，求める体積は$10×10×10－(216－36×3.14)－(432－108×3.14)＝$**804.16**(cm³)

3 (1) どの2枚の硬貨の組み合わせも異なる金額になるから，金額は全部で$5＋4＋3＋2＋1＝$**15**(種類)ある。

(2) 【解き方】1枚の硬貨につき，5種類の硬貨と組み合わせることができる。

ちょうど支払うことができる金額の和は$(1＋5＋10＋50＋100＋500)×5＝666×5＝$**3330**(円)である。

(3) 【解き方】どの3枚の硬貨の組み合わせも異なる金額になる。(2)の解説をふまえる。

例えば1円玉を必ず使うとき，残りの2枚の硬貨の決め方は$5×4÷2＝10$(通り)だから，1円玉を使って作れ
る金額は10通りある。同様に，他の硬貨を使うときもそれぞれ10通りずつだから，求める金額の和は$666×10＝$
6660(円)である。

4 (1) 【解き方】食塩水の問題は，うでの長さを濃さ，おもりを食塩水の重さとしたてんびん図で考えて，うでの
長さの比とおもりの重さの比がたがいに逆比になることを利用する。てんびん図を2つ組み合わせて考える。

てんびん図は右のようになり，a：b＝5：2，c：d＝4：3であり，比の数
の和がどちらも7になるから，a＝⑤，b＝②，c＝④，d＝③とおける。

a－c＝⑤－④＝①が8－7＝1（％）にあたるから，食塩水Aの濃さは7－④＝
7－4＝3（％），食塩水Bの濃さは8＋②＝8＋2＝10（％）である。

⑵ 【解き方】⑴の解説をふまえる。

右のようなてんびん図がかける。e：f＝12：23より，e＝（10－3）×$\frac{12}{12+23}$＝
2.4（％）なので，求める食塩水の濃さは，3＋2.4＝**5.4**（％）である。

⑶ 【解き方】食塩水Aと食塩水Bを4：2＝2：1の割合で混ぜた食塩水と，
食塩水Cを（4＋2）：5＝6：5の割合で混ぜる，と考える。

食塩水Aと食塩水Bを2：1の割合で混ぜた食塩水の濃さは，てんびん図1
より，3＋（10－3）×$\frac{1}{1+2}$＝$\frac{16}{3}$（％）である。

よって，濃さが$\frac{16}{3}$％の食塩水と，食塩水Cを混ぜ合わせてできた食塩水の濃
さが5％になるので，てんびん図2のようになる。g：$\frac{1}{3}$＝6：5より，
g＝$\frac{2}{5}$＝0.4（％）だから，食塩水Cの濃さは5－0.4＝**4.6**（％）である。

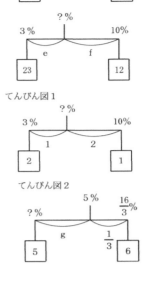

てんびん図1

てんびん図2

⑤ ⑴ 平面上にえがいた円の円周の長さは，半径5cmの円の円周の長さの4倍
だから，（5×2×3.14）×4＝40×3.14＝**125.6**（cm）である。

⑵ ⑴より，平面上にえがいた円の半径は40×3.14÷3.14÷2＝20（cm）だから，求める面積は20×20×3.14＝
400×3.14＝**1256**（cm²）である。

⑶ 【解き方】（円すいの側面積）＝（母線の長さ）×（底面の半径）×3.14で求められることを利用する。

円すいの表面積は，5×5×3.14＋20×5×3.14＝**392.5**（cm²）

⑥ 長さ3の文字列は2×2×2＝8（種類），長さ4の文字列は8×2＝16（種類）作れる。

「○×」を含まない文字列は，一番左にある○の右側には×が1個もない並び方である。長さ4の文字列では，
│○│○│○│○│の5つの│から1つを決め，その│より左側の○をすべて×にする並び方の数だから，**5種**
類，長さ5の文字列についても同様に，│○│○│○│○│○│から1つ│を決めるから**6種類**ある。

長さ3の文字列のうち，「××」を含まない文字列は，○○○，×○○，○×○，○○×，×○×の5種類ある。
長さ4の文字列のうち，「××」を含む文字列について，×が4個並ぶ文字列は1種類，×が3個並ぶ文字列は4
種類，×が2個並ぶ文字列は××○○，○××○，○○××の3種類あるので，全部で16－（1＋4＋3）＝
8（種類）ある。

長さ5の文字列のうち，「××」を含まない文字列について，○から始まる文字列については長さ4の文字列で
「××」を含まない文字列の数と等しく8種類ある。×から始まる文字列について，左から2番目の文字は○だ
から，長さ3の文字列で「××」を含まない文字列の数と等しく5種類あるので，全部で8＋5＝**13**（種類）ある。
同様に，長さ6の文字列では，長さ5と長さ4の文字列で「××」を含まない文字列の数の和だから13＋8＝
21（種類），長さ7の文字列では，長さ6と長さ5の文字列で「××」を含まない文字列の数の和だから21＋13＝
34（種類）ある。

長さ3の文字列で「×××」を含まない文字列の数は8－1＝7（種類），長さ4の文字列で「×××」を含む文
字列は××××，○×××，×××○の3種類だから，含まない文字列は16－3＝13（種類）ある。長さ5の文字
列のうち，○から始まる文字列で「×××」を含まない文字列は13種類，×○から始まる文字列で「×××」を

含まない文字列は 7 種類, ××から始まる文字列で「×××」を含まない文字列は $1 \times 2 \times 2 = 4$ (種類)だから,全部で $13 + 7 + 4 = 24$ (種類)ある。長さ 6 の文字列のうち, ○から始まる文字列で「×××」を含まない文字列は 24 種類, ×○から始まる文字列で「×××」を含まない文字列は 13 種類, ××から始まる文字列で「×××」を含まない文字列は $1 \times 7 = 7$ (種類)だから, 全部で $24 + 13 + 7 = 44$ (種類)ある。

したがって, 長さ 7 の文字列のうち, ○から始まる文字列で「×××」を含まない文字列は 44 種類, ×○から始まる文字列で「×××」を含まない文字列は 24 種類, ××から始まる文字列で「×××」を含まない文字列は $1 \times 13 = 13$ (種類)だから, 全部で $44 + 24 + 13 = 81$ (種類)ある。

=== 《A日程　国語》 ===

一　1．エ　　2．ウ　　3．自分のお願いを断っただけでなく、見下すようなマリーの態度に腹を立てたから。

　　4．ア　　5．イ　　6．六年三組は　　7．勇気／宙／自分が苦手なゴーヤを食べさせよう　　8．エ

二　1．裏　　2．人間の失敗によって被害が大きくなった　　3．自分がナイフで大きなけがをしたり、安易にナイフを他人に向けてしまうこと。　　4．イ　　5．ウ　　6．B　　7．自分の頭で考えて行動できるようになってほしい

三　(A)1．ウ　　2．たぬき　　3．ア　　4．①ア　②エ

　　(B)1．版画　　2．著書　　3．速報　　4．悲願　　5．看護　　6．晴耕雨読　　7．努

　　8．冷　　9．じゅうだん　　10．こうてつ

=== 《A日程　算数》 ===

1　(1)432　　(2)13222　　(3)3.65　　(4)$\frac{7}{180}$

2　(1)12　　(2)ア．2　イ．15　　(3)2880　　(4)75

3　(1)216　　(2)276.32　　(3)301.44

4　(1)4　　(2)40　　(3)$5\frac{1}{3}$

5　(1)5　　(2)54　　(3)36

6　ア．9　　イ．10　　ウ．90　　エ．10　　オ．90　　カ．100　　キ．900　　ク．101　　ケ．1001

　　コ．91019　　サ．9　　シ．8　　ス．737　　セ．9229

=== 《A日程　理科》 ===

1　(1)①胸　②6　③頭　④胸　　(2)ウ，オ，キ　　(3)ア，オ，カ　　(4)ウ　　(5)エ，カ

2　(1)ア　　(2)ウ，エ，オ　　(3)イ　　(4)ウ，カ　　(5)イ

3　(1)エ　　(2)イ，オ　　(3)エ　　(4)E　　(5)A　　(6)ウ

4　(1)メスシリンダー　　(2)ア　　(3)ウ　　(4)A．イ　B．エ　C．ア　D．オ　　(5)イ

5　(1)①ア　②赤　　(2)③イ　④酸性雨　⑤黄　　(3)⑥イ　⑦イ　　(4)イ

6　(1)C，D，F　〔別解〕B，C，D，F　　(2)B，E　　(3)A，B，C，D，F　　(4)①A，B，E　②A，B，D，F　③A，C，D，F

7　(1)ウ　　(2)はさみ…イ　くぎぬき…カ　ピンセット…キ　　(3)ウ　　(4)①100　②50

━━━━━━━━━━━━━━━ 《A日程　社会》 ━━━━━━━━━━━━━━━

1　問1．ウ　　問2．ウ　　問3．北里柴三郎　　問4．ポツダム　　問5．(1)エ　(2)与謝野晶子　　問6．ア
　　問7．ア　　問8．イ　　問9．イ　　問10．一所懸命　　問11．足利義満　　問12．応仁　　問13．ウ
　　問14．関ヶ原　　問15．エ　　問16．竪穴住居　　問17．エ　　問18．ア　　問19．ア　　問20．イ

2　問1．(1)知床　(2)ア　(3)エ　　問2．(1)A．陸奥湾　B．奥羽山脈　C．○　D．北上川　(2)イ　(3)イ
　　問3．(1)焼津　(2)a．沖合　b．200　　問4．(1)ウ　(2)エ　　問5．(1)ウ　(2)対馬海流
　　問6．(1)A．モンゴル　B．韓国　(2)イ　(3)エ　　問7．①札幌　③盛岡　⑦岡山　⑨高松

3　問1．a．裁判員　b．18　c．地方　　問2．a．50　b．アメリカ　c．琉球　d．ユネスコ
　　問3．a．国民審査　b．国民投票　c．国民主権　　問4．a．安全保障　b．1956　c．ロシア
　　問5．a．ウ　b．キ　c．少子　　問6．a・b．ア　c．サウジアラビア　　問7．a．6　b．最高

━━━━━━━━━━━━━━━ 《B日程　国語》 ━━━━━━━━━━━━━━━

一　1．A．強かった勢いがおとろえること　B．能力などを実質以上に高く評価して　　2．内容は正しいけれども、
　　言い方が厳しい　　3．ウ　　4．ウ　　5．ナオコおばさんから大げさに感謝されたことを思い出して、気持ち
　　が高ぶっている。　　6．祖父が死ぬなどということを考えもしていなかった　　7．B，D

二　1．ア　　2．エ　　3．個人の判断〜できたから　　4．ア　　5．ひ災者の話をよく聞きながら、村人の人間
　　関係を尊重して自分たちで物事を決定するまで待つ　　6．Ⅰ．ウ　Ⅱ．オ　　7．ⅰ．ジャニックが村人を大切
　　にしようとしていたこと。　ⅱ．約束を守り、相手を尊重するのが大切だということ。

三　(A)1．エ　　2．すずめ　　3．ア　　4．①ア　②イ
　　(B)1．善戦　　2．後始末　　3．先制　　4．卵　　5．遊牧　　6．演奏　　7．司法
　　　　8．芽生　　9．くすりばこ　　10．おさ

━━━━━━━━━━━━━━━ 《B日程　算数》 ━━━━━━━━━━━━━━━

1　(1)17　(2)$\frac{333}{800}$　(3)$\frac{4}{33}$　(4)$\frac{7}{8}$

2　(1)5　(2)2465　(3)$52\frac{8}{11}$　(4)37.68

3　(1)4：3　(2)$1\frac{1}{3}$　(3)60　(4)4

4　(1)6　(2)12　(3)3600

5　(1)80　(2)10　(3)38.4

6　ア．3　イ．8　ウ．3　エ．4　オ．5　カ．6　キ．5　ク．6　ケ．7　コ．8
　　サ．9　シ．14　ス．189　セ．2023

1　(1)ア　　(2)ウ　　(3)ア，ウ　　(4)①4.5　②56　　(5)A．イ　B．エ　C．ウ　D．ア　E．オ

2　(1)イ　　(2)ア　　(3)ウ　　(4)ウ　　(5)水槽におおいをかぶせてメダカに光が当たらないようにし，観察したい時間の(およそ30〜60分)前にそのおおいを取り除く。

3　(1)①ア　②イ　③イ　　(2)図4…120　図5…200

4　(1)エ　　(2)ウ　　(3)オ　　(4)百葉箱　　(5)ア　　(6)イ

5　(1)(え)0　(お)100　　(2)(あ)オ　(う)エ　　(3)ウ　　(4)イ　　(5)1400

6　(1)①ア　②ウ　　(2)イ　　(3)①ウ，エ　②カ　③B

7　(1)水(水分)　　(2)ウ　　(3)ク　　(4)ア　　(5)エ

1　問1．(1)法隆　(2)聖武　(3)藤原　(4)鎌倉　(5)検地　(6)長州　(7)韓国　(8)大正　　問2．A．ケ　B．キ　C．コ　D．ト　E．ソ　F．ク　G．セ　H．ツ　　問3．イ　　問4．東大寺　　問5．イ　　問6．(1)承久の乱　(2)六波羅探題　　問7．(1)イ　(2)ウ　　問8．(1)ア　(2)エ　　問9．ウ　　問10．ウ，オ

2　問1．カ　　問2．(1)イ　(2)ア　(3)南海トラフ　　問3．(1)カ　(2)a．琵琶湖　b．茶　c．紙　(3)輪中　　問4．(1)ア　(2)エ　　問5．エ　　問6．ア　　問7．(1)シャンハイ　(2)ア　　問8．①イ　⑤カ　⑧エ　⑩シ　⑬オ　　問9．(1)B，C，F　(2)イ

3　問1．(1)サンフランシスコ平和　(2)カ　　問2．(1)ア　(2)佐藤栄作　　問3．ア　　問4．(1)ア　(2)地産地消　　問5．(1)温室効果　(2)ウ　(3)エ　　問6．(1)もちこませない　(2)ア　　問7．半導体　　問8．(a)委員会　(b)本会議　(c)公聴会　(d)天皇　　問9．広島

1 (1) 2023＝7×17×17 だから，与式＝17×17＋7×17＋17＋7＝289＋119＋17＋7＝**432**

(2) 与式＝115×115－(115＋1)×114＋(115＋2)×113＝115×115－115×114－1×114＋115×113＋2×113＝

115×(115－114＋113)－114＋226＝115×114＋112＝13110＋112＝**13222**

(3) 与式＝{10－0.25×(1.05＋0.45)}÷(3－0.25)＋0.15＝(10－0.25×1.5)÷2.75＋0.15＝

(10－0.375)÷2.75＋0.15＝9.625÷2.75＋0.15＝3.5＋0.15＝**3.65**

(4) 与式より，$\left(1＋\frac{1}{5}－\frac{1}{3}\right)－\left(\frac{1}{4}×\frac{1}{5}－□\right)÷\frac{1}{7}＝\frac{80}{90}－\frac{9}{90}$　　$\left(\frac{15}{15}＋\frac{3}{15}－\frac{5}{15}\right)－\left(\frac{1}{20}－□\right)÷\frac{1}{7}＝\frac{71}{90}$

$\frac{13}{15}－\left(\frac{1}{20}－□\right)÷\frac{1}{7}＝\frac{71}{90}$　　$\left(\frac{1}{20}－□\right)÷\frac{1}{7}＝\frac{13}{15}－\frac{71}{90}$　　$\left(\frac{1}{20}－□\right)÷\frac{1}{7}＝\frac{78}{90}－\frac{71}{90}$　　$\frac{1}{20}－□＝\frac{7}{90}×\frac{1}{7}$

$□＝\frac{1}{20}－\frac{1}{90}＝\frac{9}{180}－\frac{2}{180}＝\boldsymbol{\frac{7}{180}}$

2 (1) 【解き方】ふくまれる食塩の量に注目する。

7％の食塩水 200g にふくまれる食塩の量は $200×\frac{7}{100}＝14$(g)だから，混ぜ合わせてできる食塩水の重さは

200＋100＋25＝325(g)で，ふくまれる食塩の量は 14＋25＝39(g)となる。よって，求める濃さは，$\frac{39}{325}×100＝$**12**(％)

(2) 1m＝100cmの丸太を 20cmごとに切ると 100÷20＝5(本)にわけられるから，丸太1本につき 5－1＝4(回)

切る。丸太は5本あるので，全部で 4×5＝20(回)切る。1回切るのに2分かかり，以降は1回切るごとに，

休けいもふくめて 5＋2＝7(分)がかかるので，求める時間は 2＋7×(20－1)＝135(分)，つまり，135÷60＝

2余り15 より，**2時間15分**である。

(3) 花子さんとお母さんが同じ時間で進む道のりの比は，速さの比に等しく5：7である。

よって，2人が同時に出発してから出会うまでに，花子さんは⑤，お母さんは⑦だけ歩いたとすると，家(または

学校)から家と学校のちょうど真ん中までの道のりは(⑤＋⑦)÷2＝⑥だから，⑥－⑤＝①は 240mにあたる。

よって，家から学校までの道のりは，240×(⑤＋⑦)＝**2880**(m)

(4) 【解き方】右のように作図し，角アと角イの大きさをそれぞれ⑤，⑧として考える。

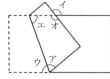

折って重なる角の大きさは等しいので，角ウ＝角ア＝⑤

平行線の錯角は等しいので，角エ＝角ウ＝⑤　　対頂角は等しいので，角オ＝角イ＝⑧

四角形の内角の和は360°なので，角ア＋角エ＋角オ＋90°＝360°

⑤＋⑤＋⑧＝360°－90°　　⑱＝270°　　よって，角アの角度は，$270°×\frac{⑤}{⑱}＝$**75°**

3 (1) 【解き方】くりぬいた円すいの底面の半径は 6÷2＝3(cm)なので，展開図は右のよう

になる。

側面のおうぎ形の曲線部分の長さは底面の円周に等しく，3×2×3.14＝6×3.14(cm)

半径が5cmの円周は 5×2×3.14＝10×3.14(cm)だから，中心角は，$360°×\frac{6×3.14}{10×3.14}＝$**216°**

(2) もとの円柱の底面の半径は 10÷2＝5cmなので，体積は，5×5×3.14×4＝100×3.14(cm³)

くりぬいた円すいの体積は $3×3×3.14×4×\frac{1}{3}＝12×3.14$(cm³)だから，求める体積は，100×3.14－12×3.14＝

88×3.14＝**276.32**(cm³)

(3) 【解き方】柱体の側面積は(底面の周の長さ)×(高さ)で求められることを利用する。

もとの円柱の底面の周の長さは(10×3.14)cmだから，側面積は，10×3.14×4＝40×3.14(cm²)

くりぬいた円すいの側面積は，(1)の解説図のおうぎ形の面積に等しく，$5×5×3.14×\frac{216°}{360°}＝15×3.14$(cm²)

半径が 10÷2＝5(cm)の円の面積は，5×5×3.14＝25×3.14(cm²)

半径が5cmの円から半径が3cmの円をくりぬいた図形の面積は，5×5×3.14－3×3×3.14＝16×3.14(cm²)

よって，求める表面積は，40×3.14＋15×3.14＋25×3.14＋16×3.14＝96×3.14＝**301.44**(cm²)

4 (1) 【解き方】排水口から出る水の量は，開けた蛇口の数に関係なく一定である。

蛇口を2つ開けて16分水を入れると，全部で12×16×2＝384(L)の水が入る。

蛇口を3つ開けて10分水を入れると，全部で12×10×3＝360(L)の水が入る。

よって，排水口からは16－10＝6(分)で384－360＝24(L)の水が出るから，毎分(24÷6)L＝毎分**4**Lの水が出る。

(2) 蛇口を2つ開けたときについて，排水口からは16分で4×16＝64(L)の水が出るから，水槽が満水になるのに必要な水の量は，384－64＝320(L)である。

蛇口を1つ開けたときは，毎分(12－4)L＝毎分8Lだけ水が増えるから，求める時間は，320÷8＝**40**(分)

(3) 【解き方】つるかめ算を用いて考える。

蛇口を2つ開けたときは毎分(8＋12)L＝毎分20Lだけ水が増え，蛇口を3つ開けたときは毎分(20＋12)L＝毎分32Lだけ水が増える。12分すべて蛇口2つで水を入れると，水は20×12＝240(L)増えるので，満水まであと320－240＝80(L)となる。蛇口2つで水を入れた1分を蛇口3つで水を入れた1分に置きかえると，入る水の量は32－20＝12(L)増えるから，3つの蛇口で水を入れたのは，80÷12＝$\frac{20}{3}$＝$6\frac{2}{3}$(分間)

よって，3つめの蛇口を開けたのは，水を入れ始めてから12－$6\frac{2}{3}$＝**$5\frac{1}{3}$**(分後)である。

5 (1) 【解き方】ACをひいて，三角形ABCと三角形ACDにわけて考える。

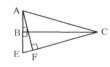

三角形ABCの面積はBC×AC÷2＝7×1÷2＝3.5(cm²)だから，

三角形ACDの面積は，16－3.5＝12.5(cm²)

三角形ACDはAD＝CDの直角二等辺三角形だから，2つ合わせると1辺の長さがCDの正方形となる。

その正方形の面積は12.5×2＝25(cm²)だから，25＝5×5より，CDの長さは**5**cmである。

(2) 【解き方】(1)と同様に三角形ABCと三角形ACDにわけて考える。

三角形ACDを2つ合わせると対角線の長さがAC＝12cmの正方形ができる。

正方形の面積は(対角線)×(対角線)÷2で求められるので，その正方形の面積は12×12÷2＝72(cm²)で，

三角形ACDの面積は72÷2＝36(cm²)である。

三角形ACDは直角二等辺三角形だから，角ACB＝60°－45°＝15°

よって，右のように三角形ABCと合同な三角形EBCを合わせると，角ACE＝15°＋15°＝30°となる。また，三角形AFCは2つ合わせると1辺の長さがAC＝12cmの正三角形になるから，AF＝12÷2＝6(cm)

三角形AECの面積はEC×AF÷2＝12×6÷2＝36(cm²)だから，三角形ABCの面積は，36÷2＝18(cm²)

したがって，四角形ABCDの面積は，36＋18＝**54**(cm²)

(3) 【解き方】AD＝CDだから，右のように四角形ABCDと合同な図形を4つ合わせると，1辺がAB＋BC＝12cmの正方形ができる。

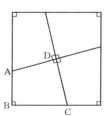

この正方形の面積は12×12＝144(cm²)だから，四角形ABCDの面積は，144÷4＝**36**(cm²)

6 2けたの整数のうち回文数は，十の位の数と一の位の数がともに1～9の場合の

9個ある。

3けたの整数のうちの回文数は，百の位の数と一の位の数が同じ数になる。

百の位の数が1になるのは，101，111，…，191のように十の位の数が0～9の場合があるから，10個ある。

よって，百の位の数の選び方は1～9の9通りあり，その9通りに対して十の位の数の選び方が10通りあるから，全部で9×10＝**90**(個)ある。

4けたの整数のうちの回文数は，千の位の数と一の位の数，百の位の数と十の位の数がそれぞれ同じ数になる。

千の位の数が1になるのは，1001，1111，…1991のように百の位の数が0～9の場合があるから，10個ある。

よって，千の位の数の選び方は1～9の9通りあり，その9通りに対して百の位の数の選び方が10通りあるから，全部で9×10＝**90**(個)ある。

5けたの整数のうちの回文数は，一万の位の数と一の位の数，千の位の数と十の位の数がそれぞれ同じ数になる。

一万の位の数が1になるのは，10001，10101，…，19991のように十の位の数の選び方が0～9の10通り，百の位の数の選び方が0～9の10通りあるので，10×10＝**100**(個)ある。

一万の位の数の選び方は1～9の9通りあるから，全部で9×100＝**900**(個)ある。

11以上の回文数を小さいものから順に並べると，11～99までは9個あるから，10番目の数は**101**である。

101～999までは90個あるから，999は9＋90＝99(番目)の数である。よって，100番目の数は**1001**である。

1001～9999までは90個，10001～99999までは900個あるから，99999は99＋90＋900＝1089(番目)の数である。

90009から99999までは100個あるので，90009は1089－100＋1＝990(番目)の数である。

90009以降を順に並べると，90109，90209，90309，90409，90509，90609，90709，90809，90909，91019となるので，1000番目の数は**91019**である。

ある整数について，一の位から奇数番目の位の数の和と偶数番目の位の数の和との差が11の倍数(0をふくむ)のとき，その整数は11の倍数となる。

2けたの回文数は常に奇数番目と偶数番目の位が同じで，すべて11の倍数となるから，**9**個ある。

3けたの回文数は，百の位と一の位の数の和と，十の位の数の差が11の倍数のときに11の倍数になるから，121，242，363，484，616，737，858，979の**8**個ある。

15番目に出てくる11の倍数は，3けたの回文数のうち15－9＝6(番目)の11の倍数だから，**737**である。

4けたの回文数は常に奇数番目の位の数の和と偶数番目の位の数の和が同じなので，90個すべて11の倍数である。

100番目に出てくる11の倍数は，4けたの回文数のうち100－(9＋8)＝83(番目)の数である。

4けたの回文数は全部で90個あるから，4けたの回文数のうち後ろから90－83＋1＝8(番目)の数を考えると，9999，9889，9779，9669，9559，9449，9339，9229…より，100番目に出てくる11の倍数は**9229**である。

1 (1) 与式＝20.23÷(1.15＋0.04)＝20.23÷1.19＝**17**

(2) 与式＝$\frac{7}{8}×\frac{3}{7}+\frac{5}{8}÷\frac{50}{3}+\frac{3}{8}×\frac{1}{100}=\frac{3}{8}+\frac{5}{8}×\frac{3}{50}+\frac{3}{800}=\frac{3}{8}+\frac{3}{80}+\frac{3}{800}=\frac{300}{800}+\frac{30}{800}+\frac{3}{800}=\frac{333}{800}$

(3) 与式＝$\frac{1}{3×5}+\frac{1}{5×7}+\frac{1}{7×9}+\frac{1}{9×11}=\frac{1}{2}×\{(\frac{1}{3}-\frac{1}{5})+(\frac{1}{5}-\frac{1}{7})+(\frac{1}{7}-\frac{1}{9})+(\frac{1}{9}-\frac{1}{11})\}=\frac{1}{2}×(\frac{1}{3}-\frac{1}{11})=$
$\frac{1}{2}×(\frac{11}{33}-\frac{3}{33})=\frac{1}{2}×\frac{8}{33}=\frac{4}{33}$

(4) 与式より，$(\frac{1}{2}-\frac{1}{3}×□)÷\frac{1}{4}=\frac{1}{6}÷\frac{1}{5}$　　$\frac{1}{2}-\frac{1}{3}×□=\frac{1}{6}×5×\frac{1}{4}$　　$\frac{1}{3}×□=\frac{1}{2}-\frac{5}{24}$　　$\frac{1}{3}×□=\frac{12}{24}-\frac{5}{24}$
$□=\frac{7}{24}÷\frac{1}{3}=\frac{7}{24}×3=\frac{7}{8}$

2 (1) 今持っているお金を12と20の最小公倍数である60とすると，ノート1冊の値段は60÷12＝5，消しゴム
1個の値段は60÷20＝3となる。ノートを9冊買うと，残りの金額が60－5×9＝15になるので，消しゴムを最
大で15÷3＝**5**(個)買うことができる。

(2) 【解き方】最初の奇数から2ずつ大きくなるので，連続する5つの奇数の和は，最初の奇数の5倍よりも
2＋4＋6＋8＝20大きい数になる。
連続する5つの奇数の和が12345のとき，最初の奇数の5倍は12345－20＝12325だから，最初の奇数は，
12325÷5＝**2465**

(3) 【解き方】長針は60分で360°進むので，1分ごとに360°÷60＝6°進む。短針は60分で360°÷12＝30°
進むので，1分ごとに30°÷60＝$\frac{1}{2}$°進む。したがって，1分ごとに長針は短針より6°－$\frac{1}{2}$°＝$\frac{11}{2}$°多く進む。
時計が午前1時を表すとき，長針と短針との間の角度は30°となる。ここから，この角度が
1回目に100°になるのは，長針が短針より30°＋100°＝130°多く進んだときで，2回目に
100°になるのは，長針が短針より30°＋(360°－100°)＝290°多く進んだとき(右図参照)なの
で，求める時刻は，午前1時(290°÷$\frac{11}{2}$)分＝午前1時$\frac{580}{11}$分＝午前1時$52\frac{8}{11}$分

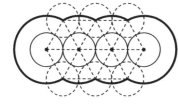

(4) 【解き方】円Aの中心が動いてできる線は，右図の太線のようになる。
太線の内側には1辺が1.5×2＝3(cm)の正三角形ができる。
よって，求める長さは，半径が3cmで中心角が60°のおうぎ形の曲線部分
の長さの4倍と，半径が3cmで中心角が360°－60°×2＝240°のおうぎ形
の曲線部分の2倍を足せばよいので，
$3×2×3.14×\frac{60°}{360°}×4+3×2×3.14×\frac{240°}{360°}×2=4×3.14+8×3.14=12×3.14=$**37.68**(cm)

3 (1) 休けい後の速さは休けい前の速さの$\frac{3}{4}$倍なので，求める比は，1：$\frac{3}{4}$＝**4：3**

(2) 休けい前と休けい後の同じ距離を進むのにかかる時間の比は，速さの比である4：3の逆比の3：4である。
よって，求める割合は$\frac{4}{3}=1\frac{1}{3}$(倍)である。

(3) (2)をふまえる。休けい前と休けい後の，休けいした地点からQまで進むのにかかる時間の比は3：4で，
休けいを5分していたことから，この比の数の差の4－3＝1が20－5＝15(分)にあたるとわかる。
よって，休けい後から15×4＝**60**(分)でQに到着した。

(4) 休けい後は，4×(1－$\frac{1}{4}$)＝3(km)を60分＝1時間で進んだので，休けい後の速さは時速3kmである。
よって，はじめの歩く速さは，時速(3×$\frac{4}{3}$)km＝時速**4km**

4 (1) 考えられる長方形の(縦，横)の長さの組み合わせは，72の約数である(1，72)(2，36)(3，24)(4，18)

（6，12）（8，9）の**6**種類である（単位は㎝）。

⑵　72＝2×2×2×3×3となるので，考えられる直方体の（縦，横，高さ）の組み合わせは，（1，1，72）
（1，2，36）（1，3，24）（1，4，18）（1，6，12）（1，8，9）（2，2，18）（2，3，12）（2，4，9）
（2，6，6）（3，3，8）（3，4，6）の**12**種類ある（単位は㎝）。

⑶　【解き方】できる立方体の1辺の長さは，3と4と5の最小公倍数である**60**㎝となる。

直方体は，縦に60÷3＝20（個），横に60÷4＝15（個）で，60÷5＝12（段）積み上げるので，必要な直方体の個数
は，20×15×12＝**3600**（個）

⑤　⑴　【解き方】ふくまれる食塩の量が同じであれば，食塩水の量の比は濃度（のうど）の比の逆比に等しい。

水が蒸発したり水を加えたりしても，ふくまれる食塩の量は変わらない。

8％と9％の食塩水の量の比は9：8だから，蒸発した後の食塩水の量は，$450×\frac{8}{9}＝400$（g）

9％と7.5％の食塩水の量の比は7.5：9＝5：6だから，水を加えた後の食塩水の量は，$400×\frac{6}{5}＝480$（g）

よって，加えた水は，480－400＝**80**（g）である。

⑵　【解き方】うでの長さを濃度，おもりを食塩水の重さとしたてんびん図で考えて，うでの長さの比とおもり
の重さの比がたがいに逆比になることを利用する。

7.5％の食塩水の量の半分は，480÷2＝240（g）である。

加えた食塩を100％の食塩水と考えると，右のようなてんびん図がかける。

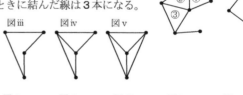

食塩水の量の比は，a：b＝（11.2－7.5）：（100－11.2）＝3.7：88.8＝1：24の逆比の24：1だから，

加えた食塩の量は，$240×\frac{1}{24}＝$**10**（g）

⑶　⑴をふまえ，水を0％の食塩水と考えると，右のようなてんびん図がかける。

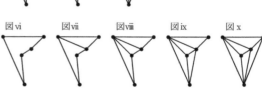

食塩水の量の比は，a：b＝6.3：（7.5－6.3）＝6.3：1.2＝21：4の逆比の4：21
である。できた6.3％の食塩水の量は240gだから，取り出した食塩水の量は，
加えた水の量に等しく，$240×\frac{4}{4＋21}＝$**38.4**（g）

⑥　図3は領域が図ⅰの①，②，③の3つで，結んだ線は8本である。3個の点を一直線上に
ないように書いた場合，図ⅱのように領域が1つでき，そのときに結んだ線は3本になる。

4個の点のときは，図ⅲ，ⅳ，ⅴより，領域を1つ作る
場合は4本，2つ作る場合は5本，3つ作る場合は6本
の線が必要である。

5個の点のときは，図ⅵ，ⅶ，ⅷ，ⅸ，ⅹより，領域を
1つ作る場合は5本，2つ作る場合は6本，3つ作る場
合は7本，4つ作る場合は8本，5つ作る場合は9本の
線が必要である。

以上より，N個の点について，領域を1つ作るのに必要な線はN本であり，そこから領域を1つ増やすごとに必要
な線は1本増えるので，領域をA個作るのに必要な線は（N＋A－1）本と表せる。

10個の点で5つの領域を作るのに必要な線は，10＋5－1＝**14**（本）

100個の点で90個の領域を作るのに必要な線は，100＋90－1＝**189**（本）

2023個の点で4045本の線が必要になるのは，領域を4045－2023＋1＝**2023**（個）作るときである。

━━━━━━━━━━━━━━━ 《Ａ日程　国語》 ━━━━━━━━━━━━━━━

一　1．ウ　　2．イ　　3．ウ　　4．大河の態度が急に意地悪なものに変わったので、訳がわからずにとまどっている。　　5．劇で主役を務めることがこわくてにげだしたいのに、そんな自分を母親が軽々しくはげましてきたから。　　6．エ　　7．イ，エ

二　1．エ　　2．Ⅰ．オ　Ⅱ．ウ　　3．若くて元気な細胞のある切り株の周囲から、新しく芽が出てくる
　　4．イ　　5．イ　　6．水や養分を吸収して、地上部に送ったり養分をたくわえたりする　　7．ウ

三　(A)1．イ　　2．魚　　3．エ　　4．①エ　②ウ
　　(B)1．補強　　2．帳消　　3．巻頭　　4．検挙　　5．校旗　　6．包　　7．親子連
　　8．図　　9．たぐ　　10．とうじ

━━━━━━━━━━━━━━━ 《Ａ日程　算数》 ━━━━━━━━━━━━━━━

1　(1)13　　(2)202.2　　(3)$31\frac{3}{7}$　　(4)$\frac{13}{15}$

2　(1)13　　(2)1.26　　(3)32　　(4)38

3　(1)10　　(2)15　　(3)15

4　(1)8：1　　(2)3：1　　(3)180

5　(1)360　　(2)$55\frac{5}{13}$　　(3)$27\frac{9}{13}$　　(4)$5\frac{5}{143}$

6　ア．31　　イ．63　　ウ．127　　エ．255　　オ．6　　カ．4　　キ．2　　ク．8　　ケ．6　　コ．4
　　サ．2　　シ．6　　ス．3　　セ．12　　ソ．9　　タ．6　　チ．3　　ツ．3　　テ．9

━━━━━━━━━━━━━━━ 《Ａ日程　理科》 ━━━━━━━━━━━━━━━

1　(1)イ，オ　　(2)ウ　　(3)ア　　(4)20　　(5)スライドガラスの上に観察物を置き，さらにその上にカバーガラスをかぶせる。

2　(1)イ　　(2)①100　②100　③1900　④1100　⑤130　⑥0.05　⑦600

3　(1)①フィラメント　②電流が流れるとフィラメントが高温になるから　　(2)①200　②235　③75　④100　⑤100

4　(1)ウ　　(2)イ　　(3)エ　　(4)ア　　(5)ウ　　(6)①下弦　②エ

5　(1)①エ　②ア　③ウ　④イ　　(2)イ　　(3)石かい水　　(4)①$\frac{4}{3}$　②炭素原子1つに，水素原子4つ

6　(1)18.9　　(2)10.5　　(3)32　　(4)①ろうと　②17.6　③91.6

7　(1)ウ→エ→イ→ア　　(2)エ　　(3)ア　　(4)エ　　(5)①3　②エ

1 問1．(1)足利学校　(2)ウ　　問2．エ　　問3．エ　　問4．イ　　問5．イ　　問6．寺子屋　　問7．識字率

問8．ウ　　問9．蘭学　　問10．ア　　問11．カ　　問12．(旧)開智学校　　問13．ア　　問14．エ

問15．青空

2 問1．松江　　問2．愛媛　　問3．エ　　問4．(1)裁判所　(2)博物館　(3)税務署　　問5．(1)中京　(2)ア

問6．ウ　　問7．(1)ア　(2)イ　　問8．イ　　問9．(1)境港　(2)ア　　問10．エ　　問11．ウ

問12．あ．石狩　　い．日高　　問13．(1)イ　(2)与那国

3 問1．ＳＮＳ　　問2．ア　　問3．エ　　問4．オ　　問5．ウ　　問6．ペキン　　問7．イ

問8．(1)Ⅰ．立法　Ⅱ．司法　Ⅲ．指名　Ⅳ．不信任　Ⅴ．任命　(2)三権分立　(3)エ　　問9．テレワーク

問10．イ

一 1．Ａ．エ　Ｂ．ウ　　2．イ，エ　　3．イ　　4．みんなの前で感情を爆発させる　　5．誰かに頼まれたわ

けでもないのに、雪乃のことを思って大輝が友達を連れてきてくれたこと。　　6．ウ　　7．雪乃に大切なこと

を教えさとそうとするとき。　　8．エ

二 1．イ　　2．容易にたどり着けない、悲しみのない自由な理想郷　　3．イ　　4．ウ　　5．Ｘ．様々な情景

Ｙ．雨が原因で　　6．Ａ．ア　Ｂ．オ　Ｃ．エ

三 (Ａ)1．エ　　2．灯台　　3．イ　　4．①ウ　②ア

(Ｂ)1．均等　　2．健在　　3．実績　　4．指揮　　5．製薬　　6．再燃　　7．預　　8．告

9．ちゃばん　　10．いさ

1 (1)43923　　(2)$\frac{5}{54}$　　(3)$2\frac{1}{8}$　　(4)$\frac{23}{70}$

2 (1)23　　(2)575　　(3)45　　(4)52.56

3 (1)7，27　　(2)最高得点…21　最低得点…7　　(3)60　　(4)19

4 (1)46　　(2)310　　(3)20

5 (1)300　　(2)20　　(3)7.2

6 ア．2　　イ．6　　ウ．4　　エ．2　　オ．32　　カ．32　　キ．54　　ク．7　　ケ．11　　コ．11

サ．7　　シ．1　　ス．60　　セ．120　　ソ．3　　タ．7　　チ．11　　ツ．120

1 (1)20　(2)200　(3)24　(4)90　(5)①210　②18

2 (1)ア，ウ，カ　(2)エ，カ　(3)①ウ　②1.29　(4)イ

3 (1)ア，エ，ケ，コ，セ，ソ　(2)イ，オ，キ，ケ　(3)さなぎ　(4)①2500　②750

4 (1)ウ，オ　(2)ア　(3)あせをかく　(4)ウ　(5)イ　(6)ア，ウ

5 (1)ａ．黄　ｂ．ちっ素　ｃ．レンゲソウ／レンゲ／ゲンゲ のうち1つ　(2)ア　(3)①場所1…●　場所2…●▲　場所3…●▲　場所4…●　②場所1…めしべ　場所2…めしべ　場所3…めしべ　場所4…めしべ　③遺伝子…▲■　場所1…がく　場所2…がく　場所3…がく　場所4…がく

6 (1)0.75　(2)5.4　(3)①1.35　②8.8

7 (1)カ　(2)①ア　②ア　(3)①ウ　②7

1 問1．エ　問2．ウ　問3．イ　問4．ウ　問5．(1)天智　(2)ウ　問6．(1)風土記　(2)ア　問7．ア　問8．エ　問9．ア　問10．(1)問注所　(2)エ　(3)イ　問11．(1)ウ　(2)エ　問12．エ　問13．イ　問14．ア　問15．版籍奉還　問16．イ　問17．イ　問18．ウ　問19．エ　問20．イ　問21．ア

2 問1．(あ)阿賀野　(い)男鹿　(う)大隅　(え)濃尾　問2．(1)イ　(2)エ　問3．イ　問4．(1)佐渡島　(2)ア　(3)トキ　問5．ウ　問6．(1)Ⅰ．岩手県　Ⅴ．宮城県　(2)(a)ウ　(b)ア　問7．ブナ　問8．ア　問9．エ　問10．シラス　問11．長良川　問12．イ　問13．ウ

3 問1．ア　問2．エ　問3．コーラン　問4．イ　問5．テロ　問6．戦力　問7．(a)国境　(b)エ　問8．ウ　問9．イ　問10．(1)ウ　(2)ウ　(3)内閣　問11．ア　問12．イ

←解答例は前のページにありますので，そちらをご覧ください。

1 (1) 与式＝$15 \times (20-8-22 \times \frac{1}{6} \times \frac{1}{5}) \div 13 = 15 \times (12-\frac{11}{15}) \div 13 = (15 \times 12-15 \times \frac{11}{15}) \div 13 = (180-11) \div 13 = 169 \div 13 = 13$

(2) 与式＝$337 \times 1.26+337 \times 0.42-337 \times 1.08 = 337 \times (1.26+0.42-1.08) = 337 \times 0.6 = 202.2$

(3) 与式＝$(144-1) \div \{(\frac{36}{5}-\frac{13}{2}) \times (7\frac{3}{4}-1\frac{1}{4})\} = 143 \div \{(\frac{72}{10}-\frac{65}{10}) \times 6\frac{1}{2}\} = 143 \div \{\frac{7}{10} \times \frac{13}{2}\} = 143 \times \frac{10 \times 2}{7 \times 13} = \frac{220}{7} = 31\frac{3}{7}$

(4) 与式より，$(\frac{27}{4}+\frac{9}{20}) \div (\frac{8}{3}-\Box) = 4$　　$\frac{144}{20} \div (\frac{8}{3}-\Box) = 4$　　$\frac{8}{3}-\Box = \frac{36}{5} \div 4$　　$\Box = \frac{8}{3}-\frac{9}{5} = \frac{40}{15}-\frac{27}{15} = \frac{13}{15}$

2 (1) 【解き方】2つの分数の分母を21にそろえたときの分子の数を考える。

$\frac{8}{13}$の分母を21にするとき，分母と分子を$\frac{21}{13}$倍すればよいので，分子は，$8 \times \frac{21}{13} = \frac{168}{13} = 12.9\cdots$となる。

$\frac{5}{8}$の分母を21にするとき，分母と分子を$\frac{21}{8}$倍すればよいので，分子は，$5 \times \frac{21}{8} = \frac{105}{8} = 13.1\cdots$となる。

よって，求める分数は，$\frac{13}{21}$である。

(2) 【解き方】右のように作図する(三角形ＯＱＣと三角形ＯＤＣは合同)。3つの三角形
ＯＡＰ，ＯＰＱ，ＯＱＢは合同なので，斜線部分の面積は，おうぎ形ＯＢＡの面積から，
三角形ＯＱＢの面積の3倍をひけばよい。

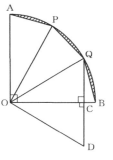

おうぎ形ＯＢＡの面積は，$6 \times 6 \times 3.14 \times \frac{90°}{360°} = 28.26$(c㎡)

角ＱＯＢ＝$90° \div 3 = 30°$だから，三角形ＯＱＣは$30°$，$60°$，$90°$の直角三角形である。

よって，三角形ＯＱＤは正三角形であり，ＱＣ＝ＱＤ÷2＝ＯＱ÷2＝$6 \div 2 = 3$(cm)

だから，三角形ＯＱＢの面積は，$6 \times 3 \div 2 = 9$(c㎡)

求める面積は，$28.26-9 \times 3 = 1.26$(c㎡)

(3) 円すいの体積は，$(10 \times 10 \times 3.14) \times 24 \times \frac{1}{3} = 800 \times 3.14$(c㎥)

円柱の底面積は$5 \times 5 \times 3.14 = 25 \times 3.14$(c㎡)だから，体積が同じときの高さは，$\frac{800 \times 3.14}{25 \times 3.14} = 32$(cm)

(4) 【解き方】つるかめ算を用いる。

桃を50個買ったとき，りんごの合計の値段は桃の合計の値段より$200 \times 50 = 10000$(円)低い。ここから，桃1個を
りんご1個に置きかえると，合計の値段の差は$120+200 = 320$(円)変動する。

よって，買ったりんごの個数は，$(10000+2160) \div 320 = 38$(個)

3 【解き方】硬貨の組み合わせの金額を考えるので，異なる組み合わせから同じ金額ができないかどうか注意する。

(1)と(2)では，小さい金額の硬貨を決められた枚数((1)では3枚，(2)では4枚)集めても，より大きい金額の硬貨に達
しないので，同じ金額になるかどうかを考える必要はない。

(1) 【解き方】同じ硬貨を同じアルファベットで表すと，3枚の組み合わせのパターンは，ＡＡＡ，ＡＡＢ，ＡＢＣ
の3パターンある。

ＡＡＡとなる組み合わせは3通りある。

ＡＡＢは，2種類の硬貨の選び方が3通り，選んだ2種類のＡとＢへの割りふり方が2通りだから，組み合わせは
$3 \times 2 = 6$(通り)ある。

ＡＢＣとなる組み合わせは1通りある。よって，全部で，$3+6+1 = 10$(通り)

(2) 【解き方】(1)と同様にパターンを考えると，ＡＡＡＡ，ＡＡＡＢ，ＡＡＢＢ，ＡＡＢＣの4パターンある。

ＡＡＡＡとなる組み合わせは3通りある。

ＡＡＡＢとなる組み合わせは，2種類の硬貨の選び方が3通り，選んだ2種類のＡとＢへの割りふり方が2通りだ

から，$3 \times 2 = 6$（通り）ある。

ＡＡＢＢは，２種類の硬貨を選ぶだけでよく，選び方が３通りあるので，組み合わせも３通りある。

ＡＡＢＣは，Ａへ割りふる硬貨を決めるだけなので，組み合わせは３通りある。

よって，全部で，$3 + 6 + 3 + 3 = 15$（通り）

(3)　【解き方】10円を4枚集めても50円に達しないので，10円が多いために同じ金額ができることはない。50円と100円の組み合わせによって，同じ金額ができるかどうかを考える。

同じ金額ができるとしても10円の枚数は同じである。10円が0枚だとすると，残り4枚は50円と100円になるが，どのように組み合わせても同じ金額はできない。10円の枚数を1〜4枚のいずれに仮定しても，同じことがいえる。したがって，異なる組み合わせから同じ金額ができることはないから，求める組み合わせの数は(2)と同様に15通りである。

4 (1)　1脚に3人ずつ座ると，生徒の$1 - \frac{1}{3} = \frac{2}{3}$が座れるから，4人ずつ座ると，生徒の$\frac{2}{3} \times \frac{4}{3} = \frac{8}{9}$が座れる。

よって，1脚に4人ずつ座ると，生徒の$1 - \frac{8}{9} = \frac{1}{9}$が座れないから，求める比は，$\frac{8}{9} : \frac{1}{9} = 8 : 1$

(2)　(2)より，求める比は，$\frac{1}{3} : \frac{1}{9} = 3 : 1$

(3)　【解き方】1脚に座る人数を1人増やすことで，座れる人数の割合がどれだけ増えるのかに注目する。

1脚に3人ずつから4人ずつに座る人数を増やすと，座れる人数が全体の$\frac{8}{9} - \frac{2}{3} = \frac{2}{9}$だけ増える。

よって，1脚に5人ずつ座ると，全体の$\frac{8}{9} + \frac{2}{9} = \frac{10}{9}$だけ座ることができるから，全体の$\frac{10}{9} - 1 = \frac{1}{9}$の人数分の長いすが余る。この$\frac{1}{9}$が4脚に5人ずつ座った場合の$5 \times 4 = 20$（人）にあたるから，生徒の人数は，$20 \div \frac{1}{9} = 180$（人）

5 (1)　長針と短針はそれぞれ，右図の角㋐，角㋑だけ移動したので，求める角度は，

角㋐＋角㋑＝$360°$

(2)　【解き方】1分で，長針は$360° \div 60 = 6°$，短針は$30° \div 60 = \frac{1}{2}°$進むので，長針と短針が合わせて，$6° + \frac{1}{2}° = \frac{13}{2}°$進む。

読書していた間，長針と短針は合わせて$360°$進んだから，読書していた時間は，$360° \div \frac{13}{2}° = \frac{720}{13} = 55\frac{5}{13}$（分間）

(3)　$\frac{720}{13}$分間で短針が進んだ角度を求めるから，$\frac{1}{2}° \times \frac{720}{13} = \frac{360}{13}° = 27\frac{9}{13}°$

(4)　【解き方】12時ちょうどのとき長針と短針は重なっていて，読書をはじめた時刻までに進んだ角度の差が，(2)で求めた$\frac{360}{13}°$になった。

長針と短針が1分間で進む角度の差は$6° - \frac{1}{2}° = \frac{11}{2}°$だから，12時から$\frac{360}{13}° \div \frac{11}{2}° = \frac{720}{143} = 5\frac{5}{143}$（分）たったときに読書をはじめた。よって，読書をはじめたのは，12時$5\frac{5}{143}$分である。

6 【解き方】[1]から[9]までと〈1〉から〈9〉までをまとめると右表のようになる。

1と，[1]から[n]までを足した数の合計は，[n＋1]に1足りないことから，〈n＋1〉＝[n]＋[n−1]＋[n−2]…＋[2]＋[1]＋1と表せることを利用する。

また，[2]×[3]＝（2×2）×（2×2×2）＝[5]であることから，[a]×[b]＝[a＋b]であることを利用する。ただし，以上のことを利用しなくても，並んでいる数の規則を推測してあたりをつければ，「テ」以外の数は何とか正解を見つけられるであろう。

	1		
[1]	2	〈1〉	1
[2]	4	〈2〉	3
[3]	8	〈3〉	7
[4]	16	〈4〉	15
[5]	32	〈5〉	31
[6]	64	〈6〉	63
[7]	128	〈7〉	127
[8]	256	〈8〉	255
[9]	512	〈9〉	511
⋮	⋮	⋮	⋮

表より，〈5〉＝㋐$\underline{31}$，〈6〉＝㋑$\underline{63}$，〈7〉＝㋒$\underline{127}$，〈8〉＝㋓$\underline{255}$

問題文の〈4〉＝〈2〉×（[2]＋1）が成り立つ理由を考える。〈2〉＝[1]＋1だから，$\underline{[1]+1}$でくくり出せるように，〈4〉＝[3]＋[2]＋[1]＋1を変形すると，

〈4〉=［3］+［2］+［1］+1=（［2］×<u>［1］</u>+［2］×<u>1</u>）+（<u>［1］+1</u>）=［2］×（<u>［1］+1</u>）+（<u>［1］+1</u>）=

（<u>［1］+1</u>）×（［2］+1）=〈2〉×（［2］+1）　　　以下同様に，

〈6〉=（［5］+［4］）+（［3］+［2］）+（［1］+1）=［4］×（［1］+1）+［2］×（［1］+1）+（［1］+1）=

（［1］+1）×（［4］+［2］+1）=〈2〉×（［4］+［2］+1）

〈8〉=（［7］+［6］）+（［5］+［4］）+（［3］+［2］）+（［1］+1）=

［6］×（［1］+1）+［4］×（［1］+1）+［2］×（［1］+1）+（［1］+1）=〈2〉×（[オ<u>6</u>]+[カ<u>4</u>]+[キ<u>2</u>]+1）

〈10〉=（［9］+［8］）+（［7］+［6］）+（［5］+［4］）+（［3］+［2］）+（［1］+1）=

［8］×（［1］+1）+［6］×（［1］+1）+［4］×（［1］+1）+［2］×（［1］+1）+（［1］+1）=

〈2〉×（[ク<u>8</u>]+[ケ<u>6</u>]+[コ<u>4</u>]+[サ<u>2</u>]+1）

また，〈6〉=〈3〉×（［3］+1）については，〈6〉=（［5］+［4］+［3］）+（［2］+［1］+1）=

［3］×（［2］+［1］+1）+（［2］+［1］+1）=（［2］+［1］+1）×（［3］+1）=〈3〉×（［3］+1）と考えられる

から，〈9〉=（［8］+［7］+［6］）+（［5］+［4］+［3］）+（［2］+［1］+1）=

［6］×（［2］+［1］+1）+［3］×（［2］+［1］+1）+（［2］+［1］+1）=〈3〉×（[シ<u>6</u>]+[ス<u>3</u>]+1）

〈15〉=（［14］+［13］+［12］）+（［11］+［10］+［9］）+（［8］+［7］+［6］）+（［5］+［4］+［3］）+（［2］+［1］+1）=

［12］×（［2］+［1］+1）+［9］×（［2］+［1］+1）+［6］×（［2］+［1］+1）+［3］×（［2］+［1］+1）+

（［2］+［1］+1）=〈3〉×（[セ<u>12</u>]+[ソ<u>9</u>]+[タ<u>6</u>]+[チ<u>3</u>]+1）

［n］+1については，nが奇数のときの［n］+1の値だけ考える。

［1］+1=3，［3］+1=9だから，［n］+1が9で割り切れる最も小さなnは[ツ<u>3</u>]である。

［n］+1が27で割り切れる最も小さなnの値あたいをkとすると，27は9の倍数であり，9の倍数は各位の数の和が

9の倍数になるから，［k］+1の各位の数の和は9の倍数である。したがって，［k］の各位の数の和は9の倍数よ

り1小さい数（8，17，…）であり，この条件に合う最小のkの値はk=9である。［9］+1=513を27で割って

みると，513÷27=19となる。よって，［n］+1が27で割り切れる最も小さなnは[テ<u>9</u>]である。

$\boxed{1}$ (1) 与式＝$11×11×11×11＋11×11×11×11＋11×11×11×11＝14641×3＝43923$

(2) 与式＝$\left\{\left(\dfrac{1}{3}-\dfrac{1}{6}\right)+\left(\dfrac{1}{6}-\dfrac{1}{9}\right)+\left(\dfrac{1}{9}-\dfrac{1}{12}\right)+\left(\dfrac{1}{12}-\dfrac{1}{15}\right)+\left(\dfrac{1}{15}-\dfrac{1}{18}\right)\right\}×\dfrac{1}{3}=\left(\dfrac{1}{3}-\dfrac{1}{18}\right)×\dfrac{1}{3}=\dfrac{5}{18}×\dfrac{1}{3}=\dfrac{5}{54}$

(3) 与式＝$\dfrac{7}{8}÷\dfrac{14}{3}-\dfrac{1}{16}+\dfrac{5}{3}÷\dfrac{5}{8}-\dfrac{2}{3}=\dfrac{7}{8}×\dfrac{3}{14}-\dfrac{1}{16}+\dfrac{5}{3}×\dfrac{8}{5}-\dfrac{2}{3}=\dfrac{3}{16}-\dfrac{1}{16}+\dfrac{8}{3}-\dfrac{2}{3}=\dfrac{2}{16}+\dfrac{6}{3}=\dfrac{1}{8}+2=2\dfrac{1}{8}$

(4) 与式より，$\left(\dfrac{1}{2}-\square×\dfrac{1}{3}×4\right)÷\dfrac{1}{5}=\dfrac{1}{7}+\dfrac{1}{6}$ $\quad$ $\dfrac{1}{2}-\square×\dfrac{4}{3}=\dfrac{13}{42}×\dfrac{1}{5}$ $\quad$ $\square×\dfrac{4}{3}=\dfrac{1}{2}-\dfrac{13}{210}$

$\square×\dfrac{4}{3}=\dfrac{105}{210}-\dfrac{13}{210}$ $\quad$ $\square=\dfrac{92}{210}÷\dfrac{4}{3}=\dfrac{46}{105}×\dfrac{3}{4}=\dfrac{23}{70}$

$\boxed{2}$ (1) $A＋B＋C＝292\cdots$① $\quad$ $A÷C＝6$余り9だから，$C×6＋9＝A\cdots$②

$B÷C＝5$余り7だから，$C×5＋7＝B\cdots$③

①，②，③より，$C×6＋9＋C×5＋7＋C＝292$ $\quad$ $C×(6＋5＋1)＝292－9－7$ $\quad$ $C×12＝276$

$C＝276÷12＝23$

(2) 男子の$\dfrac{3}{5}$，女子の$\dfrac{5}{7}$を①人とすると，男子の人数は①$÷\dfrac{3}{5}=\dfrac{5}{3}$（人），女子の人数は①$÷\dfrac{5}{7}=\dfrac{7}{5}$（人）と表せる。よって，男子と女子の人数の比は$\dfrac{5}{3}:\dfrac{7}{5}=25:21$であり，全校生徒数は1058人なので，男子の人数は，$1058×\dfrac{25}{25+21}=575$（人）

(3) 【解き方】三角形の外角の性質から，右図の角ＥＨＢの大きさを求めればよい。方眼紙を追加して，直角二等辺三角形を作ることを考える。

右図の色つきの三角形が合同になるように点Aをとると，角ＡＢＣ＝$90°$となるので，三角形ＡＢＣは直角二等辺三角形となる。

三角形ＡＤＣと三角形ＥＦＧが合同になることから，ＡＣとＥＧは平行とわかる。よって，角ＥＨＢ＝角ＡＣＢ＝$45°$だから，$x＋y＝45$

(4) 【解き方】円が移動した部分は，右図の色付き部分である。長方形の部分（こい色の部分）とおうぎ形の部分（うすい色の部分）でわけて面積を求める。

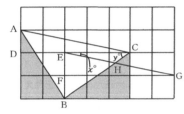

長方形の部分は，縦を$1×2＝2$（㎝）とすると，横が台形の各辺の長さとなるので，面積は，$2×(5＋7＋4＋4)＝40$（㎠）

おうぎ形の部分を合わせると，半径が2㎝の円ができるので，面積は，$2×2×3.14＝12.56$（㎠）

したがって，求める面積は，$40＋12.56＝52.56$（㎠）

$\boxed{3}$ (1) 振る回数が最多になるのは，6回振って1～6の目がそれぞれ1回ずつ出たときであり，あと1回振ることができるので，全部で7回振ることができる。最高得点は，7回目で6の目が出たときの，

$1＋2＋3＋4＋5＋6＋6＝27$（点）

(2) 最高得点は，同じ目が出たのが6で，他2回の目の数が5と4のときだから，$6×2＋5＋4＝21$（点）

最低得点は，同じ目が出たのが1で，他2回の目の数が2と3のときだから，$1×2＋2＋3＝7$（点）

(3) 【解き方】3回目に1回目または2回目と同じ目が出て終わるから，1回目と2回目の目の数の出方の総数をまず考える。

1回目の目の数の出方は，1～6の6通り，2回目の目の数の出方は，1～6のうち1回目に出た目の数を除く（同じ目の数だと2回目で終わる）5通りあるから，1回目と2回目の目の数の出方は全部で，$6×5＝30$（通り）

この30通りそれぞれについて，3回目の目の数の出方が2通りある（1回目または2回目と同じ目の数）から，

ちょうど3回で終わるようなサイコロの目の出方は，30×2＝60(通り)

(4)　【解き方】終わるまでに振った回数で，場合分けをする。

2回振ったとき，得点が8点となるのは，2回とも4が出た場合の1通りある。

3回振ったとき，得点が8点となるのは，（1回目，2回目，3回目）の出た目が，（1，6，1）（6，1，1）
（2，4，2）（4，2，2）（2，3，3）（3，2，3）の6通りある。

4回振ったとき，得点が8点となる目の組み合わせは，「1，<u>1</u>，2，4」と「1，2，<u>2</u>，3」の2パターンある。どちらのパターンも最後に出た目は下線の数に決まり，残りの目の出方は，3×2×1＝6(通り)あるから，合わせて，6×2＝12(通り)ある。

5回以降は，最低得点が8点より大きくなる。

よって，得点が8点になるようなサイコロの目の出方は全部で，1＋6＋12＝19(通り)

4 (1)　10枚目の1のカードは，図1の10段目の1枚目のカードである。

9段目までに，1＋2＋3＋4＋5＋6＋7＋8＋9＝45(枚)のカードが並ぶので，図1の10段目の1枚目は，図2の45＋1＝46(番目)である。よって，10枚目の1のカードは，46番目にある。

(2)　(1)をふまえる。50番目のカードは，図1の10段目の50－45＝5番目のカードである。

図1について，1段目の数の和は1，2段目の数の和は1＋3＝4＝2×2，3段目の数の和は1＋3＋5＝9＝3×3，…となるから，9段目までの数の和は，1＋4＋9＋16＋25＋36＋49＋64＋81＝285

10段目の5番目までの数の和は，1＋3＋5＋7＋9＝25だから，求める数の和は，285＋25＝310

(3)　【解き方】19683＝3×3×3×3×3×3×3×3×3だから，3を約数にもつカード(3，3×3＝9，3×5＝15，…)のみを考え，素数の積で表したときに含まれる3の個数がちょうど9個になるときを探す。
9のカードを1回かけると，3の個数が2個増えることに注意する。

図1について，各段の右端(はし)の数は，1，3，5，7，9，…と増えていく。

2段目から4段目までは3のカードが1枚ずつあるから，4段目までをかけると，3の個数が3個になる。

5段目から7段目までは3と9のカードが1枚ずつあるから，1段かけるごとに3の個数が1＋2＝3(個)増える。

よって，6段目の9のカードをかけたとき，3の個数がちょうど3＋3×2＝9(個)となる。

5段目まではカードが1＋2＋3＋4＋5＝15(枚)あり，6段目の9のカードは左から5番目だから，初めて19683で割り切れるのは，15＋5＝20(番目)までかけたときである。

5 (1)　【解き方】食塩水の問題は，うでの長さを濃度(のうど)，おもりを食塩水の重さとしたてんびん図で考えて，うでの長さの比とおもりの重さの比がたがいに逆比になることを利用する。

右図において，a：b＝(7－5)：(10－7)＝2：3より，5％と10%の食塩水の量の比は3：2だから，容器Bから取り出した食塩水は，$200×\frac{3}{2}＝300(g)$

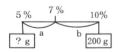

(2)　【解き方】含まれる食塩の量に注目する。

容器Bの残った食塩水は400－300＝100(g)だから，含まれる食塩の量は，$100×\frac{5}{100}＝5(g)$

8％の食塩水は，含まれる食塩の量が5＋5＝10(g)となるから，食塩水の量は，$10÷\frac{8}{100}＝125(g)$

食塩を5g加えていることに注意すると，加えた水の量は，125－100－5＝20(g)

(3)　7％の食塩水は300＋200＝500(g)だから，(1)をふまえ，右図のようなてんびん図を考える。7％と8％の食塩水の量の比は500：125＝4：1だから，c：d＝1：4
(c＋d)：c＝(1＋4)：1＝5：1だから，求める濃度は，$7＋(8－7)×\frac{1}{5}＝7.2(\%)$

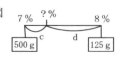

6 1〜6の整数のうち，6との最大公約数が1となるのは，1，5の2個だから，【6】＝$_ア$ 2

　　1〜7の整数のうち，7との最大公約数が1となるのは，1，2，3，4，5，6の6個だから，【7】＝$_イ$ 6

　　1〜8の整数のうち，8との最大公約数が1となるのは，1，3，5，7の4個だから，【8】＝$_ウ$ 4

　　64を素数の積で表すと，64＝$_エ$ 2×2×2×2×2×2 となる。1から64のうち，2の倍数は64÷2＝$_オ$ 32(個)

　　あるので，【64】＝64－32＝$_カ$ 32 である。

　　81＝3×3×3×3であり，1から81のうち，3の倍数は81÷3＝27(個)あるので，【81】＝81－27＝$_キ$ 54

　　77＝$_ク$ 7 ×$_ケ$ 11 だから，1から77までの整数のうち，7と11の倍数の個数を考える。7の倍数は77÷7＝

　　$_コ$ 11 (個)，11の倍数は77÷11＝$_サ$ 7 (個)，7と11の公倍数である77の倍数は77÷77＝$_シ$ 1 (個)なので，

　　【77】＝77－(11＋7－1)＝$_ス$ 60 である。

　　143＝11×13だから，1から143までの整数のうち，11と13の倍数の個数を考える。11の倍数は143÷11＝13(個)，

　　13の倍数は143÷13＝11(個)，11と13の公倍数である143の倍数は143÷143＝1(個)なので，

　　【143】＝143－(13＋11－1)＝$_セ$ 120 である。

　　231＝$_ソ$ 3 ×$_タ$ 7 ×$_チ$ 11 なので，1から231までの整数のうち，3と7と11の倍数の個数について考える。

　　3の倍数は231÷3＝77(個)，7の倍数は231÷7＝33(個)，11の倍数は231÷11＝21(個)，3と7の公倍数は

　　231÷(3×7)＝11(個)，3と11の公倍数は231÷(3×11)＝7(個)，7と11の公倍数は231÷(7×11)＝3(個)，

　　3と7と11の公倍数は1個ある。3と7と11の倍数の個数は全部で，77＋33＋21－11－7－3＋1＝111(個)

　　だから，【231】＝231－111＝$_ツ$ 120

═══════════════════ 《Ａ日程　国語》 ═══════════════════

一　1．ア　　2．足が遅いと思っていた高城かれんがものすごい速さで走っているのを見て、驚き呆気にとられている。　　3．Ⅰ．オ　Ⅱ．エ　Ⅲ．キ　　4．真実を知った村田花が気後れして、自分から離れていってしまう。　5．Ａ．ウ　Ｂ．ア　　6．ウ　　7．自分が一番だと思って人を馬鹿にしたりいじめたりしていると、どんなに後悔しても取り返しのつかないことになるということ。　　8．エ

二　1．Ａ．ア　Ｂ．エ　　2．ア．寒さ　イ．日光が当たらない　ウ．発芽に適した時期になるまで芽を出さずに待つ　　3．Ⅰ．ウ　Ⅱ．イ　Ⅲ．オ　　4．苦労を経験することで、より立派に成長できるということ。　5．ウ　　6．人間に草取りをされてもまだ出芽していないものは取られずに済み、全滅を免れるという利点。　　7．ウ

三　（Ａ）1．イ　　2．福　　3．ウ　　4．①イ　②ア
　　（Ｂ）1．号令　　2．誤飲　　3．宅配　　4．皇位　　5．話術　　6．率　　7．借　　8．のべ
　　9．こうじゅつ　　10．ようさん

═══════════════════ 《Ａ日程　算数》 ═══════════════════

1　(1)15　　(2)$32\frac{1}{2}$　　(3)2150　　(4)$\frac{1}{3}$

2　(1)4　　(2)40　　(3)12　　(4)162

3　(1)1.57　　(2)(ⅰ)1　(ⅱ)22.5　(ⅲ)53.325

4　(1)19　　(2)180　　(3)7，40　　(4)150

5　(1)100　　(2)300　　(3)5：1

6　ア．Ａ　イ．Ｂ　ウ．Ａ　エ．2　オ．Ｂ　カ．Ａ　キ．2

═══════════════════ 《Ａ日程　理科》 ═══════════════════

1　図2…150　　図3…100　　図4…150　　図5…200　　図6…180

2　(1)①オ　②イ　③ア，ウ　④エ　　(2)9　　(3)エ　　(4)27　　(5)20

3　(1)イ，ウ，オ，コ　　(2)れき　　(3)ウ　　(4)ア　　(5)エ

4　(1)Ａ．120　Ｂ．20　　(2)9　　(3)図6…90　図7…100　　(4)①105　②170

5　(1)キ　　(2)ア　　(3)イ　　(4)右表

	肺	小腸	かん臓	じん臓
はたらきや特徴	オ	ア	ウ	エ
場所	Ａ	Ｆ	Ｃ	Ｅ

6　(1)オ　　(2)ア　　(3)イ　　(4)ア，エ　　(5)①ウ　②オ

7　(1)オ　　(2)イ　　(3)①蒸散　②根から水を吸い上げやすい。／植物体内の水分量を調節する。／植物の温度を下げる。などから1つ　　(4)ウ

1 　問1. (a)イ　(b)エ　(c)ア　　問2. ア　　問3. 小野妹子　　問4. 大化　　問5. (1)イ　(2)イ　　問6. ウ
　　問7. (1)ウ　(2)ア　　問8. イ，エ　　問9. イ　　問10. (1)武家諸法度　(2)ア　　問11. アヘン　　問12. ウ
　　問13. 福沢諭吉　　問14. イ　　問15. ポーランド　　問16. エ　　問17. イ

2 　問1. (1)6　(2)仙台　(3)ウ　　問2. (1)中山道　(2)エ　(3)ア　　問3. (1)ア　(2)ウ，エ，オ　(3)ウ　　問4. (1)ア
　　(2)ウ　(3)イ　　問5. (1)J. 関門　K. 明石　(2)ウ　(3)カ　　問6. (1)F. 原油　G. 鉄鉱石　H. 石炭
　　(2)(あ)サウジアラビア　(い)オーストラリア

3 　問1. (a)厚生　(b)権利　　問2. (a)ユニセフ　(b)ロス　　問3. ア　　問4. 義務　　問5. (a)バイオマス
　　(b)電池　　問6. ウ　　問7. インターネット　　問8. (a)ユニバーサル　(b)バリア　　問9. (a)条例　(b)25
　　問10. (a)地産地消　(b)自給　　問11. (a)イ　(b)水俣　　問12. トラスト

一　1. エ　　2. ア　　3. エ　　4. 技を仕掛けて、オオハタ先輩を驚かせたいということ。　　5. イ
　　6. X. 自分より強いかもしれない相手　Y. レギュラーになろうとすること　Z. ウ　　7. イ

二　1. I. 血　II. 肉　　2. a. エ　b. ア　　3. イ　　4. さしあげる　　5. 選手が見下されているように
　　思える　　6. (1)ウ　(2)本来、「いただく」という言葉は自分を低くすることで相手を持ち上げる言葉であったが、
　　「食べる」を少し丁寧にした言い方だとみなす用法が広まりつつある　　7. エ

三　(A)1. エ　　2. 石　　3. イ　　4. ①ウ　②イ
　　(B)1. 操作　　2. 肥　　3. 独　　4. 季語　　5. 編／物　　6. 暖冬　　7. 秘蔵　　8. 模様
　　9. こくえき　　10. かぶぬし

1 　(1)224　　(2)0.1　　(3)$1\frac{11}{72}$　　(4)$2\frac{5}{8}$
2 　(1)$\frac{13}{42}$　　(2)8.396　　(3)105　　(4)15
3 　(1)27　　(2)12900　　(3)商品A…30　商品B…57
4 　(1)ア. 6　イ. 3　ウ. 2　　(2)20　　(3)60
5 　(1)97.5　　(2)89　　(3)$84\frac{2}{3}$
6 　ア. 3　イ. 3　ウ. 1　エ. 0　オ. 6　カ. 2　キ. 3　ク. 6　ケ. 1　コ. 2
　　サ. 7　シ. 2　ス. 2　セ. 0　ソ. 3　タ. 0　チ. 2　ツ. 2　テ. 6　ト. 2
　　ナ. 7　ニ. 3

奈良学園中学校【A日程】【B日程】

―――――――― 《B日程　理科》 ――――――――

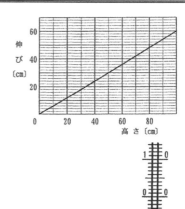

1　(1)右グラフ　(2)30　(3)42　(4)45　(5)60

2　(1)①エ　②ウ　(2)ア，オ　(3)①B．エ　C．ウ　②実験2…エ，オ
　　実験3…イ

3　(1)春…イ，ウ，オ〔別解〕イ，ウ，オ，ク　秋…ア，エ，キ〔別解〕ア，キ
　　(2)ウ，オ，キ　(3)イ，エ，カ　(4)エ，オ

4　(1)イ　(2)エ　(3)Z→Y→X　(4)西　(5)ア，オ

5　①タ　②ソ　③セ　④タ　⑤カ

6　(1)①ア，イ　②右図　(2)ア，ウ　(3)イ，ウ　(4)カ

7　(1)イ　(2)①A．二酸化炭素　B．酸素　②イ　③エ

―――――――― 《B日程　社会》 ――――――――

1　問1．遣唐使　　問2．イ　　問3．エ　　問4．厳島　　問5．足利義満　　問6．ア　　問7．ア
　　問8．天下の台所　　問9．ウ　　問10．イ　　問11．教皇　　問12．(i)イ　(j)オ　　問13．出島
　　問14．唐人　　問15．(1)イ　(m)ウ　(n)キ　　問16．朝鮮通信使　　問17．シャクシャイン　　問18．エ
　　問19．(1)ウ　(2)ア　　問20．エ　　問21．イ，オ

2　問1．(A)イ　(B)エ　(C)ウ　(D)エ　(E)ウ　　問2．ウ　　問3．(1)輪作　(2)先住　(3)ウ　　問4．(1)ア
　　(2)ウ　(3)砂防ダム　　問5．(1)エ　(2)ア　(3)ウ　　問6．(1)エ　(2)イ　(3)さいばい　　問7．(1)A．長崎県
　　B．宮崎県　(2)地熱　(3)熊本県　(4)北九州市

3　問1．エ　　問2．(1)ア　(2)(a)象徴　(b)国事行為　(c)内閣　(d)ウ　　問3．(a)個人　(b)法　　問4．イ
　　問5．ウ　　問6．(1)ア　(2)エ　　問7．(a)機会均等　(b)差別解消　　問8．(1)海外協力隊　(2)ＮＧＯ

←解答例は前のページにありますので，そちらをご覧ください。

1 (1) 与式 $= 8 \times (\frac{13}{4} - \frac{11}{8}) = 8 \times \frac{13}{4} - 8 \times \frac{11}{8} = 26 - 11 = 15$

(2) 与式 $= (13\frac{8}{12} - 7\frac{3}{12}) \div (7\frac{18}{30} - 5\frac{5}{30} - 2) \times (8\frac{22}{77} - 6\frac{7}{77}) = 6\frac{5}{12} \div \frac{13}{30} \times 2\frac{15}{77} = \frac{77}{12} \times \frac{30}{13} \times \frac{169}{77} = \frac{65}{2} = 32\frac{1}{2}$

(3) 与式 $= 47 \times 43 - 43 \times 2.6 + 5.6 \times 43 = (47 - 2.6 + 5.6) \times 43 = 50 \times 43 = 2150$

(4) 与式より，$\frac{4}{5} \div \{(\square + \frac{1}{5}) \times \frac{3}{4} \div \frac{7}{4}\} = \frac{7}{2}$　　$(\square + \frac{1}{5}) \times \frac{3}{4} \times \frac{4}{7} = \frac{4}{5} \div \frac{7}{2}$　　$(\square + \frac{1}{5}) \times \frac{3}{7} = \frac{8}{35}$

$\square + \frac{1}{5} = \frac{8}{35} \times \frac{7}{3}$　　$\square + \frac{1}{5} = \frac{8}{15}$　　$\square = \frac{8}{15} - \frac{1}{5} = \frac{8}{15} - \frac{3}{15} = \frac{5}{15} = \frac{1}{3}$

2 (1) 【解き方】$\frac{2}{13} = 0.153846153\cdots$ となることから，$\frac{2}{13}$ の小数点以下は 153846 の 6 けたの数を 1 つの周期とした数が繰り返される。

$2021 \div 6 = 336$ 余り 5 より，小数第 2021 位は，周期の 5 番目の 4 である。

(2) 【解き方】ＡさんとＢさんとＣさんの 1 時間に運ぶ本の量の比は，$1 : 1.2 : (1.2 \times 1.5) = 1 : 1.2 : 1.8 = 5 : 6 : 9$ である。

ＡさんとＢさんとＣさんが 1 時間に運ぶ本の量を，それぞれ⑤，⑥，⑨とすると，すべての本の量は，$(⑤ + ⑥ + ⑨) \times 12 = ㉔⓪$ になる。よって，Ｂさん 1 人で運ぶと，全部で ㉔⓪ $\div ⑥ = 40$(時間)かかる。

(3) 【解き方】Ａ≦Ｂ≦Ｃとして，Ａ＋Ｂ＋Ｃ＝12 となる数を考える。

Ａ＝1 のとき，(1，1，10)(1，2，9)(1，3，8)(1，4，7)(1，5，6)の 5 通りある。

Ａ＝2 のとき，(2，2，8)(2，3，7)(2，4，6)(2，5，5)の 4 通りある。

Ａ＝3 のとき，(3，3，6)(3，4，5)の 2 通りある。

Ａ＝4 のとき，(4，4，4)の 1 通りある。よって，全部で，$5 + 4 + 2 + 1 = 12$(通り)ある。

(4) 【解き方】1 人に配るあめの個数を 1 個ふやしたとき，配るのに必要なあめがいくつ増えたかを考えて，グループの人数を先に求める。

1 人に配るあめを $4 - 3 = 1$ (個)増やすと，配るのに必要なあめは $27 + 4 \times 4 + (4 - 2) \times 1 = 45$(個)増えたから，グループの人数は，$45 \div 1 = 45$(人)である。よって，あめの個数は，$3 \times 45 + 27 = 162$(個)

3 (1) 【解き方】おうぎ形⑦と三角形⑦の面積を実際に求める。

おうぎ形⑦の面積は，$10 \times 10 \times 3.14 \times \frac{90°}{360°} = 78.5$ (㎠)　　三角形⑦の面積は，$10 \times 10 \div 2 = 50$ (㎠)

よって，おうぎ形⑦の面積は，三角形⑦の面積の，$78.5 \div 50 = 1.57$(倍)

(2)(ⅰ) 【解き方】三角形ＢＣＨと三角形ＧＦＨが同じ形の三角形であることに注目する。

三角形ＢＣＨと三角形ＧＦＨは同じ形の三角形で，ＢＨ：ＧＨ＝ＢＣ：ＧＦ＝3：6＝1：2 である。

ＢＨ：ＢＧ＝1：(1＋2)＝1：3 で，ＢＧ＝6－3＝3 (cm)だから，ＢＨ＝ＢＧ$\times \frac{1}{3} = 3 \times \frac{1}{3} = 1$ (cm)

(ⅱ) 【解き方】ＢＨの長さを求めたから，ＡＨの長さがわかる。三角形ＡＦＣを三角形ＡＦＨと三角形ＡＣＨに分けて面積を求める。

ＡＨ＝ＡＢ－ＢＨ＝6－1＝5 (cm)だから，三角形ＡＦＨの面積は，ＡＨ×ＧＦ÷2＝$5 \times 6 \div 2 = 15$(㎠)

三角形ＡＣＨの面積は，ＡＨ×ＢＣ÷2＝$5 \times 3 \div 2 = 7.5$(㎠)　　よって，$15 + 7.5 = 22.5$(㎠)

(ⅲ) 【解き方】長方形ＡＢＣＤの通過する部分は右図のようになる。

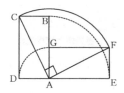

右図の面積は，直角三角形ＡＣＤとおうぎ形ＡＦＣと直角三角形ＡＥＦの
面積の和で求められるが，直角三角形ＡＣＤと直角三角形ＡＥＦを合わせ
ると，長方形ＡＢＣＤと同じ面積になるので，長方形ＡＢＣＤの面積と，
おうぎ形ＡＦＣの面積の和を求める。三角形ＡＦＣは，ＡＦ＝ＡＣの直角二等辺三角形で，その面積は 22.5 ㎠ だ
から，ＡＦ×ＡＦの値は 22.5×2＝45 になる。つまり，おうぎ形ＡＦＣにおいて，半径×半径の値が 45 になる
から，おうぎ形ＡＦＣの面積は，$45 \times 3.14 \times \dfrac{90°}{360°} = 35.325$（㎠）になる。

よって，求める面積は，18＋35.325＝53.325（㎠）

---

4 (1) 【解き方】Ａさんは４周する間に３回休憩している。

Ａさんは１周するのに 920÷230＝4（分）かかり，１分間の休憩を 4－1＝3（回）しているから，Ａさんが走り終
えたのは，走り始めてから，4×4＋1×3＝19（分後）

(2) 【解き方】Ｂさんが 13 分間に走った道のりから，速さを遅くして走った道のりを求める。

４周は 920×4＝3680（m）で，Ｂさんは 13 分間で 200×13＝2600（m）走ったから，残りの 3680－2600＝1080（m）
を，19－13＝6（分）で走ったことになる。よって，その速さは，分速（1080÷6）m＝分速 180m

(3) 【解き方】Ａさんは走り始めてから５分ごとにスタート地点を出発し，Ｂさんは１周に 920÷200＝4.6（分）
かかるから，ＢさんがはじめてＡさんに追いぬかれるのは２周目の途中である。

Ａさんが２周目を走り終わるのは，走り始めてから 5＋4＝9（分後）だから，まだＢさんの走る速さは変わって
いない。Ａさんが２周目を走り始めるとき，ＢさんはＡさんの，200×（5－4.6）＝80（m）前を走っている。
Ａさんが走り始めると，Ａさんは１分あたり 230－200＝30（m）ずつ近づくから，80（m）近づくのに，80÷30＝
$2\dfrac{2}{3}$（分），つまり，2 分（$60 \times \dfrac{2}{3}$）秒＝2 分 40 秒かかる。これは，走り始めてから，5 分＋2 分 40 秒＝7 分 40 秒
後である。

(4) 【解き方】Ｂさんが走り始めてから 16 分後に，スタート地点から何ｍのところにいるかを考える。

Ｂさんが 16 分間に走る道のりは，2600＋180×（16－13）＝3140（m）だから，3140÷920＝3 余り 380 より，走り始
めてから 16 分後にＢさんは，スタート地点から 380m の地点を走っている。Ａさんは，５分ごとにスタート地点
を出発するから，走り始めてから 15 分後に４回目のスタートを切る。Ａさんは，16－15＝1（分間）で 230m 走る
から，16 分後には，ＢさんはＡさんの 380－230＝150（m）前にいる。

---

5 (1) 【解き方】濃さは，食塩の重さに比例し，食塩水の重さに反比例する。

食塩水Ａと食塩水Ｂの濃さが 2：1 で，食塩水Ａの中の食塩と食塩水Ｂの中の食塩の重さの比が 1：2 だから，
食塩水Ａと食塩水Ｂの重さの比は，$\left(\dfrac{1}{2} \times 1\right) : (1 \times 2) = 1 : 4$ になる。
比の数の和の 1＋4＝5 が 500 g にあたるから，食塩水Ａの重さは，$500 \times \dfrac{1}{5} = 100$（g）

(2) 【解き方】食塩水の問題は，うでの長さを濃度，おもりを食塩水の重さとしたてんびん図で考えて，うでの
長さの比とおもりの重さの比がたがいに逆比になることを利用する。

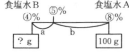

食塩水Ｂの濃さを④％とすると，食塩水Ａの濃さは④×2＝⑧（％），食塩水Ａに
食塩水Ｂの一部を加えた食塩水の濃さは，$④ \times \dfrac{5}{4} = ⑤$（％）と表せる。
右図で，a：b＝（⑤－④）：（⑧－⑤）＝①：③＝1：3 だから，加えた食塩水Ｂの重さと食塩水Ａの重さの比は，

３：１になる。よって，Ａに移したＢの食塩水は，$100 \times 3 = 300 (g)$

⑶　【解き方】食塩水Ａは$100 + 300 = 400 (g)$になり，食塩水Ｂは$500 - 400 = 100 (g)$になっている。⑴と同じように考える。

食塩水Ａと食塩水Ｂの濃さの比は５：４で，食塩水Ａと食塩水Ｂの重さの比は$400 : 100 = 4 : 1$だから，

Ａの食塩水に溶けている食塩の重さとＢの食塩水に溶けている食塩の重さの比は，$(5 \times 4) : (4 \times 1) = 5 : 1$

6　【解き方】$n = 2$と$n = 3$は，取り始めた方が必ず負けることを前提に考える。

$n = 4$の場合，Ａさんが１個取ると，残りが$4 - 1 = 3$（個）になり，次に取るのはＢさんである。３個から取り始めると取り始めた方が必ず負けるから，次に取るＢさんが負け，Ａさんが勝つ。

$n = 5$の場合，Ａさんが１個取ると，残りが$5 - 1 = 4$（個）になり，次に取るのはＢさんである。４個から取り始めると取り始めた方が１個取れば必ず勝つから，次に取るＢさんが必ず勝てる。Ａさんが２個以上とると，残りが$5 - 2 = 3$（個）以下になり，次に取るＢさんは$2 \times 2 = 4$（個）取ることもできるので，次に取るＢさんが必ず勝つ。

以上のことから，取る個数が２個以内で５個を残すことができれば，５個から取り始める人が負け，５個を残した人が必ず勝つことができるとわかる。

$n = 6$の場合，Ａさんは初めに１個取っておけば，５個の状態から取り始めるＢさんが負け，Ａさんが必ず勝つ。

$n = 7$の場合，Ａさんが初めに２個取っておけば，５個の状態から取り始めるＢさんが負け，Ａさんが必ず勝つ。

$n = 8$の場合，Ａさんが初めに１個取ると７個が残るので，Ｂさんが次に２個を取れば，Ｂさんが必ず勝つ。Ａさんが初めに２個取ると６個が残るので，Ｂさんが次に１個を取れば，Ｂさんが必ず勝つ。Ａさんが初めに３個以上取ると，次にＢさんは残りの全部を取ることができるので，$n = 8$の場合はあとから取るＢさんが必ず勝つ。

以上のことから，取る個数が３個以内で８個を残すことができれば，８個から取り始める人が負け，８個を残した人が必ず勝つことができるとわかる。

$n = 9$の場合，Ａさんが初めに１個取っておけば，８個の状態から取り始めるＢさんが負け，Ａさんが必ず勝つ。

$n = 10$の場合，Ａさんが初めに２個取っておけば，８個の状態から取り始めるＢさんが負け，Ａさんが必ず勝つ。

1 (1) 与式＝[2021−{50＋6−(35−24)}÷9]÷9＝[{2021−(56−11)}÷9]÷9＝(2021−45÷9)÷9＝

(2021−5)÷9＝2016÷9＝224

(2) 与式より，$(0.4−□)÷\dfrac{3}{2}＝1−\dfrac{4}{5}$　　$(0.4−□)÷\dfrac{3}{2}＝\dfrac{1}{5}$　　$0.4−□＝\dfrac{1}{5}×\dfrac{3}{2}$　　$0.4−□＝0.3$

$□＝0.4−0.3＝0.1$

(3) 与式＝$2\dfrac{5}{8}−(\dfrac{7}{4}×\dfrac{5}{14}−\dfrac{5}{12}×\dfrac{3}{4})×\dfrac{4}{9}−1\dfrac{1}{3}＝2\dfrac{5}{8}−(\dfrac{5}{8}−\dfrac{5}{16})×\dfrac{4}{9}−1\dfrac{1}{3}＝2\dfrac{5}{8}−(\dfrac{10}{16}−\dfrac{5}{16})×\dfrac{4}{9}−1\dfrac{1}{3}＝$

$2\dfrac{5}{8}−\dfrac{5}{16}×\dfrac{4}{9}−1\dfrac{1}{3}＝2\dfrac{5}{8}−\dfrac{5}{36}−1\dfrac{1}{3}＝2\dfrac{45}{72}−\dfrac{10}{72}−1\dfrac{24}{72}＝1\dfrac{11}{72}$

(4) 与式＝$\dfrac{8}{5}×\dfrac{3}{8}×\dfrac{15}{2}−\dfrac{3}{4}÷(\dfrac{3}{10}+\dfrac{1}{10})＝\dfrac{9}{2}−\dfrac{3}{4}÷\dfrac{4}{10}＝\dfrac{9}{2}−\dfrac{3}{4}×\dfrac{5}{2}＝\dfrac{36}{8}−\dfrac{15}{8}＝\dfrac{21}{8}＝2\dfrac{5}{8}$

2 (1) 【解き方】三角形ＡＢＤの面積は$\dfrac{1}{2}$cm²だから，三角形ＧＨＤの面積を求めれば，四角形ＡＢＨＧの面積は求

めることができる。このとき，三角形ＧＨＤの面積は，(三角形ＡＢＤの面積)$×\dfrac{DG}{AD}×\dfrac{DH}{BD}$で求めることができる。

ＡＤとＢＣが平行だから，三角形ＧＨＤと三角形ＦＨＢは同じ形の三角形であり，ＤＨ：ＢＨ＝ＧＤ：ＢＦであ

る。ＢＥ＝1とすると，ＥＦ＝2，ＦＣ＝3であり，四角形ＡＥＦＧは平行四辺形だから，ＡＧ＝ＥＦ＝2，

ＡＤ＝ＢＣ＝1＋2＋3＝6になるので，ＧＤ＝6−2＝4である。

ＤＨ：ＢＨ＝ＧＤ：ＢＦ＝4：(1＋2)＝4：3だから，ＤＨ：ＢＤ＝4：(4＋3)＝4：7である。

ＤＧ：ＡＤ＝4：6＝2：3だから，三角形ＧＨＤの面積は，$\dfrac{1}{2}×\dfrac{2}{3}×\dfrac{4}{7}＝\dfrac{4}{21}$(cm²)である。

よって，四角形ＡＢＨＧの面積は，$\dfrac{1}{2}−\dfrac{4}{21}＝\dfrac{21}{42}−\dfrac{8}{42}＝\dfrac{13}{42}$(cm²)

(2) 【解き方】円が移動した部分は，右図の色をつけた部分であり，⑦から⑦まで

の6つに分けて考える。

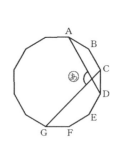

⑦と⑦は，縦の長さと横の長さが2cmと1cmの長方形だから面積は，2×1＝2 (cm²)

⑦と⑦と⑦は，半径が1cmのおうぎ形で，⑦と⑦の中心角は90°，⑦の中心角は

360°−90°−90°−36°＝144°だから，3つのおうぎ形の中心角の和は，90°＋90°＋144°＝

324°になるので，面積の和は，$1×1×3.14×\dfrac{324°}{360°}＝2.826$(cm²)

⑦は，半径が2＋1＝3 (cm)で中心角が36°のおうぎ形から，半径が2cmで中心角が36°のおうぎ形を引いた図形

だから面積は，$3×3×3.14×\dfrac{36°}{360°}−2×2×3.14×\dfrac{36°}{360°}＝(9−4)×3.14×\dfrac{1}{10}＝1.57$(cm²)

よって，求める面積は，2×2＋2.826＋1.57＝8.396(cm²)

(3) 【解き方】右図で，四角形ＡＢＣＤと四角形ＣＤＥＦＧは，どちらも線対称な図形で

あることに注目する。ｎ角形の内角の和は180°×(ｎ−2)である。

正十二角形の内角の和は180°×(12−2)＝1800°だから，1つの内角の大きさは，

1800°÷12＝150°である。

四角形ＡＢＣＤにおいて，角ＡＤＣ＝角ＤＡＢ＝(360°−150°−150°)÷2＝30°

五角形の内角の和は180°×(5−2)＝540°である。

五角形ＣＤＥＦＧにおいて，角ＧＣＤ＝角ＣＧＦ＝(540°−150°−150°−150°)÷2＝45°

よって，三角形の内角の和から，角⑥の対頂角の大きさが180°−30°−45°＝105°とわかるから，

角⑥の大きさも105°である。

(4) 　【解き方】2つのさいころの場合の数は，右のような，6×6マスの表の中で数えていけばよい。

積が4の倍数になるものは，4の倍数×整数の場合と，偶数×偶数の場合があるので，右表の条件にあてはまるものに○をつけていくと15通りある。

	小 1	2	3	4	5	6
大 1				○		
2		○		○		○
3				○		
4	○	○	○	○	○	○
5				○		
6		○		○		○

3 (1)　【解き方】売れたショートケーキは 60－7＝53（個）で，これらはすべて商品Cで売れたことになる。

商品Cで売れたフルーツタルトの個数が，売れたショートケーキの個数に等しく53個だから，商品Bで売れたフルーツタルトの個数は，80－53＝27（個）

(2)　【解き方】商品Cは 25000÷500＝50（セット）売れたから，商品Aは 53－50＝3（個），商品Bは 80－50＝30（個）売れたことになる。

商品Aの売り上げは 300×3＝900（円），商品Bの売り上げは 400×30＝12000（円）だから，商品Aと商品Bの売り上げの合計は，900＋12000＝12900（円）

(3)　【解き方】(1)の情報からつるかめ算ができる。

商品Aが1個も売れなかったとすると，売り上げの合計は 400×27＋500×53＝37300（円）であり，実際の売り上げ金額より 43300－37300＝6000（円）少ない。商品C1個を，商品Aと商品B1個ずつにかえると，売り上げ金額の合計は，300＋400－500＝200（円）増えるから，商品Aは 6000÷200＝30（個），商品Bは，80－53＋30＝57（個）

4 (1)　【解き方】グラフより，AとBの管から40分間に入った食塩は 64－16＝48（g）と読み取れる。

AとBの管から40秒間に入った食塩は 64－16＝48（g）だから，1秒あたりに増える食塩の重さは，48÷40＝1.2（g）である。Aの管とBの管から入る食塩水の重さの比が 10：20＝1：2 で，Aの管とBの管から入る食塩水の濃さの比が 2：1 だから，1秒あたりに入る食塩の重さの比は，（1×2）：（2×1）＝1：1 になる。したがって，Aの管からは，1秒間に 1.2÷2＝0.6g の食塩が入るから，その濃さは，$\frac{0.6}{10}×100＝6$（%）であり，Bの管から入る食塩水の濃さは，$6×\frac{1}{2}＝3$（%），Cの管から入る食塩水の濃さは，$3×\frac{2}{3}＝2$（%）

(2)　【解き方】Bの管とCの管から入る食塩水は，2400－（10＋20）×40－400＝800（g）で，その間に増えた食塩は，84－64＝20（g）である。つまり，Bの管とCの管から入る食塩水は，混ぜ合わせると，$\frac{20}{800}×100＝2.5$（%）の食塩水になる。

Bが3%で，Cが2%だから，Bの食塩水とCの食塩水を混ぜ合わせて 2.5%の食塩水をつくるには，1：1の割合で混ぜればよい。よって，Cの管からは毎秒20gである。

(3)　【解き方】Bの管とCの管から入る食塩の量が20gになるときを求める。

Bの管とCの管から入る食塩は，1分あたり，20×0.03＋20×0.02＝1（g）だから，20gの食塩が入るまでに，20÷1＝20（分）かかる。よって，①＝40＋20＝60

5 (1)　【解き方】穴をあけた2つの立体の体積を求めて，立方体の体積から引けばよい。

穴をあけた立体は，底面積が 3×1÷2＝1.5（㎠）で高さが5cmの三角柱と，底面積が 1×1×4＝4（㎠）で高さが5cmの柱体と考えれば，穴をあけた部分の体積は，1.5×5＋4×5＝27.5（㎤）になる。よって，穴をあけたあとの立体の体積は，5×5×5－27.5＝97.5（㎤）

(2)　【解き方】(1)と同じように考えるが，2つの立体に重なりがあることに注意する。

穴をあけた部分は，右図の2つの直方体のうち，斜線をつけた部分が重なる部分である。

重なる部分の体積は，$2 \times 2 \times 1 = 4$（cm³）だから，穴をあけた部分の体積は，

$(2 \times 2 \times 5) \times 2 - 4 = 36$（cm³）であり，穴をあけたあとの立体の体積は，$125 - 36 = 89$（cm³）

⑶　【解き方】⑵と同じように考えるが，重なりの形に注意する。

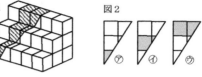

図1　図2

穴をあける2つの立体の重なりは，右図1の斜線部分であり，

それぞれの段は，右図2の⑦～⑨を底面とした角柱になっている。

正面に穴をあけた三角形の面積は $2 \times 3 \div 2 = 3$（cm²）で，右図2

の⑦は，この三角形と同じ形だから，⑦の面積は，$3 \times \frac{1}{3} \times \frac{1}{3} = \frac{1}{3}$（cm²）である。

右図2の⑦と①を合わせると，面積が3cm²の直角三角形の各辺を $\frac{2}{3}$ にした直角三角形ができるから，①の面積は，

$3 \times \frac{2}{3} \times \frac{2}{3} - \frac{1}{3} = 1$（cm²）である。

右図3の⑨の面積は，$3 - 1 - \frac{1}{3} = \frac{5}{3}$（cm²）である。

右図2の⑦を底面とする角柱は，高さ5cmのうちの3cmの部分が重なるので，重なっていない部分の体積は，

$\frac{1}{3} \times (5 - 3) = \frac{2}{3}$（cm³）

右図2の①を底面とする角柱は，高さ5cmのうちの2cmの部分が重なるので，重なっていない部分の体積は，

$1 \times (5 - 2) = 3$（cm³）

右図2の⑨を底面とする角柱は，高さ5cmのうちの1cmの部分が重なるので，重なっていない部分の体積は，

$\frac{5}{3} \times (5 - 1) = \frac{20}{3}$（cm³）

右側からあける穴の体積は，$(1 + 2 + 3) \times 5 = 30$（cm³）だから，穴をあけたあとの立体の体積は，

$125 - (\frac{2}{3} + 3 + \frac{20}{3} + 30) = 125 - 40\frac{1}{3} = 84\frac{2}{3}$（cm³）

6　【解き方】1つ1つの操作を丁寧に考えていく。

操作回数2で容器Bはいっぱいになっていないから，3回目の操作は，操作1で，ア＝3，イ＝3，ウ＝1

操作回数3で容器Aに水が入っているから，4回目の操作は操作2で，エ＝0，オ＝3＋3＝6，カ＝2

操作回数4で容器Bはいっぱいになっていないから，5回目の操作は操作1で，キ＝3，ク＝6，ケ＝1

操作回数5で容器Aに水が入っているから，6回目の操作は操作2で，コ＝3－(7－6)＝2，サ＝7，シ＝2

操作回数6で容器Bはいっぱいになったから，7回目の操作は操作3で，ス＝2，セ＝0，ソ＝3

操作回数7で容器Aに水が入っているから，8回目の操作は操作2で，タ＝0，チ＝2，ツ＝2

花子さんのノートでは，4リットルの水を容器Bに取り出すためには，3の倍数の18と7の倍数の14から，

$18 - 14 = 4$ と考える。したがって，操作1は $18 \div 3 = 6$（回），操作3は $14 \div 7 = 2$（回）である。操作1～3で，

容器Aから優先的に水を入れるので，容器に入れた水の合計（累計）は，容器Aが容器B以上となる。したがって，

3の倍数から7の倍数を引いて，容器Bに取り出せることのできる量を考える。

1リットルは，A15リットルとB14リットルで取り出せる。2リットルは，A9リットルとB7リットルで取り

出せる。3リットルは，A3リットルでBに移して取り出せる。4リットルは，A18リットルとB14リットルで

取り出せる。5リットルは，A12リットルとB7リットルで取り出せる。6リットルは，A6リットルでBに移

して取り出せる。7リットルは，B7リットルで取り出せる。以上から，1～7リットルの7通りの取り出し方

がある。

4リットルと6リットルで考えると，$6 - 4 = 2$（リットル），4リットル，6リットルの3通りの取り出し方が

ある。

■ ご使用にあたってのお願い・ご注意

（1）問題文等の非掲載

　著作権上の都合により，問題文や図表などの一部を掲載できない場合があります。

　誠に申し訳ございませんが，ご了承くださいますようお願いいたします。

（2）過去問における時事性

　過去問題集は，学習指導要領の改訂や社会状況の変化，新たな発見などにより，現在とは異なる表記や解説になっている場合があります。過去問の特性上，出題当時のままで出版していますので，あらかじめご了承ください。

（3）配点

　学校等から配点が公表されている場合は，記載しています。公表されていない場合は，記載していません。

　独自の予想配点は，出題者の意図と異なる場合があり，お客様が学習するうえで誤った判断をしてしまう恐れがあるため記載していません。

（4）無断複製等の禁止

　購入された個人のお客様が，ご家庭でご自身またはご家族の学習のためにコピーをすることは可能ですが，それ以外の目的でコピー，スキャン，転載（ブログ，ＳＮＳなどでの公開を含みます）などをすることは法律により禁止されています。学校や学習塾などで，児童生徒のためにコピーをして使用することも法律により禁止されています。

　ご不明な点や，違法な疑いのある行為を確認された場合は，弊社までご連絡ください。

（5）けがに注意

　この問題集は針を外して使用します。針を外すときは，けがをしないように注意してください。また，表紙カバーや問題用紙の端で手指を傷つけないように十分注意してください。

（6）正誤

　制作には万全を期しておりますが，万が一誤りなどがございましたら，弊社までご連絡ください。

　なお，誤りが判明した場合は，弊社ウェブサイトの「ご購入者様のページ」に掲載しておりますので，そちらもご確認ください。

■ お問い合わせ

　解答例，解説，印刷，製本など，問題集発行におけるすべての責任は弊社にあります。

　ご不明な点がございましたら，弊社ウェブサイトの「お問い合わせ」フォームよりご連絡ください。迅速に対応いたしますが，営業日の都合で回答に数日を要する場合があります。

　ご入力いただいたメールアドレス宛に自動返信メールをお送りしています。自動返信メールが届かない場合は，「よくある質問」の「メールの問い合わせに対し返信がありません。」の項目をご確認ください。

　また弊社営業日（平日）は，午前９時から午後５時まで，電話でのお問い合わせも受け付けています。

2025 春

株式会社教英出版

〒422-8054　静岡県静岡市駿河区南安倍３丁目 12-28

TEL　054-288-2131　　FAX　054-288-2133

URL　https://kyoei-syuppan.net/

MAIL　siteform@kyoei-syuppan.net

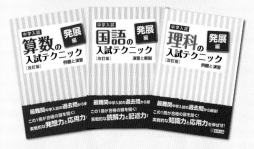

教英出版　2025年春受験用　中学入試問題集

学校別問題集
★はカラー問題対応

北 海 道
①[市立]札幌開成中等教育学校
②藤 女 子 中 学 校
③北 嶺 中 学 校
④北 星 学 園 女 子 中 学 校
⑤札 幌 大 谷 中 学 校
⑥札 幌 光 星 中 学 校
⑦立 命 館 慶 祥 中 学 校
⑧函 館 ラ・サール 中 学 校

青 森 県
①[県立]三本木高等学校附属中学校

岩 手 県
①[県立]一関第一高等学校附属中学校

宮 城 県
①[県立]宮城県古川黎明中学校
②[県立]宮城県仙台二華中学校
③[市立]仙台青陵中等教育学校
④東 北 学 院 中 学 校
⑤仙 台 白 百 合 学 園 中 学 校
⑥聖ウルスラ学院英智中学校
⑦宮 城 学 院 中 学 校
⑧秀 光 中 学 校
⑨古 川 学 園 中 学 校

秋 田 県
①[県立]｛大館国際情報学院中学校／秋田南高等学校中等部／横手清陵学院中学校

山 形 県
①[県立]｛東桜学館中学校／致道館中学校

福 島 県
①[県立]｛会津学鳳中学校／ふたば未来学園中学校

茨 城 県
①[県立]｛日立第一高等学校附属中学校／太田第一高等学校附属中学校／水戸第一高等学校附属中学校／鉾田第一高等学校附属中学校／鹿島高等学校附属中学校／土浦第一高等学校附属中学校／竜ヶ崎第一高等学校附属中学校／下館第一高等学校附属中学校／下妻第一高等学校附属中学校／水海道第一高等学校附属中学校／勝田中等教育学校／並木中等教育学校／古河中等教育学校

栃 木 県
①[県立]｛宇都宮東高等学校附属中学校／佐野高等学校附属中学校／矢板東高等学校附属中学校

群 馬 県
①｛[県立]中央中等教育学校／[市立]四ツ葉学園中等教育学校／[市立]太田中学校

埼 玉 県
①[県立]伊 奈 学 園 中 学 校
②[市立]浦 和 中 学 校
③[市立]大宮国際中等教育学校
④[市立]川口市立高等学校附属中学校

千 葉 県
①[県立]｛千 葉 中 学 校／東 葛 飾 中 学 校
②[市立]稲毛国際中等教育学校

東 京 都
①[国立]筑波大学附属駒場中学校
②[都立]白鷗高等学校附属中学校
③[都立]桜修館中等教育学校
④[都立]小石川中等教育学校
⑤[都立]両国高等学校附属中学校
⑥[都立]立川国際中等教育学校
⑦[都立]武蔵高等学校附属中学校
⑧[都立]大泉高等学校附属中学校
⑨[都立]富士高等学校附属中学校
⑩[都立]三 鷹 中 等 教 育 学 校
⑪[都立]南多摩中等教育学校
⑫[区立]九 段 中 等 教 育 学 校
⑬開 成 中 学 校
⑭麻 布 中 学 校
⑮桜 蔭 中 学 校
⑯女 子 学 院 中 学 校
★⑰豊 島 岡 女 子 学 園 中 学 校
⑱東京都市大学等々力中学校
⑲世 田 谷 学 園 中 学 校
★⑳広尾学園中学校（第2回）
★㉑広尾学園中学校（医進・サイエンス回）
㉒渋谷教育学園渋谷中学校（第1回）
㉓渋谷教育学園渋谷中学校（第2回）
㉔東京農業大学第一高等学校中等部（2月1日 午後）
㉕東京農業大学第一高等学校中等部（2月2日 午後）

④[府立]富田林中学校
⑤[府立]咲くやこの花中学校
⑥[府立]水都国際中学校
⑦清 風 中 学 校
⑧高槻中学校（Ａ日程）
⑨高槻中学校（Ｂ日程）
⑩明 星 中 学 校
⑪大 阪 女 学 院 中 学 校
⑫大 谷 中 学 校
⑬四 天 王 寺 中 学 校
⑭帝 塚 山 学 院 中 学 校
⑮大 阪 国 際 中 学 校
⑯大 阪 桐 蔭 中 学 校
⑰開 明 中 学 校
⑱関 西 大 学 第 一 中 学 校
⑲近 畿 大 学 附 属 中 学 校
⑳金 蘭 千 里 中 学 校
㉑金 光 八 尾 中 学 校
㉒清 風 南 海 中 学 校
㉓帝塚山学院泉ヶ丘中学校
㉔同 志 社 香 里 中 学 校
㉕初 芝 立 命 館 中 学 校
㉖関 西 大 学 中 等 部
㉗大 阪 星 光 学 院 中 学 校

兵 庫 県
①[国立]神戸大学附属中等教育学校
②[県立]兵庫県立大学附属中学校
③雲 雀 丘 学 園 中 学 校
④関 西 学 院 中 学 部
⑤神 戸 女 学 院 中 学 部
⑥甲 陽 学 院 中 学 校
⑦甲 南 中 学 校
⑧甲 南 女 子 中 学 校
⑨灘 中 学 校
⑩親 和 中 学 校
⑪神 戸 海 星 女 子 学 院 中 学 校
⑫滝 川 中 学 校
⑬啓 明 学 院 中 学 校
⑭三 田 学 園 中 学 校
⑮淳 心 学 院 中 学 校
⑯仁 川 学 院 中 学 校
⑰六 甲 学 院 中 学 校
⑱須磨学園中学校（第1回入試）
⑲須磨学園中学校（第2回入試）
⑳須磨学園中学校（第3回入試）
㉑白 陵 中 学 校

㉒夙 川 中 学 校

奈 良 県
①[国立]奈良女子大学附属中等教育学校
②[国立]奈良教育大学附属中学校
③[県立] 国 際 中 学 校
　　　　 青 翔 中 学 校
④[市立]一条高等学校附属中学校
⑤帝 塚 山 中 学 校
⑥東 大 寺 学 園 中 学 校
⑦奈 良 学 園 中 学 校
⑧西 大 和 学 園 中 学 校

和 歌 山 県
①[県立] 古 佐 田 丘 中 学 校
　　　　 向 陽 中 学 校
　　　　 桐 蔭 中 学 校
　　　　 日高高等学校附属中学校
　　　　 田 辺 中 学 校
②智 辯 学 園 和 歌 山 中 学 校
③近 畿 大 学 附 属 和 歌 山 中 学 校
④開 智 中 学 校

岡 山 県
①[県立]岡 山 操 山 中 学 校
②[県立]倉 敷 天 城 中 学 校
③[県立]岡山大安寺中等教育学校
④[県立]津 山 中 学 校
⑤岡 山 中 学 校
⑥清 心 中 学 校
⑦岡 山 白 陵 中 学 校
⑧金 光 学 園 中 学 校
⑨就 実 中 学 校
⑩岡山理科大学附属中学校
⑪山 陽 学 園 中 学 校

広 島 県
①[国立]広島大学附属中学校
②[国立]広島大学附属福山中学校
③[県立]広 島 中 学 校
④[県立]三 次 中 学 校
⑤[県立]広 島 叡 智 学 園 中 学 校
⑥[市立]広 島 中 等 教 育 学 校
⑦[市立]福 山 中 学 校
⑧広 島 学 院 中 学 校
⑨広 島 女 学 院 中 学 校
⑩修 道 中 学 校

⑪崇 徳 中 学 校
⑫比 治 山 女 子 中 学 校
⑬福 山 暁 の 星 女 子 中 学 校
⑭安 田 女 子 中 学 校
⑮広 島 な ぎ さ 中 学 校
⑯広 島 城 北 中 学 校
⑰近畿大学附属広島中学校福山校
⑱盈 進 中 学 校
⑲如 水 館 中 学 校
⑳ノートルダム清心中学校
㉑銀 河 学 院 中 学 校
㉒近畿大学附属広島中学校東広島校
㉓ＡＩＣＪ中 学 校
㉔広 島 国 際 学 院 中 学 校
㉕広島修道大学ひろしま協創中学校

山 口 県
①[県立] 下 関 中 等 教 育 学 校
　　　　 高 森 み ど り 中 学 校
②野 田 学 園 中 学 校

徳 島 県
①[県立] 富 岡 東 中 学 校
　　　　 川 島 中 学 校
　　　　 城ノ内中等教育学校
②徳 島 文 理 中 学 校

香 川 県
①大 手 前 丸 亀 中 学 校
②香 川 誠 陵 中 学 校

愛 媛 県
①[県立] 今 治 東 中 等 教 育 学 校
　　　　 松 山 西 中 等 教 育 学 校
②愛 光 中 学 校
③済 美 平 成 中 等 教 育 学 校
④新 田 青 雲 中 等 教 育 学 校

高 知 県
①[県立] 安 芸 中 学 校
　　　　 高 知 国 際 中 学 校
　　　　 中 村 中 学 校

福　岡　県

① [国立] 福岡教育大学附属中学校
（福岡・小倉・久留米）

② [県立]
育徳館中学校
門司学園中学校
宗像中学校
嘉穂高等学校附属中学校
輝翔館中等教育学校

③ 西南学院中学校
④ 上智福岡中学校
⑤ 福岡女学院中学校
⑥ 福岡雙葉中学校
⑦ 照曜館中学校
⑧ 筑紫女学園中学校
⑨ 敬愛中学校
⑩ 久留米大学附設中学校
⑪ 飯塚日新館中学校
⑫ 明治学園中学校
⑬ 小倉日新館中学校
⑭ 久留米信愛中学校
⑮ 中村学園女子中学校
⑯ 福岡大学附属大濠中学校
⑰ 筑陽学園中学校
⑱ 九州国際大学付属中学校
⑲ 博多女子中学校
⑳ 東福岡自彊館中学校
㉑ 八女学院中学校

佐　賀　県

① [県立]
香楠中学校
致遠館中学校
唐津東中学校
武雄青陵中学校

② 弘学館中学校
③ 東明館中学校
④ 佐賀清和中学校
⑤ 成頴中学校
⑥ 早稲田佐賀中学校

長　崎　県

① [県立]
長崎東中学校
佐世保北中学校
諫早高等学校附属中学校

② 青雲中学校
③ 長崎南山中学校
④ 長崎日本大学中学校
⑤ 海星中学校

熊　本　県

① [県立]
玉名高等学校附属中学校
宇土中学校
八代中学校

② 真和中学校
③ 九州学院中学校
④ ルーテル学院中学校
⑤ 熊本信愛女学院中学校
⑥ 熊本マリスト学園中学校
⑦ 熊本学園大学付属中学校

大　分　県

① [県立] 大分豊府中学校
② 岩田中学校

宮　崎　県

① [県立] 五ヶ瀬中等教育学校

② [県立]
宮崎西高等学校附属中学校
都城泉ヶ丘高等学校附属中学校

③ 宮崎日本大学中学校
④ 日向学院中学校
⑤ 宮崎第一中学校

鹿　児　島　県

① [県立] 楠隼中学校
② [市立] 鹿児島玉龍中学校
③ 鹿児島修学館中学校
④ ラ・サール中学校
⑤ 志學館中等部

沖　縄　県

① [県立]
与勝緑が丘中学校
開邦中学校
球陽中学校
名護高等学校附属桜中学校

もっと過去問シリーズ

北　海　道

北嶺中学校
7年分（算数・理科・社会）

静　岡　県

静岡大学教育学部附属中学校
（静岡・島田・浜松）
10年分（算数）

愛　知　県

愛知淑徳中学校
7年分（算数・理科・社会）
東海中学校
7年分（算数・理科・社会）
南山中学校男子部
7年分（算数・理科・社会）

南山中学校女子部
7年分（算数・理科・社会）
滝中学校
7年分（算数・理科・社会）
名古屋中学校
7年分（算数・理科・社会）

岡　山　県

岡山白陵中学校
7年分（算数・理科）

広　島　県

広島大学附属中学校
7年分（算数・理科・社会）
広島大学附属福山中学校
7年分（算数・理科・社会）
広島学院中学校
7年分（算数・理科・社会）
広島女学院中学校
7年分（算数・理科・社会）
修道中学校
7年分（算数・理科・社会）
ノートルダム清心中学校
7年分（算数・理科・社会）

愛　媛　県

愛光中学校
7年分（算数・理科・社会）

福　岡　県

福岡教育大学附属中学校
（福岡・小倉・久留米）
7年分（算数・理科・社会）
西南学院中学校
7年分（算数・理科・社会）
久留米大学附設中学校
7年分（算数・理科・社会）
福岡大学附属大濠中学校
7年分（算数・理科・社会）

佐　賀　県

早稲田佐賀中学校
7年分（算数・理科・社会）

長　崎　県

青雲中学校
7年分（算数・理科・社会）

鹿　児　島　県

ラ・サール中学校
7年分（算数・理科・社会）

※もっと過去問シリーズは
国語の収録はありません。

K 教英出版

〒422-8054
静岡県静岡市駿河区南安倍3丁目12-28
TEL 054-288-2131
FAX 054-288-2133

詳しくは教英出版で検索

教英出版　検索
URL https://kyoei-syuppan.net/

令和六年度　奈良学園中学校　入学試験問題　A日程

国語（六〇分）

試験開始のチャイムが鳴り始めるまでは、この問題冊子を開かないで、左の注意事項をよく読んでおきなさい。

【　注　意　事　項　】

一、試験開始のチャイムが鳴り始めたら、解答用紙の所定の欄に「受験番号」をはっきりと記入し、「QRコードシール」を貼りなさい。　学校名や氏名を書いてはいけません。

二、問題冊子は十八ページあります。　また、解答用紙は一枚です。

三、ページの脱落、印刷の不鮮明な箇所がある場合や、QRコードシールを貼る際に答案用紙が破れたり、貼ったシールにしわができたりした場合は、手を挙げて監督の先生に知らせなさい。

四、解答は、解答用紙の指定された枠内に濃くはっきりと記入しなさい。　枠外に記入した部分は採点の対象にしません。

五、試験終了のチャイムが鳴り始めたら、すみやかに筆記用具を置いて、消しゴムのかすをよく払ってから、解答用紙を裏向きにし、問題冊子を閉じなさい。

六、監督の先生が解答用紙を回収し、指示をするまでは、そのまま静かに着席しておきなさい。

七、問題冊子は持ち帰りなさい。

・字数制限のある問題では、句読点やかっこなどの記号も一字に数えます。
・抜き出し問題でふりがながついた言葉を抜き出すときは、ふりがなを書く必要はありません。
・句読点は解答用紙の枠に重ならないよう記入しなさい。

2024(R6) 奈良学園中 A
K教英出版

一　次の文章を読んで、後の問いに答えなさい。なお、本文には話し言葉（書き言葉としてはふさわしくない言葉）で書かれているところがあります。

中学一年生の古橋律は、併願校として合格していた清瑛学園中等部に入学したが、入学後も学校に対する愛着が湧かないまま、学校生活を送っていた。そんな律に担任の藤町先生は、学校説明会で配布する学校紹介プリントを、クラスメイトの志鳥水都と一緒に作成してくれないかと依頼した。律は全く乗り気ではなかったものの、うまく断ることができないままに引き受けることとなってしまった。

清瑛学園の前には交通量の多い道路が通っていて、バス停もその道路ぞいにある。敷地をぐるりと囲むようにして木が植えられているので、外からはあまり見通しがきかないアない。ただし、正門寄りに突き出るようにして立つ一号館の壁だけは、木の枝に邪魔されずに道路からもはっきり見える。

なのでそこに、大きな垂れ幕がかかっている。

〈祝　県大会優勝　陸上競技部〉
〈祝　全国大会出場　吹奏楽部〉

夏休みの前後や秋の大会後に、ときどき内容が更新されていることには気づいていたけど、自分には関係ないから注1スルーしてきた。でもこれこそヒント、というか正解そのものだったんだ。大会やらコンクールやらでいい成績をおさめた部、または生徒個人にインタビューして、学校紹介の　Ａ　記事にすればいい。

Ｂ　簡単で、これからやるべきことがはっきりした。

垂れ幕が作られるような活躍をしているのは、部活も個人も、きっと三年生が中心だと思う。知らイないひとに話を聞くのはおっくうだし、上級生が相手なんてもっと気が進まないけど、まあしょうがない。いくつか質問して写真のデータをもらって、記事にする。

それで完了だ。

「職員室行って、藤町先生に『決まりました』って　Ｃ　報告しとくよ。ひとりで大丈夫、今日は　Ｄ　解散ね」

-1-

志鳥くんを昇降口前に残して、職員室へ続く階段を上がっていく俺の足は、よりどころのない E 状態って気持ち悪かったから、これでひと安心。あとはめんどくさいのだけ我慢してしまえば……。

だけど、やっと見つけたこのルートには、あっけなくバツがついた。

垂れ幕に名前が載ってるひとたちにインタビューして、それをプリントにまとめます。でも三年生には知り合いがいないから、先生から紹介してもらえませんか？

俺の説明を聞いた藤町先生は、「んー、そうだなあ……」と鈍い反応をした。

「古橋と志鳥が話し合って、そういうふうにしたいって決めたんなら、もちろん協力するけど」

先生がわざと、俺の周りをちらっと見た気がした。今日も古橋ひとりで来たのか、って確認されたのがわかった。この前、国語のワークを運んできたときとまったく同じだなって。

① ぎくりとした。先輩たちにインタビューする件は、たしかに志鳥くんと相談して決めてはいウ ない。でも、② これがベストに違いないって自信はあった。これ以上志鳥くんのアクションを期待したってしょうがないとも思ったし。

志鳥くんはこの仕事をめんどくさがっていないようで、むしろ頼まれたのがうれしそうにさえ見えたけど、かといって具体的なアイディアを出してくれるわけじゃない。ふたりで校内を Ⅱ 歩き回っていたって、残り時間が減っていくだけだ。だから俺ひとりで、最速でプランを決めたのに。

「これは、俺の勝手なリクエストなんだけどさ。もう少しオリジナルな視点で考えてみてくれないか？」

藤町先生が頭の後ろをかきながら言った。

「オリジナル、ですか？」

『優勝した』『受賞した』ってたしかにビッグニュースだよ。なにせ垂れ幕にして外のひとにアピールしてるくらいだから、うちの学園にとっての重要ポイントなのは間違い エ ない」

藤町先生は、近くにあった予備の椅子をぐいっと引いて、その座面をぽんぽんたたいた。ここに座れ、って。でも俺は座る気になれなかった。この話がどこに行き着くのか気になるのと、早く切りあげたいのとで、自分の表情がこわばってい

立ったままの俺を見つめめながら、入学案内のパンフレットや学園のウェブサイトで、すでにたくさん採りあげられてるんだ。見たことないか？」

「でもそういう大きな話題って、

「あ……」

公立にするか清瑛にするかで迷っていたときに読んだ、あの冊子を思い出した。

俺は進学実績にだけ注目したけど、ほかのページには、こういう部活動がありますって紹介とか、出場した競技会の一覧なんかも載っていたかもしれない。しかも本人へのインタビューつきで。

「できれば、それと同じやり方をなぞるんじゃなくて、古橋と志鳥ならではの記事を書いてほしい。ふたりが心から推せるものっていうかさ。誰に、何を、どう伝えるのか。じっくり考えて」

藤町先生がにっと笑った。

俺はとても笑う気分じゃなかった。正解だと思って差し出したものに不正解の印をつけられて、足もとが

□Ⅲ□ 揺れている気がした。この学園で心から推せるもの？　そんなのない。探したくもない。こんなの振り出しに戻されるよりもっと悪い。

これ以上話すことはなくて、「失礼しました」と言って職員室を出た。足を踏み出す。やけに身体が重くて、一段一段がしんどい。

四組の戸は開けっ放しで、中に入ると、三階に上がらなきゃいけない。

教室に荷物を置きっぱなしだから、俺の席に志鳥くんが座っていた。口もとに笑みを浮かべて。

すぐ横の窓から外を眺めている。

勝手に座んないでって文句や、いつもわけわかんないよって文句や、藤町先生にダメ出しくらったって文句や、そういうすべてがぐちゃぐちゃに絡まって喉がつまった。だからそのまま、ずんずん自分の席に近づいていって、椅子の横に立った。

呼びかけたりしない。荷物を取りにきただけだから。

志鳥くんもこっちを向かなかった。そばに来たのが俺だって確かめもせずに、なのにまるですべてがわかっているかのように落ち着き払っている。窓の向こうを、中庭をはさんで一号館が見えるだけのつまらない風景を楽しそうに眺めながら。

その口が動く。

「……特別なニュースって、絶対必要なのかなあ」

（中略）

「プリント作り、どんな感じだ？」

清掃のあとで水の入ったバケツを運んでいたら、右手に食いこむ取っ手の重みがふっと軽くなって、見ると藤町先生が反対側から持ちあげていた。

そのまま廊下の端まで歩いていって、手洗い用の流し台にざばりと空ける。

班のメンバーがぞうきんをしぼるのに使った、にごった色の水。それがステンレスの **注2** シンクの隅々まで広がって、排水溝にごぼごぼ吸いこまれていく。

「ほかのひとに頼んでください」

「ん？」

排水溝の音で聞き取れなかったのか、先生が聞き返す。

「やりたくないです。……俺には無理だから」

シンクにぬるっとした水の膜が残っている。

ほかのクラスの女子ふたりがわいわいしゃべりながらやって来て、同じようにバケツの中身を勢いよく捨てていった。シンクに張った膜がさらに厚くなった。

砂利みたいな黒いゴミの粒が、角に溜まっている。

藤町先生が蛇口をひねって、出てきたきれいな水を片手で受け止めた。角に溜まったそのゴミにうまくかかるように、手の角度を調整しながら水を飛ばしている。

ばたばたと金属がたたかれる音がする。砂利みたいな粒はなかなか流れない。

「プレッシャーを感じさせてたなら、悪かった。ごめんな。……でも、何か古橋にしっくりくるような方法で、参加してくれるといい

なと思ったんだ」

シンクの鳴る音がずっとうるさい。なのに先生の声は、なぜかはっきりと聞こえた。

黙ってじっとシンクの角を見続けていると、何かの拍子に水の流れが変わって、しつこく残っていた粒がするりと動いた。漂って、ときどき止まって、つぎつぎ排水溝に入っていく。

蛇口をきゅっと閉めると、先生は離れていった。

教室に戻って、掃除用具を収納する棚の中に、使ったバケツを片づける。清掃班はとっくに解散したみたいで、寄せていた机の位置も元どおりになっていた。

自分の席に行き、椅子を引いて座ったら、もう立ちあがるきっかけがなかった。周りにはまだ数人の気配があったけど、やがてみんな、それぞれ部活や帰宅するために教室を出ていった。

グラウンドに面した廊下に開けっぱなしの窓があるのか、整列をうながす声が聞こえてくる。ボールを高く蹴りあげたようなドンッという音も。

反対側にある一号館では、吹奏楽部が練習を始めている。一号館と二号館をつなぐ渡り廊下あたりから、はしゃいだ笑い声がして、騒いだままどこかへと消えていく。

俺がいるこの教室だけ空気が止まっている。③それがすごく落ち着くようにも、耐えられないようにも感じた。もうわからない、何が正しいかとか、何が間違ってるかなんて。そもそもわかったことなんて、今まであったかどうかも。

ガラッと音がした。

前側の引き戸が中途半端な位置で止まっていたのを、誰かがスライドさせて開けた。視線をそっちに向けなくても、それがなぜか志鳥くんだってわかった。わかるのが嫌だった。

志鳥くんは戸の外でじっと立ち止まっている。

俺は反応しない。そばに来ないでほしい、余計なことを言われたくない。ケンカの仕方さえろくに知らないから。

ひとりになりたい。

だけど志鳥くんはそんなことお構いなしに教室に入ってくると、並んだ机を指でとんとんたたきながら、まっすぐ近づいてくる。俺

の右隣まで来て、その席の椅子を引いて、ぽすっと座る。

それっきり何も言わない。たぶん俺のことも見ていない。

でもきっといつものように、ふわっと笑ってる。

……なんでそんなに志鳥くんなんだろう。

俺はあれもこれもうまくできなくてじたばたもがいてるのに、どうして、こんなにも当たり前のようにここにいられるんだろう。

どうして俺は、勘弁してよってわめきたいのと同じくらい、今ほっとしてるんだろう。

（眞島めいり『バスを降りたら』PHP研究所による）

注1　シンク──流し台のこと。

注1　＝＝線A「記事」、B「簡単」、C「報告」、D「解散」、E「状態」のうち、熟語の構成が他の四つと**異なる**ものを一つ選び、その記号を答えなさい。

1　＝＝線A「記事」、B「簡単」、C「報告」、D「解散」、E「状態」のうち、熟語の構成が他の四つと**異なる**ものを一つ選び、その記号を答えなさい。

2　～～線ア〜エの「ない」について、はたらきや意味が他の三つと**異なる**ものを一つ選び、その記号を答えなさい。

3　 $\boxed{\text{I}}$ ～ $\boxed{\text{III}}$ に入れるのに最もふさわしい組み合わせを、次の**ア**～**エ**から一つ選び、その記号を答えなさい。

ア　I　ふらふら　　II　ぐるぐる　　III　ずんずん

イ　I　のびのび　　II　すたすた　　III　ずんずん

ウ　I　のびのび　　II　ぐらぐら　　III　ぐらぐら

エ　I　ふらふら　　II　とぼとぼ　　III　ぐらぐら

4　——線①「ぎくりとした」とありますが、それはどうしてですか。その理由を説明しなさい。

5　(1)　——線②「これがベストに違いない」について、次の問いに答えなさい。

律は、自分が思いついた案について、どうしてそのように思っていると考えられますか。その理由を説明した次の文の空欄を二十字以内で埋めて、説明を完成させなさい。

自分の提案は学校紹介の記事としては文句のつけようがない内容であり、しかも、 $\boxed{}$ から。

(2)　ここでの「ベスト」と同じ意味の表現を、これより前の本文中から探し、漢字二字で抜き出しなさい。

……線「砂利みたいな黒いゴミの粒が、……なかなか流れない」とありますが、この描写について教室で先生と生徒が話し合っています。これらのうち、この描写の説明として**ふさわしくないもの**を、次の**ア〜オ**から一つ選び、その記号を答えなさい。

先　生　本文中にある点線部の情景から、話の展開や登場人物の心情について、どのようなことが読み取れるだろうか。

ア　Aさん——はい。本文を読んで、律は中学受験が自分の望み通りにいかなかったのかな、と思いました。そのことを律はまだ引きずっていて、「黒いゴミの粒」が「溜まっている」という表現は、そんな律の様子を暗示しているのだと思います。

イ　Bさん——私は同じその表現から、律が自分の心の中で思っていることを誰にも言えず、心の引っかかりとして一人抱え続けている辛さを感じ取りました。

ウ　Cさん——藤町先生の動作からは、先生が律の抱えているわだかまりを解いて、何とか前向きに学校生活を過ごすことができるようにしてやりたいという姿が表れていると思います。

エ　Dさん——そう。「きれいな水」には先生のそんな純粋な思いと、それを受けとめた律が、心の奥底では学校への愛着を抱きはじめていることが表れていると思う。律には早く中学校に馴染んでいけるようになってほしいな。

オ　Eさん——でも、「粒はなかなか流れない」という表現からは、先生の思い通りにはいかないことがわかります。律の思いには根深いものがあって、まだまだ簡単には解決しないみたいですね。

7　——線③「それがすごく落ち着くようにも、耐えられないようにも感じた」について、このときの律の状況を説明した次の文の空欄を三十字程度で埋めて、説明を完成させなさい。

> 一人きりで教室にいるこの状況は、他人から余計なことを言われて心を乱されることがないという点で、律にとって安心できる状況である。しかしその一方で、この状況は 〔　　　　　〕 という点で、律にとってとても辛い状況である。

8 次の文章は本文を読んだ生徒の意見文です。文章中の A ・ B にふさわしい語句をそれぞれ指定された字数で埋めて、説明を完成させなさい。

親しい間柄において、大切にしなければいけないことは何だろうか。私は相手の心に A（五字以内）ことだと考える。

例えば、親しい誰かが、新しい環境での生活に孤独を感じているとき、何かとても疲れることがあって気分が落ち込んでいるとき、私なら何をしてあげたいか。また、自分自身がそうなってしまったとき、親しい人からどんな言葉が欲しいだろうか。そんなときは、何も聞かず、何も言わず、傍でそっと A ことが一番嬉しいのではないかと私は思う。

もしかすると、「それだけでは解決にならないじゃないか」と言う人がいるかもしれない。しかし、解決することが全てなのだろうか。

もちろん、親しい人が辛い思いをしているとき、その人の悩みを解決するということは大切なことである。だが、いくら頑張ってもその人自身では解決することが難しい場合もある。その場合、だれかが「辛かったね」と B（漢字二字）を示してくれるだけで救われることがあるのではないか。

だからこそ、私は親しい人に対して、まずは自分から相手の心に A ことを大切にしているし、これからもそうでありたいと考えている。

（このページは白紙です。）

二　次の文章を読んで、後の問いに答えなさい。

あなたは「誰も知らない本当の自分」が心のどこかに眠っていると思っていないだろうか。特別な 注1 コーチングとか 注2 カウンセリングとかを受ければ、「誰も知らない本当の自分」が発見され、悩みが一瞬に吹き飛ぶ。そんなことを期待してはいないだろうか。もしそうであれば、 注3 文化人類学者として声を大にして言いたい。

「自分探し」はもうやめよう。

いまの日本人は「自分らしさ」が大好きである。加えて、ありとあらゆる悩みは「自分らしく」あれば解決すると思っている風でもある。たとえばこんな具合に。

Q：高校の部活動。どう部員をまとめたら良いかわからない。

A：「自分らしく」まとめれば良い。

Q：就職活動がうまくいかない。

A：「自分らしく」就活をし、「自分らしく」仕事をすれば良い。

Q：どんなファッションを選べば良いかわからない。

A：流行は気にせず、①「自分らしい」服装を選べば良い。

一事が万事この調子である。上記に限らず、重い病気に罹ったとまどい、死に向かう不安すらも、自分らしくあることで解決できるとまことしやかに言われている。

九〇年代から二〇〇〇年代にかけて、②「自分らしさ」ブームが起こった。日本の新聞二大紙である読売新聞と朝日新聞のデータベースを検索すると、八〇年代にはわずか五十三回しか記事で使われていなかった「自分らしさ」という言葉は、平成の始まる九〇年代

になると約四十五倍の二千三百七十四回、二〇〇〇年代になると百三十五倍の七千百七十五回と注4指数関数的に増える。二〇一〇年代は七千九百七十三回のヒット数であることを踏まえると、このブームは定着したと言えるだろう。

もちろんこれは新聞だけに見られる現象ではない。高齢社会への展望を記した平成二八年版注5『厚生労働白書』（二〇一六年）を開くと、「自分らしく」老いること、たとえ認知症になっても「自分らしく」暮らして最期を迎えることなど、自分らしくあることの大切さが十七回も繰り返される。「自分らしさ」はもはや注6行政用語である。

とはいえ、「自分らしさ」とは一体なんなのか？ 手元の辞典に「自分らしさ」の項目はないためネット検索をすると、そのトップで次のような定義が得られる。

自分らしさとは自分の価値観を大切にして、自然体で行動が行えることです。「らしさ」はそれ自体の特徴がよくわかる状態。それに自分がつくので、自分らしさとは自分の特徴がよく現れている状態とも言えるでしょう。自分らしさに似た類語として、個性・持ち味・キャラクター・独自性などがあります。（検索日：二〇二三年四月三日）

これは一見わかるようで、何も説明してはいない。「猫らしい」と口にするために、猫がどのような動物かを知っていなくてはならない。同じように、「自分らしい」と口にするためには、自分がどのような人間かを知っていなくてはならないだろう。しかしこれはすこぶる哲学的な問いである。何をしていたら自分なのか、何をしていたら自分ではないのか。このように考え出したらキリがない。

また、③ネットの検索状況を見ると、「自分らしさ」をめぐる人々の混乱が窺える。検索ツールを使い、「自分らしさ」と共に検索される言葉を調べると、その上位三つは、「診断」「例」「わからない」である。なんと皮肉だろう。「自分らしさ」が診断可能なら、それは誰かが作った尺度に自分を当てはめているということだ。「自分らしさ」の判断に、他人の評価を導入した時点で、それはすでに「自分らしさ」とは言えまい。これは「例」も同様である。

加えて、自分らしさがわからない人に、その上位三つは、「診断」「例」「わからない」である。なんと皮肉だろう。「自分らしさ」が診断可能なら、それは「あなたの個性です」といったものなのだ。あまりに思いやりがない。「猫」がわからない人に、「それはキャットのことです」といって何になるというのか。

「自分らしさ」のブームは、昭和的な価値観への抵抗から生まれたと言える。

男らしくあれ。

女らしくあれ。

うちの社員になったら、このような心構えを持て。

このような価値観の押し付けに疲れ切り、それらに強い違和感を持った人々が、「自分らしさ」という注7反駁の注8狼煙をあげた。

「昭和的な価値観の押し付けが息苦しい社会を作ったのだから、その価値観を捨て去ろう。そこで抑圧され続けていた『自分らしさ』を人々が解放すれば、その息苦しさは消えるはず」

そんな抵抗と希望が「自分らしさ」から読み取れる。

いくつかの昭和的価値観を押し付けられ、つらい思いをした一人として、「自分らしさ」に込められた希望には心底共感する。しかし気をつけたいのは、④「自分らしさ」は時として競争を激化させるということだ。

「自分らしさ」を探そうとすると、往々にして他人が登場する。私という存在の実感は、誰かとの違いを感じる中で立ち上がるからだ。そうである以上、「自分らしさ」を探し出そうとする試みは、自分と他人を注意深く比較し、頭ひとつ抜けた自分の特徴を探し出すという試みにつながりやすい。加えて、「自分らしさ」を認めてもらいたいと願うとフォロワーやいいね！をどうやって増やすかといった、数をめぐる欲望が頭をもたげてしまう。「自分らしさ」への渇望は、誰かとの終わりなき競争に自分を放り込むという展開を招きやすいのだ。

昭和的な価値観を否定した先で、そんな競争が呼び込まれるのなら、人生の過酷さはさして変わらない。過去を全否定し、その注9逆ブレの極みを土台に、「自分らしさ」を発掘・アピールすることはこのような危険がある。

⑤「自分」は真空管の中には存在しない。

だからこそ自分らしさがわからない人が探すべきは、「自分らしさ」の例や診断ツールではなく、おもしろい、心地よい、楽しいと感じられる関係性や環境であるだろう。それは世界と関わるときに初めて立ち現れる、変化し続ける存在であるからだ。

（磯野真穂『自分探し』をやめよう』『月刊PHP 二〇二三年七月号』による）

注7 反駁の
注8 狼煙をあげた。

-13-

注1　コーチング —— 対話を通して相手が目標を達成できるように支援すること。

注2　カウンセリング —— 悩んでいる人に助言を与えること。

注3　文化人類学者 —— 様々な民族や文化の調査を行い、人間について研究する学者。

注4　指数関数的に増える —— ここでは、急激に増える、という意味。

注5　『厚生労働白書』 —— 厚生労働省が社会の現状などについてまとめたもの。

注6　行政用語 —— 役所などで使われる専門用語のこと。

注7　反駁 —— 相手の意見に対して反対の意見を述べること。

注8　狼煙をあげた —— 大きな動きのきっかけとなる行動を起こしたこと。

注9　逆ブレ —— 反対の方向に転換すること。

1　——線「すこぶる」と同じような意味を持つ言葉として、最もふさわしいものを、次のア〜エから一つ選び、その記号を答えなさい。

ア　はなはだ　　イ　いささか　　ウ　あたかも　　エ　わりあい

2　——線①『自分らしい』服装を選べば良い」とありますが、これはどういうことですか。簡潔に説明しなさい。

3 ──線②『自分らしさ』ブームが起こった」とありますが、そのブームが起きた背景にあるのは何だと筆者は考えていますか。本文中から十字程度で抜き出しなさい。

4 ──線③「ネットの検索状況を見ると、『自分らしさ』をめぐる人々の混乱が窺える」とありますが、ここでの「人々の混乱」とはどのような事態を指していますか。それを説明した次の文の空欄を指定の字数で埋めて、その説明を完成させなさい。

「自分らしさ」とは本来、｜ A （十字程度）｜ものなのに、それをインターネットで検索して｜ B （二十字程度）｜事態。

5 ──線④「『自分らしさ』は時として競争を激化させる」とありますが、筆者はそれはどうしてだと考えていますか。それを説明した次の文の空欄を十字程度で埋めて、その説明を完成させなさい。

自分の特徴の中で、他人とは違う点や優れているところを探し出そうとする。
↓
その特徴について、｜　　　　　　　　　　　　｜と考えるようになる。
↓
そのことにより、自分という存在をより実感することができるようになるから。

─15─

——線⑤『自分』は真空管の中に存在しない」とありますが、これはどういうことですか。その説明として最もふさわしいものを、次のア〜エから一つ選び、その記号を答えなさい。

ア 自分が何者なのかを見いだすには、周囲と競い合うことが必要不可欠であるということ。

イ 自分が何者なのかは、自分を取り巻くあらゆる事物と関わって初めて見えてくるということ。

ウ 自分が何者であるかは変化し続けるものであり、初めから決まっているものではないということ。

エ 自分が何者であるかは人によって異なっており、決まった見つけ方があるわけではないということ。

7 ——線『自分探し』はもうやめよう」とありますが、筆者がこのように呼びかけるのはどうしてだと考えられますか。その理由として最もふさわしいものを、次のア〜エから一つ選び、その記号を答えなさい。

ア 「自分らしさ」ブームが起こるまで、人は「自分探し」などしなくても問題なく生活できていたのだから、余計なことをあれこれ考えずに今の自分のままでいればよいと筆者は考えているから。

イ 「自分らしさ」が何なのかわからず、あれこれ労力をかけて「自分探し」をしなくても、情報技術が発達した昨今ではインターネットで検索することで容易に「自分らしさ」が判断できるから。

ウ 「自分探し」をやめることにより、「自分らしさ」を見出そうと自分を他人と比較してその違いや優位性に囚われてしまうことから解放され、自分自身の価値観を大切にすることができるから。

エ 「自分探し」をやめてしまって、自分の内面と向き合い他人との違いを見出すことよりも、様々な環境の中に身を置いて他者を細やかに観察する方が役に立つと筆者は考えているから。

三 （A） 次の問いに答えなさい。

1 「すべての人を平等に愛すること」を意味する四字熟語を、次の**ア〜エ**から一つ選び、その記号を答えなさい。

ア 一心同体　**イ** 一蓮托生（いちれんたくしょう）　**ウ** 一視同仁　**エ** 一気呵成（いっきかせい）

2 「□の一声」の□に生き物の名前をひらがなで入れ、慣用的表現を完成させなさい。

3 「ひととなり」の意味として最もふさわしいものを、次の**ア〜エ**から一つ選び、その記号を答えなさい。

ア 性格　**イ** 経験　**ウ** 隣家（りんか）　**エ** 人違い（ひとちがい）

4 ──線部の言葉の使い方として最もふさわしいものを、次の**ア〜エ**からそれぞれ一つ選び、その記号を答えなさい。

① 煙に巻く（けむにまく）

ア わかりやすい説明を心がけ、生徒の理解を煙に巻く。
イ 裁判に不利になる証拠（しょうこ）を隠（かく）して、真相を煙に巻く。
ウ 突拍子（とっぴょうし）もない話を持ち出しては、聴衆（ちょうしゅう）を煙に巻く。
エ よく熟（う）れた果実の香りが、台所の空気を煙に巻く。

-17-

② かしましい

ア たくさんの来場者がいるので会場は大いにかしましい。

イ 山里の夜は人の気配がまったくないのでかしましい。

ウ かしましい老夫婦が海辺の町を静かに散歩している。

エ かしましい現場を目撃して人々は冷静さを失った。

三 （B） 次の1〜10の文の――線部について、カタカナは漢字になおし、漢字はその読み方をひらがなで書きなさい。

1 今日の夕食のフクサイを考える。

2 友人のシンキョに招待される。

3 縁日のシャテキを楽しむ。

4 病院のショチ室で怪我の手当てを受ける。

5 社会の制度をヘンカクする。

6 文化祭の始まりにスンゲキを演じる。

7 突然のユウダチに雨宿りする。

8 マズしい人たちを救うために人生を捧げる。

9 幼少期からの親友のことを竹馬の友と言う。

10 興行収入が一位となった映画。

令和6年度

奈良学園中学校

入学試験問題

A日程

算数（60分）

試験開始のチャイムが鳴り始めるまでは，この問題冊子を開かないで，下記の注意事項をよく読んでおきなさい。

【 注 意 事 項 】

1. 試験開始のチャイムが鳴り始めたら，解答用紙の所定の欄に「**受験番号**」をはっきりと記入し，「**QRコードシール**」を貼りなさい。**学校名や氏名を書いてはいけません。**

2. 問題冊子は 9 ページあります。また，解答用紙は1枚です。

3. ページの脱落，印刷の不鮮明な箇所などがある場合や，QRコードシールを貼る際に答案用紙が破れたり，貼ったシールにしわができたりした場合は，手を挙げて監督の先生に知らせなさい。

4. 解答は，**解答用紙の指定された枠内に濃くはっきりと記入しなさい。枠外に記入した部分は採点の対象にしません。**

5. 試験終了のチャイムが鳴り始めたら，すみやかに筆記用具を置いて，**消しゴムのかすをよく払ってから解答用紙を裏向きにし，問題冊子を閉じなさい。**

6. 監督の先生が解答用紙を回収し，指示をするまでは，そのまま静かに着席しておきなさい。

7. 問題冊子は持ち帰りなさい。

♯教英出版 編集部 注
編集の都合上、白紙は省略しています。

円周率の必要なときは，3.14 としなさい。
小数点などの小さな記号は大きめにはっきりと書きなさい。

1 次の□□□にあてはまる数を入れなさい。

（1）$11 \times 11 \times 8 + 11 \times 12 \times 8 - (113 - 90) \times 8 = \boxed{}$

（2）$25 \times 123 - 2.5 \times 12.3 + 0.25 \times 1230 = \boxed{}$

（3）$\left(\dfrac{14}{3} \times \dfrac{14}{5} - \dfrac{7}{5} \times \dfrac{7}{6}\right) \times \left(\dfrac{2}{7} + \dfrac{1}{4}\right) - \dfrac{1}{8} = \boxed{}$

（4）$\left(1.75 - \dfrac{1}{3}\right) - (3 \div 0.25 - 2.4) \div \boxed{} + \dfrac{1}{12} = 0.3$

2 次の〔　　　〕にあてはまる数または言葉を入れなさい。

（1）直方体の容器に１時間雨が降り，たまった水の深さが３mmになるとき，

　　　１時間の降水量は３mmといいます。このとき，一辺の長さが10mの正方

　　　形の土地には１時間で２L入りのペットボトル〔　　　〕本分の雨が降ります。

（2）下の図のような立体があります。円すいの側面部分は灰色で塗られてい

　　　ます。この立体の展開図は，おうぎ形と長方形と円を１個ずつ用いて表す

　　　ことができます。おうぎ形の中心角は〔　ア　〕度です。A＝〔　イ　〕cmのと

　　　き，灰色の部分の面積は，この立体の表面積の半分に等しくなります。

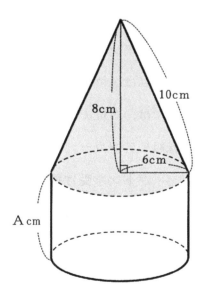

（3）あめが□個あるので，あるグループに配ることにしました。一人に３個ずつ配ると 19 個あめが余ってしまうので，一人に４個ずつ配ったところ，一人だけまったくあめがもらえなくなり，残りの人には４個ずつ配ることができました。

（4）次の会話は，体育大会のリレー後の会話です。４人は赤組，黄組，緑組，青組の最終走者（アンカー）で，自分たちがバトンを受け取ったときの順位とゴールした順位について話をしています。

　　赤組のアンカー

　　　「後で動画を見ると，バトンを受け取ったときとゴールした順位が同じだった人はいなかったね。僕がバトンを受け取ったときは２位ではなかったね。」

　　黄組のアンカー

　　　「私は３位でバトンを受け取りました。２位でバトンを受け取った人は，３位でゴールしました。」

　　緑組のアンカー

　　　「バトンを受け取ってからゴールまで一度も赤組に追いつくことができなかったな。」

　　青組のアンカー

　　　「１位でゴールすると思ってなかったからすごくうれしいよ。」

　　これらの会話から，赤組が□ア□位でバトンを受け取り，４位でゴールをしたのは□イ□組であることが分かります。

3 図のような，正方形の区画でできた街路があります。地点アから地点イまで，北または東向きに道を通って遠回りしないで進むものとします。このとき，次の問いに答えなさい。

（1）全部で道順は何通りありますか。

（2）途中で地点ウを通る道順の中で，地点アから地点ウまでに東に3回続けて移動するものは何通りありますか。

（3）途中で地点エを通る道順の中で，地点アから地点エまでに東に3回以上続けて移動するものは何通りありますか。

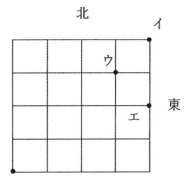

- 4 -

4 次の問いに答えなさい。

（1）正方形が2つあり，その面積の差が216cm²，一辺の長さの差が12cmと します。これを次の図のように，この2つの正方形を重ねて表したとき， 色を塗った部分の面積は何cm²ですか。

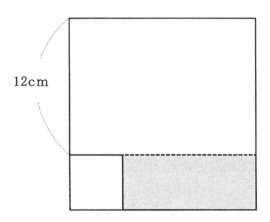

12cm

（2）正方形が2つあり，その面積の和が40cm²，一辺の長さの和が8cmとし ます。これを次の図のように表したとき，色を塗った部分の面積（縦の長 さが一方の正方形の一辺の長さに等しく，横の長さはもう一方の正方形の 一辺の長さに等しい長方形）は何cm²ですか。

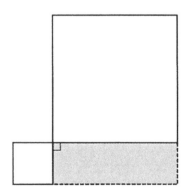

（3）立方体が2つあり，その体積の和が 790cm^3，一辺の長さの和が 10cmの
とき，次のような長方形の面積は何cm^{2}ですか。

　　この長方形は，縦の長さが一方の立方体の一辺の長さに等しく，横の長
さはもう一方の立方体の一辺の長さに等しい。

5 　学ちゃんの家と，学ちゃんのおじいさんの家は一本道でつながっています。学ちゃんとおじいさんは，相手に会うために，同時に家を出ました。2人は，自分たちの家の中間地点よりも 361m 学ちゃんの家側にある地点Aですれちがいました。しかし，暗がりで2人ともそのことに気づかず，そのまま進みました。学ちゃんの家に着いたおじいさんは，すぐに引き返し学ちゃんを追いかけたところ，地点Bで追いつくことができました。

　おじいさんが3歩進む間に学ちゃんは4歩進みます。おじいさんが2歩で進む距離を学ちゃんは9歩で進みます。おじいさんと学ちゃんの速さはそれぞれ一定で，おじいさんと学ちゃんの歩幅もそれぞれ一定です。このとき，次の問いに答えなさい。

（1）おじいさんと学ちゃんの速さの比を，最も簡単な整数の比で表しなさい。

（2）おじいさんの家と学ちゃんの家の間の距離は何mですか。

（3）地点Bはおじいさんの家まで何mのところにありますか。

6 次の ア ～ セ にあてはまる数を入れなさい。

次のような等式（等号を使って表した式のこと）を考えましょう。

$1＋2＝3$ は連続する整数 1，2，3 を使った等式です。

$4＋5＋6＝7＋8$ は 4 から 8 までの連続する整数を使った等式です。

$$1＋2＝3$$

$$4＋5＋6＝7＋8$$

$$9＋10＋11＋12＝13＋14＋15$$

$$16＋17＋18＋19＋20＝21＋22＋23＋24$$

このように連続する整数を小さい方からならべて，等式をつくると，

$25＋$ … $＋$ ア $＝$ イ $＋$ … $＋35$

$36＋$ … $＋$ ウ $＝$ エ $＋$ … $＋48$

$\vdots$

$169＋$ … $＋$ オ $＝$ カ $＋$ … $＋195$

ということが分かります。

もっと調べてみると，次のような別の種類の等式が見つかります。

$$1＋2＝3$$

$$2＋3＋4＋5＋6＋7＝8＋9＋10$$

$$3＋4＋$ … $＋11＋12＝13＋14＋15＋16＋17$$

$$4＋5＋$ … $＋16＋17＝18＋19＋$ … $＋23＋24$$

このように連続する整数を小さい方からならべて，等式をつくると，

$5＋$ … $＋$ キ $＝$ ク $＋$ … $＋31$

$6＋$ … $＋$ ケ $＝$ コ $＋$ … $＋38$

$\vdots$

$21＋$ … $＋$ サ $＝$ シ $＋$ … $＋143$

-8-

ということが分かります。21＋ … ＋ サ の和は ス で，その約数を
1から小さい順にならべると3番目の約数は セ となります。

令和 6 年度

奈良学園中学校

入学試験問題

A 日程

理 科 （４０分）

試験開始のチャイムが鳴り始めるまでは，この問題冊子を開かないで，下記の注意事項をよく読んでおきなさい。

【 注 意 事 項 】

1. 試験開始のチャイムが鳴り始めたら，解答用紙の所定の欄に「**受験番号**」をはっきりと記入し，「**QRコードシール**」を貼りなさい。**学校名や氏名を書いてはいけません。**

2. 問題冊子は 14 ページあります。また，解答用紙は 1 枚です。

3. ページの脱落，印刷の不鮮明な箇所などがある場合や，**QRコードシールを貼る際に答案用紙が破れたり，貼ったシールにしわができたりした場合**は，手を挙げて監督の先生に知らせなさい。

4. 解答は，**解答用紙の指定された枠内に濃くはっきりと記入しなさい。枠外に記入した部分は採点の対象にしません。**

5. 試験終了のチャイムが鳴り始めたら，すみやかに筆記用具を置いて，**消しゴムのかすをよく払ってから解答用紙を裏向きにし，問題冊子を閉じなさい。**

6. 監督の先生が解答用紙を回収し，指示をするまでは，そのまま静かに着席しておきなさい。

7. 問題冊子は持ち帰りなさい。

1 次の文章を読んで，後の問いに答えなさい。

　水素は，燃えるときには水以外のものができず，環境を汚すものを出さないため，現在，エネルギー源として注目されています。

　この水素が燃えるときの変化を，身の回りにあるものをつくっている原子と呼ばれる粒から考えてみます。原子は次のような粒です。

- それ以上分けることはできない小さな粒である。
- いろいろな種類があり，それぞれ「〜原子」というような名前がついている。
- 粒の種類により重さや性質がちがう。

　身の回りにあるものは，原子が同じ種類の原子やちがう種類の原子と結びついてできています。また，ものをつくっている原子が，はなれたり，ちがう原子と結びついたりして，ちがうものに変化します。そのときに原子の重さや種類が変わったり，新たに原子が生まれたり，なくなったりすることはありません。

　水素は水素原子と呼ばれる粒2個から，酸素は酸素原子と呼ばれる粒2個からできています。そして水は，酸素原子の粒1個と水素原子の粒2個からできています。水素，酸素，水を，原子という粒を使って模式的にあらわすと次のようになります。

　原子という粒から，水素が燃えるときの変化を考えてみると，水は，水素の中にある水素原子と酸素の中にある酸素原子が結びついてできることがわかります。つまり，水素原子の粒2個からできている水素（　①　）個と，酸素原子の粒2個からできている酸素（　②　）個から，酸素の粒1個と水素原子の粒2個からできている水は（　③　）個できます。

　次の表には，5.00gの酸素の中で，いろいろな重さの水素がすべて燃えたときに，できた水の重さをまとめました。

水素の重さ〔g〕	0.10	（　④　）	0.25	0.30	0.50
酸素の重さ〔g〕	5.00	5.00	5.00	5.00	5.00
できた水の重さ〔g〕	0.90	1.80	（　⑤　）	2.70	4.50

（1）　酸素について述べている次の文を完成させるには（　）の中の２つのうちのどちらを選べばよいですか。次の**ア～エ**からその記号の組合せとして正しいものを１つ選び，記号で答えなさい。
　　　「酸素は空気中に体積の割合で（A　約20％　　B　約80％）含まれている気体で，（C　水によく溶け，その水溶液は酸性となる　　D　水にはわずかに溶け，中性となる）。」
　　ア　A　C　　　　　**イ**　A　D　　　　**ウ**　B　C　　　　**エ**　B　D

（2）　ものの燃え方について述べている文として**まちがっているもの**はどれですか。次の**ア～オ**から１つ選び，記号で答えなさい。
　　ア　木をアルミニウムはくで包んで，空気とふれないようにして熱すると炭になる。
　　イ　たおれたアルコールランプの火に，ぬれたぞうきんをかぶせると火が消える。
　　ウ　ろうそくが燃えると，空気中の酸素が使われて二酸化炭素ができる。
　　エ　ふたをしたびんの中でろうそくを燃やすと，やがてびんの中の空気中の酸素がすべてなくなる。
　　オ　酸素，ちっ素，二酸化炭素の中で，ものを燃やすはたらきをもっているのは酸素だけである。

（3）　文中の（　①　）～（　③　）にどの数字を入れれば，水素と酸素が水に変化するときについて述べている文が完成しますか。次の**ア～キ**から１つ選び，記号で答えなさい。ただし，この変化のときに，水素原子や酸素原子が残ることはありません。
　　ア　①1　　②1　　③1　　　**イ**　①1　　②1　　③2
　　ウ　①1　　②2　　③1　　　**エ**　①1　　②2　　③2
　　オ　①2　　②1　　③1　　　**カ**　①2　　②1　　③2
　　キ　①2　　②2　　③1

（4）　表中の（　④　），（　⑤　）にあてはまる数字を答えなさい。

（5）　水素0.50ｇを燃やしたときに残っている酸素の重さはいくらですか。

（6）　水素原子，酸素原子の粒の重さの比を最も簡単な整数比で答えなさい。

2 次の文章を読んで，下の問いに答えなさい。
　わたしたちの体には，かたい骨があり，その周りにやわらかい筋肉が
ついています。体を動かすとき，骨と骨のつなぎ目になっているところで
体を曲げ，筋肉をちぢめたりゆるめたりすることで，うでやあしを曲げたり
のばしたりして，体を動かしています。

（1）　骨にはどのような役割がありますか。「体を動かす」以外の役割を1つ
　　　書きなさい。

（2）　文中の下線部について，骨と骨のつなぎ目を何といいますか。

（3）　文中の下線部について，次の①〜④の図は人の体の中のある部分の骨と
　　　骨のつなぎ目を表したものです。①〜④は体のどの部分ですか。下のア〜
　　　キからそれぞれ1つずつ選び，記号で答えなさい。

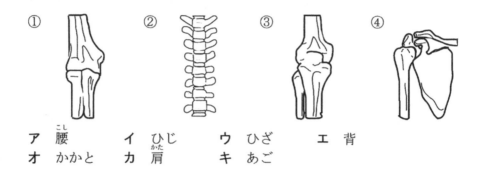

　　①　　　　　　②　　　　　　③　　　　　　④

　　ア　腰　　　　イ　ひじ　　　ウ　ひざ　　　エ　背
　　　　こし　　　　　　　　　　　　　　　　　
　　オ　かかと　　カ　肩　　　　キ　あご
　　　　　　　　　　　かた

（4）　次の図1は，うでの模型を台の上に置いた様子を表したものです。Aと
　　　Bのひもを引いたり，ゆるめたりすることで，うでを曲げのばしします。
　　　この図1では，うでは曲がっています。この状態からうでをのばすとき，
　　　AとBのひもはどうすればよいですか。最も適切なものを，あとのア〜カ
　　　から1つ選び，記号で答えなさい。

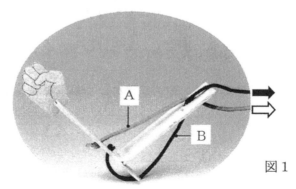

A

B

図1

ア　Aのひもを矢印(白)の方へ，Bのひもを矢印(黒)の方へ同時に引く。
イ　Aのひもを矢印(白)の方へ引き，Bのひもは引かずにゆるめる。
ウ　Aのひもを矢印(白)の方へ引き，Bのひもはそのまま固定する。
エ　Aのひもは引かずにゆるめて，Bのひもを矢印(黒)の方へ引く。
オ　Aのひもはそのまま固定し，Bのひもを矢印(黒)の方へ引く。
カ　Aのひもはそのまま固定し，Bのひもは引かずにゆるめる。

（5）　次の図2，図3はカエルが泳いでいるときの様子で，図4はカエルのあしの筋肉を示しています。図4のウまたはエの筋肉をちぢめることで，図中の矢印の方向に曲げます。図2，図3の動きをするとき，〇でかこんだあしについて，ちぢむ筋肉はどれですか。図4のア～エからそれぞれすべて選び，記号で答えなさい。

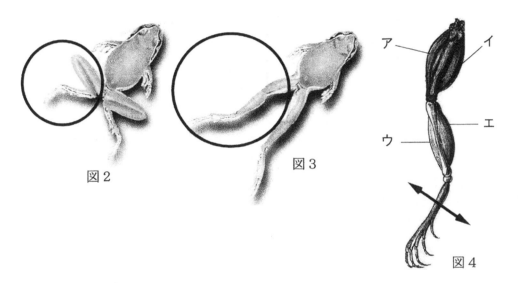

図2　　　　　図3　　　　　図4

3 次の文章を読んで，後の問いに答えなさい。

　ほたるさんは，お風呂に入れる発泡入浴剤の泡が二酸化炭素だということをきいて，そのことを確かめたいと思いました。また，お湯の中で，あの小さなかたまりからどれくらいの気体が出てくるのかも知りたいと思い，先生と一緒に実験で調べてみることにしました。次の文章や図は，そのときの実験の様子と結果，そして先生とほたるさんの会話です。

　　　　　　※発泡入浴剤は，お湯の中で二酸化炭素の泡を出す入浴剤です。

＜実験１＞図のように，水を入れた水そうに，水でみたした器具Ｘを設置し，三角フラスコにくだいた発泡入浴剤５ｇと40℃のお湯100mLを入れました。出てくる気体を発泡入浴剤がすべて溶けてなくなるまで器具Ｘに集め，その体積を確かめました。結果は，80mLの気体を集めることができました。

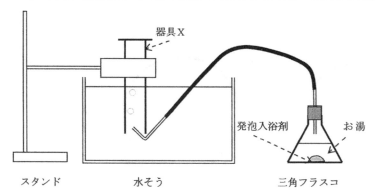

ほたる：この気体は二酸化炭素なんですね。

先　　生：本当に二酸化炭素なのかは，（　Ａ　）が白くにごるかどうかで確かめられるね。初めのほうで出てくる気体は（　Ｂ　）から，後のほうで出てきた気体を（　Ａ　）に通してみよう。

＜実験２＞後のほうで出てきた気体を，（　Ａ　）に通してふりまぜたところ，（　Ａ　）が白くにごりました。

ほたる：やっぱり二酸化炭素なんだ。そしてたった５ｇくらいの発泡入浴剤で，こんなにたくさんの泡が出てくるんですね。どうしてですか。

先　　生：その前に１つ，話をしておくことがあるんだ。お湯の中でどれだけの泡が出てくるのかを調べたいから，この装置で出てくる気体の体積を調べたのだけれど，水の中を通して集めると，出てくる二酸化炭素の体積を正確にはかることはできないんだ。理由はわかるかい。

ほたる：そうだ。二酸化炭素は水に溶けるんだった。

先　　生：そうなんだ。二酸化炭素は水に溶けるから，この実験で集まった気体は，発泡入浴剤から出てきた体積よりは小さくなっているんだよ。それでは，発泡入浴剤からたくさんの二酸化炭素が，出てくるわけを説明しよう。この発泡入浴剤の「有効成分」をみてみると，その中の一つに「炭酸水素ナトリウム」というものがあるね。それはお

湯に溶けたときに，他の成分と作用し合って，二酸化炭素を作ることができるものなんだ。そして，固体のものが気体を作るときには，固体の体積より大きな体積の気体を作ることができるんだよ。例えば，0.1 gの「炭酸水素ナトリウム」が他の成分と作用し合って，すべて二酸化炭素を出せば，40℃のお湯だと31mLも出るそうだよ。

（1）　実験1，2について，次の問いに答えなさい。
　①　（　A　）にあてはまるものは何ですか。その名前を答えなさい。
　②　（　B　）にあてはまる文はどれですか。次のア〜エから1つ選び，記号で答えなさい。
　　　ア　お湯の蒸気がまじっている
　　　イ　水そうの水で冷えている
　　　ウ　三角フラスコに入っていた空気が出てくる
　　　エ　お湯であたためられている

（2）　下線部について，次の問いに答えなさい。
　①　二酸化炭素が溶けた水溶液を何と呼びますか。その名前を答えなさい。
　②　気体が溶けた水溶液はどれですか。次のア〜エからすべて選び，記号で答えなさい。
　　　ア　食塩水　　　　　　イ　アンモニア水
　　　ウ　ミョウバン水溶液　エ　塩酸

（3）　5 gの発泡入浴剤に，炭酸水素ナトリウムが重さの割合で10％ふくまれていたとします。そのすべてが二酸化炭素を出した場合，40℃で何mLの二酸化炭素が出てきますか。整数で答えなさい。ただし，発泡入浴剤中の炭酸水素ナトリウム以外の成分は二酸化炭素を出さないものとします。

（4）　今回の実験で使った器具Ｘは，右の写真のような器具です。この器具は何と呼ばれる器具ですか。その名前を答えなさい。また，この器具Ｘで水を80mLはかり取るとき，その水面はどのように見えると考えられますか。その水面の様子を解答用紙の器具Ｘの80mLのめもり付近を拡大した図の中にかきなさい。

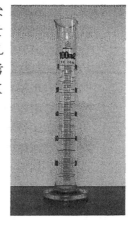

4　次の文章を読んで，下の問いに答えなさい。

　図1のように電池の＋極と，豆電球，電池の－極を
導線で1つの輪のようにつなぐと，豆電球が点灯しま
す。この1つの輪のような電気の通り道を（　①　）と
いいます。（　①　）が1カ所でも切れていると，電気は
流れなくなり，豆電球は点灯しません。このことを利
用すると電気を通す物と通さない物を分けることがで
きます。

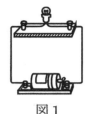

図1

　2種類の豆電球PとQをそれぞれ何個か用意して，
豆電球の明るさとその豆電球に流れる電流の大きさの
関係を調べます。電流の大きさを測定するには，図2
のような電流計を使います。なお，電流の大きさを測
定することで流れる電流の大きさは変わりません。豆
電球は種類が同じであればその性能は同じとします。

図2

（1）　文中（　①　）にあてはまる語句を**漢字**で答えなさい。

（2）　電気を通すものはどれですか。次の**ア〜ク**からすべて選び，記号で答え
　　なさい。
　　ア　ガラスのコップ　　**イ**　輪ゴム　　**ウ**　5円硬貨　　**エ**　画用紙
　　オ　ポリエチレンの袋　　**カ**　アルミホイル　　**キ**　鉄のクリップ
　　ク　綿の布

（3）　図1の豆電球をソケットからはずし，電池と導線でつないで点灯させ
　　ます。どのようにつなげばよいですか。解答欄につなぎ方をかきなさい。

（4）　図1のように，豆電球Pと電池をつなぎ，電流を測定しました。豆電球
　　Pを流れる電流の大きさは280mAでした。このときの豆電球Pの明るさを
　　確認してから，豆電球Pをはずし，豆電球Qに変えて，豆電球Qを流れる
　　電流の大きさを測定しました。豆電球Qに流れる電流の大きさは180mAで
　　した。このときの豆電球Qの明るさと先に確認した豆電球Pの明るさを比
　　べたとき，豆電球の明るさについて書かれた文で正しいものはどれですか。
　　次の**ア〜ウ**から1つ選び，記号で答えなさい。
　　ア　同じ明るさである。
　　イ　豆電球Pの方が明るい。
　　ウ　豆電球Qの方が明るい。

（5）　図3のように，豆電球Pと豆電球Qと電池
をつなぎ，図の黒い点a，b，cを流れる電
流の大きさを測定しました。点aを流れる電
流の大きさは280mA，点bを流れる電流の大
きさは180mA，点cを流れる電流の大きさは
460mAでした。2つの豆電球のうち，一方の
豆電球が明るく点灯していました。

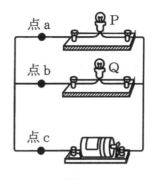

図3

次に図3の豆電球Qを別の豆電球Pに変
え，図の黒い点a，b，cを流れる電流を測
定しました。点a，b，cを流れる電流につ
いて書かれた文で正しいものはどれですか。
次のア〜ケからすべて選び，記号で答えなさい。

ア　点aを流れる電流の大きさは，点cを流れる電流の大きさに等しい。

イ　点aを流れる電流の大きさは，点bを流れる電流の大きさに等しい。

ウ　点bを流れる電流の大きさは，点cを流れる電流の大きさに等しい。

エ　点aを流れる電流の大きさは，点bを流れる電流の大きさと点cを流
れる電流の大きさの和に等しい。

オ　点bを流れる電流の大きさは，点aを流れる電流の大きさと点cを流
れる電流の大きさの和に等しい。

カ　点cを流れる電流の大きさは，点aを流れる電流の大きさと点bを流
れる電流の大きさの和に等しい。

キ　点aを流れる電流の大きさは，点cを流れる電流の大きさより小さい。

ク　点aを流れる電流の大きさは，点bを流れる電流の大きさより小さい。

ケ　点bを流れる電流の大きさは，点cを流れる電流の大きさより小さい。

（6）　図3のように豆電球Pと豆電球Qをつなぎ電
池を1個から5個に増やし，直列つなぎにしま
した。すると，電池をつなぐと同時に一方の豆
電球が一瞬，明るくなり，すぐに点灯しなく
なりました。もう一方の豆電球は明るく点灯し
ていました。

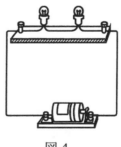

図4

このときに使った2つの豆電球と電池1個を
図4のようにつなぎました。この2つの豆電球
の様子について，書かれた文で正しいものはど
れですか。次のア〜ウから1つ選び，記号で答えなさい。

ア　2つの豆電球はどちらも点灯する。

イ　一方の豆電球は点灯し，もう一方の豆電球は点灯しない。

ウ　2つの豆電球はどちらも点灯しない。

5 水に関する次の文章を読み，下の問いに答えなさい。

　日本の降水量は，世界平均の約2倍といわれています。山に雨や雪として降った水は低いところへ流れ進み，川となって海に流れていきます。流れる水には，地面などをけずる「しん食」，けずったものをおし流す「運ぱん」，けずったものを積もらせる「たい積」の3つのはたらきがあります。降水のあと，川を流れる水の量が多くなると，水の流れの速さは（　A　），3つのはたらきは（　B　）なります。

　人びとは豊かな水によって恩恵を受けている一方で，集中ごう雨などの被害を受けることもあります。近年，局地的大雨が増えており，大雨や洪水などに対して，普段からの備えが大切といわれています。

（1）　文章中の空欄（　A　）・（　B　）にあてはまる語句の組合せとして正しいものはどれですか。次のア～カから1つ選び，記号で答えなさい。

	A	B
ア	速くなり	大きく
イ	速くなり	小さく
ウ	おそくなり	大きく
エ	おそくなり	小さく
オ	変わらず	大きく
カ	変わらず	小さく

（2）　次の図は，ある地域の川のようすを模式的に表したものです。この地域では，支流を流れる水が1本の大きな川に集まり，図の左側の河口側へ流れていきます。

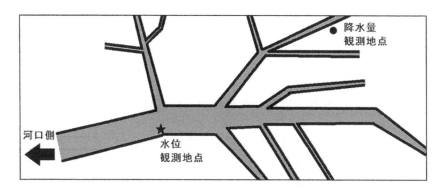

　次のページの表は，8月のある期間，ある都市（●で示された地点）の1日の降水量（mm）と，その都市からつながる川の約20km下流の地点（★で示された地点）でその日の18時に測定した水位（m）をまとめたものです。

　なお，降水量は「容器に入った雨水の高さ」で測定するため，単位はmmになります。

日付	ある都市の 1日の降水量(mm)	下流の地点の 18時の水位(m)	備考
8月14日	31.5	1.13	
15	84.5	1.97	大雨警報発令
16	0.0	0.48	
17	2.0	0.50	
18	0.0	0.49	
19	0.0	0.44	
20	0.0	0.41	
21	0.0	0.40	
22	0.0	0.44	
23	2.0	0.42	
24	5.5	1.95	

　このデータから，8月15日には大雨が降り，川の水位が2m近くまで上がったことが分かります。しかし8月24日には，観測された降水量は15日に比べてかなり少ないにもかかわらず，川の水位は同じくらいまで上がっています。なぜこのようなことが起こったのでしょうか。8月24日に水位が急に上がった理由として考えられることを説明しなさい。

（3）局地的大雨について，次の問いに答えなさい。

① 雲にはいろいろな種類があり，できる高さや形などによって分類されます。雨や雪を降らせ，ときに雷（かみなり）をともなった大雨を降らせることもある雲はどれですか。次のア〜エから1つ選び，記号で答えなさい。

　　ア　巻積雲　　　イ　巻雲　　　ウ　積乱雲　　　エ　高積雲

② 令和3年(2021年)から，気象庁は「顕（けん）著な大雨に関する情報」により，「①の雲が列をなして数時間にわたってほぼ同じ場所を通過またはとどまることでつくり出される線状に伸（の）びる局地的な降水をともなう雨域」を発表することとなりました。このような雨域のことを何といいますか。

（4）大雨や洪水に対する備えについて，次の問いに答えなさい。

① 過去の自然災害の例などから，その地域の被害を予想して地図に表したものを何といいますか。

② 災害を防ぐため，川に砂防ダムを設置している場所があります。砂防ダムはどのようなしくみで災害を防いでいますか。そのしくみを1つ挙げ，流水の3つのはたらき「しん食」・「運ぱん」・「たい積」のうちの1つの語句を用いて説明しなさい。

6 　植物には，葉に日光があたることで空気中にふくまれる（　Ａ　）から
でんぷんをつくるはたらきがあります。このはたらきを確かめるために
は，たたき染めを利用して葉の中のでんぷんの有無を確かめたり，でん
ぷんをつくるために使われる（　Ａ　）の量を測定するなど，様々な方法が
あります。次の問いに答えなさい。

（1）　文中の下線部の（　Ａ　）について，適切に述べたものはどれですか。次
　　のア～エから１つ選び，記号で答えなさい。
　　ア　線香の火を近づけると，激しく燃え上がる。
　　イ　空気中に一番多くふくまれる。
　　ウ　水に溶けると，水溶液からは鼻をつく特有のにおいがする。
　　エ　化石燃料の消費により，空気中にふくまれる割合が増加している。

（2）　ヨウ素液につけたろ紙を使って，日光をよく当てた葉のでんぷんをた
　　たき染めにより確かめたとき，ろ紙の色はどうなっていますか。次のア
　　～オから１つ選び，記号で答えなさい。
　　ア　ろ紙に葉の形が写り，写った葉の形の部分が茶色になっている。
　　イ　ろ紙に葉の形が写り，写った葉の形の部分がくすんだ濃い緑色になっ
　　　ている。
　　ウ　ろ紙に葉の形が写り，写った葉の形の部分が青紫色になっている。
　　エ　ろ紙に葉脈の形だけが写り，写った葉脈の形の部分が青紫色になって
　　　いる。
　　オ　ろ紙に葉脈の形だけが写り，写った葉脈の形の部分がくすんだ濃い緑
　　　色になっている。

（3）　でんぷんをつくるために使われる空気中の（　Ａ　）の量を測定する
　　とき，気体検知管を使います。気体検知管の使い方で，**まちがっている**
　　内容がふくまれているものはどれですか。次のア～エから１つ選び，記
　　号で答えなさい。
　　ア　チップホルダーに管の先を入れ，回して傷をつけてから，管のＧマー
　　　ク側だけを折る。
　　イ　Ｇマーク側にゴムのカバーをつける。
　　ウ　気体採取器に，管を矢印の向きにとりつける。
　　エ　気体採取器のハンドルを引いて，管に空気をとりこむ。

（4）　まなぶさんは，気体検知管を使って，植物がでんぷんをつくるのに必要な光と空気中の（　Ａ　）について，光の明るさと（　Ａ　）の量を調べる実験を，次のⅠ～Ⅳの順で行いました。結果は，下の表のようになりました。ただし，キロルクスとは光の明るさを示す単位です。下の①，②の問いに答えなさい。

〔実験〕
Ⅰ　暗い場所に一晩置いた植物全体に空気を入れた透明なポリエチレンの袋をかぶせた。
Ⅱ　実験開始時では，気体検知管で袋の中の（　Ａ　）の割合を調べたところ，0.040％になっていることを確認した。
Ⅲ　光の明るさが７キロルクスで，気温が28℃の場所に植物を置き，60分後，120分後，180分後における袋の中の（　Ａ　）の割合を気体検知管で調べた。
Ⅳ　光の明るさが２キロルクスと０キロルクスのときについても，それぞれ同様の方法で（　Ａ　）の割合を調べた。

	光の明るさ	袋の中の（　Ａ　）の割合(%)			
		0分	60分後	120分後	180分後
明	７キロルクス	0.040	0.032	0.024	0.016
↕	２キロルクス	0.040	0.040	0.040	0.040
暗	０キロルクス	0.040	0.044	0.048	0.052

①　表をもとに，７キロルクスのときの「光を当てた時間」と「袋の中の（　Ａ　）の割合」の関係を表すグラフを，解答欄にかきなさい。
②　今回の実験で，２キロルクスのときに袋の中の（　Ａ　）の割合が変化しなかった理由を，植物のはたらきの点から書きなさい。

（5）　葉に日光が当たるとでんぷんができることを，葉の緑色をぬく方法でも確かめることができます。次の方法で進めていくとき，**まちがっている**内容がふくまれているものはどれですか。下線部**ア**～**オ**から１つ選び，記号で答えなさい。

〔方法〕　畑のジャガイモのいくつかの葉のうち，**ア**数枚の葉にアルミニウムはくでおおいをし，日光を当てる。日光を当てた葉と，おおいをしていた葉をそれぞれ採取し，**イ**湯につけてやわらかくする。ビーカーに入れたエタノールを**ウ**アルコールランプで直接あたため，温度を保ったまま，その中にやわらかくした葉を入れて緑色をぬく。**エ**再び葉を湯につけ，その後，葉を**オ**ヨウ素液にひたす。

7　次の文章を読んで，下の問いに答えなさい。

　16世紀，イタリアのピサという町の教会で科学者のガリレオは天井からつりさげられているランプがゆれている様子を見て，ランプのゆれる幅が大きい時も，小さい時もランプが1往復するのにかかる時間は同じなのではないかと考えました。ガリレオがいろいろな実験から明らかにしたこのことを，私たちは「振り子の等時性」と呼んでいます。

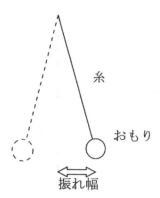

　図のように，振り子は糸とおもりでできており，おもりが振れる中心から振れる端までの長さを「振れ幅」と呼びます。また，振り子が1往復する時間を「周期」と呼びます。

（1）「振り子の等時性」を明らかにするために次の実験を行いました。次の文中の（　A　）～（　C　）にあてはまる語句の組合せとして，正しいものはどれですか。下の**ア～ク**から1つ選び，記号で答えなさい。

　　振り子の長さとおもりの重さを（　A　），振れ幅を（　B　），周期を測定する実験を行い，周期が（　C　）ことを明らかにすればよい。

	A	B	C
ア	同じにし	同じにし	等しくなる
イ	同じにし	同じにし	異なる
ウ	同じにし	変えて	等しくなる
エ	同じにし	変えて	異なる
オ	変えて	同じにし	等しくなる
カ	変えて	同じにし	異なる
キ	変えて	変えて	等しくなる
ク	変えて	変えて	異なる

振り子の性質について、さらに調べるために、次のような実験1，2を行い、その結果がそれぞれ、下の表のようになりました。

＜実験1＞振り子の長さがすべて100cm，おもりの重さが50ｇ，100ｇ，150ｇ，200ｇの4種類の振り子を作り，すべての振り子の振れ幅を5cmにして，振り子が20往復する時間を測定した。

おもりの重さ〔ｇ〕	50	100	150	200
20往復する時間〔秒〕	40	40	40	40

＜実験2＞振り子の長さが25cm，100cm，225cm，400cm，おもりの重さがすべて100ｇの4種類の振り子を作り，すべての振り子の振れ幅を5cmにして，振り子が20往復する時間を測定した。

振り子の長さ〔cm〕	25	100	225	400
20往復する時間〔秒〕	20	40	60	80

これらの実験について、次の問いに答えなさい。

（2） 振り子の長さが100cm，おもりの重さが150ｇの振り子を作り，振り子の振れ幅を5cmにして実験をしたとき，振り子の周期は何秒になりますか。

（3） 実験1の結果からわかったことをまとめました。次の [ ] に当てはまる内容を書きなさい。
振り子の周期は [   ]

（4） 振り子の長さと20往復する時間の関係を明らかにするために，実験2の結果について解答欄に4つの点を**こく**，**はっきり**かきなさい。ただし，点と点を線でつなぐ必要はありません。

（5） 実験2の結果を利用して，周期が5秒の振り子を作るとき，おもりの重さを100ｇ，振り子の振れ幅を5cmにすると，振り子の長さは何cmにすればよいですか。次の**ア**～**オ**から適切な数値を1つ選び，記号で答えなさい。
ア 364　　**イ** 490　　**ウ** 581　　**エ** 625　　**オ** 775

K教英出版

令 和 ６ 年 度

奈 良 学 園 中 学 校

入 学 試 験 問 題

Ａ 日 程

社 会 （４０分）

試験開始のチャイムが鳴り始めるまでは，この問題冊子を開かないで，下記の注意事項をよく読んでおきなさい。

【 注 意 事 項 】

1. 試験開始のチャイムが鳴り始めたら，解答用紙の所定の欄に「**受験番号**」をはっきりと記入し，「**ＱＲコードシール**」を貼りなさい。**学校名や氏名を書いてはいけません。**

2. 問題冊子は 22 ページあります。また，解答用紙は１枚です。

3. ページの脱落，印刷の不鮮明な箇所などがある場合や，**ＱＲコードシールを貼る際に答案用紙が破れたり，貼ったシールにしわができたりした場合**は，手を挙げて監督の先生に知らせなさい。

4. 解答は，**解答用紙の指定された枠内に濃くはっきりと記入しなさい。枠外に記入した部分は採点の対象にしません。**

5. 試験終了のチャイムが鳴り始めたら，すみやかに筆記用具を置いて，**消しゴムのかすをよく払ってから解答用紙を裏向きにし，問題冊子を閉じなさい。**

6. 監督の先生が解答用紙を回収し，指示をするまでは，そのまま静かに着席しておきなさい。

7. 問題冊子は持ち帰りなさい。

（このページは白紙です。）

（このページは白紙です。）

1 次の文章を読み，後の問いに答えなさい。

　私たちの生活に欠かせないものの１つに「お金」がある。現在の日本では，「お金」として貨幣と紙幣が使われている。日本ではいつごろから貨幣が使われ出したのだろう。

　貨幣がつくられるより前は，欲しいものがあるとき，主に物々交換を行っていたが，しだいに米や布などが貨幣のような役割を果たすようになったと言われている。

　九州にある①弥生時代の遺跡からは今から約2000年前の中国でつくられた貨幣が見つかっている。ただ，これがどのように使われていたのかは，いろいろと説がある。現在見つかっている，日本でつくられた最も古い貨幣は②飛鳥時代の富本銭である。そして，③奈良時代から④平安時代にかけて貨幣がつくり続けられたが，これらは広く流通したわけではなかった。

　⑤平安時代の後半から貨幣がつくられなくなり，中国から輸入したものが使われるようになった。⑥鎌倉時代から室町時代には経済が発展し，広く貨幣が流通するようになり，取り引きや納税にも使われるようになった。

　⑦戦国時代から安土桃山時代にかけて金銀の採掘が盛んになり，⑧豊臣秀吉は天正長大判などをつくったが，これはほうび用として使われたようで，人々は引き続き中国銭を使用した。⑨江戸時代になると，⑩徳川家康が金貨や銀貨をつくり，徳川家光は銅銭をつくった。これらが中国銭にかわって全国で使われるようになったのである。戦乱が終わったことで⑪平和な時代になり，各地の産業も発展する中で，貨幣での取引も増えた。⑫江戸時代の終わりごろには，日本と海外との金と銀を交換するときの比率の違いを利用してもうけようとする外国商人たちによって，大量の金貨が海外へ流出することもあった。

　⑬明治時代に，新しい単位として「円」や「銭」が使われるようになり，それに基づいて金貨・銀貨・銅貨が発行された。明治時代の初めはお金の価値を金の重さで表すことがあり，１円＝金1.5gとされたが，⑭日清戦争後には１円＝金0.75gに変更された。その後⑮大正時代に金貨の製造を停止した。

　昭和時代になり，日中戦争が起こり，⑯太平洋戦争の時期にかけて，金銀銅以外の金属でも貨幣がつくられるようになった。戦争が終わり，その後の混乱期を乗り越えて復興していく中で，1953年には「銭」という単位もなくなった。⑰高度経済成長の時期の1964年には日本で初めての記念貨幣が発行された。

　現在，貨幣の偽造防止の技術も上がり，新たな貨幣がつくられている。約２年前に発行された新500円硬貨もそうである。今後，どのような貨幣がつくられていくのだろう。

問1　下線部①について，この時代のものとして最もふさわしいものを次のア～エから1つ選び，記号で答えなさい。

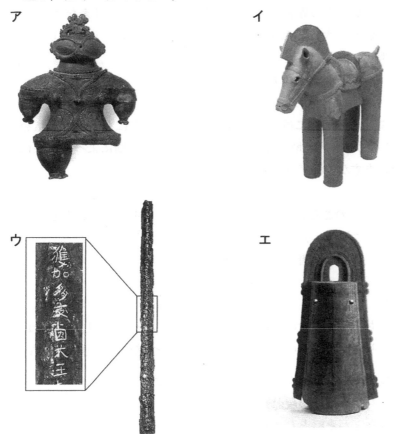

ア

イ

ウ

エ

問2　下線部②について，

（1）この時代に中大兄皇子と中臣鎌足が蘇我氏を倒して行った政治の改革を何といいますか，5字で答えなさい。

（2）この時代に，国を治めるために中国にならって新たにつくられた法律を何といいますか，漢字2字で答えなさい。

（3）（2）の法律で決められていたこの時代の税を説明したものとして**ふさわしくないもの**を次のア～エから1つ選び，記号で答えなさい。

　　ア　収 穫の約3％の稲を納める租
　　イ　都で働くか，布を納める調
　　ウ　土木工事を行う雑徭
　　エ　都や九州の警備をする兵役

問3　下線部③について，

（1）この時代に仏教の力で社会の不安をしずめて国を治めるため，国ごとに寺をつくる
ことが命じられましたが，この寺を何といいますか，漢字3字で答えなさい。

（2）この時代につくられた東大寺の大仏に最も多く使われた金属として正しいものを次
のア～エから1つ選び，記号で答えなさい。

ア　金　　イ　銅　　ウ　水銀　　エ　すず

問4　下線部④について，この時代には都の貴族だけでなく地方にもばく大な富を持つ権
力者がいました。このうち，東北地方で力を持っていた藤原清衡によって平泉に建て
られた建物を何といいますか，漢字6字で答えなさい。

問5　下線部⑤について，このころ日本が貨幣を輸入していた中国の王朝として正しいも
のを次のア～エから1つ選び，記号で答えなさい。

ア　隋　　　イ　宋　　ウ　唐　　　エ　明

問6　下線部⑥に関して，

（1）次の文A～Cのうち，鎌倉時代の農業について述べた文として正しいものはどれで
すか。その組合せとして正しいものを下のア～キから1つ選び，記号で答えなさい。

A　鉄でつくった農具や，牛や馬を使った農耕が広まった。
B　稲と麦の二毛作を行う地域が現れた。
C　草木を焼いた灰などが肥料として使われるようになった。

ア　Aのみ　　イ　Bのみ　　ウ　Cのみ　　エ　AとB　　オ　BとC
カ　AとC　　キ　AとBとC

（2）室町時代に中国で修行し水墨画を日本風の様式に完成させたのは誰ですか，漢字2
字で答えなさい。

問7　下線部⑦に関して，この時代に銀が採掘され，現在世界遺産に登録されている島根県
の銀山は何ですか，解答欄に合うように漢字2字で答えなさい。

問8　下線部⑧に関して，この人物が行ったことについて述べた次の文X・Yについて，その正誤の組合せとして正しいものを下の**ア〜エ**から1つ選び，記号で答えなさい。

X　フランシスコ・ザビエルにキリスト教の布教を許した。

Y　検地と刀狩を行い，武士と，百姓・町人という身分が区別された。

ア　X　正　Y　正　　　　　　　　イ　X　正　Y　誤

ウ　X　誤　Y　正　　　　　　　　エ　X　誤　Y　誤

問9　下線部⑨に関して，江戸幕府8代将軍徳川吉宗が実施した改革について述べた文として**正しくないもの**を次の**ア〜エ**から1つ選び，記号で答えなさい。

ア　目安箱を設置した。

イ　小石川養生所をつくった。

ウ　参勤交代を一時的に厳しくした。

エ　禁止されていた西洋の本を一部認めた。

問10　下線部⑩に関して，この人物が生きていたころのできごととして正しいものを次の**ア〜エ**から1つ選び，記号で答えなさい。

ア　一国一城令が制定された。

イ　島原・天草一揆が起こった。

ウ　日本人の海外渡航が禁止された。

エ　大塩平八郎の乱が起こった。

問11　下線部⑪に関して，この時代には，経済の発展にともなって江戸を起点とする五街道が整備されました。五街道のうち，箱根を通るものとして正しいものを次の**ア〜オ**から1つ選び，記号で答えなさい。

ア　東海道　イ　中山道　ウ　奥州街道　エ　日光街道　オ　甲州街道

問12　下線部⑫に関して，このころ結ばれた条約について述べた次の文X・Yについて，その正誤の組合せとして正しいものを下の**ア〜エ**から１つ選び，記号で答えなさい。

　　X　日米和親条約によってアメリカと貿易を始めることが決められた。
　　Y　日米修好通商条約によって堺などの港が開かれた。

ア　X　正　　Y　正　　　　　　　　**イ**　X　正　　Y　誤
ウ　X　誤　　Y　正　　　　　　　　**エ**　X　誤　　Y　誤

問13　下線部⑬に関して，この時代の初めに出された五箇条の御誓文に書かれている内容として**正しくないもの**を次の**ア〜エ**から１つ選び，記号で答えなさい。
　ア　政治は，天皇の意見にもとづいて行う。
　イ　国民が心をあわせて国の政策を行う。
　ウ　これまでのよくないしきたりを改める。
　エ　新しい知識を世界に学ぶ。

問14　下線部⑭について，日清戦争後の日本に関するできごととして正しいものを次の**ア〜エ**から１つ選び，記号で答えなさい。
　ア　鹿鳴館が完成した。
　イ　ノルマントン号事件が起こった。
　ウ　岩倉使節団が欧米に派遣された。
　エ　日英同盟が結ばれた。

問15　下線部⑮に関して，この時代の終わりごろに，政治や社会のしくみを変えようとする運動や思想までも厳しくとりしまる法律がつくられました。この法律を何といいますか，漢字５字で答えなさい。

問16　下線部⑯に関して，この戦争で起こった次のできごと a 〜 c を年代の古い順に並べたものとして正しいものを下の**ア〜カ**から１つ選び，記号で答えなさい。

　　a　沖縄戦開始　　　　b　ミッドウェー海戦　　　　c　ソ連参戦

ア　a→b→c　　　**イ**　a→c→b　　　**ウ**　b→a→c
エ　b→c→a　　　**オ**　c→a→b　　　**カ**　c→b→a

問17　下線部⑰に関して，この時期のできごととして**正しくないもの**を次の**ア〜エ**から1

　　つ選び，記号で答えなさい。

　　ア　日本がOECDに加盟した。

　　イ　湯川秀樹がノーベル賞を受賞した。

　　ウ　日本万国博覧会が開催された。

　　エ　中華人民共和国との国交が正常化された。

2 次の表は，日本の各地方において最高地点をもつ山とその標高，および所在する都道府県（以下，県とする）をまとめたものです。これをみて，後の問いに答えなさい。

※使用した統計は『データブック　オブ・ザ・ワールド2023』などによる。

地方	山	標高	所在する県
北海道地方	旭岳 （あさひだけ）	2,291m	①北海道
②東北地方	燧ヶ岳 （ひうちがたけ）	2,356m	福島県
関東地方	白根山 （しらねさん）	2,578m	栃木県・③群馬県
④中部地方	（　Ⅰ　）	3,776m	静岡県・⑤山梨県
近畿地方	八経ヶ岳 （はっきょうがたけ）	1,915m	⑥奈良県
中国地方	大山 （だいせん）	1,729m	⑦鳥取県
⑧四国地方	石鎚山 （いしづちさん）	1,982m	愛媛県
⑨九州地方	⑩宮之浦岳 （みやのうらだけ）	1,936m	（　Ⅱ　）

問1　（　Ⅰ　）にあてはまる山の名を漢字で答えなさい。

問2　（　Ⅱ　）にあてはまる県の名を漢字で答えなさい。

問3　下線部①・③・⑤・⑥・⑦の県のうち，政令指定都市をもつ県を1つ選び，番号で答えなさい。

問4　下線部①について，次の表は，日本における肉用牛，乳用牛，豚の飼育頭数の上位5県を示したものです。乳用牛を示したものとして正しいものを次のア〜ウから1つ選び，記号で答えなさい。

	ア	イ	ウ
1位	北海道	北海道	鹿児島
2位	鹿児島	栃木	宮崎
3位	宮崎	熊本	北海道
4位	熊本	岩手	群馬
5位	岩手	群馬	千葉

問5　下線部②について,
（1）東北地方の各県について述べた文として**正しくないもの**を次の**ア〜エ**から１つ選び,
　　記号で答えなさい。
　　　ア　東北地方で面積が一番大きい県は,岩手県である。
　　　イ　東北地方で人口が一番多い県は,宮城県である。
　　　ウ　東北地方で工業産出額が一番多い県は,福島県である。
　　　エ　東北地方で漁獲量が一番多い県は,山形県である。

（2）東北地方にある漁港として正しいものを次の**ア〜エ**から１つ選び,記号で答えなさい。
　　　ア　境港　　　　　　**イ**　銚子港　　　　　**ウ**　八戸港　　　　**エ**　焼津港

問6　下線部③について,
（1）県庁所在地の都市名を漢字で答えなさい。

（2）この県の西部に位置する嬬恋村は標高が高い地域にあり,夏季の涼しい気候をいかし
　　た野菜が作られています。この地域で生産量の多い野菜として最もふさわしいものを
　　次の**ア〜エ**から１つ選び,記号で答えなさい。
　　　ア　キャベツ　　　　**イ**　トマト　　　　　**ウ**　なす　　　　　　**エ**　ピーマン

（3）次の表は,茨城県,神奈川県,群馬県,千葉県の製造業出荷額をまとめたものです。
　　群馬県について示したものとして正しいものを次の**ア〜エ**から１つ選び,記号で答え
　　なさい。

	ア	イ	ウ	エ
化学工業	2,201	1,965	1,680	755
鉄鋼業	1,627	679	831	270
電気機械	178	760	831	445
輸送機械	131	3,745	968	3,349
製造品出荷合計額	12,518	17,746	12,581	8,982

（単位は十億円）

問7　下線部④について,

（1）中部地方の日本海側に面した４県について述べた文として正しいものを次のア〜エから１つ選び，記号で答えなさい。

　　ア　新潟県を流れる信濃川は，日本の中で流域面積が最大である。
　　イ　富山県を流れる神通川流域では，かつて第二水俣病という公害が起こった。
　　ウ　石川県の伝統工芸品には輪島ぬり，九谷焼がある。
　　エ　福井県の伝統工芸品には旧国名の「越後」がついたものが多い。

（2）次の図は日本アルプスとよばれる3000mを超える山々が並ぶ山脈を示しています。A〜Cと山脈名の組合せとして正しいものを下のア〜カから１つ選び，記号で答えなさい。

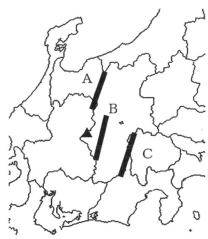

	ア	イ	ウ	エ	オ	カ
A	赤石山脈	赤石山脈	木曽山脈	木曽山脈	飛驒山脈	飛驒山脈
B	木曽山脈	飛驒山脈	赤石山脈	飛驒山脈	赤石山脈	木曽山脈
C	飛驒山脈	木曽山脈	飛驒山脈	赤石山脈	木曽山脈	赤石山脈

（3）（2）の図中▲は2014年に噴火した火山の位置を示しています。この山の名前として正しいものを次のア〜エから１つ選び，記号で答えなさい。

　　ア　浅間山　　　　イ　有珠山　　　　ウ　御嶽山　　　　エ　霧島山

（4）名古屋市を中心に伊勢湾岸から濃尾平野，岡崎平野にかけて広がる日本最大の製造品出荷額をほこる工業地帯を何といいますか，解答欄に合わせて漢字２字で答えなさい。

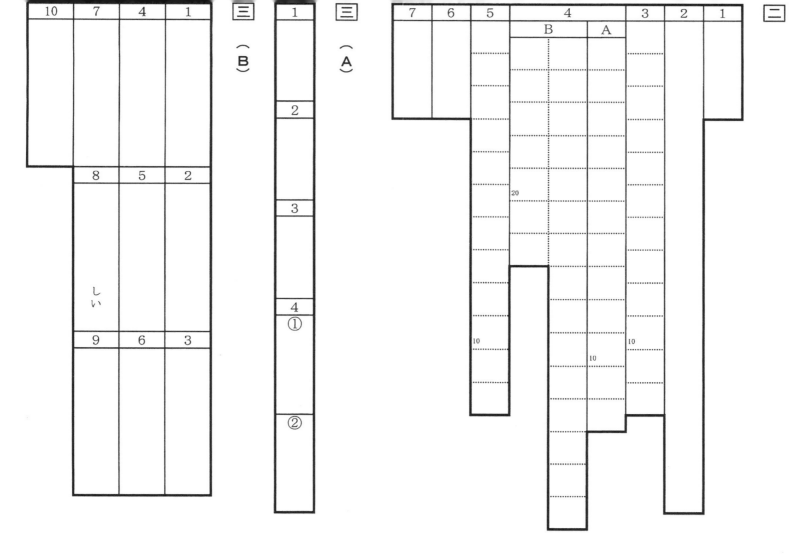

5	(1)	(2)	(3)
(おじいさんの速さ)：(学ちゃんの速さ) = ：	m	m

6			
ア	イ	ウ	エ
オ	カ	キ	ク
ケ	コ	サ	シ
ス	セ		

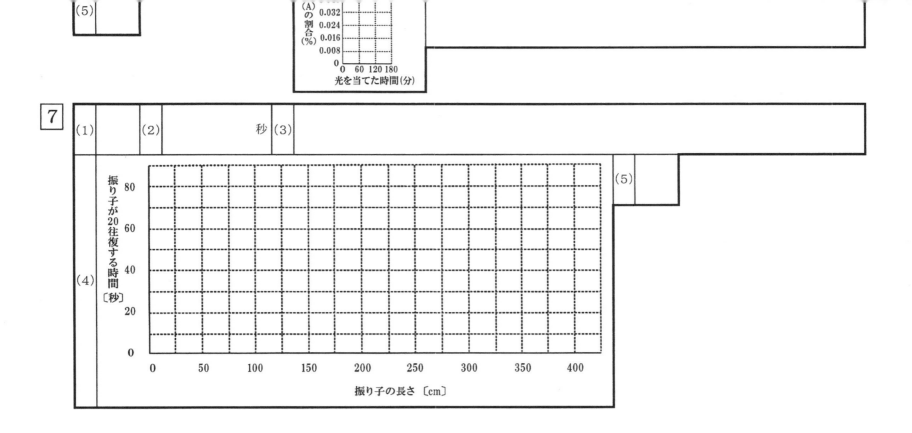

(5)

(A)の割合(%)
0.032
0.024
0.016
0.008
0

0 60 120 180
光を当てた時間(分)

7

(1)　　(2)　　　　　　秒 (3)

(5)

(4)

振り子が20往復する時間〔秒〕
80
60
40
20
0

0　　50　　100　　150　　200　　250　　300　　350　　400

振り子の長さ〔cm〕

| 問7 | | | 工業地帯 | | | |

| 問8 | (1) | (2) | 問9 | | 問10 | 問11 |

| 問12 | (1) | (2) | 問13 | (1) | | (2) |

3

| 問1 | | 問2 | | 問3 | | 問4 | | 問5 | | |

| 問6 | | 問7 | | 問8 | | 問9 | | | バス | |

| 問10 | | 問11 | | 問12 | | |

| 問13 | | 問14 | | | 問15 | |

令和６年度　中学校入試　Ａ日程

社会　解答用紙

受験番号

※100点満点
（配点非公表）

↓ここにQRコードシールを貼ってください

241141

1

| 問1 | | 問2 | (1) | | | | (2) | (3) | | 問3 | (1) | | (2) | |

| 問4 | | | | | 問5 | | 問6 | (1) | (2) | | 問7 | | | 銀山 |

| 問8 | | 問9 | | 問10 | | 問11 | | 問12 | | 問13 | |

| 問14 | | 問15 | | | 問16 | | 問17 | |

2

| 問1 | | 問2 | | 問3 | | 問4 | |

| 問5 | (1) | (2) | | 問6 | (1) | | (2) | (3) | | 問7 | (1) | (2) | (3) |

令和６年度　中学校入試　Ａ日程

理科　解答用紙

受験番号

↓ここにQRコードシールを貼ってください

241151

※100点満点
（配点非公表）
※医進コースは得点を1.5倍

1

| (1) | (2) | (3) | (4) | ④ ⑤ | (5) | g | (6) 水素原子：酸素原子＝ ： |

2

| (1) | (2) | (3) | ① ② ③ ④ | (4) | (5) 図2 図3 |

3

| (1) | ① ② | (2) | ① ② | (3) mL | (4) 器具X |

80

4

| (1) | (2) | (3) | (4) | (5) | (6) |

5

| (1) | (2) |
| (3) | ① ② | (4) | ① ② |

6

| | | | ① | ② |

令和６年度　中学校入試　Ａ日程

算数　解答用紙

受験番号

※150点満点
（配点非公表）

↓ここにQRコードシールを貼ってください

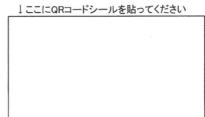

241121

1	（1）	（2）	（3）	（4）

2	（1）	（2） ア	イ	（3）	（4） ア	イ

3	（1）	（2）	（3）
	通り	通り	通り

4	（1）	（2）	（3）

令和六年度　中学校入試　A日程

国語　解答用紙

※150点満点
（配点非公表）

受験番号

241111

↓ここにQRコードシールを貼ってください

一

句読点は解答用紙の枠に重ならないよう記入しなさい。

抜き出し問題でふりがながついた言葉を抜き出すときは、ふりがなを書く必要はありません。

字数制限のある問題では、句読点やかっこなどの記号も一字に数えます。

7	5	4	1
	(1)		
8			2
A			
	(2)		3
	6		
B			

30

（5）豊田市や鈴鹿市では自動車工業がさかんです。これについて説明した次の文中の
（　　　）にあてはまる最もふさわしい語句をカタカナで答えなさい。

自動車の組み立てに必要な部品を，必要な時刻までに必要な数と種類だけ届ける考え方を，（　　　）といいます。

（6）中部地方には，名古屋港を中心とする日本の主要な港があり，外国との貿易が行われています。次の表は，日本の主な貿易相手国（アメリカ・オーストラリア・中国）に対する日本の輸出額・輸入額・輸入上位3品目を示したものです。国名とA～Cとの組合せとして正しいものを下の**ア～カ**から1つ選び，記号で答えなさい。

	輸出額（億円）	輸入額（億円）	1位	2位	3位
A	179,844	203,775	電気機器	一般機械	衣類
B	148,314	89,031	一般機械	電気機器	医薬品
C	16,745	57,337	石炭	液化天然ガス	鉄鉱石

	ア	イ	ウ	エ	オ	カ
アメリカ	A	A	B	B	C	C
オーストラリア	B	C	A	C	A	B
中国	C	B	C	A	B	A

問8　下線部⑤について，

（1）次の表X・Yはある果物の収穫量の上位5県の割合を示したものです。X・Yとそれぞれの果物との組合せとして正しいものを下の**ア～カ**から1つ選び，記号で答えなさい。

X		Y	
山梨	21.4%	山梨	30.3%
長野	19.6%	福島	23.2%
山形	9.8%	長野	10.1%
岡山	8.6%	山形	9.1%
北海道	4.3%	和歌山	7.1%
全国	163千t	全国	99千t

	ア	イ	ウ	エ	オ	カ
X	ぶどう	ぶどう	もも	もも	りんご	りんご
Y	もも	りんご	ぶどう	りんご	ぶどう	もも

（2）次のグラフは，日本の果物・小麦・米・野菜の自給率の推移を示したものです。果物の自給率を示したものとして正しいものを図中**ア〜エ**から１つ選び，記号で答えなさい。

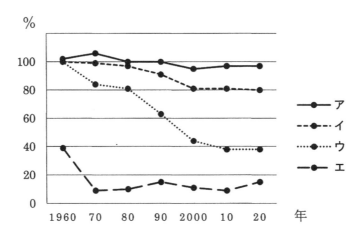

問９　下線部⑥について，奈良県南部では林業がさかんです。森林の役割や日本の林業について述べた文として**正しくないもの**を次の**ア〜エ**から１つ選び，記号で答えなさい。

ア　森林は，二酸化炭素を吸収し酸素を放出するので，地球温暖化防止に役立っている。

イ　天然林は，土をとどめ水をたくわえているので，土砂災害を引き起こしにくくなっている。

ウ　水産資源の保全に重要な役割をはたしている魚つき保安林は，海の水の栄養分を補うのに役立っている。

エ　戦後，住宅用に必要とされ植えられた杉やひのきの人工林はほとんどが消費されたため，現在では木材はほぼ輸入に頼っている。

問10　下線部⑦について，次のA～Cのグラフは，3つの都市（青森市・新潟市・鳥取市）の月別平均気温と月別降水量の変化を示したものです。A～Cと都市名との組合せとして正しいものを下の**ア～カ**から1つ選び，記号で答えなさい。

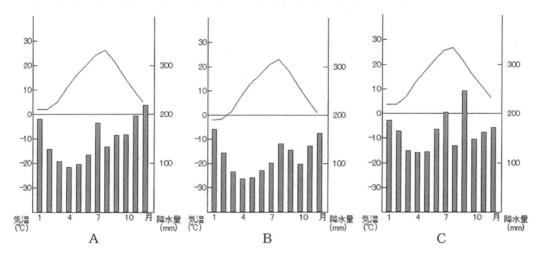

	ア	イ	ウ	エ	オ	カ
A	青森市	青森市	新潟市	新潟市	鳥取市	鳥取市
B	新潟市	鳥取市	青森市	鳥取市	青森市	新潟市
C	鳥取市	新潟市	鳥取市	青森市	新潟市	青森市

問11　下線部⑧について，愛媛県を示しているものとして正しいものを次の**ア～エ**から1つ選び，記号で答えなさい。なお，縮尺は同じではありません。

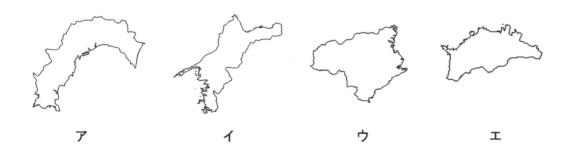

ア　　　　　　　　イ　　　　　　　　ウ　　　　　　　　エ

問12　下線部⑨について，

（1）この地方にある図中の a・b の火山について述べた次の文 X・Y の正誤の組合せとして正しいものを下の**ア〜エ**から1つ選び，記号で答えなさい。

X　a の火山は現在も噴火を続けていて，対岸の市内まで火山灰が降ることがある。

Y　b の火山には世界最大級のカルデラがみられる。

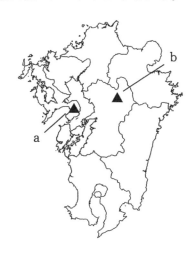

ア　X−正　　Y−正　　　　　　　　イ　X−正　　Y−誤
ウ　X−誤　　Y−正　　　　　　　　エ　X−誤　　Y−誤

（2）東シナ海の漁場では底引き網漁が行われます。この海域は一般に水深が200mぐらいまでの浅い海底がつづき，プランクトンが豊富である海域とされます。この海底地形を何といいますか，答えなさい。

問13　下線部⑩について，

（1）この山がある島は世界遺産に登録されています。この島の名を何といいますか，漢字3字で答えなさい。

（2）日本には（1）の島のほかにも世界遺産として登録されているものがあります。世界遺産とその遺産がある県との組合せとして**正しくないもの**を次の**ア〜エ**から1つ選び，記号で答えなさい。

ア　厳島神社−鳥取県　　　　　　イ　富岡製糸場と絹産業遺産群−群馬県
ウ　日光の社寺−栃木県　　　　　エ　ル・コルビュジエの建築作品−東京都

（このページは白紙です。）

3 次に示した年表は，ＮＨＫのホームページの「キーワードで見る年表」でとりあげられ
ている2000年以降のニュースの見出しなどをもとに作成したものです。これについて，後
の問いに答えなさい。

2000年　①介護保険制度スタート

2002年　「夫婦で家事や育児を分担すべき」（国民生活白書）

2003年　日経平均株価7607円88銭　バブル崩壊以降最安値に

2004年　「働く女性が十分に能力を発揮できる社会の実現を」（女性労働白書）

2005年　②個人情報保護法　全面施行

2006年　日米両政府　普天間基地を名護市沿岸に移設で合意
　　　　③「65歳以上の高齢者の割合　初めて20％を超える」（高齢社会白書）

2007年　最高気温35度以上の日を「猛暑日」と呼ぶことに（気象庁）

2009年　④裁判員制度スタート

2010年　「日本は仕事を辞める30代女性多い」（男女共同参画白書）

2011年　　⑤　大震災・福島第一原発事故が起きる

2013年　中国トップの国家主席に　⑥　氏が就任

2014年　⑦消費税８％に　消費増税は17年ぶり
　　　　集団的自衛権行使容認を⑧内閣が決定

2015年　⑨北陸新幹線　長野～金沢間が開業
　　　　女性活躍推進法が成立

2016年　⑩改正公職選挙法施行　選挙権18才に引き下げ

2018年　⑪在留外国人が総人口の２％を超え過去最多に
　　　　⑫不登校14万人を超え過去最多に

2019年　　⑬　県の県民投票　辺野古埋め立て「反対」が７割に
　　　　⑭アフガニスタンで活動していた中村哲さん　殺害される

2021年　米大統領に　⑮　大統領が就任（民主党）
　　　　北海道寿都町　「核のゴミ」最終処分場の選定調査継続を訴える現職町長が当選

2022年　ロシアが　⑯　に侵攻　支援の動き日本でも

2023年　ジェンダー平等　日本125位に後退
　　　　中国　⑥　国家主席が再選　異例の３期目に

問1 下線部①について述べた次の文の（ a ）・（ b ）にあてはまる語句の組合せとして最もふさわしいものを下の**ア～エ**から1つ選び，記号で答えなさい。

> （ a ）ことなどにより体が不自由になったり病気になったりした時，家族だけで介護をすることがむずかしいことがあります。そうした時のために，国や地方自治体の介護支援を受けられるしくみがつくられています。この支援に必要なお金は，（ b ）才以上の人が支払う介護保険料と税金でまかなわれています。

ア	a 高齢になる b 40	イ	a 高齢になる b 65
ウ	a 失業する b 40	エ	a 失業する b 65

問2 下線部②について，こうした法律が成立するまでのしくみについて述べた次の文X・Yについて，その正誤の組合せとして正しいものを下の**ア～エ**から1つ選び，記号で答えなさい。

X 法律案は，衆議院・参議院のいずれから審議を始めてもよい。

Y 法律案を国会に提出する権限は，内閣だけがもっている。

ア	X 正 Y 正	イ	X 正 Y 誤
ウ	X 誤 Y 正	エ	X 誤 Y 誤

問3　下線部③に関して，次のグラフa〜cは日本，中国，エジプトにおける年齢別人口構成を示したものです。a〜cと国との組合せとして正しいものを下の**ア〜カ**から1つ選び，記号で答えなさい。

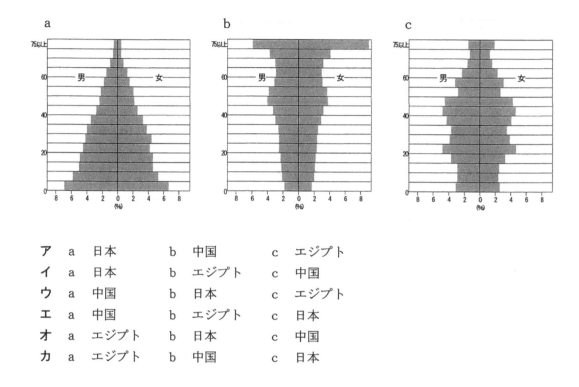

ア　a　日本　　　　　b　中国　　　　c　エジプト
イ　a　日本　　　　　b　エジプト　　c　中国
ウ　a　中国　　　　　b　日本　　　　c　エジプト
エ　a　中国　　　　　b　エジプト　　c　日本
オ　a　エジプト　　　b　日本　　　　c　中国
カ　a　エジプト　　　b　中国　　　　c　日本

問4　下線部④について述べた文として最もふさわしいものを次の**ア〜エ**から1つ選び，記号で答えなさい。

　ア　裁判員制度は，一般の国民が裁判を通じて法律の専門的知識を身につけることを主な目的としている。

　イ　裁判員になることができるのは，満25才以上で，裁判員として裁判に参加することを希望した人である。

　ウ　裁判員は，訴えられた人が有罪か無罪か，有罪であればどのような刑にするのが適当かを判断する。

　エ　裁判員だけの話し合いによって出された判決が適当であるかどうか裁判官が判断し，最終的な決定を下す。

問5　年表中　⑤　にあてはまる最もふさわしい語句を漢字3字で答えなさい。

問6　年表中　⑥　・　⑮　・　⑯　にあてはまる語句の組合せとして正しいもの
を次の**ア～ク**から1つ選び，記号で答えなさい。

ア　⑥　金正恩　　　⑮　トランプ　　　⑯　ウクライナ
イ　⑥　金正恩　　　⑮　トランプ　　　⑯　パレスチナ
ウ　⑥　金正恩　　　⑮　バイデン　　　⑯　ウクライナ
エ　⑥　金正恩　　　⑮　バイデン　　　⑯　パレスチナ
オ　⑥　習近平　　　⑮　トランプ　　　⑯　ウクライナ
カ　⑥　習近平　　　⑮　トランプ　　　⑯　パレスチナ
キ　⑥　習近平　　　⑮　バイデン　　　⑯　ウクライナ
ク　⑥　習近平　　　⑮　バイデン　　　⑯　パレスチナ

問7　下線部⑦に関して，税金について述べた文として**正しくないもの**を次の**ア～エ**から
1つ選び，記号で答えなさい。

ア　消費税は，消費者が品物を買った店を通じて納めるしくみになっている。
イ　学校で必要となるすべてのお金は，税金によってまかなわれている。
ウ　税金は，その種類によって国や地方自治体に対して納められる。
エ　税金を納めることは，憲法に定められた国民の義務の1つである。

問8　下線部⑧について述べた次の文の（　a　）～（　c　）にあてはまる語句の組合せ
として正しいものを下の**ア～ク**から1つ選び，記号で答えなさい。

> 　内閣は，内閣総理大臣と国務大臣の全員が出席する会議である（　a　）におい
> て，内閣の方針を決める。この会議は（　b　）を原則としている。また，内閣は
> 国会で決められた法律や予算をもとに実際の仕事を行ったり，（　c　）に助言や
> 承認を与えたりする。

ア　a　閣議　　b　多数決　　　c　裁判所の判決
イ　a　閣議　　b　多数決　　　c　天皇の国事行為
ウ　a　閣議　　b　全会一致　　c　裁判所の判決
エ　a　閣議　　b　全会一致　　c　天皇の国事行為
オ　a　国会　　b　多数決　　　c　裁判所の判決
カ　a　国会　　b　多数決　　　c　天皇の国事行為
キ　a　国会　　b　全会一致　　c　裁判所の判決
ク　a　国会　　b　全会一致　　c　天皇の国事行為

問9　下線部⑨に関して，こうした新たな交通手段が整備される一方で，赤字のため廃止される鉄道やバスの路線も多くあります。そのような地域の市町村などが，廃止された路線バスに代わる地域住民の移動の手段として運営するバスのことを何といいますか，最もふさわしい語句を解答欄に合うようにカタカナ６字で答えなさい。

問10　下線部⑩に関して，国会議員の選挙について述べた文として**正しくないもの**を次の**ア〜エ**から１つ選び，記号で答えなさい。
　　ア　衆議院議員選挙の投票率は，参議院議員選挙の投票率より高いことが多い。
　　イ　多くの選挙で，10代と20代の人の投票率は60代の人に比べて高い。
　　ウ　投票日の一週間前から投票することが認められている。
　　エ　投票に行かない理由として，「投票しても何も変わらないから」という声がある。

問11　下線部⑪に関して，日本に最も多く住む外国人として正しいものを次の**ア〜エ**から１つ選び，記号で答えなさい。
　　ア　中国人　　　**イ**　ブラジル人　　　**ウ**　アメリカ人　　　**エ**　インド人

問12　下線部⑫に関して，いろいろな理由で義務教育を十分に受けられなかった人たちが学ぶ場が一部の公立中学校に設置されています。これを何といいますか，最もふさわしい語句を漢字で答えなさい。

問13　年表中　⑬　にあてはまる県名を漢字で答えなさい。

問14　下線部⑭に関して，中村哲さんはNGO（非政府組織）のペシャワール会の代表として活動をしていました。こうした活動に対して，日本政府も支援を必要とする国々に政府開発援助を行っています。そのために設置され，青年海外協力隊を送り出す活動などをしている機関を何といいますか，アルファベット４字で答えなさい。

問15 年表から読みとれることとして最もふさわしいものを次の**ア〜エ**から１つ選び，記号で答えなさい。

　ア　10年前までは，日本で最高気温が35度を超えることはなかった。

　イ　日本政府が取り組んではいるが，この20年を見ても男女の平等はまだ実現されたとはいえない。

　ウ　原子力発電所から出る「核のゴミ」を最終処分する施設が北海道につくられる可能性がなくなった。

　エ　2003年以降，20年間にわたり，日経平均株価は10000円を下回り続けている。

区 教英出版

令和六年度　奈良学園中学校　入学試験問題　B日程

国語（六〇分）

試験開始のチャイムが鳴り始めるまでは、この問題冊子を開かないで、左の注意事項をよく読んでおきなさい。

【　注　意　事　項　】

一、試験開始のチャイムが鳴り始めたら、解答用紙の所定の欄に「受験番号」をはっきりと記入し、「QRコードシール」を貼りなさい。　学校名や氏名を書いてはいけません。

二、問題冊子は十八ページあります。　また、解答用紙は一枚です。

三、ページの脱落、印刷の不鮮明な箇所がある場合や、QRコードシールを貼る際に答案用紙が破れたり、貼ったシールにしわができたりした場合は、手を挙げて監督の先生に知らせなさい。

四、解答は、解答用紙の指定された枠内に濃くはっきりと記入しなさい。　枠外に記入した部分は採点の対象にしません。

五、試験終了のチャイムが鳴り始めたら、すみやかに筆記用具を置いて、消しゴムのかすをよく払ってから、解答用紙を裏向きにし、問題冊子を閉じなさい。

六、監督の先生が解答用紙を回収し、指示をするまでは、そのまま静かに着席しておきなさい。

七、問題冊子は持ち帰りなさい。

・字数制限のある問題では、句読点やかっこなどの記号も一字に数えます。

・抜き出し問題でふりがながついた言葉を抜き出すときは、ふりがなを書く必要はありません。

・句読点は解答用紙の枠に重ならないよう記入しなさい。

一 次の文章を読んで、後の問いに答えなさい。本文には、書き言葉にふさわしくない表現が含まれています。

小学校六年生の「わたし」（五十嵐文香）のクラスでは、大林くんが学校に来なくなった。クラス全員で手紙を届けに行ったが効果はなかった。高圧的で自分の考えをおしつける傾向にあるクラスメートの志堂宮子は、大林くんと幼なじみということもあり、彼を学校に来させようとやっきになっている。

学校に着いて教室に入ろうとすると、階段のそばに卯沙と宮子がいた。なんだか三人とも眉をひそめてる。

わたしは卯沙の横に立った。校舎のいちばん端にある場所のせいか、カビと埃の匂いがする。少し動いただけで靴底が砂でこすれた。

「だから、大林くんのことで」

と、宮子が声を出した。きつい声だった。中谷くんは腕組みをして横を向いた。

卯沙は　　Ⅰ　　わたしに合図を送ってきた。話に巻き込まれちゃった、と言わんばかりだ。じゃあ、わたしを巻き込まないでよ、と卯沙に眉をひそめると、卯沙は　　Ⅱ　　小さく舌を出した。

「五十嵐さん、大林くんにメールした？」

わたしに気づいたらしい宮子に聞かれた。

「当然メールしたよね？」

「メールしてないのね。五十嵐さん、どうして？　クラスの仲間でしょう」

「それは……」

「大林くんを見捨てるの？」

宮子の黒い大きな瞳がわたしを見ていた。わたしが黙っていると、①宮子のきれいな眉がだんだんつりあがってきた。すばやく察したらしい。

見捨てるっていう言葉がきつい。ちょっと泣きそうになった。

目と鼻の奥が熱くなった。すると、大林くんにものすごく親切をしなければ許されないような気持ちが心の底からわきあがってきた。

手に変な汗がにじんだ。なんだろう。この、「親切にしなくてはいけない」と思わされる感じ。すごく気持ち悪い。

「そういうおまえはメールしたのかよ?」

腕組みをしていた中谷くんが口をはさんできた。

「したわよ」

宮子はすぐに言い返した。

「でも、メールの返事がこないのよ」

「返事こないんだあ、と卯沙がのんびりした声を出した。

「なによ、と宮子が卯沙をにらんだ。

「だから、この四人でなんとかしたいのよ。大林くんを救ってあげるの」

「救ってあげる?」

中谷くんが聞き返した。

「そうよ。救ってあげなきゃ」

② 宮子がくりかえした。

救ってあげる、という宮子の言葉が、耳の中に引っかかった。なぜなんだろう。宮子はいいことを言っているような気がする。でも……。

「なんで俺たち四人?」

中谷くんが聞いた。

宮子は、中谷くんと卯沙に向きなおった。

「中谷くんは大林くんと連絡とっているらしいし、牛島さんは大林くんにいい手紙を書いていたよね」

「おまえ、どうしてそんなことを知ってるわけ?」

中谷くんの声が低くなった。

宮子は目をそらして、廊下の窓のほうに顔を向けた。

「知ってたっていいじゃない」

「おい」

「大林くんが学校に来られるようにお願いね、って先生から頼まれたのよ」

その場が、しん、とした。嫌な静けさだった。

教室や廊下のざわめきが大きくなった。

宮子の声が続いた。

「だから私たちは、大林くんが休んでいる本当の原因を探して、学校に来れるようにするべきだと思うの」

「俺、降りるよ」

中谷くんは腕組みを解くと、教室のほうに目を向けた。

「私も。なんかやだなあ」

卯沙が言った。

「だめよ。待って。お願い！」

③宮子の声の様子が変わった。わたしは思わず顔を上げた。

目が合うと、宮子はわたしを少しにらんだ。

「私たちは大林くんにとって役に立つことをすべきよ」

またいつもの宮子に戻っていた。

「だから、私たちは」

「志堂さ」

中谷くんが宮子を振り返った。

「俺、大林が宮子を休んでる理由、知ってるよ」

「知ってるの?」

と、宮子は目を大きくした。

そうなんだあ、と卯沙が声を出し、わたしはびっくりして中谷くんを見た。

宮子が言った。

「理由はなに?」

「合わない?」

中谷くんは、めんどうくさそうに A 頭をかいた。

「合わない?と、卯沙が不思議そうな声を出した。

合わない、と宮子が小さく繰り返した。

「なにが合わないのよ。先生? クラスの誰か? なにがあったの?」

「さあ。大林のメールにはそれしか書いてなかった」

中谷くんは頭をかきながら続けた。

「だから、なにが合わないのよ」

宮子の声が大きくなった。

「合わないってさ、理屈じゃねーじゃん」

中谷くんが宮子に言った。

「結局、なにもかもが、ってことじゃねーかな」

「そんなわけのわからない理由で学校を休むの? それは甘えよ」

宮子が言い返した。

中谷くんの B 眉間が険しくなった。

これはやばいですよ、とわたしはそっと宮子の肩をつついて小声で言った。

「宮子、もういいじゃん。解散しようよ」

「いや!」

宮子が首を横に振る。

おまえなあ、と中谷くんが　C　眉をひそめた。

「おまえが大林を好きなのは知ってるけど、なんのかんのと理由をつけて俺たちを巻き込むなよな」

え、そうなの、好きだったの？と卯沙は目をまるくした。

宮子の目から涙がこぼれ落ちた。

びっくりして、わたしは宮子から目をそらした。

中谷くんもびっくりしたように　D　眉を上げた後、どうしていいか戸惑ったように、わたしを見、卯沙を見、最後に宮子を見て、ごめん、とつぶやいた。

宮子は返事をしなかった。うつむきもせず顔を上げたまま、涙を手ではらっている。

また、その場が、しん、とした。

宮子の手や頬が涙で濡れていた。細い指にからんだ涙のすじが、とても寒そうだった。

わたしはスカートのポケットに手を入れた。今朝入れた二枚のハンカチがポケットから出てきた。宮子にハンカチを二枚ともさしだした。

「なによ、これ」

宮子の声が少し震えていた。

「使って」

「いらない」

宮子は受け取らなかった。

それきり、なにも言わずに、宮子の取り巻きの子たちが宮子を囲んでいる。

教室の入り口あたりで、宮子は教室へ戻っていった。

なんでもないから、と答える宮子の声は、はっきりとしていて、少しも震えていなかった。

「あいつ、取り巻きがいるのに、なんで俺たちに相談したんだろうな」

中谷くんは気まずそうに頭をかくと、俺、ちょっと行くわ、とぼやきながら階段を上っていった。

中谷くんが上っていった階段の方向に窓が見えた。

階段の上のほうにあるその窓のむこうには、くっきりとした青い空があった。

チャイムはまだ鳴らない。

（せいのあつこ『大林くんへの手紙』PHP研究所による）

注1　卯沙（うさ）　――　牛島卯沙（うしじまうさ）。「わたし」と仲の良いクラスメート。

注2　中谷くん　――　大林くんと唯一（ゆいいつ）メールでやりとりをしているクラスメート。

1　□Ⅰ□・□Ⅱ□に入れる言葉として最もふさわしいものを、次のア～エからそれぞれ一つ選び、その記号を答えなさい。

Ⅰ　ア　耳をそばだてて　　イ　鼻を高くして　　ウ　目を大きくして　　エ　口を割って

Ⅱ　ア　指をくわえて　　イ　肩（かた）をすくめて　　ウ　腰（こし）をかがめて　　エ　踵（きびす）を返して

2　――線①「宮子のきれいな眉がだんだんつりあがってきた」とありますが、このときの宮子の様子を四十字程度でわかりやすく説明しなさい。

——線②「救ってあげる、という宮子の言葉が、耳の中に引っかかった」とありますが、このときの「わたし」の様子を説明したものとして最もふさわしいものを、次のア〜エから一つ選び、その記号を答えなさい。

ア 大林くんが登校できるようになってほしいと思うものの、宮子の言葉づかいが、クラスメートに向けての言葉としてはふさわしくないような気がして、彼女の言動に違和感を覚えている。

イ 大林くんが登校できるようになってほしいと思っていたため、宮子が必死に発する言葉が胸に迫ってきて、今からでも自分にできることがあるのではないかと自分に問いかけている。

ウ 大林くんが登校できるようになってほしいと思っていたが、宮子が無理をして頑張っている姿が痛々しくて、大林くんよりも宮子の方が助けを必要としているのではないかと思い始めている。

エ 大林くんが登校できるようになってほしいとは思うのだが、宮子がむきになればなるほど、自分がメールを送っていなかったことを繰り返し責められているような気がして辛くなっている。

4

——線③「宮子の声の様子が変わった」とありますが、その理由を説明した次の文の空欄を三十字以内で埋めて、説明を完成させなさい。

宮子はこれまで自分の考えを周りにおしつけてきたのだが、今回は

☐☐☐☐☐

から。

5

━━線A〜Dは、その場面での中谷くんの様子を表しています。これらについて四人の生徒A〜Dが、対応する━━線につ
いてそれぞれ意見を述べています。本文の内容を正しくとらえている生徒をA〜Dから一人選び、その記号を答えなさい。

生徒A　中谷くんは、大林くんが学校を休み続けている理由については、メールに書いてある以上は知らないようだけれど、宮子に
対して納得がいかなくて、不毛な話し合いを続けるのはわずらわしいと思っているみたいだね。

生徒B　中谷くんは一生懸命に説明したと思うよ。それなのに宮子は「甘え」だって決めつけたりするから、中谷くんは自分が甘
いことを言っていると指摘されたように感じて、気分を害しているね。

生徒C　中谷くんは、宮子が大林くんのことを好きだからこそ心配していることをよくわかっているよ。辛いのに気丈にふるまう
宮子に同情している様子が表情に現れているよ。

生徒D　宮子が泣いて周囲の気を引こうとするのは、中谷くんにとっても予想の範囲内だったけれども、その泣きっぷりは意外だっ
たみたいだね。面くらっている中谷くんの様子が目に浮かぶようだよ。

────線「中谷くんは……チャイムはまだ鳴らない」とありますが、この部分の表現について説明したものとしてふさわしくないものを、次の**ア〜エ**から一つ選び、その記号を答えなさい。

ア　「中谷くんは……ぼやきながら階段を上っていった」という表現からは、中谷くんがこの場所を離れる（はな）ることで、宮子と心の距離（きょり）が開いていることが読み取れる。

イ　「中谷くんが上っていった階段の方向に窓が見えた」という表現からは、メールを心の窓口として、大林くんと「わたし」や宮子とが結びついていることが読み取れる。

ウ　「階段の上のほうに……青い空があった」という表現からは、遠くにではあるけれど、「わたし」たちの直面する問題には解決策があることが読み取れる。

エ　「チャイムはまだ鳴らない」という表現からは、「わたし」たちが直面している問題の解決には、まだまだ時間が必要となることが読み取れる。

（このページは白紙です。）

二　「サステイナビリティ」という単語はしばしば「持続可能性」と和訳（日本語訳）されてきましたが、筆者は、その訳語では言葉の意味の大事な部分が失われると考え、新たな日本語表現を考えようとしています。そのことをふまえたうえで次の文章を読んで、後の問いに答えなさい。ただし、文章には、一部省略した部分があります。

　和訳を考える際には、まずは訳そうとしている概念の意味するところや細かな　Ａ　ニュアンスを、誰にとってもわかりやすい言葉で説明できる必要があります。サステイナビリティがもともと含んでいる意味合いを取りこぼさないようにしながら日本語で説明するとしたら、どのような表現があるでしょうか。私なりに、サステイナビリティと持続可能な開発の概念が含んでいる「ある物や事を下から支え続けながら、次世代に手渡していく」という意味合いを含んだ表現を考えてみました。色々な表現を検討しながらも、本章を書いている今日のところまででいちばん納得感があるのが、次の表現です。

　サステイナビリティとは、今日まで私たちの社会のなかで大切にされてきたことをまもりながら、これから新しく私たちの社会のなかで大切にされてほしいことをきちんと大切にできるような仕組みをつくり、さらにそのような考え方を次世代につなげる、という考え方のこと。

　サステイナビリティをこのようにとらえ直し、再定義した上で、ではその新しい和訳を考えてみると、それは「①まもる・つくる・つなげる」がよいのではないかと考えています。

　ここでの「まもる」は、「守る」であり「護る」です。これまで私たちの社会のなかで大切にされてきた物事や価値観を守り保全しながら、外から害を受けないようにかばい保護することです。これには自然環境や遺産など有形のものも、それぞれの地域の風土に根ざした民俗芸能や信仰、注1伝統知のような無形のものも含まれます。

　「つくる」は、「作る」であり「創る」です。物理的なものや仕組みを作ることであり、アイデアや価値を創ることです。これには、低炭素社会への転換を図るために必要な環境技術の開発や、我々の社会に生まれる全ての子どもたちが毎日栄養のある食事を取ることができ、質の高い教育を受けることができるようにするための仕組みというようなものも含まれます。

　そして「つなげる」は、「繋げる」であり「継承（継いで承る）」です。人々がつながって「私たち」という共同的な主語を持つことであり、世代を超えたつながりを意味します。ここでのつなげるは、これまで私たちが社会としてまもってきたこと、これからの

世の中をより良くするために新しくつくったことを、将来世代へと手渡していくことです。

こうしてサステイナビリティを「まもる・つくる・つなげる」こととととらえると、いずれもが日常会話のなかでも頻繁に使う動詞ですから、より社会に広く浸透しやすくなるでしょう。

a 、これまで「持続可能な開発」と言われてきたものについても「まもり、つくり、次世代につなげる開発」と表現してみてもよさそうです。表現としてやや長いのが、注2ネックかもしれませんが、その場合には、「持続可能性とは、まもり、つくり、つなげることだよ」というように、難しい言葉をその意味を 子どもに教えるときのように、持続可能性の副題として使ってみるとよいと思います。

b 、サステイナビリティの定義を「将来世代にまもり、つくり、つなげていきたいことを考え行動していくこと」とすると、ひとつの統一された主語で語るということには、どのような主語でこれを語っていくのかということになります。それは「何をサステイナブルにするのか（何をまもり、つくり、つなげていくのか）」ということについて答えるときの主語を、一個人の「私」にしてしまうと、私が考えるサステイナビリティと他人（他の「私」）が考えるサステイナビリティが、頻繁に衝突を起こしてしまうからです。将来世代にわたってまもり、つくり、つなげていきたいと考える事柄について、私たちが全会一致で合意できたならば、その実現のために必要な行動もきっとBスムーズに

c 、実社会においてはそのような合意が取れるということは非常に稀なことです。

二〇一八年八月、スウェーデンの一〇代の環境活動家であるグレタ・トゥーンベリさんがはじめた気候変動のための学校ストライキと、それに続く大人世代に適切な行動を要求するデモが大変話題になりました。彼女の行動に賛同し実際にデモを組織したり参加したりした若者が世界中にいた一方で、必ずしも全ての国のリーダーたちがそうした気候変動に対する社会運動に対して好意的な受け取り方をしたわけではありませんでした。既に産業化を果たし、経済面でも教育や医療福祉の面でも豊かになった国々の若者が発したメッセージには、意図せずに、今まさに彼らの国のように豊かになることを目指している開発途上国に対して、これ以上の資源利用や炭素排出をしないように要求するような側面があり、そのことが強い反発を生みました。このように、気候変動という全人類に共通の課題についてさえ、私たちはその対策に求められる国際的な合意にたどり着くために、長い年月にわたる注3タフな交渉を繰り返してきているのです。

気候変動のように世界的に重要とされる課題についても、それぞれの立場からの異なる正義の押し付け合いが生じるのであれば、やはりそうした対話のなかでどのような表現を用いるのかについても、注4 深慮する必要があります。

例えば、注5 SDGs(エスディージーズ)がメディアで取り上げられる際に「自分事」という表現が頻出します。SDGsはどこか遠くの国の知らない誰かの話なのではなく、自分たちの国や地域で今まさに起きている諸課題を解決していくために必要なものであり、個々人がSDGsを自分事として行動していく必要がある、そうした責任が私たち一人ひとりにはあるのだ、と語りかけてきます。読者の皆(みな)さんはこうした個人の行動を喚起(かんき)するメッセージに対してどのような印象を持たれているでしょうか。

私は「自分事」のように個人の行動と責任を強調する表現は、効果的な場面とそうでない場面とがあると思います。SDGsや社会課題などについて「自分事として行動を」と言われると、自分がどう関われるのかを考えるきっかけになる反面、今までそのことについて特に詳しく知ろうともしていなかったような気がして、多少の居心地(いごこち)の悪さを感じてしまったりもするものです。

こうした側面がありつつも、個人の行動や責任を強調するメッセージは今後もさらに加速していくような予兆があります。例えば、気候変動に対してグローバルな倫理観(りんりかん)を示す「地球規模の正義」や、環境を全人類で共有している資源であるとする「グローバルな公共財」というような考え方が国際学会などで頻繁に登場するようになってきています。こうした「地球」や「グローバル」という全ての人々を含んだ主語を用いて一人ひとりの行動を促(うなが)そうとする語りは、あるひとつの考え方を示すことで、それとは異なる意見を説得するようなコミュニケーションになっています。私はこうした注6 論調が出てくる要因は「個人」を主たる単位として議論が組み立てられているからだと見ています。こうした語りが必ずしも全ての社会に馴染(なじ)むわけではないでしょうから、より集団的な意識の強い社会に向けては、異なる主語を用意する必要があるでしょう。④ 私は、その主語こそが本書のタイトルにもある「私たち」だと考えています。

（工藤尚悟『私たちのサステイナビリティ ―まもり、つくり、次世代につなげる』岩波ジュニア新書による）

注1　伝統知　――　世代を超(こ)えて受けつがれてきた伝統的な知恵(ちえ)や地域特有の知恵のこと。

注2　ネック　――　物事をやりとげるうえで進行を妨(さまた)げるところ。

注3 タフな交渉——ここでは「やっかいな粘り強い交渉」のこと。

注4 深慮する——先のことまでよく考える。

注5 ＳＤＧs——世界の様々な問題を根本的に解決し、すべての人たちにとってより良い世界をつくるために設定された、世界共通の十七の目標。

注6 論調——議論の述べ方・進め方の調子。

1 ~~線A「ニュアンス」、B「スムース」の言葉の意味として最もふさわしいものを、次のア～エからそれぞれ一つ選び、その記号を答えなさい。

A ア ちょうどよい部分

　　イ 正確な意味合い

　　ウ 微妙なちがい

　　エ おおよその見込み

B ア にぎやか

　　イ すこやか

　　ウ ほがらか

　　エ なめらか

2 ｜a｜～｜c｜に入れる言葉の組み合わせとして最もふさわしいものを、次のア～エから一つ選び、その記号を答えなさい。

ア a また b さて c しかし

イ a しかし b さて c また

ウ a さて b しかし c また

エ a さて b また c しかし

3 ☐ に入れる言葉として最もふさわしいものを、次のア～エから一つ選び、その記号を答えなさい。

ア 飲み込んで　イ 押し潰して　ウ 噛み砕いて　エ 絞り尽くして

4 ──線①「まもる・つくる・つなげる」とありますが、ここでの取り組みの説明としてふさわしくないものを、次のア～エから一つ選び、その記号を答えなさい。

ア 美しい景観をまもっていくために、校内の花壇を増設した。

イ プラスチックごみを減らすために、マイバッグを持って買い物に行った。

ウ 電気の消費量を減らすために、無人の教室の電気を消すようにした。

エ 食べ物が無駄にならないように、商品を棚の手前から順番にとった。

5 ──線②「サステイナビリティについて、ひとつの統一された主語で語るということには、実は大きな難しさがあります」とありますが、これはなぜですか。その理由を説明した次の文の空欄に入る言葉を、三十字以内で本文中から探し、その最初と最後の五字を答えなさい。

　　主語を「私」にすると、☐ から。

― 15 ―

——線③「先進国」とありますが、この言葉は本文ではどのような国々を指していますか。「環境問題」という言葉を使って三十字程度で答えなさい。

——線④「私は、その主語こそが本書のタイトルにもある『私たち』だと考えています」とありますが、主語を「私たち」とすることによってどのようなことが可能になると筆者は考えていますか。それを説明したものとして最もふさわしいものを、次のア〜エから一つ選び、その記号を答えなさい。

ア　環境問題を解決するために行動するときは、個人で行うよりも複数人で行った方が効率的かつ合理的に進められるので、主語を「私たち」とすることで素早く実行し、結果を出していくこと。

イ　気候変動や環境について考えるときに、活動の主体を「私たち」とすることで、今の世の中の人だけでなく、これからの世代を担う人々にも働きかけて意識を高め、適切な行動を促すこと。

ウ　世界各地で起きている様々な問題について具体的に責任について責任を追及したときに、「私」という表現だと責任が必要以上に重く感じられるため、「私たち」とした方が聞いたときの重圧を和らげること。

エ　世界的に重要とされる課題については、その活動が「私たち」と表現されることによって、世界中のどこかで誰かが頑張って活動しているということにもれなく焦点をあてて詳しく語ること。

三　（A）　次の問いに答えなさい。

1　「仲の悪い者同士が一緒にいること」を意味する四字熟語を、次の**ア〜エ**から一つ選び、その記号を答えなさい。

ア　四苦八苦　　イ　付和雷同（ふわらいどう）　　ウ　有象無象（うぞうむぞう）　　エ　呉越同舟（ごえつどうしゅう）

2　「腐（くさ）っても　□　」の　□　に生き物の名前をひらがなで入れ、慣用的表現を完成させなさい。

3　「さざれ石」の意味として最もふさわしいものを、次の**ア〜エ**から一つ選び、その記号を答えなさい。

ア　硯石（すずりいし）　　イ　碁石（ごいし）　　ウ　砥石（といし）　　エ　小石

4　――線部の言葉の使い方として最もふさわしいものを、次の**ア〜エ**からそれぞれ一つ選び、その記号を答えなさい。

①　三々五々

ア　壊（こわ）れたトラックが黒いけむりを三々五々排出（はいしゅつ）する。

イ　登山客は三々五々山小屋にたどり着いた。

ウ　風に吹（ふ）かれたさくらの花びらが三々五々舞（ま）い散る。

エ　激しい雨が三々五々建物をぬらしていた。

② あけすけな

ア 彼女は新人ながらあけすけな演技が素晴らしく、観客は惜しみない拍手を送った。

イ 冷蔵庫の中はあけすけな状態で、ここに長らく人がいないことは明らかだ。

ウ 彼のあまりにもあけすけな物言いに、私は空いた口がふさがらない。

エ 冬場は明け方もどんよりしているため、夏のあけすけな夜明けが待ち遠しい。

三 （B） 次の 1〜10 の文の――線部について、カタカナは漢字になおし、漢字はその読み方をひらがなで書きなさい。

1 ムボウビな格好で山に登る。

2 コクイッコクと夕焼け空の色が変わる。

3 カイヨウ資源の調査をする。

4 委員長のケンゲンで意見を求める。

5 被災地に食料をキョウキュウする。

6 時計のビョウシンが少し遅れる。

7 国語の時間にヒヒョウ文を読む。

8 あらぬウタガいをかけられる。

9 中庭にウサギの小屋を建てる。

10 折節のあいさつを大切にする。

令和6年度

奈良学園中学校

入学試験問題

B日程

算数（60分）

試験開始のチャイムが鳴り始めるまでは，この問題冊子を開かないで，下記の注意事項をよく読んでおきなさい。

【 注 意 事 項 】

1. 試験開始のチャイムが鳴り始めたら，解答用紙の所定の欄に「**受験番号**」をはっきりと記入し，「**QRコードシール**」を貼りなさい。**学校名や氏名を書いてはいけません。**

2. 問題冊子は 8 ページあります。また，解答用紙は1枚です。

3. ページの脱落，印刷の不鮮明な箇所などがある場合や，**QRコードシールを貼る際に答案用紙が破れたり，貼ったシールにしわができたりした場合**は，手を挙げて監督の先生に知らせなさい。

4. 解答は，**解答用紙の指定された枠内に濃くはっきりと記入しなさい。枠外に記入した部分は採点の対象にしません。**

5. 試験終了のチャイムが鳴り始めたら，すみやかに筆記用具を置いて，**消しゴムのかすをよく払ってから解答用紙を裏向きにし，問題冊子を閉じなさい。**

6. 監督の先生が解答用紙を回収し，指示をするまでは，そのまま静かに着席しておきなさい。

7. 問題冊子は持ち帰りなさい。

＃教英出版 編集部　注
編集の都合上、白紙は省略しています。

円周率の必要なときは，3.14 としなさい。
小数点などの小さな記号は大きめにはっきりと書きなさい。

1　次の□にあてはまる数を入れなさい。

（1）$2.024 \times 5 + 20.24 \times 0.6 + 202.4 \times 0.07 + 2024 \times 0.008 = $□

（2）$11 \times 11 + 11 \times 111 + 111 \times 111 + 111 \times 1111 = $□

（3）$\left(1\dfrac{3}{8} \times \dfrac{7}{22} + 0.625 \times 1\dfrac{4}{5} \div 1\dfrac{1}{3} \right) \div \dfrac{9}{8} - \dfrac{3}{4} = $□

（4）$\dfrac{7}{9} \div \dfrac{11}{15} \times $□$- 5 \div (1.75 - 0.5) = 1$

2 次の □ にあてはまる数を入れなさい。

（1）ある仕事をAさんとBさんで行うと 180 時間，BさんとCさんで行うと 225 時間，CさんとAさんで行うと 300 時間かかります。このとき，Aさん，Bさん，Cさんの3人でこの仕事を行うと □ 時間かかります。

（2）3＝1＋2，9＝2＋3＋4のように3や9は連続する整数の足し算の形で表すことができます。125 から 132 までの整数の中で連続する整数の足し算の形で表すことができない整数は □ です。

（３） 時計の針がちょうど 17 時 29 分をさすとき，長針と短針の間の小さいほ

　　 うの角度は □° です。

（４） １辺の長さが 10cm の立方体の内部を，半径３cm の球が自由に動き回り

　　 ます。このとき，立方体の内部で球が動き回ることのできる部分の体積は

　　 □cm³ です。

　　 ただし，球の体積は $\dfrac{4}{3}$ ×（半径）×（半径）×（半径）×（円周率）

　　 で求めることができます。

3　1円玉，5円玉，10円玉，50円玉，100円玉，500円玉が1枚ずつあります。このとき，次の問いに答えなさい。

（1）この6枚の硬貨の中から2枚を使って，ちょうど支払うことができる金額は全部で何種類になりますか。

（2）（1）で，ちょうど支払うことができる金額をすべて合計するといくらになりますか。

（3）この6枚の硬貨の中から3枚を使って，ちょうど支払うことができる金額をすべて合計するといくらになりますか。

4 　2種類の濃さのわからない食塩水Ａ，Ｂをたくさん用意します。ＡとＢを２：５の重さの比で混ぜ合わせると食塩水の濃さが８％に，ＡとＢを３：４の重さの比で混ぜ合わせると食塩水の濃さが７％になりました。このとき，次の問いに答えなさい。

（１）　食塩水Ａの濃さは何％ですか。

（２）　ＡとＢを23：12の重さの比で混ぜ合わせたときの食塩水の濃さは何％ですか。

（３）　新たに食塩水Ｃをたくさん用意し，ＡとＢとＣを４：２：５の重さの比で混ぜ合わせると食塩水の濃さが５％になりました。このとき，食塩水Ｃの濃さは何％ですか。

5 底面の半径が 5 cm の円すいを，下の図のように平面上に置きました。この円すいを，頂点 O を固定し，平面上をすべることなく転がすと，ちょうど 4 回転したところで，もとの位置に戻りました。このとき，次の問いに答えなさい。

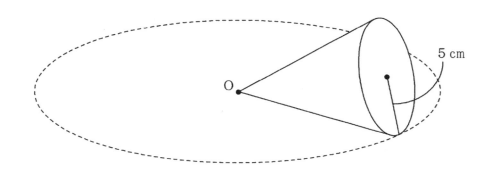

（1）平面上にえがいた円の円周の長さは何 cm ですか。

（2）平面上にえがいた円の面積は何 cm² ですか。

（3）円すいの表面積は何 cm² ですか。

6 次の ア ～ ソ にあてはまる数を入れなさい。

　○と×の２種類の文字を使って，文字列を作ります。２文字用いると，○○，○×，×○，××の４種類の文字列を作ることができ，これらを長さ２の文字列と呼ぶことにします。長さ３の文字列は ア 種類作ることができ，長さ４の文字列は イ 種類作ることができます。

　長さ４の文字列のうち，○×の順に文字が並ぶ箇所を含まないものは ウ 種類あり，長さ５の文字列のうち，○×の順に文字が並ぶ箇所を含まないものは エ 種類あります。

　長さ３の文字列のうち，××の順に文字が並ぶ箇所を含まないものは オ 種類あり，長さ４の文字列のうち，××の順に文字が並ぶ箇所を含まないものは カ 種類あります。

　長さ５の文字列のうち，××の順に文字が並ぶ箇所を含まないものが何種類あるかは，次のように求めることができます。長さ５の文字列の最初の文字は○か×です。○から始まる文字列で××の順に文字が並ぶ箇所を含まないものは キ 種類あり，×から始まる文字列で××の順に文字が並ぶ箇所を含まないものは ク 種類あるので，長さ５の文字列のうち，××の順に文字が並ぶ箇所を含まないものは ケ 種類あることがわかります。

　このように考えると，長さ６の文字列のうち，××の順に文字が並ぶ箇所を含まないものは コ 種類あることがわかり，長さ７の文字列のうち，××の順に文字が並ぶ箇所を含まないものは サ 種類あることがわかります。

長さ3の文字列のうち，×××の順に文字が並ぶ箇所を含まないものは
シ 種類あり，長さ4の文字列のうち，×××の順に文字が並ぶ箇所を含
まないものは ス 種類あり，長さ5の文字列のうち，×××の順に文字が
並ぶ箇所を含まないものは セ 種類あります。したがって，長さ7の文字
列のうち，×××の順に文字が並ぶ箇所を含まないものは ソ 種類あるこ
とがわかります。

K 教英出版

KK教英出版

令和 6 年度

奈 良 学 園 中 学 校

入 学 試 験 問 題

B 日 程

理 科 （４０分）

試験開始のチャイムが鳴り始めるまでは，この問題冊子を開かないで，下記の注意事項をよく読んでおきなさい。

【 注 意 事 項 】

1　3本のまっすぐな棒A，B，Cがあり，長さはそれぞれ60cm，30cm，20
cmです。また，いろいろな重さのおもりがあります。これらを糸でつるして，
棒を水平につり合わせました。次の問いに答えなさい。ただし，3本の棒と
糸の重さや太さは考えないものとします。なお，図中のおもりは重さに関係
なく同じ大きさでかかれています。

（1）　図1，図2のように，棒Aとおもりをつるして棒Aを水平につり合わせ
ました。図中の（　①　），（　②　）にあてはまる数値をそれぞれ答えなさ
い。

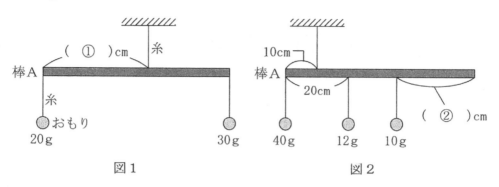

図1　　　　　　　　　　　　　　　　　　　図2

（2）　図3のように，おもりをつるした棒Bの両端を2つのばねばかりP，Q
で真上に引いて，棒Bを水平につり合わせると，2つのばねばかりはどち
らも100gを示しました。

続いて図4のように，おもりの重さとおもりのつるす位置を変えて再び
棒Bを水平につり合わせました。このとき，ばねばかりP，Qはそれぞれ
何gを示しますか。

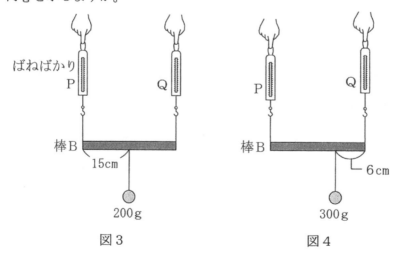

図3　　　　　　　　　　　　　　　　図4

（3）　図5のように，棒A，Bお
　　　よびおもりをつるし，棒Aを
　　　ばねばかりで真上に引いて，
　　　2本の棒を水平につり合わせ
　　　ました。
　　①　図中のおもりRの重さは
　　　何gですか。
　　②　ばねばかりは何gを示し
　　　ますか。

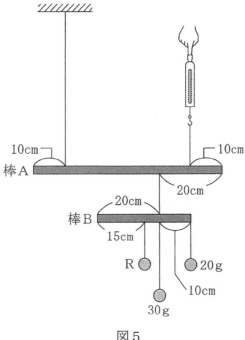

図5

（4）　図6のように，棒Aの両端に棒B，Cをつるし，棒B，Cのそれぞれの
　　　両端におもりをつるすと，3本の棒は水平につり合いました。
　　　　続いて図7のように，糸の位置を変えずに，40gのおもりとおもりX，
　　　Y，Zをそれぞれのおもりの下につけたしても，3本の棒は水平につり合
　　　いました。おもりX，Y，Zの重さはそれぞれ何gですか。

図6

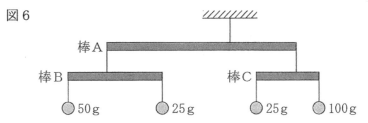

図7

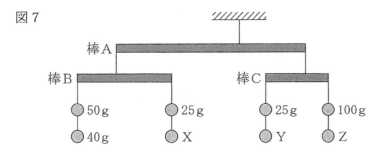

2 次の文章を読んで，下の問いに答えなさい。

　決まった量の水に溶けるものの量には限りがあり，また，ものや温度によって溶ける量は違います。次の表は，いろいろなものが100gの水に温度によってどれだけ溶けるかを調べたものです。

水の温度〔℃〕	20	40	60
溶ける食塩の重さ〔g〕	37.8	38.3	39.0
溶けるホウ酸の重さ〔g〕	4.9	8.9	14.9
溶ける硝酸カリウムの重さ〔g〕	31.6	63.9	109.0
溶けるミョウバンの重さ〔g〕	11.4	23.8	57.4

（1）　固体のものの溶け方について書かれている文として正しいものはどれですか。次の**ア**〜**エ**からすべて選び，記号で答えなさい。

　　ア　水にものを溶かした後の水溶液の重さは，溶かす前の水と溶かしたものの重さを合わせた重さより軽くなる。

　　イ　どんなものを溶かした水溶液も，無色でとうめいになる。

　　ウ　水溶液では，溶かしたものの小さな粒は見えない。

　　エ　溶かしたものは，水溶液の中で一様に水溶液全体に広がる。

（2）　溶けた固体のものを水から取り出すには，水の量を減らす方法と水溶液の温度を下げる方法があります。60℃の水80gに食塩，ホウ酸，硝酸カリウム，ミョウバンをそれぞれ溶けるだけ溶かした4つのビーカーがあります。その4つのビーカーに行った次の実験1，2について①，②の問いに答えなさい。

　　＜実験1＞　4つのビーカーの水溶液を冷やして20℃にし，出てきたものの重さをはかった。

　　＜実験2＞　4つのビーカーの水溶液を加熱し，それぞれ40gの水を蒸発させた後，水溶液の温度を60℃にもどして，出てきたものの重さをはかった。

　　①　実験1で硝酸カリウムを溶かしたビーカーの水溶液から出てきたものの重さは何gですか。割り切れない場合は小数点以下第2位を四捨五入して答えなさい。

② 実験１より実験２のほうが出てくるものの重さが大きい水溶液は何を溶かした水溶液ですか。次のア～エから１つ選び，記号で答えなさい。
　　ア　食塩　　イ　ホウ酸　　ウ　硝酸カリウム　　エ　ミョウバン

（3）右の図は，液体をこして，混ざっている固体を取り除く様子について示したものです。ただし，ビーカーからの液の注ぎ方とろうとの先の位置がまちがっています。どのように直したらよいですか。解答欄の（　）に言葉を入れて文章を完成させなさい。また，このような，液体をこして，混ざっている固体を取り除く方法を何といいますか。

（4）食塩と硝酸カリウムが混じったものが100ｇあります。これを60℃の水100ｇに溶かしたところ，すべて溶けました。この水溶液を冷やして20℃にしたところ，硝酸カリウムだけが出てきて，その重さは33.0ｇでした。100ｇの中に，食塩は何ｇ混じっていますか。ただし，２つのものが混じっていても，それぞれの溶ける量は変わらないものとします。

3 牛乳に関する次の文章を読んで，下の問いに答えなさい。

　牛乳は，五大栄養素（炭水化物，たんぱく質，脂質，無機質，ビタミン）をバランスよくふくむ食品といわれています。本来，牛乳はウシの母親が子ウシに与えるものであるため，子ウシの成長に必要な栄養分が豊富にふくまれています。一方，ヒトも生まれてからしばらくの間，母乳（人乳）を飲んで育つ時期があります。ウシやヒトのように，生まれた子が母親の乳を飲んで育つ動物のことを「ほ乳類」といいます。

（1）　ヒトは，生まれるまで母親の子宮の中で成長します。そのときに使われている，養分などの必要なものを母親からもらい，いらないものを渡すところを何といいますか。

（2）　口から入った食べ物にふくまれている栄養分は，口からこう門まで続く１本の管の中を運ばれるうちに細かくなり，吸収されやすい形になります。
　①　食べ物をかみくだいたり，体に吸収されやすいものに変えたりするはたらきを何といいますか。
　②　①のはたらきや，吸収された養分にかかわるつくりとその説明として，**まちがっているもの**はどれですか。次のア～エから１つ選び，記号で答えなさい。
　　ア　胃は，胃液を出して食べ物をどろどろに溶かす。
　　イ　肝臓は，吸収した養分を一時的にたくわえる。
　　ウ　たんのうは，脂肪を細かくすることを助けるはたらきをもつたん汁をつくる。
　　エ　小腸は，内側のかべがひだ状になっていて養分を吸収しやすくなっている。

（3）　次の表は，さまざまなほ乳類の乳にふくまれているたんぱく質の割合と，子が子宮の中で過ごす日数，生まれるときの体重，生まれてから体重が2倍になるまでにかかる日数を調べ，そのおおよその数値をまとめたものです。

動物名	ウサギ	ネコ	ヒツジ	ウシ	ウマ	ヒト
乳にふくまれるたんぱく質の割合〔％〕	14	9.5	6.5	2.5	2.0	1.1
子が子宮の中で過ごす日数〔日〕	30	65	152	280	340	280
生まれるときの体重〔kg〕	0.03	0.1	3.5	40	55	3
生まれてから体重が2倍になるまでにかかる日数〔日〕	5	8	10	50	60	100

①　表に示されたデータから，どのようなことが読み取れますか。次の空欄にあてはまる言葉を**20字以内**で書き，正しい文を完成させなさい。

「　　　　　　　　　　　　　　　　　　　動物ほど，
　　　生まれてから体重が2倍になるまでにかかる日数が短い。」

②　ブタでも同様に調べると，乳にふくまれるたんぱく質の割合が5.5％，子が子宮の中で過ごす日数が115日，生まれるときの体重が1.3kgであることがわかりました。ブタが生まれてから体重が2倍になるまでにかかる日数はおおよそ何日と考えられますか。次の**ア〜エ**から適切なものを1つ選び，記号で答えなさい。

ア　7日　　**イ**　20日　　**ウ**　55日　　**エ**　85日

4 　日本で7月のある晴れた日の夜，東の空に見えた星座を午後8時から1時間ごとにスケッチしました。図1〜3は，午後8時，午後9時，午後10時のいずれかの夜空を，目印になる木を入れて同じ場所でスケッチしたものです。また，各図の中にある★印の星A〜Cは，それぞれの星座にある一等星を示したものです。下の問いに答えなさい。

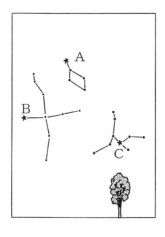
図1

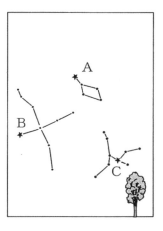
図2

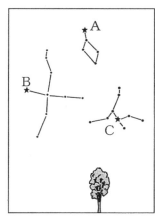
図3

（1）　スケッチにかかれている星座は何ですか。次の**ア**〜**ケ**から3つ選び，記号で答えなさい。

ア　アンドロメダ座　　**イ**　おおいぬ座　　**ウ**　おとめ座

エ　オリオン座　　　　**オ**　こいぬ座　　　**カ**　こと座

キ　さそり座　　　　　**ク**　はくちょう座　**ケ**　わし座

（2）　星A〜Cの名前は何ですか。次の**ア**〜**ケ**からそれぞれ1つずつ選び，記号で答えなさい。

ア　アルタイル　　　**イ**　アンタレス　　　**ウ**　シリウス

エ　スピカ　　　　　**オ**　デネブ　　　　　**カ**　プロキオン

キ　ベガ　　　　　　**ク**　ベテルギウス　　**ケ**　リゲル

（3）　図1〜3をスケッチした時刻が早い順に並べたものとして，正しいものはどれですか。次の**ア**〜**カ**から1つ選び，記号で答えなさい。

ア　図1→図2→図3　**イ**　図1→図3→図2　**ウ**　図2→図1→図3

エ　図2→図3→図1　**オ**　図3→図1→図2　**カ**　図3→図2→図1

（4）　図1～3のように，時刻により星座の位置が変化していく理由として最も適切なものはどれですか。次の**ア～オ**から1つ選び，記号で答えなさい。

　　　ア　月が地球の周りをまわっているから。

　　　イ　地球が太陽の周りをまわっているから。

　　　ウ　太陽が地球の周りをまわっているから。

　　　エ　各星座が太陽の周りをまわっているから。

　　　オ　地球自身が24時間をかけて1回まわっているから。

（5）　星の観察をする条件や，星の観察をするときのやり方について述べたものとして**まちがっているもの**はどれですか。次の**ア～エ**から1つ選び，記号で答えなさい。

　　　ア　大都市近くよりも，都会から離（はな）れた場所で観察する方が，星がよく見える。

　　　イ　満月の日よりも，新月の日を選んで観察する方が，星がよく見える。

　　　ウ　夜，星座早見を見るときは，赤いセロハンをかぶせた懐中（かい）電灯の光を当てる。

　　　エ　星の高さを調べるためには，目の高さにうでをのばしたとき，にぎりこぶし1つ分が約30度となることを使う。

（6）　星と同じように月の動きと見え方についても調べるため，星座をスケッチした日から7日間，毎日午後8時，午後9時，午後10時に同じ場所で月を観察しました。このときに観察できたその日の月の動きと7日後の見え方について，正しいものはどれですか。次の**ア～カ**から1つ選び，記号で答えなさい。ただし，最初の日の午後8時にスケッチした月は，光っている部分が右図のように見えたとします。

　　　ア　1時間ごとに東から西へ動き，7日後にも同じ形に光っていた。

　　　イ　1時間ごとに東から西へ動き，7日後には満月になっていた。

　　　ウ　1時間ごとに東から西へ動き，7日後には新月になっていた。

　　　エ　1時間ごとに西から東へ動き，7日後にも同じ形に光っていた。

　　　オ　1時間ごとに西から東へ動き，7日後には満月になっていた。

　　　カ　1時間ごとに西から東へ動き，7日後には新月になっていた。

5 次の文章を読んで，下の問いに答えなさい。

　電気は私たちの生活になくてはならないものになっています。家の中には電気を使う電化製品がたくさんあり，それらを使えば電気を光や熱などに変えることができます。例えば，電化製品の中にあるモーターは電気を運動に変えます。電気を光に変えて利用する電化製品が（　①　），電気を熱に変えて利用する電化製品が（　②　）です。手回し発電機はハンドルの運動を電気に変える道具です。発電所は何かから電気を作り出す施設と考えることができます。風力発電所は（　③　）を電気に変える施設，火力発電所は（　④　）を（③）に変えた後に，電気に変える施設と言えるでしょう。

　発光ダイオードは電気を光に変える部品で，図1のような形をしています。発光ダイオードには2つの長さの異なる線があり，長い方をa，短い方をbとしたとき，図2のような記号で表します。aを電池の＋極，bを電池の－極につなぐと電流が流れ，発光ダイオードは点灯します。しかし，aを電池の－極，bを電池の＋極につなぐと電流が流れず，発光ダイオードは点灯しません。

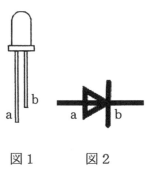

図1　　　図2

　最近では身の回りの照明器具に電球ではなく，発光ダイオードが用いられることが増えてきました。それはなぜでしょう。例えば，理科室で同じ明るさで点灯している豆電球と発光ダイオードを観察します。すると，点灯前の温度から豆電球の温度は大きく上がり，発光ダイオードの温度は少しだけ上がっていることがわかります。豆電球は電気を光だけでなく，たくさんの（　⑤　）に変えていると考えられます。私たちにとって，同じ明るさを得られるならば，（⑤）の発生は必要ありません。発光ダイオードの方が電気をむだにしない照明器具なのです。社会全体が電気をむだにしない製品を使うようになってきたことが，発光ダイオードの利用が増えてきた理由の1つです。

（1）　文中の（　①　）〜（　⑤　）にあてはまる語句はどれですか。次のア〜クからそれぞれ1つずつ選び，記号で答えなさい。ただし，同じ記号を何回選んでもかまいません。

　　ア　電気　　　　イ　運動　　　ウ　熱　　　エ　光
　　オ　扇風機　　　カ　掃除機　　キ　アイロン　ク　懐中電灯

以下の問題では電池とのつなぎ方による違いを除けば，発光ダイオードを豆電球と同じように扱えるとして考えなさい。また，図に示した電池，発光ダイオードはすべて同じ性能のものとします。

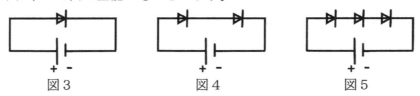

図3　　　　　　　図4　　　　　　　図5

（2）　図3のように発光ダイオードと電池をつなぎました。図3は図1の発光ダイオードを電池とどのようにつないだ図ですか。つないだ様子を解答欄にかきなさい。

（3）　図3，4，5のように発光ダイオードと電池をつなぎました。点灯した発光ダイオードの明るさについて述べた文として，正しいものはどれですか。次のア〜カからすべて選び，記号で答えなさい。

　　ア　図3，4，5のすべての発光ダイオードの明るさは同じである。

　　イ　図3，4，5の発光ダイオードの明るさを比べると，図3の発光ダイオードが1番明るい。

　　ウ　図3，4，5の発光ダイオードの明るさを比べると，図4の発光ダイオードが1番明るい。

　　エ　図3，4，5の発光ダイオードの明るさを比べると，図5の発光ダイオードが1番明るい。

　　オ　図4のすべての発光ダイオードの明るさは同じである。

　　カ　図5のすべての発光ダイオードの明るさは同じである。

（4）　発光ダイオード1〜7を図6のようにつなぎました。点灯するものには〇，点灯しないものには×を解答欄にそれぞれ書きなさい。

（5）　図6の電池の向きを反対につなぎました。点灯するものには〇，点灯しないものには×を解答欄にそれぞれ書きなさい。

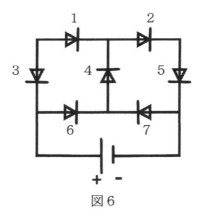

図6

6 まなぶさんは鉄とアルミニウムが塩酸に溶けて気体が発生することを授業で学びました。この授業のとき，それぞれの金属から出てくる泡の量が違ったため，塩酸の濃さの違いや金属の違いで，発生する気体の量に違いがでるのか興味を持ちました。そこで，2種類の濃さの違う塩酸(塩酸Aと塩酸B)，および鉄とアルミニウムを用意し，塩酸の体積と用いる金属の重さをそれぞれ変えて混ぜた後，発生した気体の体積を調べ，結果を表1〜3にまとめました。ただし，実験はすべて同じ温度で行われたものとします。下の問いに答えなさい。

表1　塩酸Aと鉄を混ぜた実験

塩酸Aの体積〔cm³〕	30	30	30	30	30
用いた鉄の重さ〔g〕	0.10	0.20	0.30	0.40	0.50
発生した気体の体積〔cm³〕	40	80	120	134.4	134.4

表2　塩酸Aとアルミニウムを混ぜた実験

塩酸Aの体積〔cm³〕	10	20	40	80	160
用いたアルミニウムの重さ〔g〕	0.45	0.45	0.45	0.45	0.45
発生した気体の体積〔cm³〕	44.8	89.6	179.2	358.4	560

表3　塩酸Bとアルミニウムを混ぜた実験

塩酸Bの体積〔cm³〕	20	20	20	20	20
用いたアルミニウムの重さ〔g〕	0.09	0.18	0.27	0.36	0.45
発生した気体の体積〔cm³〕	112	224	268.8	268.8	268.8

（1）　塩酸に緑色のＢＴＢ溶液を加えると色が変化しました。これと同じ色の変化が起こる水溶液はどれですか。次の**ア〜カ**からすべて選び，記号で答えなさい。

ア 酢　　　**イ** 砂糖水　　　**ウ** 食塩水　　　**エ** 石灰水
オ 炭酸水　　**カ** アンモニア水

（2）　塩酸を蒸発皿にとり，すべての水を蒸発させてから蒸発皿を観察しました。このときの蒸発皿の様子と同じ様子が見られる水溶液はどれですか。（1）の**ア〜カ**からすべて選び，記号で答えなさい。

（3）　鉄とアルミニウムに共通する性質として正しいものはどれですか。次の
　　　ア～オからすべて選び，記号で答えなさい。
　　　ア　磁石につく。　　　**イ**　熱をよく伝える。　　　**ウ**　電気をよく伝える。
　　　エ　うすい水酸化ナトリウム水溶液に溶けて気体が発生する。
　　　オ　塩酸に溶かした後の水溶液から水を蒸発させると，白い固体が出る。

（4）　実験結果をまとめた表１～３について，まなぶさんと先生が会話をして
　　　います。会話中の空欄（　①　）～（　⑤　）にあてはまる数値をそれぞれ答
　　　えなさい。
　　　先生：実験結果からどのようなことがわかりましたか？
　　まなぶ：先生。実は，実験に用いる塩酸の体積や鉄，アルミニウムの重さを
　　　　　　統一していなかったので，表にまとめてみたのですが，関係性が中々
　　　　　　みつけられません。
　　　先生：確かにこの表では少しわかりにくいですね。でも，発生した気体の
　　　　　　体積から金属が溶け残ったかどうかを考えれば，関係性がわかります
　　　　　　よ。
　　まなぶ：本当ですか。
　　　先生：ええ。例えば，表１に注目すると，塩酸Ａが十分にあれば鉄0.40ｇ
　　　　　　を溶かしたときに発生する気体は（　①　）cm³になると予想できます。
　　　　　　しかし，実際にはそうなっていません。よってこのことから，塩酸Ａ
　　　　　　30cm³がすべて使われても，鉄が溶け残っていることがわかります。
　　　　　　このように考えると，用いた金属がすべて溶けたときに発生した気体
　　　　　　の体積なのか，用いた金属が溶け残ったときに発生した気体の体積な
　　　　　　のかがわかります。
　　まなぶ：なるほど。それなら，表２と表３で用いた塩酸の体積が同じで，さ
　　　　　　らにアルミニウムに溶け残りがあるとき，発生する気体の体積が
　　　　　　（　②　）倍になっていることから，塩酸Ｂの方が濃いことがわかりま
　　　　　　すね。
　　　先生：その通りです。さらに表１と表２から，用いた塩酸の体積が同じで
　　　　　　も鉄とアルミニウムがともに溶け残りがあるとき，発生する気体の体
　　　　　　積比は，「鉄の場合」：「アルミニウムの場合」＝１：（　③　）にな
　　　　　　ることもわかります。また，十分な量の塩酸に同じ重さの鉄とアルミ
　　　　　　ニウムを溶かした場合，発生する気体の体積比を最も簡単な整数比で
　　　　　　表すと，
　　　　　　「鉄の場合」：「アルミニウムの場合」＝（　④　）：（　⑤　）
　　　　　　となります。
　　まなぶ：実験データをよく見て考えることで，多くのことがわかるようにな
　　　　　　るのですね。とても勉強になりました。

7　水の中の小さな生物に関する次の文章を読んで，下の問いに答えなさい。

　池や川，海などの水には，小さな生物がすんでいます。水の中にすむ生物のうち，自分で泳ぐ能力をもっていない生物，または泳ぐ能力があっても水の流れに逆らうことができずに水中をただようだけの生物のことを，体の大きさにかかわらず，プランクトンとよびます。プランクトンのうち，体が緑色で，日光を浴びることで栄養分をつくり出すことができるものを，とくに植物プランクトンといいます。地球上の植物プランクトンがつくり出す栄養分をすべて合わせると，陸上の植物がつくり出す栄養分の合計量とほぼ同じ量になると考えられています。一方で，動物と同じように，他の生物を取りこむことで栄養分を得るプランクトンは動物プランクトンといいます。

　植物プランクトンの数は年々減少しており，1950年代からは1年間で約1％ずつ，50年間で約40％の植物プランクトンが減少しました。植物プランクトンが減少すると，ほかの生物の数にも影響を与え，地球環境が大きく変化してしまうと考えられています。

（1）　プランクトンに分類される生物はどれですか。次のア～カからすべて選び，記号で答えなさい。

　　ア　ミジンコ　　　　　イ　オオクチバス　　　ウ　オオカナダモ
　　エ　クラゲ　　　　　　オ　イカダモ　　　　　カ　メダカ

（2）　水の中の小さな生物を観察するとき，けんび鏡を使って拡大して観察します。けんび鏡の使い方として正しいものはどれですか。次のア～エから1つ選び，記号で答えなさい。

　　ア　けんび鏡は，直射日光が当たる明るい場所で使用する。
　　イ　対物レンズは，もっとも倍率が低いものから順に使用する。
　　ウ　接眼レンズをのぞきながら調節ねじを回し，対物レンズとプレパラートを近づけていく。
　　エ　視野の右側に見えているものを中央で見るためには，プレパラートを左に動かす。

（3） ゾウリムシは動物プランクトンに分類される生物です。一般的なゾウリムシのほか，そのなかまとして，少し小型で早くふえるヒメゾウリムシ，クロレラという植物プランクトンを体内に取りこんだ緑色のミドリゾウリムシなどがいます。

　いま，ゾウリムシとヒメゾウリムシを同じ水そうに入れて飼育したところ，ヒメゾウリムシのみが生き残り，ゾウリムシはすべて死んでしまいました。この現象は，２つの生物間ですみかや食べ物などをうばい合うことで起き，このような生物間の関係を「競争」といいます。次に，ゾウリムシとミドリゾウリムシを同じ水そうに入れて飼育したところ，ゾウリムシもミドリゾウリムシも，どちらも生き残りました。これらの結果から，次の a ～ c の可能性を考えました。これらの可能性のうち，適切であるものの組合せとして正しいものはどれですか。下の ア～キ から１つ選び，記号で答えなさい。

a　ゾウリムシとヒメゾウリムシはすみかが異なっていたが，ゾウリムシとミドリゾウリムシはすみかが同じであった。

b　ゾウリムシとヒメゾウリムシは食べ物が同じであったが，ゾウリムシとミドリゾウリムシは食べ物が異なっていた。

c　ゾウリムシはヒメゾウリムシを食べるが，ゾウリムシとミドリゾウリムシは食べる・食べられるの関係ではなかった。

ア　a のみ　　イ　b のみ　　ウ　c のみ
エ　a と b　　オ　a と c　　カ　b と c　　キ　a と b と c

（4） 池や川の中では，植物プランクトンは動物プランクトンやメダカなどの小さな魚に食べられ，動物プランクトンも小さな魚に食べられます。また，小さな魚はより大きな魚に食べられ，大きな魚もさらに大きな魚やザリガニなどの肉食の動物に食べられます。このようなつながりを食物れんさとよびます。もし，水中の植物プランクトンが絶滅すると，食物れんさにかかわるすべての生物が絶滅します。これは，植物プランクトンが，今回の食物れんさに関わる他の生物がもたない特徴をもっていることが原因と考えられます。その特徴とはどういうものですか。「食物れんさの最初となる生物は，」に続く文で説明しなさい。

K 教英出版

令和6年度

奈良学園中学校

入学試験問題

B日程

社会（40分）

　試験開始のチャイムが鳴り始めるまでは，この問題冊子を開かないで，下記の注意事項をよく読んでおきなさい。

【 注 意 事 項 】

1. 試験開始のチャイムが鳴り始めたら，解答用紙の所定の欄に「**受験番号**」をはっきりと記入し，「**QRコードシール**」を貼りなさい。**学校名や氏名を書いてはいけません。**

2. 問題冊子は21ページあります。また，解答用紙は1枚です。

3. ページの脱落，印刷の不鮮明な箇所などがある場合や，**QRコードシールを貼る際に答案用紙が破れたり，貼ったシールにしわができたりした場合**は，手を挙げて監督の先生に知らせなさい。

4. 解答は，**解答用紙の指定された枠内に濃くはっきりと記入しなさい。枠外に記入した部分は採点の対象にしません。**

5. 試験終了のチャイムが鳴り始めたら，すみやかに筆記用具を置いて，**消しゴムのかすをよく払ってから解答用紙を裏向きにし，問題冊子を閉じなさい。**

6. 監督の先生が解答用紙を回収し，指示をするまでは，そのまま静かに着席しておきなさい。

7. 問題冊子は持ち帰りなさい。

小学６年生の園子さんが作成した次のレポートを読み，後の問いに答えなさい。

2023年夏休み自由研究　テーマ「日本を訪れた外国人の歴史」　　　６年１組　奈良 園子

○ はじめに

　新型コロナウイルスの感染拡大を防ぐために実施されていた，日本を訪れる外国人に対する水際対策がゆるめられたことや，　①　ことによって，外国人観光客が戻ってきているということがニュースで取り上げられていました。また，私自身が奈良や京都にでかけた時に，多くの外国人を目にしてそれを実感しました。そうした中で，歴史的に見て日本を訪れる外国人がどのくらいいたのか，また，どんな人がいたのか気になり，調べてみることにしました。

○ 日本を訪れた外国人について

時　　代	できごと
古墳時代	・②朝鮮半島などから移り住む人々が増え，新しい技術や知識が伝えられる。
奈良時代	・752年，③東大寺の大仏完成の式典に，インドや中国など多くの国の僧が参加する。 ・753年，④鑑真が正式な戒律を伝える。
平安時代	・⑤日宋貿易によって大陸との交流が活発になり，多くの商人や僧が行き来するようになる。
⑥鎌倉時代	・1274年と1281年に⑦元軍が襲来する一方，民間の貿易はさかんで，禅宗の僧などによる文化交流が行われる。
⑧室町時代	・1543年，⑨ポルトガル人によって鉄砲が伝えられる。 ・1549年，フランシスコ・ザビエルが⑩キリスト教を伝える。
江戸時代	・　⑪　，朝鮮から数百人の使節団が日本を訪れる。 ・⑫1641年に平戸から出島に移されたオランダ商館で貿易が行われる。 ・1842年，⑬シーボルトが長崎に鳴滝塾をつくり，医学や蘭学を教える。 ・1853年，⑭アメリカの軍艦が浦賀に現れ，開国を求める。
⑮明治時代 ⑯大正時代	・⑰多くの「お雇い外国人」が招かれ，先進技術や知識を日本にもたらす。

昭和時代	・1934年，野球の全米選抜チームが来日し，ベーブ・ルースが活躍する。 ・1945年の終戦後，アメリカを中心とする連合国軍が日本を占領し，⑱戦後改革を行う。

○ 調べてわかったこと・私の考え

　かなり古い時代から色々な国の人が日本を訪れていたことがわかりました。しかし昔は宗教活動や貿易といった目的での来日が多かったのかなと思いました。

　観光目的で日本を訪れた外国人についても調べてみましたが，明治時代にはもうそういった外国人がいたことが記録として残っているそうです。1930（昭和5）年には日本政府が「国際観光局」というものを設置して，外国人観光客を積極的に呼び込むための様々な政策を行ったため，日本を訪れる外国人は次第に増加していき，1935（昭和10）年に観光目的で日本を訪れた外国人は1万5千人以上いたということです。しかし，その後の⑲日中戦争や第二次世界大戦によってその数は減少しました。

　戦後，再び増加していった日本を訪れる外国人ですが，その数を増やすための観光庁の活動の甲斐もあり，2003年には500万人ほどだったのが，2013年には1000万人，2016年には2000万人，2018年には3000万人を超えたそうです。新型コロナウイルスの影響で2020年から2022年は大きく数を減らしましたが，今年は過去最高の約3188万人が来日した2019年に迫る水準まで回復しているということでした。これからもたくさんの外国人が日本を訪れてくれるといいなと思います。

問1　文中　①　にあてはまる文として最もふさわしいものを次のア〜エから1つ選び，記号で答えなさい。

　　ア　関税がひき上げられた　　　　　イ　関税がひき下げられた
　　ウ　円高がすすんだ　　　　　　　　エ　円安がすすんだ

問2　下線部②について，このような人々のことを何といいますか，最もふさわしい語句を漢字3字で答えなさい。

問3　下線部③について，この大仏をつくるように命じた聖武天皇は，都を次々と移したことでも知られています。その移りかわりを示した次の（　a　）・（　b　）にあてはまる都の名の組合せとして正しいものを下の**ア～カ**から１つ選び，記号で答えなさい。

平城京 → （　a　）→ 難波宮 → （　b　）→ 平城京

ア　a　藤原京　　b　飛鳥宮　　　　**イ**　a　飛鳥宮　　b　恭仁京

ウ　a　恭仁京　　b　紫香楽宮　　　**エ**　a　紫香楽宮　b　藤原京

オ　a　藤原京　　b　恭仁京　　　　**カ**　a　飛鳥宮　　b　紫香楽宮

問4　下線部④について，僧たちが学ぶための場として鑑真が創建した寺院を何といいますか，漢字で答えなさい。

問5　下線部⑤について，この貿易をすすめた平清盛に関して述べた文として**正しくない**ものを次の**ア～エ**から１つ選び，記号で答えなさい。

ア　平治の乱で源氏を破り，勢力を強めた。

イ　武士として初めて太政大臣の地位についた。

ウ　娘の産んだ子が後白河天皇となった。

エ　一族の繁栄を願って平家納経を神社に納めた。

問6　下線部⑥について，この時代には各地で様々な特産品がつくられましたが，この時代の焼き物として**正しくないもの**を次の**ア～エ**から１つ選び，記号で答えなさい。

ア　有田焼　　　　**イ**　信楽焼　　　　**ウ**　瀬戸焼　　　　**エ**　備前焼

問7　下線部⑦について述べた次の文X・Yについて，その正誤の組合せとして正しいものを下の**ア～エ**から１つ選び，記号で答えなさい。

X　北条政子が将軍の御恩をといて団結を訴えた結果，元軍との戦いをためらっていた武士たちは奉公をちかい，博多湾沿岸に集結した。

Y　武士たちは，元軍の集団戦術やてつはうとよばれた火薬兵器などに苦しみながら，恩賞を得るために命をかけて戦った。

ア　X　正　　Y　正　　　　　　　　**イ**　X　正　　Y　誤

ウ　X　誤　　Y　正　　　　　　　　**エ**　X　誤　　Y　誤

問8　下線部⑧について，この時代の社会の状況を述べた次の文X・Yについて，その正誤の組合せとして正しいものを下の**ア〜エ**から１つ選び，記号で答えなさい。

　　X　商工業が発展し，様々な職人が現れ，人々の集まるところで市が開かれた。
　　Y　大きなききんが何度も起こり，百姓一揆や打ちこわしが全国各地で行われた。

　　ア　X　正　　Y　正　　　　　　　　　　**イ**　X　正　　Y　誤
　　ウ　X　誤　　Y　正　　　　　　　　　　**エ**　X　誤　　Y　誤

問9　下線部⑨について，この時ポルトガル人を乗せた船が流れ着いた島を示したものとして正しいものを次の**ア〜エ**から１つ選び，記号で答えなさい。

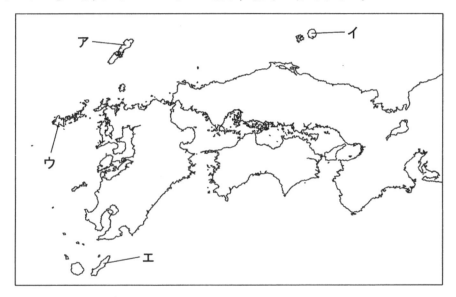

問10　下線部⑩について，室町時代から江戸時代にかけてのキリスト教の広がりとその取りしまりに関して述べた文として**正しくないもの**を次の**ア〜エ**から１つ選び，記号で答えなさい。
　　ア　キリスト教を信じる九州の大名は，４人の少年をローマ教皇のもとに派遣した。
　　イ　江戸幕府は初め，キリスト教を認め，宣教師に朱印状を与えて布教を許可した。
　　ウ　江戸幕府がキリスト教を禁止し，信者を取りしまるようになる中，九州の島原や天草でキリスト教の信者を中心にした大規模な一揆が起こった。
　　エ　人々にキリストなどの像を踏ませて，キリスト教の信者でないことを証明させる，絵踏みが行われるようになった。

問11　文中　⑪　にあてはまる文として最もふさわしいものを次のア～エから１つ選び，記号で答えなさい。
　　ア　将軍がかわったとき　　　　　　　イ　天皇がかわったとき
　　ウ　朝鮮国王がかわったとき　　　　　エ　日本の元号がかわったとき

問12　下線部⑫に関して，江戸幕府は貿易で得られる利益や海外からの情報を独占する目的もあって，外国との貿易や交渉を行う場所を厳しく制限しましたが，そのような幕府の政策は何とよばれますか，最もふさわしい語句を漢字２字で答えなさい。

問13　下線部⑬に関して，これより70年ほど前に，杉田玄白や前野良沢がオランダ語の医学書を翻訳して出版し，日本の医学や蘭学の発展に大きな影響を与えましたが，その書物を何といいますか，漢字で答えなさい。

問14　下線部⑭について，このときアメリカの軍艦を率いていた人物は誰ですか，カタカナで答えなさい。

問15　下線部⑮について，この時代に定められた大日本帝国憲法の内容について述べた文として**正しくないもの**を次のア～エから１つ選び，記号で答えなさい。
　　ア　帝国議会は貴族院と衆議院によって成り立つ。
　　イ　内閣総理大臣は陸軍や海軍を統率する。
　　ウ　裁判は天皇の名によって行われる。
　　エ　国民は法律の範囲内で言論や集会の自由が認められる。

問16　下線部⑯について，この時代に起こったできごととして**正しくないもの**を次のア～エから１つ選び，記号で答えなさい。
　　ア　米騒動　　　イ　関東大震災　　　ウ　第一次世界大戦　　　エ　韓国併合

問17　下線部⑰について，
（１）お雇い外国人として来日したモースは，縄文時代の人々が食べ物のごみや動物の骨，土器のかけらなどを捨てていた遺跡を発見しましたが，そのような遺跡のことを何といいますか，漢字２字で答えなさい。

（2）お雇い外国人として来日したビゴーは，様々なできごとの風刺画をえがいた人物です。ビゴーがえがいた次のa～cの風刺画が示すできごとを年代の古い順に並べたものとして正しいものを下の**ア～カ**から1つ選び，記号で答えなさい。

a 　b 　c

ア　a→b→c　　　　**イ**　a→c→b　　　　**ウ**　b→a→c

エ　b→c→a　　　　**オ**　c→a→b　　　　**カ**　c→b→a

問18　下線部⑱について述べた文として**正しくないもの**を次の**ア～エ**から1つ選び，記号で答えなさい。

　ア　言論や出版の自由が認められ，戦時中に使われていた教科書も修正することなくそのまま使われることになった。

　イ　男女平等の世の中になって満20才以上の男女に選挙権が保障され，女性の議員も生まれた。

　ウ　日本国憲法が公布され，国民主権・基本的人権の尊重・平和主義が三つの原則として定められた。

　エ　地主がもっていた農地の面積に制限をかけるなどの政策が行われ，それまでの小作農家も自分の農地をもつことができるようになった。

問19　下線部⑲について，この戦争が始まるまでに起こったできごとについて述べた文として**ふさわしくないもの**を次の**ア～エ**から1つ選び，記号で答えなさい。

　ア　日本がドイツ，イタリアと軍事同盟を結んだ。

　イ　日本が国際連盟から脱退した。

　ウ　満州にいた日本軍が中国軍を攻撃し，満州事変が起こった。

　エ　世界中が不景気になり，日本でも生活に苦しむ人々が多くなった。

2 次の文Ａ～Ｇは，奈良県が発行している『奈良県のすがた2022』をもとに奈良県の特
色をそれぞれまとめたものです。後の問いに答えなさい。（以下，都道府県を県とする。）
　　※ 使用した統計は『データブック・オブ・ザ・ワールド2023』などによる。

Ａ　地形は，ほぼ東西に流れる吉野川によって北部低地と南部山地に分かれています。北
部低地は生駒・金剛・笠置の各山地にかこまれた①奈良盆地と，その東側に隣接する高
原からなります。奈良盆地を流れる【　ａ　】川は，生駒・金剛山地を横断して大阪湾
に流れています。南部山地は，「近畿の屋根」といわれる山岳地帯で，山地を流れる十
津川や北山川の下流は【　ｂ　】と【　ｃ　】との県境になっています。

Ｂ　気候は，地形と同様に南部と北部では大きく異なります。北部の奈良盆地や，その東
側に隣接する高原では内陸性気候の特徴がみられます。また，南部の山地は，【　ｄ　】
の影響を受けているために，一年を通した降水量の変化に特徴がみられます。

Ｃ　人口は，②およそ130万人です。県全体の人口を調べてみると減少傾向にありますが，
市町村単位でみると③増加傾向にある市町村もあります。奈良県から他県へ通学したり
通勤したりする人が多いので，④奈良県全体の夜間の人口を100人とした場合，昼間の
人口の割合はおよそ【　ｅ　】人となります。

Ｄ　古くから開かれ，かつて都がおかれた県内には，歴史的，世界的に価値をもつ建物や
遺跡が数多く存在しています。例えば，⑤世界遺産には３件が登録されています。また，
絵画や工芸品を含めた国宝や重要文化財の件数は東京都，【　ｆ　】に次ぎ全国第３位
となっています。

Ｅ　県内の農業産出額は，およそ395億円ですが，⑥都道府県別農業産出額では全国下位
に位置しています。しかし，⑦部門別や品目別にみると⑧全国の中でも生産量が多い農
産物もあります。

Ｆ　県内の製造業を重工業，化学工業，軽工業に分類して，その割合を調べてみると，全
国平均に比べて⑨軽工業の割合が高くなっています。特に地場産業では奈良筆や奈良
墨，【　ｇ　】が有名です。一方で，わが国では⑩重工業のさかんなところは海沿いの
平野部に多く，海に面していない奈良県では重工業の割合が低くなっています。

G 家庭や工場，オフィスなどで消費された一人あたりの⑪エネルギー量は，全国で３番目に少ないです。また，生駒市は国から⑫環境(かんきょう)モデル都市に指定され，過ごしやすい町をつくるために，自然環境を守るさまざまな取り組みを行っています。

問１　Aに関して，
（１）下線部①の位置を示したものとして最もふさわしいものを次の**ア**〜**エ**から１つ選び，記号で答えなさい。

ア　　　　　　**イ**　　　　　　**ウ**　　　　　　**エ**

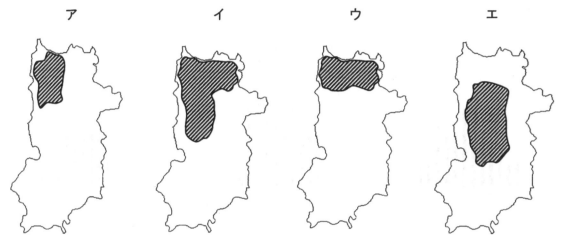

（２）文中【　a　】にあてはまる語句として最もふさわしいものを漢字で答えなさい。

（３）文中【　b　】と【　c　】にあてはまる語句の組合せとして正しいものを次の**ア**〜**エ**から１つ選び，記号で答えなさい。
　　ア　b　大阪府　　c　和歌山県　　　　**イ**　b　京都府　　c　三重県
　　ウ　b　京都府　　c　大阪府　　　　　**エ**　b　三重県　　c　和歌山県

問2　Bに関して，

（1）次のグラフ（あ）～（う）は，右図中K～Mの地点における，月別平均気温と月別降水量の変化をそれぞれ示したものです。（あ）～（う）と地点との組合せとして正しいものを下の**ア**～**カ**から１つ選び，記号で答えなさい。

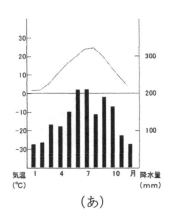

（あ）

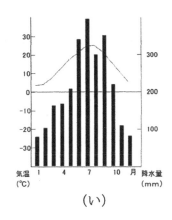

（い）

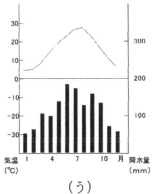

（う）

ア	（あ）	K	（い）	L	（う）	M
イ	（あ）	K	（い）	M	（う）	L
ウ	（あ）	L	（い）	K	（う）	M
エ	（あ）	L	（い）	M	（う）	K
オ	（あ）	M	（い）	K	（う）	L
カ	（あ）	M	（い）	L	（う）	K

（2）文中【　d　】には，夏は太平洋から大陸へ，冬には大陸から太平洋に向かって吹く風の名が入ります。わが国全体の気候にも影響を与えているこの風の名を何といいますか，漢字３字で答えなさい。

問3　Cに関して，

（1）下線部②について，奈良県とほぼ同じ人口をもつ県として正しいものを次のア～エから1つ選び，記号で答えなさい。

　　ア　宮城県　　　　　イ　新潟県　　　　　ウ　山口県　　　　　エ　鳥取県

（2）下線部③について，2016年の市町村人口と2021年の市町村人口を比較し，人口が増加した市町村を示しているものとして正しいものを次のア～エから1つ選び，記号で答えなさい。

ア

イ

ウ

エ

（3）下線部④について，文中【　e　】にあてはまる数字として最もふさわしいものを次のア～エから1つ選び，記号で答えなさい。

　　ア　50　　　　　　　イ　90　　　　　　　ウ　110　　　　　　エ　150

問4　Ｄに関して，

（1）下線部⑤について，奈良県にある世界遺産として正しいものを次の**ア**～**エ**から２つ
　　選び，記号で答えなさい。

ア

イ

ウ

エ

（2）文中【　ｆ　】にあてはまる県の名を漢字で答えなさい。

問5　Ｅに関して，

（1）下線部⑥について，都道府県別農業産出額が全国下位５県に含まれる県の組合せと
　　して正しいものを次の**ア**～**エ**から１つ選び，記号で答えなさい。
　　ア　愛知県・大阪府・東京都　　　　　　**イ**　愛知県・大阪府・福井県
　　ウ　愛知県・東京都・福井県　　　　　　**エ**　大阪府・東京都・福井県

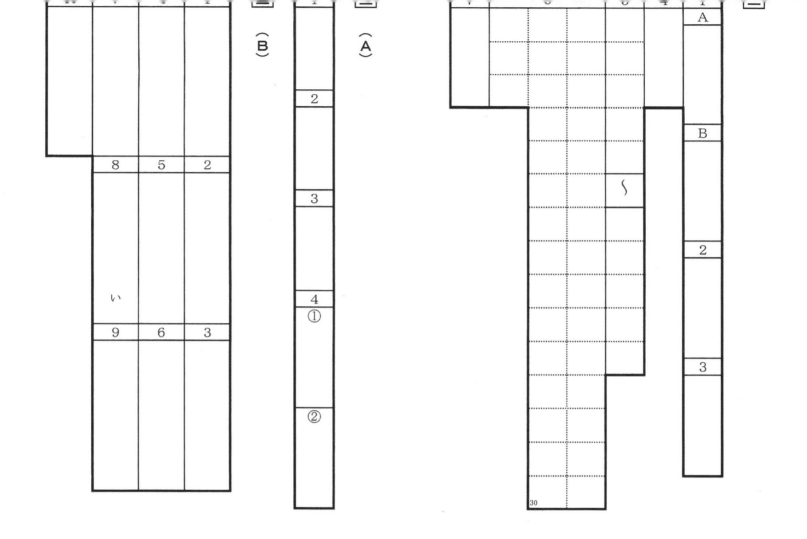

5	（1）	（2）	（3）
	cm	cm^2	cm^2

6	ア	イ	ウ	エ	
	オ	カ	キ	ク	ケ
	コ	サ			
	シ	ス	セ	ソ	

	(1)				(2)				(3)		(4)		(5)		(6)	

5

(1)	①	②	③	④	⑤	(2)

(3)	

(4)	発光ダイオード	1	2	3	4	5	6	7
	○か×							

(5)	発光ダイオード	1	2	3	4	5	6	7
	○か×							

6

(1)		(2)		(3)	

(4)	①	②	③	④	⑤

7

(1)		(2)		(3)	

(4)	食物れんさの最初となる生物は，（ ）。

問5		(X)		(Y)	

問6	(1)	(2)		(3)	(4)
				産業の	

問7	(1)	(2)	

3

問1	(a)	(b)	(c)	(d)	問2	(1)	(2)
							月　　　　日

問3				問4		問5	

問6		問7			問8		問9	

問10	(a)	(b)	問11	(a)	(b)	(c)	問12	国連

令和６年度　中学校入試　Ｂ日程

社会　解答用紙

受験番号

※100点満点
（配点非公表）

241241

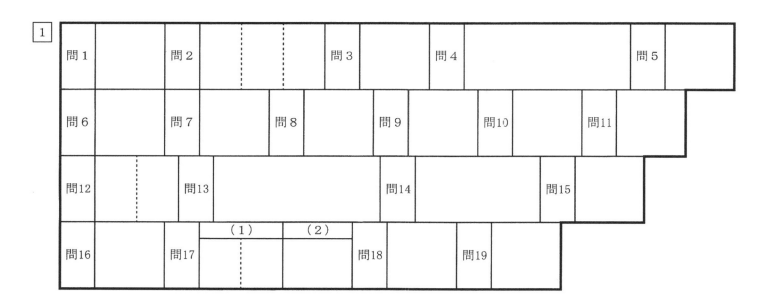

1

| 問1 | | 問2 | | | 問3 | | 問4 | | 問5 | |

| 問6 | | 問7 | | 問8 | | 問9 | | 問10 | | 問11 | |

| 問12 | | 問13 | | | 問14 | | 問15 | |

| 問16 | | 問17 | (1) | (2) | 問18 | | 問19 | |

2

	(1)	(2)	(3)		(1)	(2)
問1				問2		

| | (1) | (2) | (3) | (1) | (2) |

令和６年度　中学校入試　Ｂ日程

理科　解答用紙

1

(1)	①	②	(2)	P	Q	
	cm	cm		g	g	
(3)	①	②	(4)	X	Y	Z
	g	g		g	g	g

2

(1)		(2)	①	②	(3)	方法		(4)	g
			g						

(3)	液は（　　　　　　　　　　　　　　　　　　　　　　　　　　　　）注ぐ。
	ろうとの先の長いほうは（　　　　　　　　　　　　　　　　　　　　　）。

3

(1)		(2)	①	②
(3)	①			

令和６年度　中学校入試　Ｂ日程

算数　解答用紙

受　験　番　号

※150点満点
（配点非公表）

241221

1	（1）	（2）	（3）	（4）

2	（1）	（2）	（3）	（4）

3	（1）	（2）	（3）
	種類	円	円

4	（1）	（2）	（3）

令和六年度　中学校入試　B日程

国語　解答用紙

※150点満点
（配点非公表）

受験番号

241211

↓ここにQRコードシールを貼ってください

一

1　I　II

2

3

4

5　生徒【　】

6

字数制限のある問題では、句読点やかっこなどの記号も一字に数えます。

抜き出し問題でふりがながついた言葉を抜き出すときは、ふりがなを書く必要はありません。

句読点は解答用紙の枠に重ならないよう記入しなさい。

40

（2）下線部⑦について，下のグラフは，奈良県および全国における農業産出額の部門別
　　割合を示したものです。このグラフを参考にして，次の文の（　X　）・（　Y　）
　　にあてはまる語句として最もふさわしいものをそれぞれ答えなさい。

　　　　グラフをみると，奈良県で（　X　）の占める割合は，全国のそれに比べ
　　て2.6倍以上あります。そのほか，畜産を除くそれぞれの部門の割合が全国
　　に比べて高くなっています。野菜や（　X　）などの（　Y　）が求められ
　　る農産物は，交通手段が発達する以前から都市の近くでさかんに栽培され
　　てきました。

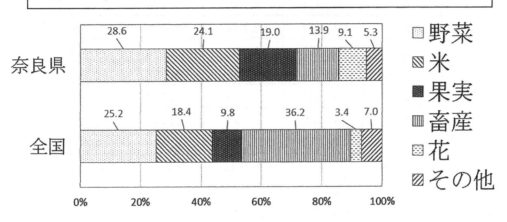

（3）下線部⑧について，次の表は奈良県内で栽培がさかんな果実の都道府県別生産量上
　　位5県とその割合を示しています。この果実の名として正しいものを下のア～エから
　　1つ選び，記号で答えなさい。

都道府県名	生産量（t）	全国に占める割合（％）
和歌山県	39,700	21.2
奈良県	28,300	15.1
福岡県	15,800	8.5
岐阜県	12,600	7.0
長野県	9,870	5.0
全　国	187,900	100.0

ア　いちご　　　　イ　かき　　　　ウ　ぶどう　　　　エ　みかん

問6　Fに関して，

（1）下線部⑨について，県内の工場の数や働いている人の数をみた場合，食品工業や繊維工業の比率が高くなっています。次の表は，わが国の小麦粉（千トン），綿織物（百万㎡），鉄鋼（万トン），医薬品（十億円）の生産量・生産額の移り変わりについて示したものです。綿織物について示したものを次のア～エから1つ選び，記号で答えなさい。

年	ア	イ	ウ	エ
1960	2,214	3,222	176	※1………
1970	9,332	2,616	1,025	3,442
1980	11,140	2,202	3,482	4,079
1990	11,034	1,765	5,595	4,338
2000	10,644	664	6,183	4,927
2010	10,960	124	6,779	4,907
2020	8,319	88	9,305	※2 4,859

※1 … データなし　　※2 … 2015年のデータ

（2）下線部⑩について，関東地方から九州地方の北部にかけて連なる重工業のさかんな地域を何といいますか，6字で答えなさい。

（3）一部の産業では，工業製品を生産する費用がわが国よりも安いアジアの国々に工場を移転することが増えています。これにより，国内産業がおとろえていく現象を何といいますか，解答欄にあうように答えなさい。

（4）文中【　g　】にあてはまる伝統工芸品として正しいものを次の**ア～エ**から１つ選
　　び，記号で答えなさい。

ア　堺打刃物

イ　高山茶筌

ウ　西陣織

エ　播州そろばん

問7　**G**に関して，

（1）下線部⑪について，エネルギー源として石油や石炭を消費した場合，二酸化炭素を
　　多く排出することになります。その結果，生じる問題として最もふさわしいものを
　　次の**ア～エ**から１つ選び，記号で答えなさい。

　　ア　海の水が増えて，陸地がへり，低地に暮らす人々に影響を与える。

　　イ　大きな津波が繰り返し起こり，大きな被害がもたらされる。

　　ウ　火山噴火が起こり，流れ出した溶岩や火山灰で農地が被害を受ける。

　　エ　大気や水質を汚染し，ぜんそくにかかる人が多くなる。

（2）下線部⑫について，次の文は，四大公害病のひとつが発生した熊本県にある都市で，1992年に出された「環境モデル都市作り宣言」をやさしく書き改めたものです。この都市の名を漢字で答えなさい。

・　公害病の教訓を学び伝える。
・　公害病の被害者を救い，市民が仲良くしていく。
・　生命の基盤である海，山，川を大切に守り，次の世代に引き継いでいく。
・　資源を大切にした社会をつくっていく。

（このページは白紙です。）

3 小学6年生の学さんは，日本ユニセフ協会のホームページをもとに，子どもの権利条約（児童の権利に関する条約）について調べ，条約の大切さを同級生に認識してもらうため，以下の資料をつくりました。これに関する後の問いに答えなさい。なお，日本ユニセフ協会は，民間のユニセフ募金を集めるほか，ユニセフの世界での活動や世界の子どもたちについての広報，そして，「子どもの権利」の実現を目的とした政策提言活動を行っています。

《①子どもの権利条約》

第1条　子どもの定義
　　②【　　　】才になっていない人を子どもとします。

第2条　差別の禁止
　　すべての子どもは，みんな平等にこの条約にある権利をもっています。子どもは，国のちがいや，性のちがい，どのようなことばを使うか，どんな宗教を信じているか，どんな意見をもっているか，③心やからだに障がいがあるかないか，お金持ちであるかないか，親がどういう人であるか，などによって差別されません。

第4条　国の義務
　　国は，この条約に書かれた権利を守るために，必要な法律を作ったり④政策を実行したりしなければなりません。

第8条　名前・国籍・家族関係が守られる権利
　　国は，子どもが，名前や国籍，⑤家族の関係など，自分が自分であることを示すものをむやみにうばわれることのないように守らなくてはなりません。

第14条　思想・良心・宗教の自由
　　子どもは，思想・良心・⑥宗教の自由についての権利をもっています。

第17条　適切な情報の入手

　　子どもは,自分の成長に役立つ多くの情報を手に入れる権利をもっています。国は,本,新聞,テレビ,⑦インターネットなどで,子どものためになる情報が多く提供されるようにすすめ,子どもによくない情報から子どもを守らなければなりません。

第18条　子どもの養育はまず親に責任

　　⑧子どもを育てる責任は,まずその両親（保護者）にあります。国はその手助けをします。

第28条　教育を受ける権利

　　子どもは教育を受ける権利をもっています。国は,すべての子どもが小学校に行けるようにしなければなりません。さらに上の⑨学校に進みたいときには,みんなにそのチャンスが与えられなければなりません。学校のきまりは,子どもの尊厳が守られるという考え方からはずれるものであってはなりません。

第38条　戦争からの保護

　　国は,15才にならない子どもを軍隊に参加させないようにします。また,⑩戦争にまきこまれた子どもを守るために,できることはすべてしなければなりません。

第40条　⑪子どもに関する司法

　　罪を犯したとされた子どもは,ほかの人の人権の大切さを学び,社会にもどったとき自分自身の役割をしっかり果たせるようになることを考えて,扱われる権利をもっています。

問1　下線部①に関して述べた次の文の（　ａ　）～（　ｃ　）にあてはまる語句として最もふさわしいものを下のア～シからそれぞれ１つ選び，記号で答えなさい。また，（　ｄ　）にあてはまる語句として最もふさわしいものを漢字２字で答えなさい。

> 　子どもの権利条約は，国連で採択され，その後各国で批准されました。日本は，（　ａ　）の承認のうえ，（　ｂ　）年にこの条約を国として批准しました。日本国憲法は（　ｃ　）が条約を結び，その承認は（　ａ　）が行うと定めています。この条約の考え方にもとづき，世田谷区は「世田谷区子ども（　ｄ　）」を定めています。（　ｄ　）は，地方公共団体（地方自治体）の議会の議決によって定められるきまりをいいます。

ア	天皇	イ	国会	ウ	衆議院	エ	外務大臣	オ	内閣
カ	内閣総理大臣	キ	最高裁判所	ク	知事	ケ	1984		
コ	1994	サ	2004	シ	2014				

問2　下線部②に関して，
（1）文中【　　】にあてはまる最もふさわしい数字を答えなさい。
（2）日本では「こどもの人格を重んじ，こどもの幸福をはかるとともに，母に感謝する」日として「こどもの日」をもうけています。「こどもの日」は何月何日ですか，答えなさい。

問3　下線部③に関して，次の文の（　　　）にあてはまる語句として最もふさわしい法律名を漢字８字で答えなさい。

> 　障害のある人もない人も，ともに住みやすい社会をつくることを目的にして，（　　　）が2016年に施行されました。

問4　下線部④に関して，次の文の（　　　）にあてはまる語句として正しいものを下のア～エから１つ選び，記号で答えなさい。

> 　もともと保育所についての仕事をになっていた（　　　）の「子ども家庭局」の事務は，2023年４月１日からこども家庭庁に移管されました。

ア　経済産業省　　　イ　厚生労働省　　　ウ　国土交通省　　　エ　文部科学省

問5　下線部⑤に関して，夫婦だけ，または，親とその子どもだけで構成される家族を何と
　　いいますか，最もふさわしい語句を漢字3字で答えなさい。

問6　下線部⑥に関して，イスラム教の信者が守る義務について述べた次の文X・Yについ
　　て，その正誤の組合せとして正しいものを下のア〜エから1つ選び，記号で答えなさい。

　　X　1日5回，聖地メッカに向かって礼拝を行う。
　　Y　ラマダン（ラマダーン）とよばれる月に聖地メッカへの巡礼を行う。

　　ア　X　正　　　Y　正　　　　　　　イ　X　正　　　Y　誤
　　ウ　X　誤　　　Y　正　　　　　　　エ　X　誤　　　Y　誤

問7　下線部⑦に関して述べた次の文の（　　　　）にあてはまる語句として最もふさわしい
　　ものをカタカナ5字で答えなさい。

> インターネットの活用などにより人や物，情報などの移動が，国境をこえて地球
> 規模で広がり世界が一体化することを（　　　　）化といいます。

問8　下線部⑧に関して述べた次の文X・Yについて，その正誤の組合せとして正しいもの
　　を下のア〜エから1つ選び，記号で答えなさい。

　　X　日本の法律では，会社などの事業所で働いている人のなかで，女性にだけ子育てや
　　　介護のために仕事を休んだり，時間を短縮して働いたりすることができるようにす
　　　ることを定めている。
　　Y　日本の法律では，日本国民である保護者に対し，子に小学校の6年間，中学校の3
　　　年間，高校の3年間の教育を受けさせる義務を負うと定めている。

　　ア　X　正　　　Y　正　　　　　　　イ　X　正　　　Y　誤
　　ウ　X　誤　　　Y　正　　　　　　　エ　X　誤　　　Y　誤

問9　下線部⑨に関して，アメリカの学校の様子について述べた次の文X・Yについて，その正誤の組合せとして正しいものを下の**ア**〜**エ**から１つ選び，記号で答えなさい。

X　成績がよい子どもがどんどん上の学年に進級していく「飛び級」の制度を持つ学校がある。

Y　朝，国旗に向かって「忠誠のちかい」を行う学校がある。

ア　X　正　　Y　正　　　　　　　　　**イ**　X　正　　Y　誤
ウ　X　誤　　Y　正　　　　　　　　　**エ**　X　誤　　Y　誤

問10　下線部⑩に関して，次の文の（　a　）・（　b　）にあてはまる語句として最もふさわしいものをそれぞれ漢字２字で答えなさい。

日本では，1941年から，小学校は「（　a　）学校」と名前が変わり，子どもたちは「小（　a　）」とよばれました。太平洋戦争が激しくなると，都市に住んでいた小学生は地方に移り住みました。これを「学童（　b　）」といいます。

問11　下線部⑪に関して，次の文の（　a　）〜（　c　）にあてはまる語句として最もふさわしいものをそれぞれ答えなさい。なお，（　a　）は漢字２字，（　b　）・（　c　）は下の**ア**〜**キ**からそれぞれ１つ選び，その記号を答えなさい。

日本の裁判のしくみにおいて，（　a　）や未成年者の問題をあつかう裁判所は「（　a　）裁判所」です。「（　a　）裁判所」は，全国に（　b　）か所あります。なお，裁判のまちがいをふせぎ，人権を守るために，同じ事件について（　c　）回まで裁判を受けることができます。

ア　1　**イ**　2　**ウ**　3　**エ**　4　**オ**　8　**カ**　50　**キ**　438

問12　ユニセフの日本語の名称を解答欄にあうように漢字４字で答えなさい。

K 教英出版

令和五年度

奈良学園中学校　入学試験問題　A日程

国語（六〇分）

試験開始のチャイムが鳴り始めるまでは、この問題冊子を開かないで、左の注意事項をよく読んでおきなさい。

【 注 意 事 項 】

一、試験開始のチャイムが鳴り始めたら、解答用紙の所定の欄に「受験番号」をはっきりと記入し、「QRコードシール」を貼りなさい。**学校名や氏名を書いてはいけません。**

二、問題冊子は十八ページあります。また、解答用紙は一枚です。

三、ページの脱落、印刷の不鮮明な箇所がある場合や、QRコードシールを貼る際に答案用紙が破れたり、貼ったシールにしわができたりした場合は、手を挙げて監督の先生に知らせなさい。

四、解答は、**解答用紙の指定された枠内に濃くはっきりと記入しなさい。枠外に記入した部分は採点の対象にしません。**

五、試験終了のチャイムが鳴り始めたら、すみやかに筆記用具を置いて、**消しゴムのかすをよく払ってから、**解答用紙を裏向きにし、問題冊子を閉じなさい。

六、監督の先生が解答用紙を回収し、指示をするまでは、そのまま静かに着席しておきなさい。

七、問題冊子は持ち帰りなさい。

・**字数制限のある問題では、**句読点やかっこなどの記号も一字に数えます。

・句読点は解答用紙の枠に重ならないよう記入しなさい。

一 次の文章を読んで、後の問いに答えなさい。

宙（川瀬宙）と大崎マリーは、同じ小学校に通っている小学校六年生の女の子で、かつては同じ保育園に通っていた。

お詫び
著作権上の都合により、文章は掲載しておりません。
ご不便をおかけし、誠に申し訳ございません。
　　　　　　　　　　　　　　教英出版

-1-

（町田そのこ『宙ごはん』による）

注1　寡黙　——　口数が少ないこと。

注2　咀嚼　——　口の中で食べ物を噛みくだくこと。

注3　嚥下（かに）　——　口の中のものを飲み込むこと。

注4　モットー　——　目標や行動の指針となることがらのこと。

1

☐　に入れる言葉として最もふさわしいものを、次のア〜エから一つ選び、その記号を答えなさい。

ア　感情的　　イ　積極的　　ウ　楽観的　　エ　機械的

2

——線①「座りの悪さ」の言葉の意味として最もふさわしいものを、次のア〜エから一つ選び、その記号を答えなさい。

ア　笑いたくなるのを必死にこらえている様子

イ　どうにも納得（なっとく）できなくて腹立たしい様子

ウ　不自然さが気になってしっくりこない様子

エ　あきれはてて言葉が出てこない様子

3 ──線②「勇気が『何だよ、その言い方』と頬を膨らませる」とありますが、勇気がこのような態度をとった理由を、四十字以内で説明しなさい。

4 ──線③「宙は砂糖の加減を聞違えたココアを飲んだときのような喉元の気持ち悪さを感じた」とありますが、この「喉元の気持ち悪さ」の原因となっているのはどのようなことですか。その説明として最もふさわしいものを、次の**ア〜エ**から一つ選び、その記号を答えなさい。

ア　自分の両親のことを話題にしてまでわがままを通そうとする勇気の幼さ。

イ　あえて勇気を挑発するような態度をくり返すマリーに対して抱いたいらだち。

ウ　マリーの発言と勇気の主張とが噛みあっていないことから生まれた不自然さ。

エ　周囲の注目を集めてしまったのに何を言われても動じないマリーの大胆な態度。

5 ——線④『なんでここで、そんな対応になるかなぁ』……宙はそれに応えるように微かに頷いた」とありますが、このとき宙たちは北川に対してどのようなことを望んでいましたか。その説明として最もふさわしいものを、次のア〜エから一つ選び、その記号を答えなさい。

ア これまでのように行き当たりばったりな対応ではなく、周囲の児童の話を聞いたうえで、勇気の行動の幼さを改善してくれるよう望んでいる。

イ これまでのように何事も穏便に済ませようとするのではなく、全員の意向をよく考えたうえで、よくないことに対してきちんと叱ることを求めている。

ウ これまでのように全員の意図をくみ取った対応ではなく、教室内の雰囲気を感じ取ったうえで、児童の善悪を明らかにしてくれることを期待している。

エ これまでのように特定の誰かの顔色だけをうかがうのではなく、両者の話を聞いたうえで、マリーの発言のまずさを指摘してくれるよう願っている。

6 ——線⑤「北川が『叱らない教育』をモットーとしており、それを実践している」とありますが、北川のこの態度は最終的にどのような状況を招いていますか。本文中から二十五字程度で探し、そのはじめの五字を答えなさい。

7 ――線⑥『川瀬、ゴーヤ』とありますが、これは、誰が誰に何をさせようとしている発言ですか。解答欄の形に合うように答えなさい。

8 ――線⑦『マリーちゃんは、好き嫌いとかないの?』……マリーは『別に』と愛想なく答えて、再び黙々と食べ始めた」とありますが、ここでの宙の心情を説明したものとして最もふさわしいものを、次のア～エから一つ選び、その記号を答えなさい。

ア マリーは相変わらず不機嫌さを顔に出していたので、勇気がいない楽しい給食時間を過ごそうとして話しかけてはみたものの、マリーからはあまり乗り気でない感じの反応しかなかったので、話しかけたことを後悔している。

イ 勇気とはいろいろ面倒なことも多いが、それでも彼がいない雰囲気はどこか寂しくて、その寂しさを紛らわすためにマリーと会話を試みたが、マリーには相手をしてもらえず、寂しさがいっそう強くなっている。

ウ 昨日のできごとに腹を立てているはずだと思って、マリーの機嫌をうかがうために声をかけたが、マリーは話しかけられたことに気づかないほど食事に集中していたので、食事の邪魔をしたことを申し訳なく思っている。

エ 勇気がいなくても普段と変わらず不機嫌な様子を見せるマリーのことが気になって、ふと思いついたままにマリーに話しかけてみたところ、マリーが思いがけない反応を示したので、内心とても戸惑っている。

二　次の文章を読んで、後の問いに答えなさい。

ニュースなどで耳にしたことがあると思いますが、①自然災害によって大きなダメージをもたらされたケースで「人災」と呼ばれることがあります。例えば、大雨が降って堤防が決壊し、多くの人家が流されてしまったとき、その堤防の設計に失敗があって決壊したのであれば、それは設計者のミス（失敗）が原因で決壊したと考えられるので「人災」とされます。また、耐震設計が正しければ倒れるはずのない震度の地震で建築物が倒壊すれば、それもまた設計者あるいは建築業者の何らかの失敗が疑われるので、これも「人災」と言えます。

以上のように、ある程度は例外的なものもありますが、基本的には「人間が関わっていること」と「望ましくない、予期せぬ結果」という二点をポイントとして「失敗」を定義づけることにします。

このように定義づけられた「失敗」について、真っ直ぐに対峙して、科学的なアプローチで研究・分析することで、上手に付き合っていく方法を学び身につけることが「失敗学」の重要な課題となります。

しかし、残念ながらというのは、とかく〝隠されがち〟なものです。大半の人は自分の失敗からなんとかして目を背けようとしますし、どんなに些細な失敗ですら、できるかぎり避けようとします。

私は、この「失敗を過度に避けようとする傾向」が問題だと思っています。

たとえば、子どもたちに「ナイフの使い方」を教える授業がなくなった例で考えてみましょう。

私が子どもだった時代、竹や木で細工した玩具を作るため、ナイフは必需品でした。ほとんどの子どもたちが、ナイフを上手に使って、指など切って怪我したらたいへんだから」と、だんだんナイフを使った授業は減っていき、現在は家でも学校でも、子どもたちがナイフを使う機会がほとんどなくなってしまいました。

結果、子どもたちがナイフで手を切る事故もなくなり、一見、安全な生活が保証されたようにみえます。

しかし、［　　　　　］を返せば、今の子どもたちには「ナイフで手を切るという小さな失敗を経験する機会」がなくなってしまったのです。そして、ナイフで手を切ったことのない子どもは、その痛みも、傷が後からどうなるかも知らないので、実際にナイフがどれほ

-9-

ど危険なものなのか、知らないまま成長してしまいます。すると、いざナイフを使わなければならなくなったとき、ちゃんと使いこなせないばかりか、失敗して大きな怪我を負うことになるかもしれません。ナイフを他人にナイフで切ったり刺したりしたときの痛みも想像できなければ、痛みを知っている人よりは、安易にナイフを他人に向けることにもつながりかねません。

つまり、子どもの頃にナイフに触れる機会を失ったことで、②後に大きな失敗を起こす可能性が高まるのです。

小さな失敗が起こるリスクを徹底的に排除し続けることは、将来に起こりうる大きな失敗の可能性を高めてしまうことになるのです。

現在主流となっている「これは成功、それは失敗」「こっちはオーケー、あっちはダメ」という〇×式の教育方法では、表面的な知識しか学べません。そこに欠落している③真の理解がないままだと、決して応用力を身につけることはできません。〝ムダ〟を省いた合理的な教育や勉強法は、効率的な学習を実現しやすいですが、それはあくまでも暗記を中心とした表面的知識の蓄積であって、体験的知識に基づいた「自分で考える力」の養成には役立たないのです。そのような現代の教育方法の弱点についても、きちんと考えなければなりません。

あえて必要と思われる失敗を体験させることで、子どもたちは自分自身でその失敗から体験的知識を学び、判断力や応用力を獲得するのです。

そう考えると、やはり実感を伴った体験学習が重要になります。失敗を恐れない気持ちを育み、失敗体験を積極的に活用する教育が今こそ必要なのです。せめて他人の失敗経験を伝えるだけでも意義があります。

しかし、現実は逆でした。

失敗には「回り道」「不必要」「できれば避けたいもの」「隠すべきもの」「忌み嫌うべきもの」「他人には何としても知られたくないもの」などというマイナスのイメージしかありません。たった一度、ついやらかしてしまっただけで、その失敗の記録はいつまでもインターネット上に残ってしまう。大きな失敗でもしたものなら、あっという間に拡散して、匿名の見知らぬひとたちから誹謗中傷され、袋叩きにされかねない現代においては、なおさら、失敗は敬遠すべき存在となっています。

実は、かつて私も「ある問題に対して決まった解答を最短で導き出すための正しいやり方」だけで、大学の授業で学生たちに指導し

ていました。

当時は「できるだけ早く正解に到達できる効率的な方法を教えることが大切だ」と考えていました。

しかし、そのやり方で教えられた学生たちが得たものは、表面的な知識に過ぎませんでした。彼らは注パターン化された既存の問題や課題に対してはきちんと対応できました。しかし、見本や手本のない新しいものを自分たちで考えて作るようにと指導すると、表面的知識は全く役に立たず、誰も対応することができませんでした。

それどころか、「自分たちはどんな新しいものを作り出せばいいのか」という第一歩目の課題設定ですら、自分の頭では考えられない学生が少なくなかったのです。

この深刻な状況に気づいた私は、何とかこの問題を解消しようと、いろいろな指導方法を試しながら、最も効果的な教え方を模索しました。その　④　の中で、私は「予期しないことが起きて、思い通りにならないことを体験すると、誰もが真の理解の大切さを痛感する」ということに思い至りました。

それ以降、私は授業であえて学生たちに失敗体験させるように心がけたのです。

（畑村洋太郎『やらかした時にどうするか』ちくまプリマー新書による）

注　パターン化された既存の問題や課題——型にはまった、すでにある問題や課題のこと。

1 ――線「〔　　〕を返せば」とありますが、これは「反対の見方をすれば」という意味の慣用的表現です。〔　　〕に入れるのに最もふさわしい漢字一字を答えなさい。

2 ――線①「自然災害によって大きなダメージをもたらされたケースで『人災』と呼ばれることがあります」とありますが、「人災」と呼ばれるのはどのようなときですか。それを説明した次の文の　　　　を二十字以内でうめて、説明を完成させなさい。

自然災害が発生した際に、　　　　　　　　　　とき。

3 ──線②「後に大きな失敗を起こす可能性が高まるのです」とありますが、「大きな失敗」とは具体的にどのようなことですか。四十字以内で答えなさい。

4 ──線③「真の理解」とありますが、真に理解することとはどうすることだと本文では述べられていますか。最もふさわしいものを次の**ア〜エ**から一つ選び、その記号を答えなさい。

ア 効率よく正解に到達できること。

イ 体験的知識を習得すること。

ウ 表面的知識を積み重ねること。

エ 判断力や応用力を身につけること。

には、「過程」という意味の外来語が当てはまります。その外来語として最もふさわしいものを、次の**ア**〜**エ**から一つ選び、その記号を答えなさい。

ア プロジェクト　　**イ** プログラム　　**ウ** プロセス　　**エ** プロフィール

6　次の会話は、本文を読んだ後で生徒たちが意見を出し合ったものです。筆者の主張の内容を**正しく踏まえていない生徒を**、次の生徒**A**〜生徒**D**から一人選び、その記号を答えなさい。

先　生　この文章を読んで、子どものときに「小さな失敗」を経験することが、非常に大切なんだと理解できましたね。

生徒**A**　はい。失敗体験は私たちが大人になるための重要な要素なのだと感じました。だから筆者も「あえて必要と思われる失敗を体験させる」ことに触れていたと思います。

生徒**B**　私たちは失敗体験をすることで、より大きな危険を避けることができると思うので、将来は失敗することのない「安全な生活」を手に入れることができると筆者は考えていると思います。

生徒**C**　私は失敗を避けたいけれど。筆者も「せめて他人の失敗経験を伝えるだけでも意義があります」と書いているので、他人の失敗経験を聞いて自分に置き換えて考えるだけでも十分だと思います。

生徒**D**　それでも筆者は「実感を伴った体験学習」は「将来に起こりうる大きな失敗の可能性」を低くするために重要なことだと考えていると私は思います。

7 ──線④「私は授業であえて学生たちに失敗体験させるように心がけたのです」とありますが、それはなぜですか。その理由を説明した次の文の ☐ を二十字程度でうめて、説明を完成させなさい。

あえて失敗を体験させることで、未知のものごとに直面したときや自分の思い通りにならなかったときであったとしても、学生たちには ☐ と筆者は考えたから。

-15-

（このページは白紙です。）

三　(Ａ)　次の問いに答えなさい。

1　「世間のわずらわしさから逃れ、のんびり過ごすこと」を意味する四字熟語を、次の**ア〜エ**から一つ選び、その記号を答えなさい。

ア　無為徒食　　**イ**　森羅万象　　**ウ**　悠々自適　　**エ**　行雲流水

2　「　□　寝入り」の　□　に生き物の名前をひらがな三字で入れ、慣用的表現を完成させなさい。

3　「したり顔」の意味として最もふさわしいものを、次の**ア〜エ**から一つ選び、その記号を答えなさい。

ア　得意顔　　**イ**　仏頂面　　**ウ**　しかめ面　　**エ**　知らん顔

4　──線部の言葉の使い方として最もふさわしいものを、次の**ア〜エ**からそれぞれ一つ選び、その記号を答えなさい。

①　たしなめる

ア　周りの人への影響を考えて、彼の言動をたしなめることにした。

イ　この道で正しいかどうか、土地勘のある人にたしなめるのが確実だ。

ウ　お礼を言うよりもたしなめることで、感謝の気持ちを伝えられるだろう。

エ　用意した食材では足りないので、大至急近くの店でたしなめる必要がある。

② ひしめき合った

ア 式典での市長の話はとても感動的で、聴衆（ちょうしゅう）の多くは喜びでひしめき合った。

イ 去年は暖冬だったので、スキー場に降った雪は例年よりもひしめき合った。

ウ 実力の差がない二人の対戦で、試合中はどちらの選手もひしめき合った。

エ この商店は出入口が狭い（せま）ので、たくさんのお客さんでひしめき合った。

三

(B) 次の1〜10の文の——線部について、カタカナは漢字になおし、漢字はその読み方をひらがなで書きなさい。

1 弟は年賀状のためにハンガを作った。

2 多くのチョショがある作家。

3 選挙結果が開票ソクホウで流れてきた。

4 ヒガンの優勝を達成する。

5 病人のカンゴをする。

6 セイコウウドクの日々を送る。

7 エネルギーの節約にツトめる。

8 風呂（ふろ）の湯がさめてしまった。

9 日本列島を縦断する。

10 鋼鉄のように固い意志。

令和５年度

奈良学園中学校

入学試験問題

Ａ日程

算数（６０分）

試験開始のチャイムが鳴り始めるまでは，この問題冊子を開かないで，下記の注意事項をよく読んでおきなさい。

【 注 意 事 項 】

1. 試験開始のチャイムが鳴り始めたら，解答用紙の所定の欄に「受験番号」をはっきりと記入し，「ＱＲコードシール」を貼りなさい。**学校名や氏名を書いてはいけません。**

2. 問題冊子は７ページあります。また，解答用紙は１枚です。

3. ページの脱落，印刷の不鮮明な箇所などがある場合や，**ＱＲコードシールを貼る際に解答用紙が破れたり，貼ったシールにしわができたりした場合**は，手を挙げて監督の先生に知らせなさい。

4. 解答は，**解答用紙の指定された枠内に濃くはっきりと記入しなさい。枠外に記入した部分は採点の対象にしません。**

5. 試験終了のチャイムが鳴り始めたら，すみやかに筆記用具を置いて，**消しゴムのかすをよく払って**から解答用紙を裏向きにし，問題冊子を閉じなさい。

6. 監督の先生が解答用紙を回収し，指示をするまでは，そのまま静かに着席しておきなさい。

7. 問題冊子は持ち帰りなさい。

♯教英出版 編集部 注
編集の都合上、白紙は省略しています。

円周率の必要なときは，3.14としなさい。
小数点などの小さな記号は大きめにはっきりと書きなさい。

1 次の □ にあてはまる数を入れなさい。

（1）$\dfrac{2023}{7} + \dfrac{2023}{17} + \dfrac{2023}{7 \times 17} + \dfrac{2023}{17 \times 17} = $ □

（2）$115 \times 115 - 116 \times 114 + 117 \times 113 = $ □

（3）$\{10 - 0.25 \times (1.05 + 1.5 \times 0.3)\} \div (3 - 0.5 \times 0.5) + 0.15 = $ □

（4）$\left(1 + 0.2 - \dfrac{1}{3}\right) - \left(\dfrac{1}{4} \div 5 - \boxed{}\right) \div \dfrac{1}{7} = \dfrac{8}{9} - \dfrac{1}{10}$

2 次の ☐ にあてはまる数を入れなさい。

（1）濃さが７％の食塩水 200g に水 100g と食塩 25g を混ぜ合わせると濃さ
　　が ☐ ％の食塩水ができます。

（2）長さ１m の丸太が５本あります。この丸太を幅 20cm ごとに切ります。
　　１回切るのに２分かかり，毎回切るごとに５分休憩します。このとき，す
　　べての丸太を切り終わるのに ア 時間 イ 分かかります。

（3）家から＿＿＿m 離れたところに学校があります。学校から歩いて帰る花子さんを，お母さんは自転車で迎えに行きます。花子さんの歩く速さとお母さんの自転車の速さの比は５：７で，途中休むことなく一定の割合で進みます。花子さんが学校を出るのと同時にお母さんが家を出ると，家と学校のちょうど真ん中の地点より 240m 学校側のところで出会います。

（4）図１の長方形を点線に沿って折ったところ，図２のようになり，角アと角イの角度の比は５：８となりました。このとき，角アの角度は＿＿＿度です。

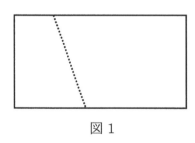

図１

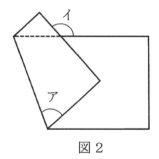

図２

3 図のような，円柱から円すいをくりぬいた立体があります。このとき，次の問いに答えなさい。ただし，円すいの体積は （底面積）×（高さ）× $\frac{1}{3}$ で求めることができます。

（1）くりぬいた円すいの展開図は，おうぎ形と円からできています。そのおうぎ形の中心角は何度ですか。

（2）この立体の体積は何 cm³ ですか。

（3）この立体の表面積は何 cm² ですか。

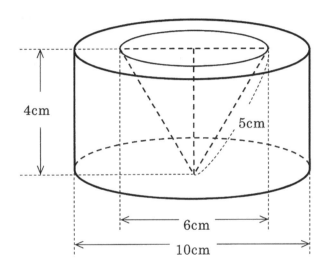

4 　3つの蛇口と1つの排水口がついた水槽があります。蛇口1つにつき，毎分12Lの水が入ります。排水口は常に開いており，水槽に注がれた水は，すぐに排水口から毎分一定の割合で出ます。空の水槽を満水にするのに，蛇口2つを開けて水を入れると16分かかり，蛇口3つを開けて水を入れると10分かかることが分かっています。このとき，次の問いに答えなさい。

（1）排水口からは毎分何Lの水が出ますか。

（2）空の水槽に，蛇口1つだけ開けて水を入れると，満水になるのに何分かかりますか。

（3）空の水槽に，初め蛇口2つを開けて水を入れ，途中から3つめの蛇口も開けて水を入れると，満水になるのに12分かかりました。3つめの蛇口を開けたのは，水を入れ始めて何分後ですか。

5　図の四角形ABCDは，角Bと角Dが直角，辺ADと辺CDの長さが等しい四角形です。このとき，（1）から（3）における四角形ABCDについて，次の問いに答えなさい。

（1）辺AB，辺BCの長さがそれぞれ1cm，7cmで，四角形ABCDの面積が16cm²であるとき，辺CDの長さは何cmですか。

（2）角Cの大きさが60°で，対角線ACの長さが12cmであるとき，四角形ABCDの面積は何cm²ですか。

（3）辺ABと辺BCの長さの和が12cmであるとき，四角形ABCDの面積は何cm²ですか。

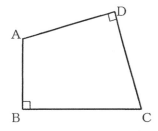

6 次の ア ～ セ にあてはまる数を入れなさい。

14541 のように逆から数を並べても，もとの数と同じになる数を回文数といいます。

2けたの整数のうち回文数は，

11，22，33，44，・・・，99 より全部で ア 個あります。

3けたの整数のうち回文数は，

百の位が1の場合，101，111，121，・・・，191 より イ 個，

百の位が2の場合，202，212，222，・・・，292 より イ 個，

同様に見ると，百の位が9の場合，909，919，929，・・・，999 より イ 個

あることから，全部で ウ 個あります。

4けたの整数のうち回文数は，

千の位が1の場合，1001，1111，1221，・・・，1991 より エ 個あること

から，全部で オ 個あります。

5けたの整数のうち回文数は，

一万の位が1の場合，10001，10101，10201，・・・，19891，19991 より

カ 個あることから，全部で キ 個あります。

次に，11以上の回文数を小さいものから順に並べます。

11，22，33，44，・・・，99，101，111，121，・・・，1001，1111，1221，・・・

このとき，初めから数えて 10 番目の数は ク ，100 番目の数は ケ ，

1000 番目の数は コ です。

また，この数の並びの中に，2けたの 11 の倍数は サ 個，3けたの 11 の

倍数は シ 個あります。11 から数えて 15 番目に出てくる 11 の倍数は

ス で，100 番目に出てくる 11 の倍数は セ です。

令和５年度

奈良学園中学校

入学試験問題

Ａ日程

理科（４０分）

　試験開始のチャイムが鳴り始めるまでは，この問題冊子を開かないで，下記の注意事項をよく読んでおきなさい。

【 注 意 事 項 】

1. 試験開始のチャイムが鳴り始めたら，解答用紙の所定の欄に「**受験番号**」をはっきりと記入し，「**QRコードシール**」を貼りなさい。**学校名や氏名を書いてはいけません。**

2. 問題冊子は 14 ページあります。また，解答用紙は１枚です。

3. ページの脱落，印刷の不鮮明な箇所などがある場合や，**QRコードシールを貼る際に答案用紙が破れたり，貼ったシールにしわができたりした場合**は，手を挙げて監督の先生に知らせなさい。

4. 解答は，**解答用紙の指定された枠内に濃くはっきりと記入しなさい。枠外に記入した部分は採点の対象にしません。**

5. 試験終了のチャイムが鳴り始めたら，すみやかに筆記用具を置いて，**消しゴムのかすをよく払って**から解答用紙を裏向きにし，問題冊子を閉じなさい。

6. 監督の先生が解答用紙を回収し，指示をするまでは，そのまま静かに着席しておきなさい。

7. 問題冊子は持ち帰りなさい。

1　次の文を読み，下の問いに答えなさい。
　　昆虫の成虫の体は頭と胸と腹の3つに分かれていて，（　①　）にあしが
　（　②　）本あり，触角は（　③　）にあります。また，はねは（　④　）に4
　枚あります。このような特徴から，チョウやカマキリ，バッタなどは昆虫
　で，ダンゴムシやクモなどは昆虫ではありません。
（1）　文中の（　①　）～（　④　）にあてはまる語句または数字を答えなさい。
　　　ただし，同じ語句を2回以上答えてもかまいません。

（2）　次のア～ケの写真は，色々な昆虫の一生を撮ったものです。チョウのな
　　　かまであるモンシロチョウは，成虫に育つまでに形を変えていきます。モ
　　　ンシロチョウが成虫に育つまでどのような順序で変わりますか。ア～ケか
　　　ら必要なものを選び，成長の順番に並べなさい。

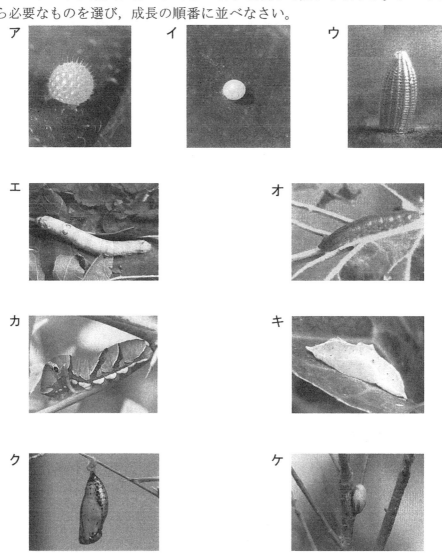

（3） 次の昆虫の中で，たまごで冬をこすものはどれですか。次の**ア〜カ**から
すべて選び，記号で答えなさい。

　　　ア　オオカマキリ　　　**イ**　アシナガバチ　　　**ウ**　ナナホシテントウ

　　　エ　カブトムシ　　　　**オ**　アキアカネ　　　　**カ**　エンマコオロギ

（4） クモの体のつくりの説明について，正しいものはどれですか。次の**ア〜
ク**から１つ選び，記号で答えなさい。

　　　ア　体は，頭と胸と腹の３つに分かれており，あしが胸に８本ある。

　　　イ　体は，頭と胸と腹の３つに分かれており，あしが胸に４本，腹に４本
　　　　ある。

　　　ウ　体は，頭胸と腹の２つに分かれており，あしが頭に８本ある。

　　　エ　体は，頭胸と腹の２つに分かれており，あしが頭胸に４本，腹に４本
　　　　ある。

　　　オ　体は，頭胸と腹の２つに分かれており，あしが腹に８本ある。

　　　カ　体は，頭と胸腹の２つに分かれており，あしが頭に８本ある。

　　　キ　体は，頭と胸腹の２つに分かれており，あしが頭に４本，胸腹に４本
　　　　ある。

　　　ク　体は，頭と胸腹の２つに分かれており，あしが胸腹に８本ある。

（5） 日本では，外来生物法という法律で特定外来生物を定めています。特定
外来生物とは，人の活動によって，海外の国から日本に入り込み，生態系
や農林水産業へ被害を及ぼす生物（外来種）で，昆虫や動物など様々な生物
がふくまれます。特定外来生物の被害として報告されているもので**まち
がっているもの**はどれですか。次の**ア〜カ**から２つ選び，記号で答えな
さい。

　　　ア　大阪府内でクビアカツヤカミキリによって，サクラやウメなどの樹木
　　　　が食い荒らされるという被害が出ている。

　　　イ　福岡県内でツマアカスズメバチによって，ミツバチが襲われ養蜂に被
　　　　害が出たり，市街地で人が刺されたりしている。

　　　ウ　北海道内でアライグマによって，スイートコーンやメロンなどが食い
　　　　荒らされるという農業被害が出ている。

　　　エ　沖縄県内でヤンバルクイナが，マングースを食べることで被害を及ぼ
　　　　し，マングースが絶滅の危機にあっている。

　　　オ　滋賀県内でミドリガメ（アカミミガメ）が，増えすぎて漁具にかかり，
　　　　漁業のさまたげになるという被害が出ている。

　　　カ　奈良県内でアカガエルが，池や湖で増えすぎたことで，かつては生息
　　　　していたウシガエルが見られなくなり，生態系への被害が出ている。

2 次の文を読み，下の問いに答えなさい。

アサガオは，5月ごろに種まきをして，発芽すると子葉があらわれます。その後成長すると長いつるをのばして支柱にまきつき，多くの葉とつぼみをつくり，青色，ピンク色など様々な色の大きな花を夏にさかせます。

(1) アサガオの種はどれですか。次の**ア〜エ**から1つ選び，記号で答えなさい。

(2) 子葉の枚数がアサガオと**異なる**植物はどれですか。次の**ア〜ク**からすべて選び，記号で答えなさい。

ア エンドウ　　　**イ** ホウセンカ　　**ウ** トウモロコシ
エ コムギ　　　　**オ** イネ　　　　　**カ** アブラナ
キ タンポポ　　　**ク** ヒマワリ

(3) 多くのアサガオのつるとつぼみのまき方について適切なものはどれですか。次の**ア〜エ**から1つ選び，記号で答えなさい。

ア 上から見て，つるは右まき，つぼみは左まきである。
イ 上から見て，つるは左まき，つぼみは右まきである。
ウ 上から見て，つるもつぼみも右まきである。
エ 上から見て，つるもつぼみも左まきである。

(4) まなぶさんは，奈良でのアサガオの開花を調べるために，つぼみが開く様子を日の出の時刻に観察しようとしましたが，つぼみはすでに開いていました。そこで，まなぶさんはアサガオが夜の間に開花し，光が当たっていない時間が開花と関係があると考え，もうすぐ開きそうなつぼみのあるアサガオを用意し，日の入りの時刻と日の出の時刻，つぼみが開いた時刻を8月の5日間記録しました。結果は，次の表1のようになりました。

表1

	日の入りの時刻	日の出の時刻	開いた時刻
1日目	18時55分	5時11分	4時0分
2日目	18時54分	5時12分	3時55分
3日目	18時53分	5時12分	3時52分
4日目	18時52分	5時13分	3時54分
5日目	18時51分	5時14分	3時49分

次に，アサガオがどの部分で光が当たっていない時間を感じているのか調べるため，1日中光が当たり続ける部屋でつぼみのあるアサガオを用意

し，つる，つぼみ，葉にアルミニウムはくをまいて光が当たらないように
して，開花するかしないかを調べました。結果は，次の表2のようになり
ました。

表2　　　　○・・・開花した　　×・・・開花しなかった

アルミニウムはくをまいた場所	開花の様子
つるとつぼみ	○
つると葉	×
つぼみと葉	○
なし	×

　今回の5日間の観察から考えられることで，適切なものはどれですか。
次の**ア〜ク**からすべて選び，記号で答えなさい。

ア　アサガオが，開花する時刻は正確に決まっている。

イ　アサガオは，光が当たらなくなってからほぼ8時間後に開花する。

ウ　アサガオは，光が当たらなくなってからほぼ9時間後に開花する。

エ　アサガオは，開花に日光が当たることが必要なので，日の出のほぼ
　　1時間前につぼみを開く。

オ　アサガオは，つるで光が当たっていない時間を感じている。

カ　アサガオは，つぼみで光が当たっていない時間を感じている。

キ　アサガオは，葉で光が当たっていない時間を感じている。

ク　今回の調べた内容では，アサガオのどの部分で光が当たっていない時
　　間を感じているかはわからない。

（5）　まなぶさんは，アサガオが秋にも開花することを知り，日の入りから開
　　花までの時間と明け方の気温について調べるために，屋外で10月〜11月の
　　間観察し，そのうち12日分について，記録をグラフにまとめました。グラ
　　フからわかることとして，適切なものはどれですか。次の**ア〜カ**から1つ
　　選び，記号で答えなさい。

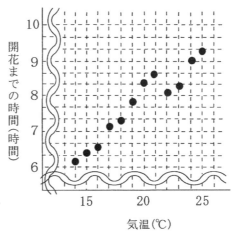

ア　気温が高くなると，早く
　　さくようになる。

イ　気温が低くなると，早く
　　さくようになる。

ウ　気温が高くなると，長く
　　さき続ける。

エ　気温が低くなると，長く
　　さき続ける。

オ　季節に関係なく，花をさ
　　かせられる。

カ　冬に花はさかない。

- 4 -

3 次の図は，奈良学園の屋上から観察された日の出の位置を一年間記録したものです。図中のA〜Gは，毎月中頃の日の出の位置を表しています。ただし，観察した月が異なっても同じ場所から太陽が昇ることがあったため，図には7つの記録しかありません。下の問いに答えなさい。

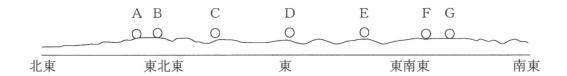

（1） 日の出後の太陽の動きとして正しいものはどれですか。右図のア〜オから1つ選び，記号で答えなさい。

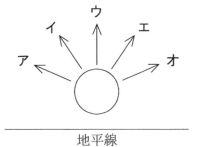

地平線

（2） Dの位置から太陽が昇るのは何月ですか。次のア〜カからすべて選び，記号で答えなさい。
　　ア　1月　　イ　3月　　ウ　5月　　エ　7月　　オ　9月　　カ　11月

（3） Dの位置から太陽が昇る日の日の出の時刻として，最も近いものはどれですか。次のア〜カから1つ選び，記号で答えなさい。
　　ア　4時30分頃　　　　イ　5時頃　　　　ウ　5時30分頃
　　エ　6時頃　　　　　　オ　6時30分頃　　カ　7時頃

（4） 10月中頃の日の出の位置はどこですか。図中のA〜Gから1つ選び，記号で答えなさい。

（5） 観察した中で，昼の長さが最も長くなるのは，太陽がどの位置から昇るときですか。図中のA〜Gから1つ選び，記号で答えなさい。

（6） Bの位置から昇った太陽が沈む方位として，最も近いものはどれですか。次のア〜オから1つ選び，記号で答えなさい。
　　ア　西　　イ　西南西　　ウ　西北西　　エ　南南西　　オ　北北西

（このページは白紙です。）

4 5種類の金属，アルミニウム・鉄・銅・亜鉛・銀の性質を調べるため，まなぶさんは次のような実験を行いました。

[実験1] 色を観察した。
[実験2] それぞれの金属でできたかたまりを電子天秤にのせ，その重さを測定した。
[実験3] [実験2]のかたまりを，水30cm³を入れた右図のガラス器具に静かに入れたのち，ガラス器具の目盛りを読んだ。
[実験4] うすい塩酸を入れた試験管5本の中に，それぞれの金属の小さなかけらを入れた。
[実験5] うすい水酸化ナトリウム水溶液を入れた試験管5本の中に，それぞれの金属の小さなかけらを入れた。

これらの結果を表1にまとめました。ただし，[実験4]と[実験5]は，実験によって気体が発生したら○，気体が発生しなければ×を記しています。下の問いに答えなさい。

表1　各金属の実験結果

金属	アルミニウム	鉄	銅	亜鉛	銀
実験1	白っぽい	黒っぽい	赤っぽい	白っぽい	白っぽい
実験2	10.8 g	63 g	44.8 g	21.4 g	63 g
実験3	34cm³	38cm³	35cm³	33cm³	36cm³
実験4	（　あ　）	○	×	○	×
実験5	（　い　）	×	×	○	×

（1）　実験3で使った体積を測定するガラス器具の名前を答えなさい。

（2）　表1中の（　あ　），（　い　）にあてはまる記号の組合せとして正しいものはどれですか。次のア～エから1つ選び，記号で答えなさい。
　　ア　（　あ　）：○　（　い　）：○　　イ　（　あ　）：○　（　い　）：×
　　ウ　（　あ　）：×　（　い　）：○　　エ　（　あ　）：×　（　い　）：×

（3）　体積1cm³あたりの重さが2番目に大きい金属はどれですか。次のア～オから1つ選び，記号で答えなさい。
　　ア　アルミニウム　　イ　鉄　　ウ　銅　　エ　亜鉛　　オ　銀

アルミニウム・鉄・銅・亜鉛・銀のいずれかでできた金属Ａ～Ｅがあります。まなぶさんは，これらの金属が何であるかを区別しようと考え，先ほどと同じように実験を行い，結果を表２にまとめました。

ただし，先ほどと同じく［実験４］と［実験５］は，実験によって気体が発生したら○，気体が発生しなければ×を記しています。また，体積１cm³あたりの重さは金属の種類によって決まっているものとします。なお，まなぶさんが記入していないところは空白になっています。

表２　金属Ａ～Ｅの実験結果

金属	A	B	C	D	E
実験１	黒っぽい			白っぽい	①
実験２		21.4 g	21.6 g	52.5 g	②
実験３		33cm³	38cm³		③
実験４	○		○	×	④
実験５	×	○			⑤

（４）　金属Ａ～Ｄは何ですか。次のア～オからそれぞれ１つずつ選び，記号で答えなさい。
　　　ア　アルミニウム　　　イ　鉄　　ウ　銅　　エ　亜鉛　　オ　銀

（５）　［実験１］～［実験５］の結果のうち，２つの情報しか与えられないときに金属Ｅが何であるかを考えるとします。このとき，与えられた情報と考えの組合せとして**必ずしも正しいといえないもの**はどれですか。次のア～オから１つ選び，記号で答えなさい。

	与えられた情報	考え
ア	④が○，⑤が×	ＥとＡは同じ金属
イ	③が33cm³，⑤が○	ＥとＢは同じ金属
ウ	②が27ｇ，③が40cm³	ＥとＣは同じ金属
エ	①が白っぽい，④が×	ＥとＤは同じ金属
オ	①が赤っぽい，②が42.8ｇ	ＥはＡ～Ｄのいずれとも異なる金属

5　次の文中の□□□には，正しい語句や記述を解答群から1つ選び，記号で答え，（　）には，あてはまる語句を答えなさい。

（1）　ブルーベリージャムを作ろうと，ブルーベリーの実を凍（こお）らせてからつぶして加熱した。凍らせることでブルーベリー内の□①□，ブルーベリーの果汁（かじゅう）が出やすくなる。つぶして果汁が出てきたところへレモン汁（じる）を加えると（　②　）色になった。ムラサキキャベツのしぼり汁にレモン汁を加えても（　②　）色になる。

　　　＜①の解答群＞
　　ア　水分が凍って体積が増えることで植物の繊維（せんい）をこわすので
　　イ　水分が凍って体積が減ることで植物の繊維をこわすので
　　ウ　水分が凍ってとじこめられていた果汁の量が増えるので
　　エ　植物の繊維そのものが凍って体積が増えるので

（2）　雨にはもともと空気中の□③□という気体がとけているので，集めた雨に緑色のBTB液を加えると少し変色する。近年，自動車や工場から出る排気ガスがさらに雨にとけることで生じる（　④　）は，コンクリートをとかしたり，植物をかれさせたりという環境（かん）問題をひきおこしている。集めた（　④　）に緑色のBTB液を加えると（　⑤　）色になる。

　　　＜③の解答群＞
　　ア　酸素　　　イ　二酸化炭素　　　ウ　アンモニア
　　エ　水素　　　オ　メタン

（3）　炭酸飲料を飲んだときになぜ口の中でシュワシュワ感じるかを考えると，炭酸飲料が口の中であたためられ，とけこんでいる□⑥□という気体が口の中に出てくるからである。□⑥□は水温が□⑦□ほどよくとける。

　　　＜⑥の解答群＞
　　ア　酸素　　　イ　二酸化炭素　　　ウ　アンモニア　　　エ　水素

　　　＜⑦の解答群＞
　　ア　高い　　　イ　低い

（4） 飲料を保温できるタイプの
コップは，底や壁が層構造に
なっている場合がある。たと
えば，壁が図のようになって
いるコップでは，　⑧　の方
が熱を伝えにくい性質を利用
しており，温かい飲料も冷た
い飲料も温度が変わりにくい。

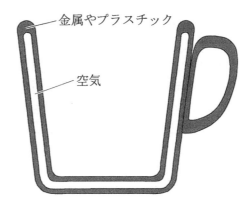

コップの断面図

＜⑧の解答群＞
ア　気体より固体
イ　固体より気体
ウ　気体より液体
エ　固体より液体

6 同じ電池2つと同じ豆電球3つとスイッチ6つを使って図1のような回路を作り、入れるスイッチを変えて豆電球の明るさについての実験をします。図2は図1で使っているものと同じ電池と豆電球をつないだ回路で、このときの豆電球の明るさを「基準の明るさ」とします。下の問いに答えなさい。ただし、2つの電池は必ず直列または並列にして同時に使用するものとし、スイッチD、E、Fを3つ同時に使わないものとします。

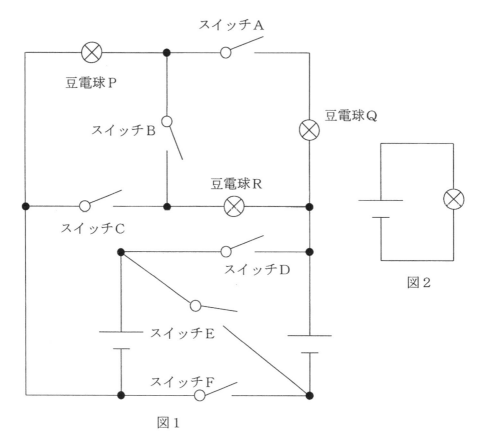

図1

図2

（1） 豆電球Rにだけ明かりがつき、その明るさが「基準の明るさ」と同じ明るさになる回路を作りたいと思います。どのスイッチを入れるとよいですか。図1のA〜Fからすべて選び、記号で答えなさい。

（2） 豆電球PとRにだけ明かりがつき、その明るさがどちらも「基準の明るさ」と同じ明るさになる回路を作りたいと思います。どのスイッチを入れるとよいですか。図1のA〜Fからすべて選び、記号で答えなさい。

（3）　豆電球QとRにだけ明かりがつき，その明るさがどちらも「基準の明る
　　　さ」と同じ明るさになる回路を作りたいと思います。どのスイッチを入れ
　　　るとよいですか。図1のA〜Fからすべて選び，記号で答えなさい。

（4）　3つの豆電球にすべて明かりがつく回路は全部で4つあります。これら
　　　の回路について，次の問いに答えなさい。

　　　①　4つの回路の中で，豆電球Pの明るさだけを比べたとき，最も明るく
　　　　なる回路にするには，どのスイッチを入れるとよいですか。図1のA〜
　　　　Fからすべて選び，記号で答えなさい。

　　　②　4つの回路の中で，豆電球Qの明るさだけを比べたとき，最も暗くな
　　　　る回路にするには，どのスイッチを入れるとよいですか。図1のA〜F
　　　　からすべて選び，記号で答えなさい。

　　　③　4つの回路の中で，豆電球Rの明るさが「基準の明るさ」と同じ明る
　　　　さになる回路にするには，どのスイッチを入れるとよいですか。図1の
　　　　A〜Fからすべて選び，記号で答えなさい。

7　次の文を読み，あとの問いに答えなさい。

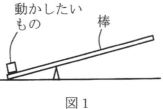
図1

　図1のような道具をてこと呼びます。古代ギリシアの科学者アリストテレスは，「てこがあれば地球さえも持ち上げることができる」と言ったと伝えられています。てこは私たち人類にとって，その時代から大変役立つ道具だったのです。

　図1のてこには，棒から動かしたいものに力がはたらく点，棒をささえる点，人が棒に力を加える点があり，順番に（　①　），（　②　），（　③　）と呼びます。

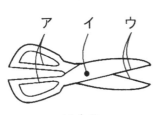
はさみ

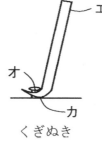
くぎぬき

ピンセット

図2

　図2のはさみやくぎぬき，ピンセット，図3のような輪軸はてこのはたらきを利用した道具です。輪軸とは2枚の円板をくっつけ，それぞれの円板にひもをつけた道具です。輪軸は円板の中心に回転軸があり，2枚の円板がくっついたままで回転します。

　では，てこが役立つのはどのようなはたらきをもつからでしょうか。てこは（　①　）と（　②　）の間の長さに比べ，（　②　）と（　③　）の間の長さを大きくすることで，人が加える力に比べて，動かしたいものにはたらく力を（　④　）することができます。これがてこのはたらきです。

　たとえば，私たちが厚い紙をはさみの刃の（　⑤　）で切れないときに，はさみの刃の（　⑥　）を使えば，切れるようになるのもてこのはたらきを利用しているのです。

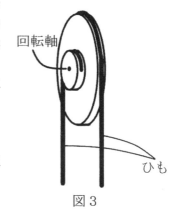
回転軸
ひも
図3

（1） 文中の（　①　）～（　③　）にあてはまる語句の組合せとして正しいもの
はどれですか。次の**ア～カ**から１つ選び，記号で答えなさい。

記号	ア	イ	ウ	エ	オ	カ
①	支点	支点	作用点	作用点	力点	力点
②	作用点	力点	支点	力点	支点	作用点
③	力点	作用点	力点	支点	作用点	支点

（2）　図２のはさみ，くぎぬき，ピンセットについて，支点の位置はどこです
か。図２の**ア～ケ**からそれぞれ１つ選び，記号で答えなさい。

（3）　文中の（　④　）～（　⑥　）にあてはまる語句の組合せとして正しいもの
はどれですか。次の**ア～エ**から１つ選び，記号で答えなさい。

記号	ア	イ	ウ	エ
④	小さく	小さく	大きく	大きく
⑤	先端	根元(軸の近く)	先端	根元(軸の近く)
⑥	根元(軸の近く)	先端	根元(軸の近く)	先端

（4）　２枚の円板の半径が５cmと25cmの輪軸があります。半径が５cmの円板に
つないだひもに500ｇのおもりをつりさげ，25cmの円板につないだひもに
おもりAをつりさげると，つりあって，輪軸と２つのおもりは動きません
でした。
①　おもりAは何ｇですか。
②　①の状態からおもりAをとりはずし，そのひもを手で持ちます。次に
500ｇのおもりをゆっくり10cm引き上げるには，手でひもを何cm下向き
に引けばよいですか。

教英出版

令和 5 年度

奈 良 学 園 中 学 校

入 学 試 験 問 題

A 日 程

社 会 （４０分）

試験開始のチャイムが鳴り始めるまでは，この問題冊子を開かないで，下記の注意事項をよく読んでおきなさい。

【 注 意 事 項 】

1. 試験開始のチャイムが鳴り始めたら，解答用紙の所定の欄に「**受験番号**」をはっきりと記入し，「**QRコードシール**」を貼りなさい。**学校名や氏名を書いてはいけません。**

2. 問題冊子は 18 ページあります。また，解答用紙は 1 枚です。

3. ページの脱落，印刷の不鮮明な箇所などがある場合や，QRコードシールを貼る際に答案用紙が破れたり，貼ったシールにしわができたりした場合は，手を挙げて監督の先生に知らせなさい。

4. 解答は，**解答用紙の指定された枠内に濃くはっきりと記入しなさい。枠外に記入し**た部分は採点の対象にしません。

5. 試験終了のチャイムが鳴り始めたら，すみやかに筆記用具を置いて，**消しゴムのか**すをよく払ってから解答用紙を裏向きにし，問題冊子を閉じなさい。

6. 監督の先生が解答用紙を回収し，指示をするまでは，そのまま静かに着席しておきなさい。

7. 問題冊子は持ち帰りなさい。

1　以下は，国土交通省のホームページに掲載されている次のグラフを見ながら，小学6年生の園子さんと先生がしている会話です。これに関するあとの問いに答えなさい。

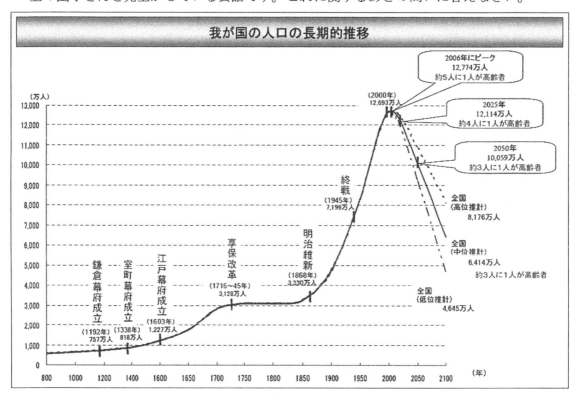

園子：この前テレビで，日本の人口減少に関する特集番組を見ました。私が生まれたのは2010年ですが，そのころにはすでに日本の人口は減少し始めていたのですね。

先生：そうだね。グラフを見ると，日本の人口は①明治維新以降に急激に増えたが，今後それと同じぐらいの勢いで減少していくと推定されていることがわかるね。

園子：明治維新以降，どうしてこんなに急激に人口が増えたのでしょうか？

先生：農業生産力が増大したことや，②工業化によって経済が発展したこと，それらにともなって人々の生活が安定したことが要因だと考えられるよ。また，保健や③医療などの水準が上がったことも影響しているだろうね。

園子：なるほど。私は，明治維新から④太平洋戦争が終わるまでにあった⑤色々な戦争や，⑥大正時代の終わりごろから続いた不景気についても学んだので，こんなに人口が増えていったということは意外に感じました。また，明治維新以降ほどではありませんが，「江戸幕府成立」から「享保改革」と書かれている⑦江戸時代の中ごろまでもかなりの人口増加がみられますね。

先生：これについても，社会が平和で安定した結果，農業を中心に様々な産業が発展したことが大きく関係しているだろうね。

園子：⑧江戸時代に改良された農具などを授業で習ったことを思い出します。授業で習ったことといえば，⑨鎌倉時代の御家人は領地をとても大切に考えていて，命がけで領地を守るという意味の「　⑩　」という言葉が生まれたというお話がありました。私がそれを聞いた時には，多くの武士が日本のせまい土地を奪い合っているというイメージをもったのですが，グラフをみると，鎌倉時代の総人口は800万人ぐらいなんですね。それなら戦わずにみんなで仲良く分け合うことはできなかったのかなあと思ったりもします。⑪室町時代のなかばには，1467年に始まった　⑫　の乱をきっかけに⑬戦国時代ともよばれる世の中になりますが，そのころでも総人口は1000万人ぐらいで，そんな人口しかいない中で100年以上にわたって戦い続けていたというのは，今の平和な暮らしをしている私からすると考えられないことです。

先生：確かにそうだね。豊臣秀吉の死後の1600年に現在の岐阜県で起こった　⑭　の戦いでは東軍・西軍合わせて10数万人が戦ったといわれているけれど，当時の総人口から考えるとそれがいかにすごい人数か，あらためて実感させられるね。ただ，多くの戦いがあった中でも総人口は着実に増えているという所も注目すべきポイントだよ。そこからは，⑮戦乱の時代にたくましく生きる人々の姿をうかがい知ることができるね。

園子：そうですね。先生，このグラフは800年から始まっていますが，それより以前の総人口のデータというのはないのでしょうか？

先生：様々な史料から，800年より前の総人口も推定されているよ。鬼頭宏（きとうひろし）さんの『人口から読む日本の歴史』という本によれば，⑯縄文時代が始まった紀元前6100年ごろの総人口は２万人程度で，その後，紀元前2300年ごろには26万人となるけれど，地球環境の変化などが影響して，縄文時代の終わりごろには８万人まで減ったんだって。そこに稲作が伝わってまた人口が増え始め，200年ごろの⑰弥生時代の総人口は59万人，奈良時代に入って，⑱聖武天皇が治めていたころが451万人，そして，⑲平安時代の初めごろ，このグラフが始まっている800年で550万人などとなっているよ。

園子：縄文時代の，２万人とか８万人とかいう総人口は驚（おどろ）きです。そんな時期があったんですね。また，東大寺の大仏づくりにはのべ260万人あまりが関わったと聞きましたが，それは奈良時代の総人口の半数以上にあたるんですね。それも驚きました。

先生：こうやって⑳総人口の移り変わりを見ることで，あらためてわかってくることもあるね。これからの日本はどんどん人口が減少していくと予想されているけれど，歴史からも何か学ぶことができるかもしれないと思うよ。

問1　下線部①について，このとき行われた政策や出された法令として**正しくないもの**を次の**ア〜エ**から１つ選び，記号で答えなさい。
　　　ア　地租改正　　　　**イ**　廃藩置県　　　　**ウ**　刀狩令　　　　**エ**　徴兵令

問2　下線部②について，明治・大正時代の工業化に関して述べた文として**正しくないもの**を次の**ア〜エ**から１つ選び，記号で答えなさい。
　　　ア　外国の技術を導入した富岡製糸場が完成し，生糸を生産した。
　　　イ　日本で初めての鉄道が新橋・横浜間で開通した。
　　　ウ　電気洗濯機や電気冷蔵庫が工場で大量生産され，一般家庭に広まった。
　　　エ　工場や鉱山から出る煙や廃水が原因で足尾銅山鉱毒事件が発生した。

問3　下線部③について，明治・大正時代に医療の分野で活躍した人物のうち，破傷風の治療法を発見したり，伝染病研究所をつくって野口英世などの医学者を育てたりした人物は誰ですか，漢字で答えなさい。

問4　下線部④について，1945年７月に，アメリカ・イギリス・中国が日本に無条件降伏をうながした宣言を何といいますか，カタカナで答えなさい。

問5　下線部⑤について，
（１）日清戦争に関して述べた文として**正しくないもの**を次の**ア〜エ**から１つ選び，記号で答えなさい。
　　　ア　この戦争は，朝鮮でおこった農民反乱をしずめるために日清両国が朝鮮に軍隊を送ったことがきっかけとなって始まった。
　　　イ　この戦争に勝った日本は，清から台湾をゆずり受けるなど，あらたな領土を獲得した。
　　　ウ　日本は，この戦争で得た賠償金の一部を使って北九州に八幡製鉄所をつくり，軍備の増強をすすめた。
　　　エ　講和条約によって日本が手に入れた遼東半島は，中国へ勢力をのばそうとしていたロシア・アメリカ・イギリスの圧力をうけ，清に返還することになった。
（２）日露戦争において，兵士として戦場にいる弟を心配し，「君死にたまふことなかれ」という詩をよんだのは誰ですか，漢字で答えなさい。

問6　下線部⑥に関する次の文X・Y・Zの波線部について，その正誤の組合せとして正しいものを下の**ア〜カ**から1つ選び，記号で答えなさい。

　　X　1918年に第一次世界大戦が終結した後，ヨーロッパの産業が立ち直り，日本の輸出が伸びなくなったことで不景気となった。
　　Y　1923年に関東大震災がおこって経済が大きな打撃を受けたことで不景気となった。
　　Z　1929年にイギリスで始まった不景気が日本にも押し寄せたことで不景気となった。

ア　X　正　　Y　正　　Z　誤　　　　**イ**　X　正　　Y　誤　　Z　正
ウ　X　正　　Y　誤　　Z　誤　　　　**エ**　X　誤　　Y　正　　Z　正
オ　X　誤　　Y　正　　Z　誤　　　　**カ**　X　誤　　Y　誤　　Z　正

問7　下線部⑦について述べた文として正しいものを次の**ア〜エ**から1つ選び，記号で答えなさい。
ア　幕府は全国の大名を親藩・譜代・外様の3つに分け，武家諸法度という決まりを定めて，そむいた大名を厳しく罰した。
イ　3代将軍徳川慶喜の時に参勤交代の制度がつくられ，大名は1年おきに江戸に住むということを定めた。
ウ　各地の米や特産品の流通をさかんにし，産業を発展させるために，東海道・中山道・北陸道・山陽道・山陰道の五街道が整備された。
エ　キリスト教の取りしまりがすすめられる中で，一切の貿易を禁止し，あらゆる国との交流を停止する鎖国政策が行われた。

問8　下線部⑧について，次の農具a・bに関して述べた下の文X・Yについて，その正誤の組合せとして正しいものを下の**ア～エ**から1つ選び，記号で答えなさい。

a 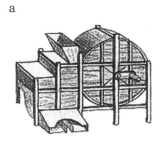　　　　　　　　　　b

X　aは，米などのもみがらやごみを取り除くために使われた唐箕（とうみ）という農具である。
Y　bは，麦や豆などを脱穀（だっこく）するために使われた唐竿（からさお）という農具である。

ア　X　正　　Y　正　　　　　　　**イ**　X　正　　Y　誤
ウ　X　誤　　Y　正　　　　　　　**エ**　X　誤　　Y　誤

問9　下線部⑨について，この時代におこったできごとを描（えが）いた次の絵に関して述べた文として正しいものを下の**ア～エ**から1つ選び，記号で答えなさい。

ア　この絵には，明が日本に攻（せ）めてきた様子が描かれている。
イ　この絵には，御家人の竹崎季長の戦いぶりが描かれている。
ウ　この時，執権として鎌倉幕府の政治を行っていたのは北条貞時である。
エ　この戦いに参加したすべての御家人には新たな領地が与えられた。

問10　文中 ⑩ にあてはまる語句を漢字4字で答えなさい。

問11　下線部⑪について，室町幕府の3代将軍として将軍の権威(けんい)を高め，京都の北山に金閣を建てるなどした人物は誰ですか，漢字で答えなさい。

問12　文中 ⑫ にあてはまる語句を漢字2字で答えなさい。

問13　下線部⑬について，次の絵はこの時代におこった戦いを描いたものです。この戦いの名前として正しいものを下の**ア〜エ**から1つ選び，記号で答えなさい。

　　ア 一ノ谷の戦い　　**イ** 桶狭間の戦い　　**ウ** 長篠の戦い　　**エ** 富士川の戦い

問14　文中 ⑭ にあてはまる語句を3字で答えなさい。

問15　下線部⑮について，室町時代には村の人々が団結を強め，自分たちの手で村を守ろうとする動きも見られました。そうした中で，ある国では領主であった大名を追い出し，8年間にわたって自分たちの手で政治を行いました。その国として正しいものを次の**ア〜エ**から1つ選び，記号で答えなさい。

　　ア 尾張国　　　　　**イ** 駿河国　　　　　**ウ** 三河国　　　　　**エ** 山城国

問16　下線部⑯について，この時代の人々が暮らしていた，次の写真のような住居を何といいますか，漢字４字で答えなさい。

問17　下線部⑰について，この時代に関して述べた文として**正しくないもの**を次のア～エから１つ選び，記号で答えなさい。

ア　縄文土器と比べてうすくてかたく，もようの少ない土器が用いられるようになった。

イ　石包丁などで収穫された米が，高床倉庫などに保存された。

ウ　中国の歴史書には，女王卑弥呼が30ほどのくにを従えている邪馬台国を治めていた様子が記されている。

エ　佐賀県の三内丸山遺跡からは，集落を守るために設けられたほりや柵の跡が発見されており，戦いがあったことがわかる。

問18　下線部⑱について，東大寺の正倉院にはこの天皇の持ち物がたくさん納められましたが，その正倉院の宝物として**正しくないもの**を次のア～エから１つ選び，記号で答えなさい。

ア　　　　　　　イ　　　　　　　ウ　　　　　　　エ

問19　下線部⑲について，この時代のできごとに関して述べた次の文X・Yと，それにあてはまる人物a〜dとの組合せとして正しいものを下の**ア〜エ**から１つ選び，記号で答えなさい。

　　　X　貴族のくらしや登場人物の心の動きをこまやかに描いた，『源氏物語』を書いた。
　　　Y　娘を天皇のきさきにして権力をにぎり，摂政として天皇にかわって政治を行った。

　　　a　紫式部　　　　　　b　清少納言　　　　c　藤原道長　　　　d　菅原道真

　　ア　X−a　　　Y−c　　　　　　　**イ**　X−a　　　Y−d
　　ウ　X−b　　　Y−c　　　　　　　**エ**　X−b　　　Y−d

問20　下線部⑳に関して，次の文A〜Cのうち，グラフを正しく読み取ったものの組合せとして正しいものを下の**ア〜キ**から１つ選び，記号で答えなさい。

　　　A　日本の総人口が１億人をこえたのは，2000年以降になってからのことである。
　　　B　現在の日本の総人口は，江戸時代が始まったころに比べると約10倍になっている。
　　　C　1945年の終戦時と2100年とを比べると，総人口と総人口に占める高齢者の割合は同じような数値になると推定されている。

　　ア　Aのみ　　　　**イ**　Bのみ　　　　**ウ**　Cのみ　　　　**エ**　AとB
　　オ　BとC　　　　**カ**　AとC　　　　**キ**　AとBとC

2 次に示した①〜⑪の都道府県（以下県とする）に関するあとの問いに答えなさい。
※使用した統計は『データブック・オブ・ザ・ワールド2022』などによる。

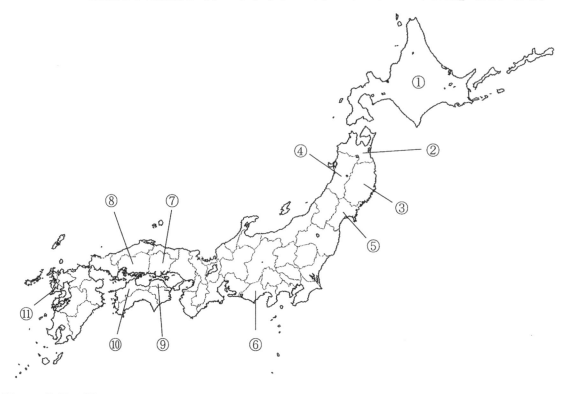

問1　①県に関して，

（1）この県の東部にある，世界自然遺産に登録されている半島名を漢字で答えなさい。

（2）この県は日本で最も森林面積の広い県であり，木材生産量も日本一です。しかし，わが国の林業は様々な課題を抱えています。その課題について述べた次の文A・Bの正誤の組合せとして正しいものを下のア〜エから1つ選び，記号で答えなさい。

A　林業に関わる人の高齢化が進む一方で，新たに林業の仕事に就く人が減少しており，また後継者の育成も進んでいない。

B　森林の手入れが行きとどかない山が多くあり，大雨や台風などによって土砂災害が起こりやすくなっている。

ア　A－正　B－正　　　イ　A－正　B－誤
ウ　A－誤　B－正　　　エ　A－誤　B－誤

三（B）

10	7	4	1
	める		

	8	5	2
	めてしまった		

	9	6	3

三（A）

1
2
3
4　①
②

二

7	4	3	2	1
	5			
20	6 生徒【 　 】		20	
	40			

5	（1）	（2）	（3）
	cm	cm²	cm²

6	ア	イ	ウ	エ
	オ	カ	キ	ク
	ケ	コ	サ	シ
	ス	セ		

	A	B	C	D		
(4)					(5)	

5

	①	②		③	④	⑤
(1)			(2)			

	⑥	⑦		⑧	
(3)			(4)		

6

	(1)		(2)		(3)	
	①		②		③	
(4)						

7

	(1)		(2)	はさみ	くぎぬき	ピンセット
	(3)		(4)	①		②
				g		cm

	(2)			問4	(1)	(2)		問5	(1)	(2)	
問3	a		b								

問6	(1)				(2)	(3)	
	A		B				

問7	①	③	⑦	⑨
	市	市	市	市

3

問1	a	b	c

問2	a	b	c	d

問3	a	b	c

問4	a	b	c	問5	a	b	c

問6	a・b	c	問7	a	b

令和５年度　中学校入試　Ａ日程

社会　解答用紙

受験番号

↓ここにQRコードシールを貼ってください

※100点満点
（配点非公表）

231141

1

| 問1 | | 問2 | | 問3 | | | 問4 | | 宣言 |

| 問5 | (1) | (2) | | 問6 | | 問7 | | 問8 | | 問9 | |

| 問10 | | | | 問11 | | | 問12 | | 問13 | |

| 問14 | | | 問15 | | 問16 | | | | 問17 | | 問18 | |

| 問19 | | 問20 | |

2

| 問1 | (1) 半島 | (2) | (3) | 問2 | A | | B | | (1) | |

| | (1) | | (2) | (3) | | (1) |

受験番号

↓ここにQRコードシールを貼ってください

231151

1

(1)	①	②	③	④	(2)	
(3)			(4)		(5)	

2

(1)	(2)	(3)	(4)
(5)			

3

(1)	(2)	(3)	(4)	(5)
(6)				

令和５年度　中学校入試　Ａ日程

算数　解答用紙

受 験 番 号

※150点満点
（配点非公表）

↓ここにQRコードシールを貼ってください

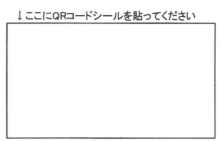

231121

1

（1）	（2）	（3）	（4）

2

（1）	（2）		（3）	（4）
	ア	イ		

3

（1）	（2）	（3）
度	cm^3	cm^2

【解答

受験番号

231111

↓ここにQRコードシールを貼ってください

令和五年度 中学校入試 A日程

国語 解答用紙

※150点満点
（配点非公表）

字数制限のある問題では、句読点やかっこなどの記号も一字に数えます。

一

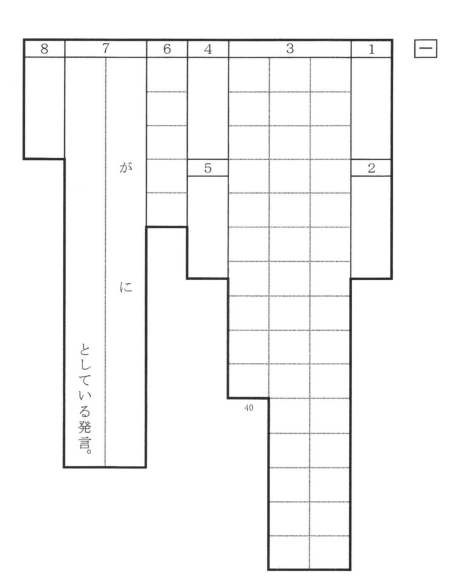

8	7	6	4	3	1
			5		2

7 … が … に … としている発言。

40

（3）次の表は，日本における小麦，ばれいしょ，たまねぎの生産量上位5県とその割合を示したものです。A〜Cと農作物との組合せとして正しいものを下のア〜カから1つ選び，記号で答えなさい。

A		B		C	
①	78.8%	①	63.1%	①	66.4%
鹿児島	4.0%	佐　賀	10.3%	福　岡	6.0%
⑪	3.8%	兵　庫	7.5%	佐　賀	4.1%
茨　城	2.0%	⑪	2.6%	愛　知	3.1%
千　葉	1.3%	愛　知	2.1%	三　重	2.4%

	ア	イ	ウ	エ	オ	カ
A	小　麦	小　麦	ばれいしょ	ばれいしょ	たまねぎ	たまねぎ
B	ばれいしょ	たまねぎ	小　麦	たまねぎ	小　麦	ばれいしょ
C	たまねぎ	ばれいしょ	たまねぎ	小　麦	ばれいしょ	小　麦

問2　②〜⑤県について，

（1）次のA〜Dの文は，それぞれの県について述べたものです。それぞれの文中の下線部が正しい場合は〇を，誤っている場合は正しい語句を漢字で答えなさい。

A　②県の北部には2つの半島があり，この半島に挟（はさ）まれる形で津軽湾が広がる。

B　③県の中央部には盆地が南北に連なり，隣県（りんけん）との県境には越後山脈が伸（の）びる。

C　④県の東部には日本一水深が深い田沢湖があり，西部には男鹿半島がある。

D　⑤県の東部に河口をもつ雄物川は，東北地方最長で，流域面積も最大である。

（2）次のア〜エは東北地方で生産されている伝統工芸品です。②〜⑤県で生産されている伝統工芸品として正しくないものを次のア〜エから1つ選び，記号で答えなさい。

　　　ア　　　　　　イ　　　　　　ウ　　　　　　エ

（3）次のグラフは②〜⑤県の県庁所在都市の月別平均気温と月別降水量の変化を示した
　　ものです。③県の県庁所在都市のものとして正しいものを次の**ア〜エ**から１つ選び，記
　　号で答えなさい。

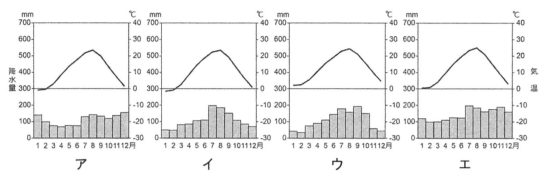

問３　⑥県に関して，

（1）この県には日本で有数の遠洋漁業の基地が置かれている漁港があります。この漁港が
　　ある都市名を漢字で答えなさい。

（2）次の文は，日本の漁業について述べたものです。（　ａ　）・（　ｂ　）に当てはまる
　　語句を答えなさい。ただし，（　ａ　）は漢字，（　ｂ　）は数字で答えなさい。

　　　現在，日本の漁業で最も水揚げ量が多いのは，海岸から100〜200kmほど離れた海
　域で数日間かけて漁を行う（　ａ　）漁業です。この漁業に次いでかつて２番目に
　水揚げ量が多かった遠洋漁業は，世界各国が自国の水産資源を守るため，海岸から
　（　ｂ　）海里までの海域で外国の船が漁を行うことを厳しく制限するようになり，
　水揚げ量は極端に減少しています。

問4 ⑦〜⑩県について

（1）次の表はそれぞれの県の工業に関する統計をまとめたものです。⑧県について示した
　　ものとして正しいものを次の**ア〜エ**から1つ選び，記号で答えなさい。

	ア	イ	ウ	エ
パルプ・紙	123	542	111	130
化 学 工 業	1,240	350	443	156
石 油 製 品	1,505	521	12	183
鉄 鋼 業	1,014	114	1,321	51
輸 送 機 械	977	485	3,504	290
製造品出荷合計額	8,354	4,264	10,040	2,769

（単位は十億円）

（2）次の**ア〜エ**の文は，それぞれの県について述べたものです。⑨県について述べた文と
　　して正しいものを次の**ア〜エ**から1つ選び，記号で答えなさい。

　　ア　温暖な気候を利用し様々な果物が生産されており，かんきつ類の生産が有名であ
　　　　る。南西部にはリアス海岸が広がり，真珠の養殖などが行われている。

　　イ　本州と四国を結ぶ道路鉄道併設橋があり，交通の要所となっている。果物の生産
　　　　も盛んで，モモやブドウが有名である。

　　ウ　日本三景の1つに数えられる島には，世界遺産に登録されている神社がある。カキ
　　　　の養殖が有名で，その生産量は日本一である。

　　エ　年間通して降水が少なく，日本最大の面積を持つため池がある。この県にはオリー
　　　　ブの生産が有名な島がある。

問5 ⑪県について

（1）この県について述べた次の文A・Bの正誤の組合せとして正しいものを下の**ア〜エ**か
　　ら1つ選び，記号で答えなさい。

　　A　この県に属する島の数は日本で最も多いため，海岸線の長さも日本で最も長い。
　　B　この県はオランダとの関わりが深く，その国をイメージしたテーマパークがある。

　　ア　A－正　　B－正　　　　**イ**　A－正　　B－誤
　　ウ　A－誤　　B－正　　　　**エ**　A－誤　　B－誤

（2）この県の西に広がる海域を流れる暖流名を漢字で答えなさい。

問6 ⑪県を含む九州地方は，大陸との距離が近く，古くから関係を持ってきた地域です。
右図を見て，次の問いに答えなさい。

（1）図中のA国・B国の国名をそれぞれ答えなさい。

（2）図中C国の国旗として正しいものを次のア〜エから
1つ選び，記号で答えなさい。

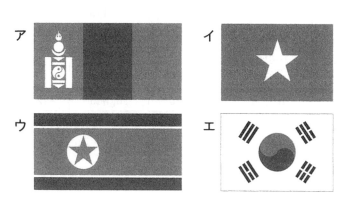

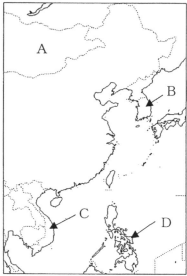

（3）次の表は，図中B〜D国から日本が輸入している輸入品の上位5品目（金額）を示し
たものです。B〜D国とX〜Zの組合せとして正しいものを下のア〜カから1つ選び，
記号で答えなさい。

	X	Y	Z
1位	電気機器	電気機器	電気機器
2位	金属鉱 金属くず	一般機械	衣 類
3位	一般機械	石油製品	一般機械
4位	木 製 品	鉄 鋼	履 物
5位	バ ナ ナ	プラスチック	魚 介 類

	ア	イ	ウ	エ	オ	カ
B	X	X	Y	Y	Z	Z
C	Y	Z	X	Z	X	Y
D	Z	Y	Z	X	Y	X

問7 ①・③・⑦・⑨県の県庁所在都市名を漢字で答えなさい。

（このページは白紙です）

3 社会科係の奈良学さんは，2022年4月から7月の間のできごとの中で大切だと思った
ものを選び，「MANABUニュース」として同級生の情報端末に配信しました。学さん
が配信したニュース1〜7に関して，以下の問いに答えなさい。

問1 次のニュース1中（ a ）〜（ c ）にあてはまる語句として最もふさわしいも
のをそれぞれ答えなさい。なお，（ a ）は漢字3字，（ b ）は数字，（ c ）
は漢字2字で答えなさい。

　　　MANABUニュース1

法律の改正により，（ a ）に選ばれる年齢が選挙権を与えられる年齢と同じ
（ b ）才以上に変わることになりました。（ a ）制度は，2009年に始まり
ました。この制度は，（ c ）裁判所で行われる重大な犯罪にかかわる刑事裁判
で用いられます。

問2 次のニュース2中（ a ）〜（ c ）にあてはまる語句として最もふさわしいも
のをそれぞれ答えなさい。なお，（ a ）は数字，（ b ）は国名をカタカナで，
（ c ）は漢字，（ d ）は国連の機関の略称をカタカナで答えなさい。

　　　MANABUニュース2

5月，「沖縄復帰（ a ）周年記念式典」が沖縄県で開催されました。2022年
は，（ b ）から返還され日本に復帰して（ a ）年の節目にあたります。沖
縄県は，かつて（ c ）王国として独自の歴史と文化を有し，現在もその歴史，
文化を未来につなぐ努力が続けられています。また，豊かな自然に恵まれており，
2021年7月には，（ d ）世界遺産委員会によって，鹿児島県から沖縄県の南西
諸島にまたがる「奄美大島，徳之島，沖縄島北部及び西表島」が，世界自然遺産に
登録されています。

問3　次のニュース3中（　a　）～（　c　）にあてはまる語句として最もふさわしいも
　　のをそれぞれ漢字4字で答えなさい。

　　MANABUニュース3

　　　　5月，最高裁判所は，「最高裁判所裁判官（　a　）法」について，海外に在住
　　する日本国民に最高裁判所裁判官の「（　a　）権」の行使を全く認めていないこ
　　とは憲法に違反するとの判決を下しました。（　a　）は，憲法改正に必要となる
　　手続きのひとつである（　b　）や選挙権などとともに，日本国憲法の三つの原則
　　の一つである（　c　）にもとづく大切なものです。なお，他の二つの原則は，基
　　本的人権の尊重と平和主義です。

問4　次のニュース4中（　a　）～（　c　）にあてはまる語句として最もふさわしいも
　　のをそれぞれ答えなさい。なお，（　a　）は漢字4字，（　b　）は数字，（　c　）
　　は国名をカタカナで答えなさい。

　　MANABUニュース4

　　　　6月，日本は，国連総会において，「（　a　）理事会」の非常任理事国に選出
　　され，2023年1月から2年間の任期を務めることとなりました。日本が「（　a　）
　　理事会」に入るのは，（　b　）年に国連に加盟して以来12回目です。「（　a　）
　　理事会」は，国連において平和と安全の維持に関する主要な責任を負っています。
　　2022年2月に，「（　a　）理事会」常任理事国である（　c　）がウクライナへ
　　の軍事侵攻を行い，「（　a　）理事会」の役割が問われる事態となりました。

問5　次のニュース５中（　a　）にあてはまる語句を下の**ア〜エ**から，（　b　）にあて
はまる数字を下の**カ〜ケ**からそれぞれ１つ選び，記号で答えなさい。また，（　c　）
にあてはまる語句として最もふさわしいものを漢字２字で答えなさい。

MANABUニュース５

> 　６月，「（　a　）設置法」が国会で成立しました。（　a　）は，政府の中の
> 子ども政策全体のリーダーになります。総務省統計局によると2022年４月１日現
> 在，子どもの数（15才未満人口）は，約1465万人，総人口に占める子どもの割合は，
> 約（　b　）％でした。なお，1950年は，総人口に占める子どもの割合は約35.4％
> であり，（　c　）化・高齢化が進んでいることがわかります。

ア　児童相談センター　　　　**イ**　育児介護休業監督署
ウ　こども家庭庁　　　　　　**エ**　子育て支援政策実現本部
カ　6　　　　**キ**　12　　　**ク**　18　　　　**ケ**　24

問6　次のニュース６中（　a　）・（　b　）にあてはまる語句の組合せとして正しいもの
を下の**ア〜エ**から１つ選び，記号で答えなさい。また，（　c　）にあてはまる国名をカ
タカナで答えなさい。

MANABUニュース６

> 　６月，外国為替市場における円とドルとの通貨の交換比率（為替レート）の変化
> が大きなニュースとなりました。外国為替市場とは，円やドルなどの異なる通貨を
> 交換（売買）する場をいいます。１ドル＝125円の場合は，１ドル＝100円の場合と
> 比べて，同じ金額の円で交換できるドルが（　a　）ので，（　b　）ということ
> になります。2020年に日本が最も多くの原油を輸入した国は（　c　）です。日本
> がこの国への支払いをドルで行う場合，（　b　）になるとより多くの円が必要と
> なります。

ア　a　少なくなる　　b　円安　　　**イ**　a　少なくなる　　b　円高
ウ　a　多くなる　　　b　円安　　　**エ**　a　多くなる　　　b　円高

問7　次のニュース7中（　a　）・（　b　）にあてはまる語句として最もふさわしいもの
　　をそれぞれ答えなさい。なお，（　a　）は数字，（　b　）は漢字2字で答えなさい。

ＭＡＮＡＢＵニュース7

　　7月，第26回参議院議員選挙が行われました。参議院議員の任期は（　a　）年
　です。今回の選挙の投票率は，50％を上回りました。国会には，衆議院と参議院が
　あり，憲法では，「国会は，国権の（　b　）機関であって，国の唯一の立法機関
　である。」と定めています。

K 教英出版

令和五年度

奈良学園中学校　入学試験問題　B日程

国語（六〇分）

試験開始のチャイムが鳴り始めるまでは、この問題冊子を開かないで、左の注意事項をよく読んでおきなさい。

【 注 意 事 項 】

一、試験開始のチャイムが鳴り始めたら、解答用紙の所定の欄に「受験番号」をはっきりと記入し、「QRコードシール」を貼りなさい。　学校名や氏名を書いてはいけません。

二、問題冊子は十八ページあります。また、解答用紙は一枚です。

三、ページの脱落、印刷の不鮮明な箇所がある場合や、QRコードシールを貼る際に答案用紙が破れたり、貼ったシールにしわができたりした場合は、手を挙げて監督の先生に知らせなさい。

四、解答は、解答用紙の指定された枠内に濃くはっきりと記入しなさい。　枠外に記入した部分は採点の対象にしません。

五、試験終了のチャイムが鳴り始めたら、すみやかに筆記用具を置いて、消しゴムのかすをよく払ってから、解答用紙を裏向きにし、問題冊子を閉じなさい。

六、監督の先生が解答用紙を回収し、指示をするまでは、そのまま静かに着席しておきなさい。

七、問題冊子は持ち帰りなさい。

・字数制限のある問題では、句読点やかっこなどの記号も一字に数えます。

・句読点は解答用紙の枠に重ならないよう記入しなさい。

一 次の文章を読んで、後の問いに答えなさい。本文は、小学生の「ボク」が、お祖父ちゃんとの思い出をつづった形で書かれている
ため、書き言葉にふさわしくない表現が含まれています。

手術後の最初の土曜日、お母さんといっしょに病院に行ったら、お祖父ちゃんは一般病棟に移されていた。カーテンで間仕切りされた窓際のベッドで目を閉じているお祖父ちゃんの顔は、ほほがこけてずいぶんやつれて見えた。ベッドサイドに点滴スタンドが立っていた。点滴バッグから腕に管が延びていた。手全体が赤黒く変色してパンパンに腫れあがっていた。

お祖父ちゃんは眠っていたわけではなかったらしく、人の気配に薄く目を開けた。ボクに気づくと、「おー」の形にくちびるを動かした。

「だいじょうぶ?」

お祖父ちゃんは眉間にシワを立てて、聞こえねえ、と息のような声を出した。

「だい・じょう・ぶ?」

ボクは声のボリュームを上げた。

「だいじょうぶじゃねえな」吐き出すようにお祖父ちゃんはこたえた。「見てくれこの手、グローブみたいになっちまった」

『グローブ』は大げさじゃなかった。

「痛い?」

「あ?」

「痛いの?」

お祖父ちゃんの耳に口を近づけて声を張りあげたら、「寒い」と返ってきた。もともとやせていたのが、骨と皮ばかりになってしまったお祖父ちゃんは、何枚毛布を掛けても寒そうに見えた。お母さんが棚から予備の毛布を取りだして掛けてあげると、今度は「重い」と怒鳴った。

お祖父ちゃんが「あ?」と聞き返すたびにボクが大きな声を出すので、お母さんははらはらしていた。大部屋のほかの患者さんたちに気をつかっていたのだ。

― 1 ―

看護師さんが検温にやってきた。看護師さんにも、「寒くてしょうがねぇ」とお祖父ちゃんは訴えた。特に地下の検査室が寒いとかで、もっと暖かくしろ、と食ってかかった。検査室はいろいろな器械が置いてあるので暖房を強くできないんです、と看護師さんはお母さんに弁解した。

お祖父ちゃんが怒鳴っているところに、エリカちゃんはあれから毎日病院に通っていた。病院に通う注2ローテーションと注3シロの世話でおばさんたちがもめていたとき、

「注4ナオコおばさん一人じゃあ大変だから、シロの世話はあたしがする」となかば強引に割りこみ、そのまま浦賀の家に居ついてしまったのだ。

お祖父ちゃんはほとんど条件反射で、「おそい」と怒鳴り声をあげたが、それがナオコおばさんではなくエリカちゃんだったことに気づくと、急に語尾が Ａ━━━尻すぼみになった。

「ナオコおばさんなら、今日は打ち合わせでこられません、だって」

お祖父ちゃんの耳元にエリカちゃんが口を寄せた。どうやら、さすがのお祖父ちゃんも孫には多少気をつかっているらしかった。

バツの悪そうな顔をしたお祖父ちゃん。

「いつものことだから」エリカちゃんは表情も変えずに、くちびるだけを動かしてお母さんに向かってそう言った。「いろんなことが自分の思い通りにならないみたい。そのウップンを、娘に当たり散らして発散してるわけですね」

その率直過ぎる言い様に、ボクはお祖父ちゃんの耳が遠くてよかったと思った。

ひとしきり怒鳴り散らしてすっきりしたのか、お祖父ちゃんは、「つかれた」とつぶやいて、再びまぶたを閉じてしまった。

①お母さんはもう苦笑いするしかなかったし、ボクは、娘に当たり散らしてのおばさんたちのバトルを思い出した。

「エリカちゃんにもお世話かけるわねー」

お母さんの顔にはりついているぎこちない笑顔で、ボクは、ローテーションをめぐってのおばさんたちのバトルを思い出した。

「べつに」

エリカちゃんがくちびるの両はしを持ち上げた。皮肉っぽい笑みだった。

「どうせヒマだし」

エリカちゃんには謎の迫力があった。エリカちゃんの迫力にたじたじとなったお母さんは、言いかけた言葉を飲みこんだ。

注1　エリカちゃんが着替えやタオルの入った風呂敷包みを抱えてやってきた。

注2　ローテーション

注3　シロの世話で

注4　ナオコおばさん

気まずい空気がたちこめた。

「二人とも、飲み物でも買って休憩してらっしゃい」

気まずい空気を振り払うように、お母さんがバッグから財布を取りだした。

ボクたちは地下の売店でホットレモンとミルクティーとスナックを買って『談話室』とかいうプレートの掛かっている部屋に入った。

土曜日の一般病棟は面会の人たちで混んでいたけれど、談話室にはだれもいなかった。　②待合室とかによくあるビニールレザー張りの長椅子の真ん中にどんと音立てて腰を下ろしたエリカちゃんと間を空け、椅子の端っこにボクは座った。

「お祖父ちゃんちって、こーゆうのないからひさしぶりー」

エリカちゃんがうれしそうにスナックの袋を開けた。

ポテトチップをすごい勢いでパシポシかみしだく注5従妹を見ていたら、太ったわけがわかった気がした。

「学校はいいの」

いまさらなことを聞いてしまった。

「どうせ行ってなかったし」

エリカちゃんはサバサバしていた、どこかのスイッチを切ってしまった人みたいに。

エリカちゃんはなんのスイッチを切ってしまったんだろう。　フタも開けていないホットレモンの容器を手の中でもてあそびながらボクは考えていた。

「学校なんかより、こっちがずっとおもしろいし」

お祖父ちゃんがこんなときに『おもしろい』はさすがにどうかと思ったけれど、ボクは黙っていた、ていうか、なにも言えなかった。

あのときのエリカちゃんには何を言ったところで言い負かされてしまいそうな迫力があったから。

ボクの心の中を読んだのかもしれない、ミルクティーをイッキ飲みしたエリカちゃんは、「おもしろいには、興味深い、とか、ためになる、ってイミもあるんだよ」とつけ加えた。

すごく雑なまとめ方だった。

（中略）

「あたしさー……」それまで言語明瞭だった従妹がちょっとのあいだ言いよどんだ。「……受験に失敗してから、なんかいろんなことがうまくいかなくなっちゃって。それまで、頭がいいって自分のこと B 買いかぶってたから、挫折感に打ちのめされたっつーか、いきなり地べたに引きずり落とされちゃった。それって、頭がいいって自分のこと みたいな？」

いつもなら短い言葉で鋭くポイントを突いてくるエリカちゃんが、なんかぐちゃぐちゃしゃべっていた。

「結局、近所の公立中学に通うことになったんだけど、クラスメートの視線には悪意があるし。ママは失望感を隠さないし。なんだよ、あたしが悪いのかよ。てゆーか、受験させたのはそっちじゃん、って開き直ってみたけど、結局、ママの言いなりになってたのは自分だし。自分のことなのにヒトの言いなりになって、あとからそいつのせいにする。それ、延々やってたら、もう地獄じゃん」

ぐちゃぐちゃはまだ続いていた。頭のいい従妹でも自分のこととなるとグダグダになるらしい。

「地獄のスパイラルを断ち切りたかった。そのためにどうすればいいか考えたら、家を出ることしか思いつかなかった」

ありがちだ。とボクは思った。家さえ出れば自由になれるとか、フツーの小学生だってそれくらいのことはフツーに思いつく。

「ちょうどそんなときだったわけよ、シロの世話をだれがするかでママたちがモメてたのは。チャンスだと思った。けど、問題が一つ。子どもが一人で浦賀の家で暮らしてたらソッコー近所のヒトに通報されちゃう。子どもの限界ってそこなんだよね。だからママが、ナオコおばさんにムチャぶりしたときは、おもわず、ナイス！ 親指を立てたね」

『チャンス』も『ナイス』も、やっぱりどうかと思ったけど、③ボクは何も言わなかった。

何を言ったところで言い負かされてしまうから、というのもあるけれど、賢い従妹がグダグダな話を聞かせる相手にわざわざボクを選んだ理由が、小学生なりにわかっていたからだろう（ちなみに、あのころのボクは、エリカちゃんから『バカ』に分類されていたと思う）。

「つまり、あたしは家を出るためにナオコおばさんを利用したわけよ」

不敵に言い放ったエリカちゃんの表情が崩れた。怒っているような困っているようなヘンな顔。

「あたしに干渉しないナオコおばさんは同居人としてサイコーだったから、あたしも、ナオコおばさんのいい同居人になろうと思ってたの。家事なんて一人分も二人分もやることは同じだしね。なのに、おばさんってば、朝から炊きたてのご飯と具の入ってる味噌汁が食べられるなんて夢みたい、なんて、目とかうるませちゃってんの。なんだかね、こっちが恥ずかしいって」

④エリカちゃんのほほがうっすら赤い。

「あんなのついでじゃん。大げさだって。おかしいって。おかしくて笑えるって」と言いながらも、エリカちゃんは笑ってはいなかった。

赤面している自分にうろたえていた。

笑っていたのはボクだった。あのときはじめて、それまで近寄りがたかった従妹がボクの位置まで降りてきたような気がして、でも、おバカなチビの生暖かい微笑みをエリカちゃんが見逃すはずはなかった。従妹の表情がすーっと冷えていく。

「ナオコおばさんだけじゃない。あたしはお祖父ちゃんも利用した。だから、毎日病院にお見舞いに通うのは義務、てか、仕事って割り切ってた。そのつもりだった。けれど、最近、その仕事がおもしろくなってきた」

エリカちゃんはくちびるの両はしを上げた。

いつもの皮肉っぽい笑み。いつものエリカちゃん降臨。

「あたし、このごろしょっちゅう、お祖父ちゃんのこと考えてる。てか、ときどき、脳内占有率お祖父ちゃん百パーなことすらある」

「浦賀の家はそこらじゅうにお祖父ちゃんの匂いがしみついてるもんね」

それは、おバカなチビが背伸びしていっしょうけんめい考えた、超気の利いたセリフだった。そのつもりだった。けれど、スダレ越しの目がこっちをにらんでいた。

「そーゆうありきたりなコメントはいらないから。あたしは注6ウエットになってるわけじゃないし」

エリカちゃんの目に光が点灯したのがスダレ越しでもわかった。

「あたしには、わかるのよ、ママの頭の中もパパの頭の中も。ママが欲しいのは、子どもを難関私学に入学させた母親っていう評価で、パパが家庭内のこと見て見ぬフリするのは、めんどうくさいことに巻きこまれたくないから」

エリカちゃんは観察者。観察者は的確に急所を突いてくる。

「でも、お祖父ちゃんの頭の中はよくわからない。なに考えてるの、あのヒト。心臓が痛いのになんでガマンしちゃうわけ？ 昔の人

の習性？　昔の人って、みんなあんなふうにガマン強いの？　それとも、そーゆうのが自由に生きるってことなの？」

それをボクに聞かれても。

「ガマンしたってなんのメリットもないじゃん。てゆーか、フツーに考えてヤバいでしょ。それで、自分で自分の命縮めちゃって。お祖父ちゃん、このままだとあと半年くらいしかもたないって、ドクターが言ったらしいよ」

⑤エリカちゃんは無防備なボクにいきなり爆弾をぶちこんできた。

あの日、お医者さんの話を聞いてきたお母さんたちが強張った顔をしていた本当の理由は、これだったんだ。

あと半年。

心臓の拍動が早くなった。

「お祖父ちゃんの考えてることはよくわからない。だから、あたしは、お祖父ちゃんに興味がある」

ボクの脳は『あと半年』でいっぱいになってしまい、エリカちゃんの声はもうなに一つ頭に入ってこなかった。

（花形みつる『徳治郎とボク』による）

注1　エリカちゃん——「ボク」のいとこで中学生の女の子。

注2　ローテーション——ここでは、入院したお祖父ちゃんの世話をする順番、という意味。

注3　シロ——お祖父ちゃんの飼い犬。神奈川県の浦賀にあるお祖父ちゃんの家にいる。

注4　ナオコおばさん——「ボク」の母の妹。エリカからみても「ボク」からみても叔母にあたる。

注5　従妹——いとこ。エリカの方が「ボク」よりも年上のため「従姉」と書くこともできるが、本文では「従妹」となっている。

注6　ウエット——人情にもろい様子。

1 ～～線A「尻すぼみ」、B「買いかぶって（買いかぶる）」の意味を、それぞれ簡潔に答えなさい。

2 ──線①「お母さんはもう苦笑いするしかなかった」とありますが、お母さんが苦笑いしたのは、エリカの発言をどのように思ったからですか。次の文の　　　にあてはまるように、二十字以内で説明しなさい。

エリカの発言は、

□□□

と思ったから。

3 ──線②「待合室とかによくある……椅子の端っこにボクは座った」とありますが、この様子からわかるエリカと「ボク」の関係を説明したものとして最もふさわしいものを、次のア～エから一つ選び、その記号を答えなさい。

ア　エリカが椅子の真ん中に腰を下ろす描写から、エリカは「ボク」を軽くみていることがわかる一方で、「ボク」が長椅子の端っこにおそるおそる座る様子から、「ボク」がエリカに対して気を許していないことが見てとれる。

イ　エリカが椅子の真ん中に腰を下ろす様子から、エリカが「ボク」とじっくり話をしようとしていることが暗に示される一方で、エリカと間を空けて端っこに座る「ボク」の様子からは、エリカから逃れようとしていることがうかがえる。

ウ　エリカが音を立てて椅子に座る様子からは、「ボク」のことをさほど気にかけていないことがうかがわれる一方で、エリカと同じ椅子ながらも端っこに座る「ボク」の様子からは、エリカに気後れしていることが感じられる。

エ　エリカが我先に椅子に音を立てて座ったことから、エリカが「ボク」を見下していることが透けてみえる一方で、エリカと同じ椅子に音を立てて座ったことから、「ボク」はエリカに受け入れてもらおうとしていることがわかる。

4 ——線③「ボクは何も言わなかった」とありますが、「ボク」はなぜ何も言わなかったのですか。それを説明したものとして最もふさわしいものを、次の**ア～エ**から一つ選び、その記号を答えなさい。

ア エリカは頭がいいので、要点がまとまらないように思える今日の話も、きっと頭の回転が遅い「ボク」のために、わざとくどいくらい丁寧な話し方をしてくれているのだろうと思ったから。

イ エリカは祖父の世話で役に立っているので、「ナイス」や「チャンス」といった言葉の不謹慎さを注意しても、逆にボクが役に立っていないことを指摘されてしまいそうだったから。

ウ エリカの話から、彼女がどれほどつらい思いをしてきたのかが理解できたうえに、その話を他の人ではなく「ボク」に向けてする彼女の気持ちも、子どもながらにうすうす感じていたから。

エ エリカは、日頃は話も簡潔で言葉も鋭くはっきりしているのに、今日に限って普通の子どもがしそうなつまらない話を得意げにしていることが、「ボク」はうっとうしかったから。

5 ——線④「エリカちゃんのほほがうっすら赤い」とありますが、このときのエリカの様子を四十字以内でわかりやすく説明しなさい。

6 ——線⑤「エリカちゃんは無防備なボクにいきなり爆弾をぶちこんできた」とありますが、「無防備なボク」とはどういうことを意味していますか。解答欄の形に合うように書きなさい。

7 六人の中学生が、この文章について話しています。その会話の中で、本文の内容を正しく踏まえている生徒を、次の生徒A〜生徒Fから二人選び、その記号を答えなさい。

生徒A　この文章は、小学生の「ボク」の視点から描かれているけれど、「耳が遠くてよかった」だなんて「ボク」はお祖父ちゃんに冷たいね。

生徒B　エリカちゃんも個性的だね。まだ中学生なのに大人びた発言をするときもあるから、「ボク」のお母さんもちょっと扱いに困っている感じだよ。

生徒C　とはいえ、エリカちゃんもまだ子どもだから、お祖父ちゃんも怒鳴るのを我慢しているね。怒鳴っても冷たく無視されてしまいそうだよね。

生徒D　お祖父ちゃんは着替えを持ってきたのが自分の娘のナオコおばさんだと思って油断したんだよ。だからつい大声を出したのだと思うよ。

生徒E　お祖父ちゃんがすぐに怒鳴るから「ボク」はあまりしゃべらないのだと思うよ。その分、お祖父ちゃんは「ボク」には怒鳴らないよね。

生徒F　「ボク」はみんなの前での発言は少ないけれど、周りの様子をよく見ているよ。人の気持ちや考えをじっくりとらえて発言の機会をねらっているのがよくわかるね。

-9-

（このページは白紙です。）

二 次の文章は、スリランカでの津波（つなみ）災害の救援（きゅうえん）活動に参加したデンマーク人男性、ジャニックの活動をもとに書かれたものです。よく読んで、後の問いに答えなさい。ただし、文章には、一部省略した部分があります。

お詫び
著作権上の都合により、文章は掲載しておりません。
ご不便をおかけし、誠に申し訳ございません。

（スペンドリニ・カクチ著　大倉弥生訳『あなたにもできる災害ボランティア』による）

注1　ＮＧＯ——被災地の支援など国際的に活動している民間団体。

注2　人々の直接のニーズに応えるプロジェクト——ここでは、人々が生活で必要としていることを実行する計画、という意味。

注3　カウボーイ——ここでは、組織に属さずに自分のやりたい仕事を実行する人、という意味。

注4　チャリティ——ここでは、寄付を集めるための活動、という意味。

1　——線①「私はいやいやながら神様になって采配を振らなくてはなりませんでした」とありますが、このときのジャニックの状況を説明したものとして最もふさわしいものを、次のア〜エから一つ選び、その記号を答えなさい。

ア　自分が被災状況のすべてを把握できているわけではないことをわかったうえで、それでも救援活動を進めるために仕方なく、優先順位を定めて救援物資の分配の指揮を自分がとらなければならなかったということ。

イ　津波の被害に遭って困っている人々に対して、生活に不自由のない立場にある自分が援助の手を差しのべるのは偉そうに思われそうでいやだったが、被災者支援のためには活動を進めざるを得なかったということ。

ウ　日々の生活さえ困難な被災者が、当たり前の救援活動を行っているだけの自分のことを、必要以上にありがたがってくれるのは照れくさくて困ったが、彼らの気持ちもわかるので受け止めるように努めたということ。

エ　被災して本当に困っている人と嘘をついて利益を得ようとする人を見分けることは必要なのだが、結局嘘をついている人も困っていることには違いないので、不本意だが全員を平等に援助するしかなかったということ。

2 ☐ に入れるのに最もふさわしい言葉を、次の**ア～エ**から一つ選び、その記号を答えなさい。

ア いただこう **イ** おさまろう **ウ** こぼれよう **エ** あずかろう

3 ――線②「ジャニックの仕事がどんどん進む」とありますが、筆者はこの理由をどのように考えていますか。それを説明した箇所（かしょ）を七十字以内で探し、そのはじめと終わりの五字を書きなさい。

4 ――線③「ちなみにジャニックは」とありますが、筆者はこの段落でどのようなことを伝えようとしていますか。その内容として最もふさわしいものを、次の**ア～エ**から一つ選び、その記号を答えなさい。

ア 母国でも救援活動に取り組むジャニックの姿を見て、被災地から遠く離れた国でも被災者救援の輪が広がったということ。

イ 有名な画家が友人にいるジャニックのような人だからこそ、支援金（しえんきん）を集めたり、被災した人を支援（しえん）したりできたということ。

ウ ジャニックが熱心に救援活動を行ったため、周囲の人も自分のお金を差し出さなければいけない雰囲気（ふんいき）になったということ。

エ 現地で救援活動にあたるジャニックとは違って、被災地に入らない人々の救援活動は金銭的なものに限られるということ。

5 ――線④「現在ジャニックは、被災した漁師たちが船を造るのを手伝っています」とありますが、このことからジャニックのどのような仕事の仕方が読み取れますか。それを説明した次の文の
[ ] を四十字程度でうめて、説明を完成させなさい。

被災者にお金を渡しっぱなしにするのではなく、自分も資金の管理に関わり、[ ] という仕事の仕方。

6 [I]、[II] に入れる言葉として最もふさわしいものを、次のア～オからそれぞれ一つ選び、その記号を答えなさい。
ただし、同じ記号を二度使ってはいけません。

ア ところで　　イ あるいは　　ウ たとえば　　エ 逆に　　オ けれども

7 ――線⑤「たとえば従来の援助ワーカーや政府の役人は予定をキャンセルしたり、遅れて来たりすることがたびたびありましたが、ジャニックは仕事の時間をかならず守ります」について、次の問いに答えなさい。

（i）住民たちは、ジャニックからどのようなことを感じとりましたか。わかりやすく説明しなさい。

（ⅱ）（i）によって村人はどのようなことを学びましたか。わかりやすく説明しなさい。

— 15 —

（このページは白紙です。）

三 （A） 次の問いに答えなさい。

1 「あらゆる方面にめざましい働きを示すこと」を意味する四字熟語を、次の**ア〜エ**から一つ選び、その記号を答えなさい。

ア 四苦八苦　　イ 五臓六腑（ごぞうろっぷ）　　ウ 七転八起　　エ 八面六臂（はちめんろっぴ）

2 「□の涙（なみだ）」の□に生き物の名前をひらがな三字で入れ、慣用的表現を完成させなさい。

3 「ひとりごつ」の意味として最もふさわしいものを、次の**ア〜エ**から一つ選び、その記号を答えなさい。

ア ひとり言を言う　　イ ひとりで旅をする　　ウ ひとり占（じ）めにする　　エ ひとり合点をする

4 ──線部の言葉の使い方として最もふさわしいものを、次の**ア〜エ**からそれぞれ一つ選び、その記号を答えなさい。

① ひときわ

ア 冬は空気が澄（す）んでいるので、夜空の星々がひときわ美しく見える。

イ 出発した彼（かれ）を追いかけたが、ほんのひときわ遅（おそ）くて捕（つか）まえられなかった。

ウ カーナビの指示通りに進んだのに、ひときわ国道に出てしまった。

エ 思い出を胸に、私はこの春に小学校をひときわ卒業するだろう。

② やみくもに

ア　海はどこまでも果てしなく、やみくもに穏やかな表情を見せている。

イ　現状を打破するために、彼はやみくもにいろいろな手だてを試した。

ウ　熟考してやみくもに答えを書いたので、見事に合格することができた。

エ　新月の夜はやみくもに暗くて、明かりなしでは安心して外を歩けない。

三　次の1〜10の文の——線部について、カタカナは漢字になおし、漢字はその読み方をひらがなで書きなさい。

1　試合で格上の相手に対してゼンセンする。

2　火のアトシマツをする。

3　試合でセンセイ点をとる。

4　彼は発明家のタマゴだ。

5　草原で羊のユウボクをする。

6　楽団のエンソウを聴きに行く。

7　シホウ試験に合格して、裁判官になった。

8　委員長を経験して彼に責任感がメバえた。

9　薬箱を小さな子の手の届かない所に置く。

10　彼への気持ちを自分だけの胸に納めておく。

令和５年度

奈良学園中学校

入学試験問題

Ｂ日程

算 数（６０分）

試験開始のチャイムが鳴り始めるまでは，この問題冊子を開かないで，下記の注意事項をよく読んでおきなさい。

【 注 意 事 項 】

1. 試験開始のチャイムが鳴り始めたら，解答用紙の所定の欄に「受験番号」をはっきりと記入し，「ＱＲコードシール」を貼りなさい。**学校名や氏名を書いてはいけません。**

2. 問題冊子は 8 ページあります。また，解答用紙は１枚です。

3. ページの脱落，印刷の不鮮明な箇所などがある場合や，ＱＲコードシールを貼る際に答案用紙が破れたり，貼ったシールにしわができたりした場合は，手を挙げて監督の先生に知らせなさい。

4. 解答は，**解答用紙の指定された枠内に濃くはっきりと記入しなさい。枠外に記入した部分は採点の対象にしません。**

5. 試験終了のチャイムが鳴り始めたら，すみやかに筆記用具を置いて，**消しゴムのかすをよく払ってから解答用紙を裏向きにし，問題冊子を閉じなさい。**

6. 監督の先生が解答用紙を回収し，指示をするまでは，そのまま静かに着席しておきなさい。

7. 問題冊子は持ち帰りなさい。

円周率の必要なときは，3.14 としなさい。
小数点などの小さな記号は大きめにはっきりと書きなさい。

1 次の □ にあてはまる数を入れなさい。

（1） $20.23 \div (1.15 + 0.01 \div 0.25) = \boxed{}$

（2） $0.875 \div \dfrac{7}{3} + 0.625 \div 16\dfrac{2}{3} + 0.375 \div 100 = \boxed{}$

（3） $\dfrac{1}{15} + \dfrac{1}{35} + \dfrac{1}{63} + \dfrac{1}{99} = \boxed{}$

（4） $\left(\dfrac{1}{2} - \dfrac{1}{3} \times \boxed{} \right) \div \dfrac{1}{4} \times \dfrac{1}{5} = \dfrac{1}{6}$

2　次の ☐ にあてはまる数を入れなさい。

（1）今持っているお金で，ノートならちょうど 12 冊，消しゴムならちょうど 20 個買うことができます。そのなかで，ノートを 9 冊買うと，残りの金額で消しゴムを最大 ☐ 個買うことができます。

（2）1，3，5，7，9 のように連続する 5 つの奇数を考えます。その足し算の合計が，12345 であるとき，最初の奇数は ☐ です。

（３）午前１時から午前２時の間で，時計の短針と長針との間の角度が２回目に 100° になるのは，午前１時 [＿＿＿] 分です。

（４）下の図のように，半径 1.5cm の４つの円が横一列にくっついています。これら４つの円の周りを，半径 1.5cm の円Ａがすべることなく転がって，もとの位置まで１周します。このとき，円Ａの中心が動いてできる線の長さは [＿＿＿] cm です。

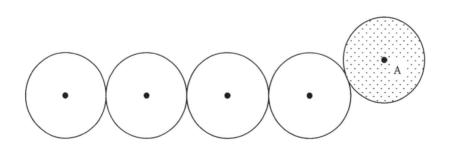

3 　A君は地点Pから地点Qまで4kmのハイキングをすることにしました。P を出発してから一定の速さで休みなく歩き，Qに到着する予定です。はじめ は予定通りの速さで歩いていましたが，全体の道のりの4分の1進んだとこ ろで疲れを感じたため5分間休けいをしました。休けい後は，はじめの歩く 速さと比べて，4分の3倍の速さで歩き，その後は休けいすることなくQに 到着することができましたが，はじめの予定より20分遅れました。このとき， 次の問いに答えなさい。

（1）はじめの歩く速さと，休けい後の歩く速さの比を最も簡単な整数の比で 　　求めなさい。

（2）休けい後の歩く速さでは，はじめの歩く速さと比べて，同じ距離を進む 　　のにかかる時間は何倍になりますか。

（3）休けい後から何分でQに到着しましたか。

（4）はじめの歩く速さは時速何kmですか。

4　次の問いに答えなさい。

（1）1辺が1cmの正方形が72個あります。これらすべてをすき間なく並べて，1つの長方形を作ったとき，異なる形の長方形は何種類できますか。

（2）1辺が1cmの立方体が72個あります。これらすべてをすき間なく組み合わせて，1つの直方体を作ったとき，異なる形の直方体は何種類できますか。

（3）縦3cm，横4cm，高さ5cmの直方体が何個もあります。これらを同じ向きにすき間なく組み合わせて，最も小さな立方体を作るとき，何個の直方体が必要ですか。

5　次の問いに答えなさい。

（1）濃さ 8 ％の食塩水が 450g ありましたが，水が蒸発して濃さが 9 ％になりました。そこで，水を何gか加えたところ，濃さが 7.5 ％になりました。このとき，加えた水は何gですか。

（2）（1）でできた濃さ 7.5 ％の食塩水を半分に分けます。片方はそのままにしておき，もう片方に食塩を何gか加えたところ，濃さが 11.2 ％になりました。このとき，加えた食塩は何gですか。

（3）（2）でそのままにしておいた濃さ 7.5 ％の食塩水から何gか食塩水を取り出し，残った食塩水に水を加えてもとの重さに戻すと，濃さが 6.3 ％になりました。このとき，取り出した食塩水は何gですか。

6 次の ア ～ セ にあてはまる数を入れなさい。

画用紙の上にいくつかの点をいろいろな場所に書き，それらの点を次の規則1，2に従ってまっすぐな線で結びます。

規則1　どの点も少なくとも1個の他の点と結び，結んだ線をたどってどの点にも行くことができるようにする。
規則2　結んだ線どうしは交わってはいけない。

このとき，結んだ線で囲まれた部分を「領域」と呼ぶことにして，作られる領域の個数とそのときに結んだ線の本数を数えましょう。ただし，囲まれた部分の中が結んだ線で分割されていないものを1つの領域として数えます。また，2つの点の間で結ばれる線を1本の線として数えます。

例えば，図1のように6個の点を書き，何本かの線で結びます。図1は領域が2つで結んだ線が7本であることを表しています。また，図2，3は6個の点を図1とはそれぞれ別の場所に書いて何本かの線で結んでいます。図2は領域が2つで結んだ線は7本，図3は領域が ア つで結んだ線は イ 本であることを表しています。

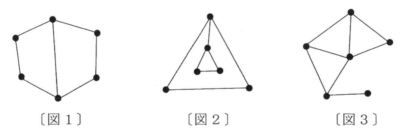

〔図1〕　　　　〔図2〕　　　　〔図3〕

さて，まず3個の点をいろいろな場所に書いたときを考えましょう。次のページの図4のように，3個の点を一直線上にあるように書いた場合，結ぶことができる線は2本で，領域が作られることはありません。3個の点を一直線上にないように書いた場合を考えてみると，領域を1つ作ることができ，そのときに結んだ線は ウ 本になります。

〔図４〕

　次に，４個の点をいろいろな場所に書いたときを考えます。領域を１つ作る場合は，結ぶ線は エ 本必要です。また，領域を２つ作る場合は，
オ 本，３つ作る場合は カ 本，結ぶ線はそれぞれ必要です。

　ここで，書いた点の個数が３個から５個のときの作られる領域の個数と，それに必要な線の本数を表にまとめると以下のようになります。

点の個数	領域の個数	必要な線の本数
3	1	ウ
4	1	エ
4	2	オ
4	3	カ
5	1	キ
5	2	ク
5	3	ケ
5	4	コ
5	5	サ

　したがって，10個の点をいろいろな場所に書いたときを考えると，領域を５つ作るのに結ぶ線は シ 本必要です。また，100個の点をいろいろな場所に書いたとすると，領域を90個作るのに結ぶ線は ス 本必要です。さらに，2023個の点をいろいろな場所に書いたとすると，領域を セ 個作るのに結ぶ線は4045本必要です。

K 教英出版

令和５年度

奈良学園中学校

入学試験問題

Ｂ日程

理科（４０分）

　試験開始のチャイムが鳴り始めるまでは，この問題冊子を開かないで，下記の注意事項をよく読んでおきなさい。

【 注 意 事 項 】

1. 試験開始のチャイムが鳴り始めたら，解答用紙の所定の欄に「**受験番号**」をはっきりと記入し，「**ＱＲコードシール**」を貼りなさい。**学校名や氏名を書いてはいけません。**

2. 問題冊子は 14 ページあります。また，解答用紙は 1 枚です。

3. ページの脱落，印刷の不鮮明な箇所などがある場合や，ＱＲコードシールを貼る際に答案用紙が破れたり，貼ったシールにしわができたりした場合は，手を挙げて監督の先生に知らせなさい。

4. 解答は，**解答用紙の指定された枠内に濃くはっきりと記入しなさい。枠外に記入した部分は採点の対象にしません。**

5. 試験終了のチャイムが鳴り始めたら，すみやかに筆記用具を置いて，**消しゴムのかすをよく払ってから解答用紙を裏向きにし，問題冊子を閉じなさい。**

6. 監督の先生が解答用紙を回収し，指示をするまでは，そのまま静かに着席しておきなさい。

7. 問題冊子は持ち帰りなさい。

1　次の文を読んで，下の問いに答えなさい。

　　食塩水，塩酸，炭酸水，アンモニア水，石灰水のどれかの水溶液が入った
　５つのビーカーＡ～Ｅがあります。それらの水溶液に溶けているものを調べ
　るために＜実験１＞～＜実験４＞を行いました。その操作と結果は次のとお
　りです。

　＜実験１＞５つのビーカーのそれぞれの水溶液をこまごめピペットを使っ
　　　て，少しずつ別々の蒸発皿に取り出して熱し，残ったものがあるかを調べ
　　　ました。ビーカーＤとＥの水溶液を入れた蒸発皿には白い固体が残ってい
　　　ましたが，他の水溶液を入れた蒸発皿には何も残っていませんでした。

　＜実験２＞実験１で，ビーカーＡ～Ｃの水溶液に溶けているものは，熱した
　　　ときに気体になったと考え，ふたたびビーカーＡ～Ｃの水溶液を少しずつ
　　　別々の蒸発皿に取り出して熱し，出てくる気体のにおいをかいでみたとこ
　　　ろ，ビーカーＡとＢでにおいが確認されました。またこのとき，ビーカー
　　　ＡとＢの水溶液から出てきた気体を，水でぬらしたリトマス紙にふれさせ
　　　たところ，　　　　　　　　。

　＜実験３＞ビーカーＡとＢの水溶液に鉄の小さなかけらを入れたところ，ビー
　　　カーＡでは鉄の小さなかけらの表面からあわが出ましたが，ビーカーＢ
　　　では変化が見られませんでした。

　＜実験４＞ビーカーＣの水溶液を熱して出てきた気体を，ビーカーＤの水溶
　　　液に混ぜても何も変化は見られませんでしたが，ビーカーＥの水溶液に混
　　　ぜたときには，水溶液が白くにごりました。

（１）　文中の　　　　　　　にあてはまるものはどれですか。次のア～エから１つ
　　　選び，記号で答えなさい。
　　　ア　ビーカーＡの水溶液から出てきた気体で，青色リトマス紙の色が変化
　　　　し，ビーカーＢの水溶液から出てきた気体で，赤色リトマス紙の色が変
　　　　化しました
　　　イ　ビーカーＡの水溶液から出てきた気体で，赤色リトマス紙の色が変化
　　　　し，ビーカーＢの水溶液から出てきた気体で，青色リトマス紙の色が変
　　　　化しました
　　　ウ　ビーカーＡおよびＢの水溶液から出てきた気体で，青色リトマス紙の
　　　　色が変化しました
　　　エ　ビーカーＡおよびＢの水溶液から出てきた気体で，赤色リトマス紙の
　　　　色が変化しました

（2）　＜実験３＞の後，ビーカーAの水溶液を一部取り出し，蒸発皿で熱し，水を蒸発させました。このときの蒸発皿やその後の様子を正しく説明したものはどれですか。次の**ア**〜**エ**から１つ選び，記号で答えなさい。

　　ア　蒸発皿には何も残らなかった。

　　イ　蒸発皿には固体が残っていて，それをふたたびビーカーAの水溶液に入れるとあわを出して溶けだした。

　　ウ　蒸発皿には固体が残っていて，それをふたたびビーカーAの水溶液に入れるとあわを出さずに溶けだした。

　　エ　蒸発皿には固体が残っていて，それをふたたびビーカーAの水溶液に入れても溶けなかった。

（3）　実験の操作について正しいものはどれですか。次の**ア**〜**オ**から２つ選び，記号で答えなさい。

　　ア　水溶液を熱するときは，薬品が目に入らないように，保護めがねをつける。

　　イ　水溶液を熱するときは，変化がわかるように，液体にしっかりと顔を近づけて観察する。

　　ウ　においをかぐときは，直接かがずに手であおいでかぐようにする。

　　エ　薬品が手についたら，ついた部分にさわらずに，まず先生に知らせる。

　　オ　こまごめピペットは，水溶液に入れてから，ゴム球をしっかりと押しつぶし，その後，ゴム球をはなして液体を吸い上げる。

（4）　0.50 g，1.0 g の鉄をそれぞれビーカーAの水溶液50mLに入れたところ，どちらも鉄はすべて溶けてなくなり，発生する気体の体積は，それぞれ200mL，400mLでした。また入れる鉄を5.0 g にしたところ，鉄はなくならずに残り，発生した気体の体積は1800mLでした。このことについて，次の問いに答えなさい。ただし，割り切れない場合は小数点以下第１位を四捨五入して答えなさい。

　　①　ビーカーAの水溶液50mLは，最大何 g の鉄を溶かすことができますか。

　　②　5.0 g の鉄がすべて溶けてなくなるためには，ビーカーAの水溶液は少なくとも何mL必要ですか。

（5）　ビーカーA〜Eに入っている水溶液は何ですか。次の**ア**〜**オ**からそれぞれ１つずつ選び，記号で答えなさい。ただし，**ア**〜**オ**の記号はそれぞれ１回だけ使うものとします。

　　ア　食塩水　　　**イ**　塩酸　　　**ウ**　炭酸水　　　**エ**　アンモニア水

　　オ　石灰水

2 メダカの産卵行動に関する文を読んで，下の問いに答えなさい。

　メダカは，約25℃の水温で，日光や照明が一日に13時間くらい連続して当たっている環境で産卵をします。産卵をするときは，おすがめすの目の前で輪を描くように泳いだり，おすがめすを追いかけたりする求愛行動を起こします。そのうち，つがい（おすとめすのペア）になったものは，両者が並んで泳ぐようになり，おたがいに体をすり合わせて，めすは卵を産み，おすは精子を放出して受精が行われます。これらの行動は早朝の午前4～5時ごろから見られ，産卵は午前8時ごろには完了します。

（1）　メダカの卵1つのおおよその直径はどれくらいですか。最も適切なものを，次のア～エから1つ選び，記号で答えなさい。

　　　ア　0.1mm　　　イ　1mm　　　ウ　5mm　　　エ　1cm

（2）　メダカでは，たくさんの卵が産まれても，中には受精をしていなかったり，死んでしまったりしている卵も含まれています。受精卵を選ぶ方法として正しいものはどれですか。次のア～エから1つ選び，記号で答えなさい。

　　　ア　指で軽くつまんだときに，弾力がないものが受精卵である。

　　　イ　卵の外側の形が変化し，メダカの形になっているものが受精卵である。

　　　ウ　卵の中をすかして見たときに，白くにごっているものが受精卵である。

　　　エ　産卵翌日の水槽を観察したときに，めすの腹から離れずにくっついているものが受精卵である。

（3）　メダカのおすとめすを見分ける方法の1つに，ひれの形が挙げられます。産卵行動に関わるメダカのひれの形を正しく説明しているものはどれですか。次のア～エから1つ選び，記号で答えなさい。

　　　ア　めすを後ろから追いかけられるように，おすの尾びれはめすの2倍くらい大きくなっている。

　　　イ　おすの求愛行動に応答できるように，めすの胸びれはおすの2倍くらい大きくなっている。

　　　ウ　並んで泳ぐときにめすを引きよせられるように，おすの背びれには切れこみがある。

　　　エ　産んだ卵が周囲にふれないように，めすのしりびれの後ろは長くなっている。

（4） メダカは環境省により絶滅危惧Ⅱ類に指定されており，日本では全国的に数が減少している生物です。一方で，メダカに姿がよく似ているカダヤシという魚は肉食性の魚で，もともと日本にいなかった魚ですが，1916年に初めて海外から大和郡山市に運ばれてきたと言われています。カダヤシは卵胎生という，卵をめすの体の中でふ化させてから子を産む特徴をもち，子のふやし方がメダカとは異なります。このようなちがいから，カダヤシは福島県以南の川などに広く住み着いており，数をふやしていると言われています。

　　次の A ～ D の文はそれぞれメダカの数が減少した理由を説明していますが，正しく説明している文が２つあります。その組合せとして正しいものを，下の ア～カ から１つ選び，記号で答えなさい。

A カダヤシはメダカの卵や稚魚を食べるため，カダヤシがいる場所ではメダカの数が減少している。

B カダヤシの精子とメダカの卵が受精するため，純粋なメダカの数が減少している。

C カダヤシを食べていた生物が，まちがってメダカをたくさん食べるようになったため，メダカの数が減少している。

D カダヤシはコンクリートで固められた水路でも子をふやすことができるが，メダカはそのような場所では卵を産みつけることができず，メダカの数が減少している。

ア A と B 　　イ A と C 　　ウ A と D
エ B と C 　　オ B と D 　　カ C と D

（5） メダカの求愛行動を観察するには，午前４時には起床しなければなりません。そのため，求愛行動を午前７時に観察できるように，観察日前夜から朝にかけて，水槽にある操作を加えればよいと考えました。どのような操作を加えればよいですか。その操作について，解答欄に収まるように文で答えなさい。ただし，メダカを飼育する水槽は１つのみとし，水槽の中に何かを入れたり，水槽からメダカを取り出したりすることはできないものとします。なお，この水槽に何も操作を加えなかったときは，午前４時から求愛行動が見られ，産卵が行われているものとします。

3 図1のような形をしたうすい板があり，点Oには小さなあながあいています。このあなに細い釘（くぎ）を差しこんで支柱にとりつけ，点Oを軸（じく）としてなめらかに回転できるようにしました。この板に細い糸でおもりやばねばかりをとりつけて力を加え，つり合いの実験をしました。下の問いに答えなさい。ただし，板と糸の重さは考えないものとします。なお，図に示すおもりは重さに関係（えが）なく同じ大きさで描いてあります。

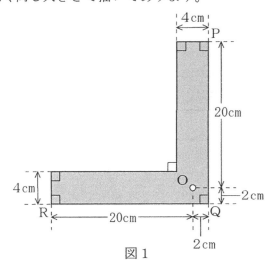

図1

（1） 図2のように，板に100g のおもりAと重さのわからないおもりBをとりつけると，頂点Pと頂点Rが同じ高さになってつり合いました。

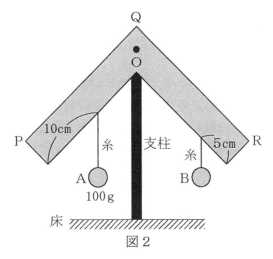

図2

① おもりBの重さについて説明したものとして正しいものはどれですか。次のア〜ウから1つ選び，記号で答えなさい。

ア おもりBの重さは100gより小さい。

イ おもりBの重さは100gである。

ウ おもりBの重さは100gより大きい。

② 図2の板を頂点Pと頂点Rが同じ高さを保つように手で支えておき，おもりAとBの両方に50gのおもりを1個ずつつけたして，そっと手をはなしました。板はどのようになりますか。次の**ア**～**ウ**から1つ選び，記号で答えなさい。

ア 頂点Pが下になるように傾く。 **イ** 頂点Rが下になるように傾く。

ウ 頂点Pと頂点Rが同じ高さのままつり合う。

③ ②でつけたしたおもりをとりのぞき，図2の状態にもどしました。そして，頂点Pと頂点Rが同じ高さを保つように手で板を支えて，おもりAとBのとりつけ位置を図3のように変え，そっと手をはなしました。板はどのようになりますか。②の**ア**～**ウ**から1つ選び，記号で答えなさい。

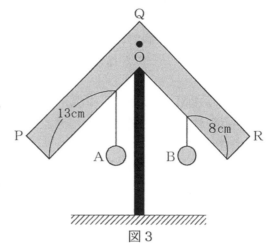

図3

（2） 図4，図5のように板におもりとばねばかりをとりつけ，ばねばかりを水平に引いて，それぞれ辺PQ，辺QRが水平になるようにつり合わせました。それぞればねばかりは何gを示しましたか。

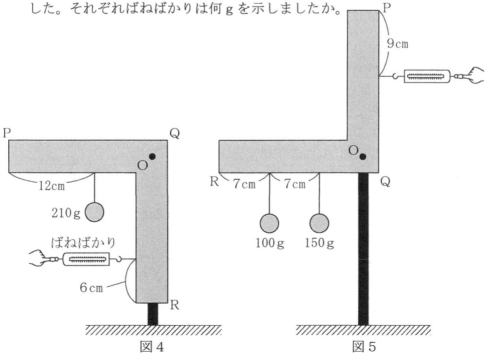

図4   図5

4 自然の中をめぐる水に関する次の文を読んで，下の問いに答えなさい。

　　自然の中では，池や川，海，水田，畑など，水のあるところからたえず水が蒸発して空気中に出ていきます。そして，①水蒸気を含む空気は，上空の高いところまで持ち上げられると，冷やされて雲になります。②雲の中では，水や氷の粒が大きくなり，雨や雪として地上に落ちてきます。③地上に戻ってきた水は，地面にしみこみ，やがて川から海に流れていきます。

　　近年，地球温暖化の影響で④気温の高い日が多くなり，毎年のように局地的な強い雨が降ったり，大きくて強い⑤台風ができたりして，⑥大きな災害に関するニュースが増えてきています。

（1）　下線部①について，空気が持ち上げられて雲ができる仕組みとして**まちがっているもの**はどれですか。次の**ア～エ**から１つ選び，記号で答えなさい。
　　ア　風が山にぶつかる。
　　イ　異なる方角から流れてくる空気がぶつかる。
　　ウ　昼になると地面付近の温度が高くなる。
　　エ　夜になると地面付近の温度が低くなる。

（2）　下線部②について，雲にはいろいろな種類があり，できる高さや形によって分けられています。雨が降りやすい雲として最も適切なものはどれですか。次の**ア～エ**から１つ選び，記号で答えなさい。
　　ア　積雲　　　　**イ**　層雲　　　　**ウ**　積乱雲　　　**エ**　巻積雲

（3）　下線部③について，地上に戻ってきた水は，やがて川となり海に流れていきますが，同じ川でも場所により流れに違いがあり，また見られる石などの様子も異なります。川の様子について述べた次のA～Cの文のうち，正しいものはどれですか。下の**ア～キ**から１つ選び，記号で答えなさい。
　　A　川の上流では，しん食作用や運ぱん作用が大きい。
　　B　川が曲がって流れているところでは，外側よりも内側のほうが流れが速くなる。
　　C　川の下流では，角張った大きな石より，丸みをおびた小さな石が多く見られる。
　　ア　Aのみ　　　　**イ**　Bのみ　　　　**ウ**　Cのみ　　　　**エ**　AとB
　　オ　AとC　　　　**カ**　BとC　　　　**キ**　AとBとC

（4）　下線部④について，正確な気温の変化を調べるためにさまざまな工夫がされた右のような設備を何といいますか。**漢字**で答えなさい。

（5）　下線部⑤について，台風の特徴としてまちがっているものはどれですか。次のア〜エから１つ選び，記号で答えなさい。

　　ア　台風の目の中では，雨は降らないが，風が非常に強い。

　　イ　北半球で発生する台風のまわりの風は，台風の上空から見て台風の中心に向かって反時計回りに吹き込む。

　　ウ　本州に上陸する台風は，夏から秋にかけて最も多い。

　　エ　本州に上陸した台風のほとんどは，北東に進む。

（6）　下線部⑥について，水に関する災害への対策としてまちがっているものはどれですか。次のア〜エから１つ選び，記号で答えなさい。

　　ア　川の水量が増えた時に水を一時的にためられるように，川の近くに遊水池を設けている。

　　イ　山や森では，大雨で土砂が流れ出す危険に早く気づくため，木を伐採して見通しをよくしている。

　　ウ　過去の自然災害の例などから，各自治体は危険な地域や避難場所を知らせるために洪水ハザードマップを作っている。

　　エ　大都市部では大雨で増水した水をためたり，別の川に流して水量を調整するための地下放水路の開発が進められている。

5 次のグラフは，ある量の固体の水（氷）を一定の強さで熱したときの，熱した時間と水の温度の変化を表しています。このグラフについて下の問いに答えなさい。

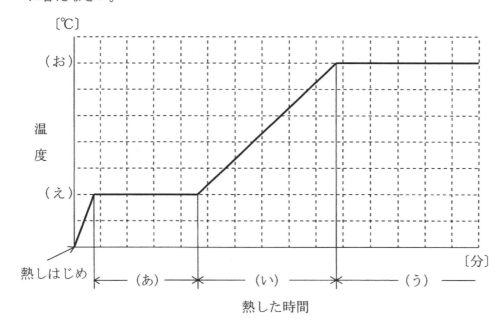

（1） グラフの（あ）と（う）では，熱していても水の温度は上がっていません。このときの水の温度（え），（お）は，それぞれ何℃ですか。

（2） 毎日の生活の中や自然の中で，水は固体，液体，気体と姿を変えています。次のア～キは，水の姿が変わる様子を書いたものです。それらの中に，この実験で起こっているグラフの（あ）または（う）での水の姿の変え方と同じ姿の変え方について書かれたものが，それぞれ１つずつあります。それはどれですか。次のア～キからそれぞれ１つずつ選び，記号で答えなさい。

ア ドライアイスのまわりに白くもやもやとしたものができる。

イ 冬の寒い日に庭に霜がおりる。

ウ お湯をわかしているやかんの上に，白い湯気がでる。

エ お湯をわかしているやかんの中で，あわがでる。

オ 氷水を入れたコップを部屋に置いておくと，コップの中で氷がなくなる。

カ 寒い場所から暖かい場所に移ったときに，めがねがくもる。

キ 冷凍庫の中に入れてあった氷が小さくなる。

（3） グラフからわかることについて書かれたもので，**まちがっているもの**はどれですか。次の**ア**～**ウ**から１つ選び，記号で答えなさい。

ア （あ）と（う）では，熱することで，どちらも水は姿を変えているが，温度は変化していない。

イ （い）では，熱することで，液体の水の温度が上がっている。

ウ 姿を変えないときは，水は固体の姿をしているときより，液体の姿をしているときの方が熱すると温度が上がりやすい。

（4） 固体の水（氷）の量や熱し方の強さを変えたときに，グラフがどのように変化するかについて書かれたもので，**まちがっているもの**はどれですか。次の**ア**～**オ**から１つ選び，記号で答えなさい。

ア 熱し方の強さを変えずに，固体の水（氷）の量を２倍にして熱すると，熱しはじめから（お）の温度になるまでにかかる時間は２倍になる。

イ 固体の水（氷）の量を変えずに，熱し方を強くして熱しても，熱しはじめから（お）の温度になるまでにかかる時間は変化しない。

ウ 熱し方を強くし，固体の水（氷）の量を少なくして熱すると，熱しはじめから（お）の温度になるまでにかかる時間は短くなる。

エ 固体の水（氷）の量を変えずに，熱し方を強くして熱しても，（え），（お）の温度は変化しない。

オ 熱し方の強さを変えずに，固体の水（氷）の量を変えて熱しても，（え），（お）の温度は変化しない。

（5） 水は姿を変えると体積が変わります。ある温度の空気100 L 中に水蒸気が体積の割合で1.4％混じっているときに，その水蒸気の重さは1.0 g でした。この水蒸気は，液体のときと比べて，体積は何倍になっていますか。ただし，水は液体のとき1.0 g が1.0mLであるとします。

6 鉄心を入れたストローにエナメル線を巻いたいろいろなコイルに電流を
流してできる電磁石について，下の問いに答えなさい。

（1） 同じ電池２個，コイル，スイッチを用いて作った回路を机の上に置き，
鉄心の左端の近くに方位磁針を置きました。図１はそれらを机の真上から
見た様子を表しています。スイッチが切れているとき，方位磁針の針は
図１の向きを示していましたが，スイッチをX側に入れると，方位磁針の
針は図２の向きを示して止まりました。

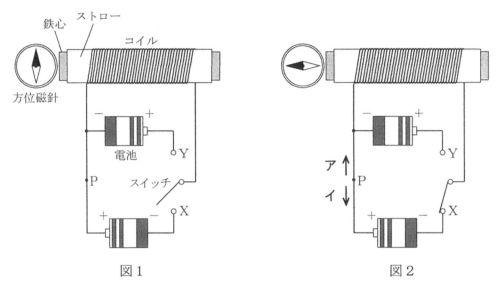

図１   図２

① スイッチをX側に入れたとき，回路の点Pを流れる電流の向きとして
正しいものはどれですか。図２のアまたはイから１つ選び，記号で答え
なさい。
② 同じ方位磁針を鉄心の右端の近くにも置いて，スイッチをY側に入れ
ました。このとき，２つの方位磁針の針はどの向きを示して止まります
か。次のア～エから１つ選び，記号で答えなさい。

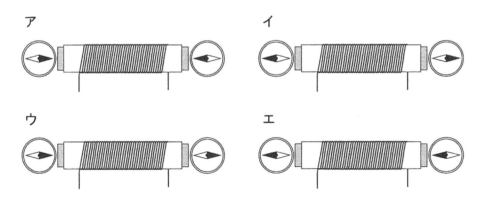

ア   イ

ウ   エ

（2） コイルを流れる電流の強さを電流計ではかることにします。電流計を正しくつないだ回路はどれですか。次の**ア〜エ**から１つ選び，記号で答えなさい。ただし，電流計は－端子を黒く塗ってあります。

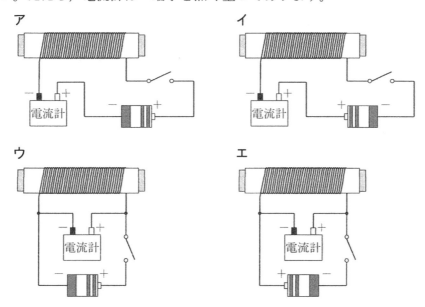

（3） 同じ電池と巻き数が100回と200回のコイルを用いて作った次のＡ〜Ｄの回路があります。ただし，鉄心，ストロー，エナメル線の長さや太さはどれも同じで，余ったエナメル線は切らずに束ねてあります。また，どれもストローのエナメル線が巻かれた部分の長さは同じです。

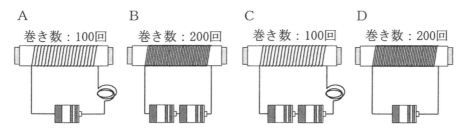

① コイルの巻き数と電磁石の強さの関係は，どの２つの回路を比べればわかりますか。次の**ア〜カ**から２つ選び，記号で答えなさい。

ア ＡとＢ　　　**イ** ＡとＣ　　　**ウ** ＡとＤ
エ ＢとＣ　　　**オ** ＢとＤ　　　**カ** ＣとＤ

② 電磁石の強さがほぼ同じであるのは，どの回路とどの回路ですか。①の**ア〜カ**から１つ選び，記号で答えなさい。

③ 電磁石の強さが最も強いのは，どの回路ですか。図のＡ〜Ｄから１つ選び，記号で答えなさい。

7　次の文を読んで，下の問いに答えなさい。

　　植物の種子は，発芽に必要な栄養分をその中にたくわえており，□□□□・温度・空気の条件が適切になると発芽します。種子の中にたくわえる栄養分は種類によってさまざまで，ゴマなどでは脂肪（しぼう），ダイズなどではタンパク質を多く含（ふく）みますが，私たちが主食とする食物のほとんどはでんぷんを多く含みます。これらの栄養分は，植物が日光に当たることでつくり出したものです。

（1）　文中の□□□□にあてはまる語句は何ですか。**漢字**で答えなさい。

（2）　世界の人々が主食としている作物には，でんぷんが多く含まれています。主食として食べられている主な部分が**種子（または種子の一部）ではないもの**はどれですか。次の**ア〜エ**から１つ選び，記号で答えなさい。
　　　ア　コムギ(小麦)　　　　　　**イ**　イネ(米)
　　　ウ　サツマイモ　　　　　　　**エ**　トウモロコシ

　　植物が日光に当たることででんぷんをつくり出しているかを確かめるため，まなぶさんは学校で，次のような実験を行いました。
＜実験＞晴れた日の午後，学校の畑で育てているジャガイモから，よく日光に
　　　　当たった葉を１枚とってきた。この葉を１〜２分ほど煮（に）たあと，ろ紙
　　　　にはさんで上から木づちでたたいた。ろ紙を開いて葉を取り出し，ろ
　　　　紙に「ある薬品」をかけた。

（3）　でんぷんがあるかどうかを調べるために，ある薬品を用いました。用いた薬品の名前と，でんぷんと混ざったときに起こる色の変化の組合せとして適切なものはどれですか。次の**ア〜ク**から１つ選び，記号で答えなさい。

	用いた薬品の名前	でんぷんと混ざったときの色の変化
ア	ＢＴＢ液	黄色が緑色に変化する
イ	ＢＴＢ液	緑色が黄色に変化する
ウ	ＢＴＢ液	青むらさき色が茶色に変化する
エ	ＢＴＢ液	茶色が青むらさき色に変化する
オ	ヨウ素液	黄色が緑色に変化する
カ	ヨウ素液	緑色が黄色に変化する
キ	ヨウ素液	青むらさき色が茶色に変化する
ク	ヨウ素液	茶色が青むらさき色に変化する

学校で実験を行ったまなぶさんは，家に帰って，家庭菜園で育てているホウレンソウの葉でも同じ実験をしてみたところ，薬品の色があまり変化しませんでした。不思議に思ったまなぶさんは，このことについて次のような予想を立てました。

予想①　ホウレンソウはでんぷんをつくるが，すぐに栄養分として使い果たしたり，別の場所に運んだりしている。

予想②　ホウレンソウはでんぷんをほとんどつくらずに，別の栄養分をつくっている。

予想のあと，まなぶさんは植物が日光に当たって栄養分をつくり出すことについてインターネットで調べたところ，次のようなことがわかりました。

・植物の葉に日光が当たり，でんぷんなどの栄養分をつくるはたらきを，光合成という。

・光合成では，根から吸い上げた水と，気こうから取り込んだ二酸化炭素を利用して，でんぷんなどの栄養分をつくり，酸素を放出する。

・植物は，光合成を行いながら，呼吸も同時に行っている。

まなぶさんは，立てた予想が正しいかを調べるため，よく晴れた日の朝に，土に植えられたホウレンソウの葉の部分全体に透明なポリエチレンのふくろをかぶせ，ふくろの口を強くしばり，日の入り前まで日光に当てておきました。

（4）　植物が光合成を行っていることを確かめるためには，まなぶさんは夕方にどのような操作を行い，どのような結果が確かめられればよいですか。次の**ア〜エ**から1つ選び，記号で答えなさい。

　ア　ふくろの内側の空気を気体検知管で調べ，ふくろの外側の空気よりも酸素が占める体積の割合が高いことを確かめる。

　イ　ふくろの内側の空気を気体検知管で調べ，ふくろの外側の空気よりも二酸化炭素が占める体積の割合が高いことを確かめる。

　ウ　ふくろの外側を観察し，水てきが多くついていることを確かめる。

　エ　ふくろの内側を観察し，水てきが多くついていることを確かめる。

（5）　（4）の結果より，ホウレンソウは光合成をしていることが確かめられました。このことから，まなぶさんが立てた予想①・②について正しく説明している文はどれですか。次の**ア〜エ**から1つ選び，記号で答えなさい。

　ア　予想①は正しくないが，予想②は正しいかどうか判断できない。

　イ　予想①は正しいかどうか判断できないが，予想②は正しくない。

　ウ　予想①，予想②ともに正しくない。

　エ　予想①，予想②ともに正しいかどうか判断できない。

K 教英出版

令和５年度

奈良学園中学校

入学試験問題

Ｂ日程

社会（４０分）

　試験開始のチャイムが鳴り始めるまでは，この問題冊子を開かないで，下記の注意事項をよく読んでおきなさい。

【 注 意 事 項 】

1. 試験開始のチャイムが鳴り始めたら，解答用紙の所定の欄に「**受験番号**」をはっきりと記入し，「**ＱＲコードシール**」を貼りなさい。**学校名や氏名を書いてはいけません。**

2. 問題冊子は 18 ページあります。また，解答用紙は 1 枚です。

3. ページの脱落，印刷の不鮮明な箇所などがある場合や，ＱＲコードシールを貼る際に答案用紙が破れたり，貼ったシールにしわができたりした場合は，手を挙げて監督の先生に知らせなさい。

4. 解答は，**解答用紙の指定された枠内に濃くはっきりと記入しなさい。枠外に記入した部分は採点の対象にしません。**

5. 試験終了のチャイムが鳴り始めたら，すみやかに筆記用具を置いて，**消しゴムのかすをよく払ってから解答用紙を裏向きにし，問題冊子を閉じなさい。**

6. 監督の先生が解答用紙を回収し，指示をするまでは，そのまま静かに着席しておきなさい。

7. 問題冊子は持ち帰りなさい。

1　次のA〜Hの文を読み，後の問いに答えなさい。

A　この人物は，十七条の憲法を定め，「和を以て貴しと為す」と人の和を大切にすることを説きました。また，天皇を助ける役職につき，蘇我氏とともに①政治の改革を行いました。仏教をあつく信仰し，（　1　）寺を建てました。（　1　）寺は現存する世界最古の木造建築として世界文化遺産に選ばれています。

B　「山鳥の　ほろほろと鳴く　声聞けば　父かとぞ思ふ　母かとぞ思ふ」とよんだこの人物は，池や道路などをつくりながら仏教を広めていました。（　2　）天皇に，位の高い僧に任命され，②大仏づくりに協力しました。

C　この人物は，「東風吹かば　にほひおこせよ　梅の花　主なしとて　春な忘れそ」とよみました。この人物の意見によって遣唐使が停止されるなど，朝廷内で大きな力をもつ③貴族でしたが，中臣鎌足の子孫である（　3　）氏との争いにより九州に送られました。

D　この人物は，「頼朝殿が平氏を滅ぼして（　4　）に幕府を開いてから，そのご恩は，山よりも高く，海よりも深いものです。」と御家人たちにうったえました。このうったえを聞いて④団結した御家人たちは，朝廷の軍を破り，幕府の力は西国までおよぶようになりました。

E　「鳴かぬなら　鳴かせてみせよう　ほととぎす」とは，後の時代にこの人物の人柄をたとえてよまれたものです。この人物は⑤織田信長に仕えて，やがて天下統一を成しとげました。また，百姓への支配を固めるために各地で（　5　）や刀狩を行いました。

F　この人物は，⑥江戸時代の終わり頃に活躍をしました。土佐の家族にあてた手紙には「日本を今一度せんたくいたし申し候」という一節があり，新しい政治のしくみを作ろうと考えていたことがうかがえます。薩摩藩と（　6　）藩の同盟をうながしたといわれています。

G　この人物は，⑦日露戦争における日本海海戦でロシアのバルチック艦隊を破った提督です。日本海海戦では「皇国の興廃この一戦に在り，各員一層奮励努力せよ」という言葉が兵士に伝えられました。この戦争の後，日本は（　7　）に対する支配を進め，1910年に（　7　）を併合しました。

H　この人物は，「元始，女性は実に太陽であった。」と雑誌『青鞜』で述べました。この頃に，元号が⑧明治から（　8　）に改められ，人々のくらしや考え方が変化し，各地で自分たちの願いを政治にいかそうとする社会運動が高まりました。

問1　文中（　1　）～（　8　）にあてはまる最もふさわしい語句をそれぞれ漢字2字で答えなさい。

問2　A～H中のこの人物として正しいものを次のア～トから1つずつ選び，記号で答えなさい。

ア	足利義満	イ	市川房江	ウ	伊藤博文	エ	大隈重信
オ	勝海舟	カ	鑑真	キ	行基	ク	坂本龍馬
ケ	聖徳太子	コ	菅原道真	サ	清少納言	シ	武田信玄
ス	津田梅子	セ	東郷平八郎	ソ	豊臣秀吉	タ	中大兄皇子
チ	樋口一葉	ツ	平塚らいてふ	テ	福沢諭吉	ト	北条政子

問3　下線部①について述べた文として正しいものを次のア～エから1つ選び，記号で答えなさい。
　　ア　最初の本格的な都である藤原京をつくった。
　　イ　家柄に関係なく能力や功績で役人を取り立てた。
　　ウ　唐から帰国した留学生や留学僧らを重く用いた。
　　エ　裁判の基準となる御成敗式目を定めた。

問4　下線部②について，この大仏が完成した寺はどこですか，漢字3字で答えなさい。

問5　下線部③について，この頃の貴族のくらしについて述べた次の文a～dについて，正しいものの組合せを下のア～エから１つ選び，記号で答えなさい。

　　a　寝殿造とよばれる様式のやしきでくらした。
　　b　枯山水とよばれる様式の庭園をつくった。
　　c　茶の湯や生け花に親しんだ。
　　d　和歌や蹴鞠を楽しんだ。

　ア　a・c　　　イ　a・d　　　ウ　b・c　　　エ　b・d

問6　下線部④について，
（１）御家人たちが朝廷の軍を破ったこの戦いを何といいますか，４字で答えなさい。
（２）この戦いの後，幕府が京都の警備や朝廷の監視を行うために置いた機関を何といいますか，漢字５字で答えなさい。

問7　下線部⑤について，
（１）織田信長に関して述べた文として正しいものを次のア～エから１つ選び，記号で答えなさい。
　　ア　駿河の大名である今川義元を壇ノ浦の戦いで破った。
　　イ　足利氏の将軍を追放して，室町幕府を滅ぼした。
　　ウ　仏教やキリスト教勢力を武力で従わせた。
　　エ　明を征服しようと２度にわたって朝鮮に軍を送った。
（２）織田信長が全国統一のための拠点として城を築いた都市名とその位置の組合せとして正しいものを次のア～カから１つ選び，記号で答えなさい。

　ア　安土・A
　イ　安土・B
　ウ　安土・C
　エ　堺・A
　オ　堺・B
　カ　堺・C

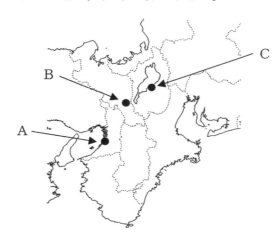

問8　下線部⑥について，

（1）この時代の文化について述べた文として正しいものを次の**ア〜エ**から1つ選び，記号で答えなさい。

　　ア　近松門左衛門が人形浄瑠璃の脚_{きゃくほん}本を書いた。

　　イ　松尾芭蕉が中国から伝えられた水墨画を大成した。

　　ウ　浮世絵師の葛飾北斎が『東海道五十三次』をえがいた。

　　エ　京都では町衆によって祇園祭が始められた。

（2）この時代の終わり頃に起こったできごとを年代の古い順に並べたものとして正しいものを下の**ア〜カ**から1つ選び，記号で答えなさい。

　　a　開国して外国との貿易がはじまると「世直し」を求める一揆などが激しくなった。

　　b　中国とイギリスの間でアヘン戦争が起こった。

　　c　アメリカ合衆国のペリー率いる艦隊が浦賀に来航した。

　　ア　a→b→c　　　　**イ**　a→c→b　　　　**ウ**　b→a→c

　　エ　b→c→a　　　　**オ**　c→a→b　　　　**カ**　c→b→a

問9　下線部⑦について，次の図はこの戦争前の様子を風刺_{ふうし}したものです。図中のAとBの人物はどの国を表していますか，あてはまる国の組合せとして正しいものを下の**ア〜カ**から1つ選び，記号で答えなさい。

　　ア　A　アメリカ　B　イギリス　　　　**イ**　A　アメリカ　B　ドイツ

　　ウ　A　イギリス　B　アメリカ　　　　**エ**　A　イギリス　B　ドイツ

　　オ　A　ドイツ　　B　イギリス　　　　**カ**　A　ドイツ　　B　アメリカ

問10　下線部⑧について，明治時代のできごととして**正しくないもの**を次の**ア〜カ**からすべて選び，記号で答えなさい。

　　ア　第一回帝国議会が開かれる。

　　イ　西南戦争が起こる。

　　ウ　治安維持法が定められる。

　　エ　ノルマントン号事件が起こる。

　　オ　関東大震災が起こる。

　　カ　富岡製糸場がつくられる。

（このページは白紙です）

2 次の図A～Fは，日本の国土の一部を，図Gは日本のまわりの国々の一部を示したものです。また，図中の縦と横の点線はそれぞれ経線と緯線をあらわしており，線の間隔は図A～Fについては5度ごと，図Gについては15度ごとに引かれています。後の問いに答えなさい。(離島の一部は省いており，縮尺はそれぞれ同じではありません。)

※ 使用した統計は『データブック・オブ・ザ・ワールド2022』などによる。

A

B

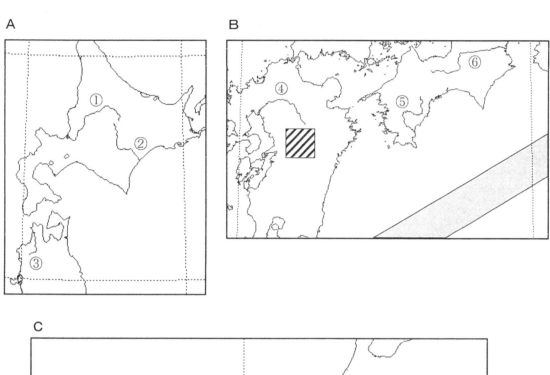

C

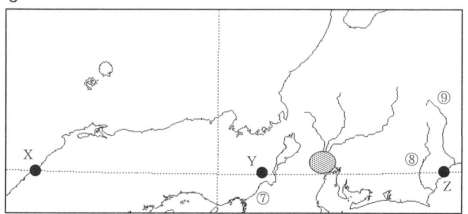

D

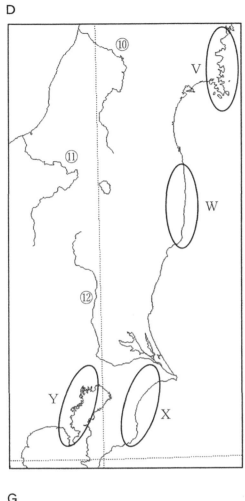

⑩

V

⑪

W

⑫

Y

X

E

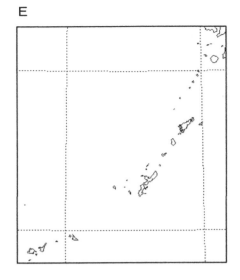

F

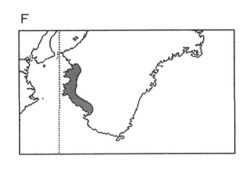

G

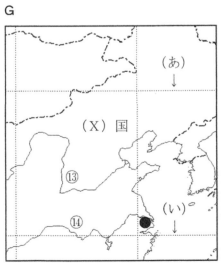

(あ)
↓

(X) 国

⑬

⑭

(い)
↓

問1　図Aについて，次の文 a～c は，河川①～③に関してそれぞれ述べたものです。a～c と①～③との組合せとして正しいものを下の**ア～カ**から1つ選び，記号で答えなさい。

a　この河川の上流には，ブナの原生林が広がり世界自然遺産に登録された山地があります。米作りのほか，果物作りがさかんに行われています。

b　この河川の流域では小麦やトウモロコシをはじめ，畑作を中心とした農業が営まれ，乳牛や肉牛の飼育など畜産業もさかんに行われています。

c　この河川は流域面積がわが国で2番目で，かつて何度も洪水を繰り返し，流路を変えてきました。現在は米作りがさかんに行われています。

ア	a－①	b－②	c－③	**イ**	a－①	b－③	c－②
ウ	a－②	b－①	c－③	**エ**	a－②	b－③	c－①
オ	a－③	b－①	c－②	**カ**	a－③	b－②	c－①

問2　図Bについて，

（1）次の文 a～c は，河川④～⑥に関してそれぞれ述べたものです。a～c と④～⑥との組合せとして正しいものを下の**ア～カ**から1つ選び，記号で答えなさい。

a　この河川が流れ込む海は遠浅になっており，のりの養殖がさかんです。また，海水が引いたときには広い範囲に干潟があらわれ，色々な生物が生息する環境が広がります。

b　この河川は中流から下流にかけて，山地に挟まれた地域を東西に流れているため，低地は河川に沿って細長く伸びています。この河川周辺には集落や田畑の多くが集まっています。

c　この河川の本流には大きなダムがなく，「最後の清流」とよばれています。上流は山がちである上，平地が限られることから周辺地域では林業がおもな産業になっています。

ア	a－④	b－⑤	c－⑥	**イ**	a－④	b－⑥	c－⑤
ウ	a－⑤	b－④	c－⑥	**エ**	a－⑤	b－⑥	c－④
オ	a－⑥	b－④	c－⑤	**カ**	a－⑥	b－⑤	c－④

三

（B）

10	7	4	1
めて			

	8	5	2
	えた		

	9	6	3

三

（A）

1
2
3
4
①
②

二

7	6	5	3	1
ii	i	I		
		II		2
			〜	
40			4	

4	（1）	（2）	（3）
	種類	種類	個

5	（1）	（2）	（3）
	g	g	g

6	ア	イ	ウ	エ	オ	カ
	キ	ク	ケ	コ	サ	シ
	ス	セ				

5

(1)	(え)	(お)	(2)	(あ)	(う)	(3)	
	℃	℃					

(4)		(5)	倍

6

(1)	①	②	(2)	

(3)	①	②	③

7

(1)		(2)		(3)		(4)		(5)	

令和5年度　中学校入試　B日程

社会　解答用紙

受験番号

※100点満点
（配点非公表）

↓ここにQRコードシールを貼ってください

231241

1

問1	（1）	（2）	（3）	（4）	（5）	（6）	（7）	（8）

問2	A	B	C	D	E	F	G	H	問3

問4		問5		問6	（1）	（2）

問7	（1）	（2）	問8	（1）	（2）	問9	問10

2

問1		問2	（1）	（2）	（3）

【解答用

令和5年度　中学校入試　B日程

理科　解答用紙

受験番号

※100点満点
（配点非公表）

※医進コースは得点を1.5倍

231251

1

（1）		（2）			（3）				

（4）	①		②		（5）	A	B	C	D	E
	g		mL							

2

（1）		（2）		（3）		（4）	

（5）	

3

（1）	①	②	③	（2）	図4	図5
					g	g

受　験　番　号

↓ここにQRコードシールを貼ってください

231221

※150点満点
（配点非公表）

1	（1）	（2）	（3）	（4）

2	（1）	（2）	（3）	（4）

3	（1）
	（はじめの歩く速さ） ： （休けい後の歩く速さ） ＝　　　　　 ：

（2）	（3）	（4）
		時速

【解答

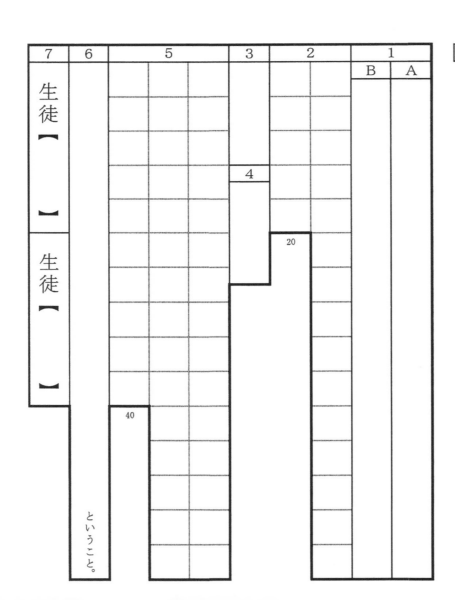

字数制限のある問題では、句読点やかっこなどの記号も一字に数えます。

一

7	6	5	3	2	1	
					B	A

3 の欄 4

2 の欄 20

6 の欄 40 ／ ということ。

7 生徒【 】 生徒【 】

受験番号

231211

↓ここにQRコードシールを貼ってください

令和五年度 中学校入試 B日程

国語 解答用紙

※150点満点
（配点非公表）

【解答】

（2）次の図ア～ウは，図の北西の方向から地表面に向かって光を当て，でこぼこのある地表面の北西側が白く，南東側が黒くなるよう作成した図で，土地のでこぼこをわかりやすくしたものです。図B中 ▨ の範囲を示したものとしてふさわしいものを次のア～ウから1つ選び，記号で答えなさい。

| ア | イ | ウ |

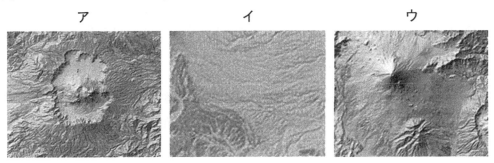

（3）図B中 [　　　] の範囲は，ユーラシアプレートとフィリピン海プレートの境界の一部にあたり，大きな地震が発生する可能性があるといわれています。この境界のことを何といいますか，5字で答えなさい。

問3　図Cについて，

（1）次のグラフa～cは，ほぼ同じ緯度上にあるX～Zの地点における，月別平均気温と月別降水量の変化をそれぞれ示したものです。a～cとX～Zとの組合せとして正しいものを下のア～カから1つ選び，記号で答えなさい。

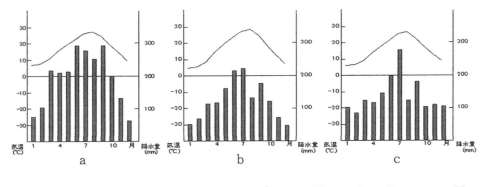

| | a | | b | | c |

ア　a－X　　　b－Y　　　c－Z　　　イ　a－X　　　b－Z　　　c－Y

ウ　a－Y　　　b－X　　　c－Z　　　エ　a－Y　　　b－Z　　　c－X

オ　a－Z　　　b－X　　　c－Y　　　カ　a－Z　　　b－Y　　　c－X

（2）次の文は，河川⑦〜⑨に関して述べたものです。（　a　）〜（　c　）にあてはまる語句を答えなさい。なお，（　b　）・（　c　）は下のグラフⅠ・Ⅱをそれぞれ参考にして答えなさい。

河川⑦は，わが国で最も面積が広い湖である（　a　）を上流に持っており，その水は流域にある都市の生活用水や農業用水に利用されています。

河川⑧の流域沿いでは，水はけのよい土地と温暖な気候を利用して（　b　）の栽培がさかんです。

河川⑨の河口にある富士市は，豊富な水資源，原料である木材の供給地や消費地へ近いことを背景に，（　c　）の出荷額が総出荷額のおよそ30％を占めています。

グラフⅠ　農作物（　b　）の都道府県別収穫量の割合

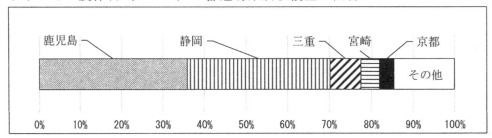

グラフⅡ　富士市の産業別出荷額の割合

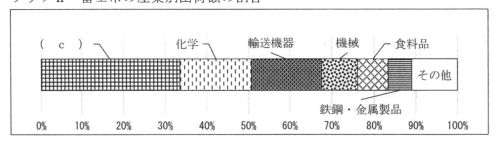

（3）図C中の □□□□ の地域は，3つの大きな河川の下流に位置し，海面より低い土地が広く見られます。そのため，洪水から家や田畑を守るために周辺を堤防で囲んでいます。そのような所を何といいますか，漢字2字で答えなさい。

問4　図Dについて，

（1）次のグラフア～ウは，河川⑩～⑫のいずれかの河川の河口から200km上流までの高
　　低差を示したものです。河川⑫を示したものとしてふさわしいものを次のア～ウか
　　ら1つ選び，記号で答えなさい。

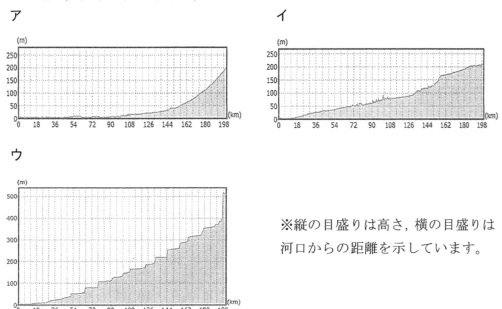

ア

イ

ウ

※縦の目盛りは高さ，横の目盛りは
河口からの距離を示しています。

（2）図D中のV～Yの地域について述べた文として正しくないものを次のア～エから
　　1つ選び，記号で答えなさい。

　　ア　Vの地域は，入り組んだ海岸線が続くので，入江は波がおだやかで水産業に適
　　　　しています。特にかきやほたて貝などの養殖が有名です。

　　イ　Wの地域は，2011年3月の東北地方太平洋沖地震による津波で原子力発電所が
　　　　被災しました。現在この地域では復興に向けての取り組みが行われています。

　　ウ　Xの地域は，変化が少ない海岸線が続き，それに沿って平野が位置しています。
　　　　その平野では米作りのほか，大消費地向けの野菜作りが行われています。

　　エ　Yの地域は，わが国最大の工業地帯と強い結びつきをもっています。大きな船
　　　　が入れるように陸地を掘り込んで港が作られており，海岸線は変化に富んでいま
　　　　す。

問5　図Eについて，この地域について述べた次の文a・bの正誤の組合せとして正しいものを下の**ア～エ**から１つ選び，記号で答えなさい。

a　本州よりも暖かい気候を利用して，米の二期作が行われたり，てんさいやパイナップルなどの農作物が栽培されたりしています。

b　西端部(せいたんぶ)に位置する竹島は韓国が不法に占拠(せんきょ)しています。

ア　a－正　　　b－正　　　**イ**　a－正　　　b－誤

ウ　a－誤　　　b－正　　　**エ**　a－誤　　　b－誤

問6　図Fについて，次の表**ア～ウ**はある果物の収穫量の上位５都道府県の割合を示したものです。図中　　　　　の地域でさかんに栽培されている果物を示したものとして正しいものを次の**ア～ウ**から１つ選び，記号で答えなさい。

ア		イ		ウ	
和歌山県	19.8%	山梨県	32.3%	山梨県	24.6%
愛媛県	17.1%	福島県	22.7%	長野県	17.5%
静岡県	13.4%	山形県	8.3%	岡山県	9.2%
熊本県	12.1%	和歌山県	6.3%	山形県	8.9%
長崎県	6.3%	岡山県	4.7%	福岡県	4.2%

問7　図Gについて，

（１）次の文は，図中●地点にある都市に関して述べたものです。この都市名を答えなさい。

> この都市は東シナ海に面しており，コンテナの取りあつかい量で世界第１位の貿易港があります。金融業(きんゆうぎょう)や商業もさかんで，国内をはじめ世界各地から人やものが集まる経済の中心地となっています。首都であるペキンとともに世界有数の都市として発展してきました。

（2）次のグラフは，わが国の図中（X）国からの輸入品について示したものです。グラフ中（P）にあてはまる品目として正しいものを次の**ア～エ**から１つ選び，記号で答えなさい。

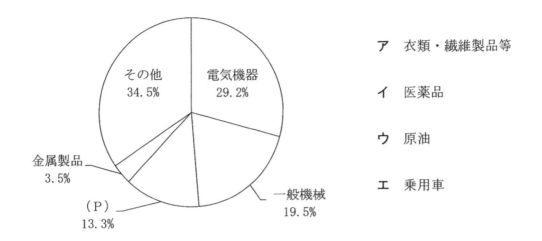

ア　衣類・繊維製品等

イ　医薬品

ウ　原油

エ　乗用車

問8　図中の①・⑤・⑧・⑩・⑬の河川名として正しいものを次の**ア～セ**から１つずつ選び，記号で答えなさい。

ア　阿賀野川	イ　石狩川	ウ　岩木川	エ　大井川
オ　黄河	カ　四万十川	キ　筑後川	ク　長江
ケ　十勝川	コ　利根川	サ　富士川	シ　最上川
ス　吉野川	セ　淀川		

問9　図A～Gについて，

（1）日本の標準時子午線が示されている図として正しいものをA～Gからすべて選び，アルファベットで答えなさい。

（2）図Gに示されている緯線（あ）・（い）が含まれている図の組合せとして正しいものを次の**ア～エ**から１つ選び，記号で答えなさい。

	ア	イ	ウ	エ
（あ）	A	A	C	C
（い）	D	E	D	E

3　次の文を読み，後の問いに答えなさい。

※　使用した統計は『データブック・オブ・ザ・ワールド2022』などによる。

　昨年は，①日本が主権を回復した条約が発効して70年，また，②沖縄が返還されて50年という節目の年でした。この間，日本は世界の国々と関係を結びながら平和な国として歩んできました。一方で，世界の国々と関係が深くなったからこそ，世界で起こるできごとに影響を受けて様々な問題が生じてきました。

　例えば，最近の例では，ロシアのウクライナ侵攻や円安などの影響を受け，③急速に物価が上昇したことが挙げられます。食料や燃料，工業製品をつくる時に必要となる部品など，様々なものの値段が上がりました。

　日本はエネルギーや④食料の自給率が低く，ともに海外のものに頼っています。エネルギーの自給率を高め，同時に⑤地球温暖化防止に取り組むため，どのような方法で⑥エネルギーを生み出していくか議論されています。また，食料や工業製品の部品などについても，国内での生産をいかに増やすかという議論が行われています。例えば，近年は世界的な（　⑦　）不足により，自動車やゲーム機などの生産がとどこおっています。そうした中で，（　⑦　）のメーカーである台湾の企業の工場が，熊本県で建設されるなどの対応がとられています。

　もうすぐ，通常国会が開かれます。日本が抱える問題を解決し，より良い未来にしていくための政策や予算，そのために必要な⑧法律についての話し合いが行われます。また，⑨今年は日本で主要国首脳会議（G7サミット）が開かれ，様々な国際問題があつかわれます。私たちも，他人事ではなく，自分に関係することとして，関心を持っていく必要があります。

問1　下線部①について，

（1）この条約を何といいますか，解答欄に合うように10字で答えなさい。

（2）次のA〜Cのうち，この条約が結ばれる前に起こったできごとの組合せとして正しいものを下の**ア〜キ**から1つ選び，記号で答えなさい。

　　A　日本国憲法が施行される。

　　B　自衛隊がつくられる。

　　C　朝鮮戦争がはじまる。

　　ア　Aのみ　　　　　　**イ**　Bのみ　　　　　　**ウ**　Cのみ　　　　　　**エ**　AとB

　　オ　BとC　　　　　　**カ**　AとC　　　　　　**キ**　AとBとC

問2　下線部②について，

（1）沖縄返還と同じ年に国交を正常化した国として正しいものを次の**ア〜エ**から1つ選び，記号で答えなさい。

　　ア　中国　　　　　　**イ**　ソ連　　　　　　**ウ**　韓国　　　　　　**エ**　アメリカ

（2）沖縄が返還された時の総理大臣は，ノーベル平和賞を受賞した人物としても知られています。その人物は誰ですか，漢字で答えなさい。

問3　下線部③について，今から50年前の1973年にも急速な物価の上昇が起こり経済が混乱しました。その理由として正しいものを次の**ア〜エ**から1つ選び，記号で答えなさい。

　　ア　オイルショック　　　　　　　　**イ**　オリンピック東京大会

　　ウ　バブル経済　　　　　　　　　　**エ**　湾岸戦争

問4　下線部④について，

（1）2019年の日本における小麦の食料自給率をあらわしたものとしてふさわしいものを次の**ア〜エ**から1つ選び，記号で答えなさい。

　　ア　約15%　　　　　**イ**　約30%　　　　　**ウ**　約45%　　　　　**エ**　約60%

（2）食料自給率をあげることなどを目的とし，それぞれの地域で続けてきた食料生産を大事にして，地元でとれたものをいかしていく取り組みが行われています。この取り組みを何といいますか，漢字4字で答えなさい。

問5　下線部⑤について述べた次の文を読み，以下の問いに答えなさい。

> 地球温暖化は大量のエネルギーを消費し，二酸化炭素などの（　a　）ガスを出していることが大きな原因となっています。温暖化が進んだことで（　b　）などの問題が起こっています。温暖化防止のために再生可能なエネルギーである（　c　）などの利用がすすめられています。

（1）（　a　）にあてはまる語句として最もふさわしいものを漢字4字で答えなさい。

（2）（　b　）にあてはまる文として最もふさわしいものを次のア～エから1つ選び，記号で答えなさい。

ア　酸性雨が降る　　　　　　　　　イ　大気が汚染される
ウ　海面が上昇する　　　　　　　　エ　オゾン層がこわされる

（3）（　c　）にあてはまる語句として**ふさわしくないもの**を次のア～エから1つ選び，記号で答えなさい。

ア　太陽光　　　　イ　風力　　　　ウ　地熱　　　　エ　天然ガス

問6　下線部⑥に関して，

（1）エネルギーとして使われているものの1つに原子力がありますが，原子力は核兵器として使われることもあります。しかし日本は世界でただ一つの被爆国として，「核兵器をもたない，つくらない，□□□□」という非核三原則をかかげています。□□□□にあてはまる語句として最もふさわしいものを答えなさい。

（2）日本のエネルギー消費量の中で割合が最も高いものを次のア～エから1つ選び，記号で答えなさい。

ア　石油　　　　イ　石炭　　　　ウ　水力　　　　エ　原子力

問7　文中（　⑦　）にあてはまる，条件によって電気を通したり通さなかったりする性質をもつ物質の名称として最もふさわしいものを漢字3字で答えなさい。

問8　下線部⑧について，法律の決まり方を示した下の図の（　a　）～（　d　）にあてはまる語句として最もふさわしいものをそれぞれ漢字で答えなさい。

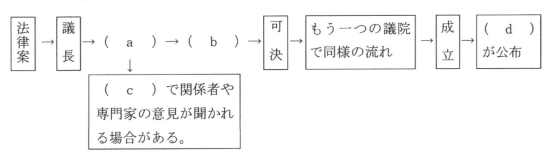

問9　下線部⑨について，これが開かれる日本の都市の名称を漢字で答えなさい。

K 教英出版

令和四年度

奈良学園中学校　入学試験問題　A日程

国語（六〇分）

試験開始のチャイムが鳴り始めるまでは、この問題冊子を開かないで、左の注意事項をよく読んでおきなさい。

【　注　意　事　項　】

一、試験開始のチャイムが鳴り始めたら、解答用紙の所定の欄に「受験番号」をはっきりと記入し、「QRコードシール」を貼りなさい。**学校名や氏名を書いてはいけません。**

二、問題冊子は十八ページあります。また、解答用紙は一枚です。

三、ページの脱落、印刷の不鮮明な箇所がある場合や、QRコードシールを貼る際に答案用紙が破れたり、貼ったシールにしわができたりした場合は、手を挙げて監督の先生に知らせなさい。

四、解答は、**解答用紙の指定された枠内に濃くはっきりと記入しなさい。枠外に記入した部分は採点の対象にしません。**

五、試験終了のチャイムが鳴り始めたら、すみやかに筆記用具を置いて、**消しゴムのかすをよく払ってから、**解答用紙を裏向きにし、問題冊子を閉じなさい。

六、監督の先生が解答用紙を回収し、指示をするまでは、そのまま静かに着席しておきなさい。

七、問題冊子は持ち帰りなさい。

・**字数制限のある問題では、句読点やかっこなどの記号も一字に数えます。**

・句読点は解答用紙の枠に重ならないよう記入しなさい。

一 次の文章を読んで、後の問いに答えなさい。なお、会話文には方言で書かれているところがあります。

山口大河（タイちゃん）は、小学校六年生の少年。東京で両親と暮らしていたが、父親の会社が倒産したことにより、一家で長崎県佐世保市に引っ越すことになった。新しい学校での生活になじめない大河だったが、ふとしたきっかけから、地域の小学生が出演する演劇に参加することになった。そこで、思いがけず主役に抜擢され、そのことを重荷に感じながら練習を続けている。また、家庭内では父親がまだ求職中で、これも大河の心を曇らせている。

ある日の演劇の練習後、帰り道で忘れ物に気づいた大河は、一人で練習場所である市民ホールに戻った。

もうだれもいないかな。リハーサル室はカギがかかっているかも？

あせりながら市民ホールにもどって、エレベーターをおりた。うす暗くて、シーンと静まった廊下をそろそろと歩く。

ボソボソと、低くおさえた声が聞こえてきた。声は、長い廊下のおくにある、階段のあたりから聞こえてくる。

立ち止まって　　　　　と、階段にふたり、座っているのが見えた。

シルエットの大きいほうは、どう見たって　注1 マキさん。もうひとりはポニーテールの……　注2 香野かのみたいだ。ぼくは思わず自動販売機に体を寄せた。

「わたし、クラスの女子からきらわれてるの。性格が悪いから」

香野の強い声に、鼓動が速くなって、思わず手で胸をおさえた。

「なんね～。翼のどこが性格悪いん？　だいたい、いい性格とか悪い性格とか、線が引ける？」

「そんなことわからんけど、わたし、くそまじめで、つい思ったままをはっきり言ってしまうけん。演劇でも、最後までみんなとうまくやれる自信がなくて」

「うんうん。そう思うのはわかる。わかるけど」

マキさんの声のトーンが、急に高くなった。

「それって大まちがいなんだよね」

「え？」

「いいか、翼。あんたの性格は演劇にぴったりや。セリフを覚えて、本番できちっと役をこなすには、くそまじめなくらいでないと、つとまらん。役を作りあげ、舞台を成功させるためには、思ったことをはっきり言えんといかん」

そうだよ。マキさんの言うとおりだよ。ぼくとちがって、香野は一生懸命やろうとしてるじゃん。

「だいじょうぶ。わたしは翼を見こんでる。翼が、いくら自分のことをダメだと言っても、わたしは絶対にダメだとは思わない。どんなことがあってもね」

①香野の顔はマキさんのほうを向いたまま、動かない。

ぼくは、そんなことを言ってもらえる香野が、うらやましくなった。

もうひとりのぼくが、あざ笑う。

へんなの〜。にげたいくせに、うらやましいのかよ。

マキさんが、ガバッと立ちあがった。

「新しいなにかに取り組むって、ステキなことよ。わたしもボロボロになって佐世保に帰ってきて、新しく劇団作って、人を集めて……。素人劇団やけど、楽しくてね。そしたらすっかり元気になって、この体型！」

そう言って、自分のおなかをパンッとたたいた。

ぼくは、ついプッとふき出してしまった。とたんに、香野が「あれ？」というふうに、こっちを見た。マキさんもぼくに気がついて、目をしばたたかせる。

「ん？　おお、大河やないの。忘れものやろ」

「あ、はい、てぬぐいを」

マキさんが、そばに置いたカバンのなかを探った。

「はいよ。忘れんようにせんとね」

「ありがとうございます」

てぬぐいを受け取ったとき、香野と一瞬目が合った。香野は、ためらいがちにほほえんだけど、その目が少し赤かった。

気になったけど、ぬすみ聞きしたのがうしろめたくて、ぼくは小さく頭を下げ、そのままエレベーターに向かった。

外に出ると、少し西に傾いた太陽が、強く照りつけていた。

歩きながら、マキさんの言葉を思い返した。

「新しいなにかに取り組むことは、ステキなこと」か。

香野がそう思えたらいいな。でも、ぼくはむり。その他大勢で、なんとかやってきたぼくは、主役なんてとんでもなくて、今でも、にげられるものならにげたいと思ってる。自分でもなさけないけど。

②複雑な気持ちで家に帰った。

「ただいま」

玄関のドアを開けると、お父さんが、タオルで手をふきながら出てきた。

「おかえり。演劇に参加して、そろそろ一か月だな。今はどんなことをしてるんだ?」

「え。あの、配役が決まって、今は読み稽古してて……」

とつぜんきかれて、しどろもどろになった。

主役に決まったとき、ショックが大きくて、お父さんにもお母さんにも言えなかった。もしかしたら変わるかも、って期待もあったから、なかなか話す気になれなかったけど、ここまで話したら言わないと……。

「あの、じつは、ぼく……主役になったんだ。東京からきたってだけで」

不満げに言ったのに、お父さんは抱きつかんばかりに喜んだ。

「おお、主役だなんて、すごいじゃないか!」

「もう、言っただろ! 主役が『東京からきた少年』だからだよ。ちっともすごくなんかない。ぼくは、やりたくないんだから」

「だいじょうぶさ。あがいているうちに、なんとかなっていくもんだよ。がんばれ」

お父さんの声に力がこもる。

「なんとかなっていくって、どうなのさ。がんばれって言うなら、自分も早くがんばりなよ。お父さんの仕事のことは、どうなのさ」

「イチゴを買ってあるんだ。食べるか」

-3-

「いらない」

お父さんは、「まあ、そう言わずに」と、冷蔵庫からイチゴのパックを出した。指先でヘタをつまみとっていく。ガラスの器に赤い

イチゴがこんもりと重なっていく。

ぼくはリュックを和室に放りなげ、つっ立ったまま、それを見ていた。

見ていて気づいた。お父さんを見ていた。

「ねえ、お父さん。仕事、決まりそう？」

返ってくる言葉に期待したけど、お父さんは首を横にふった。

「もう少しかかるかな。大河にも心配かけて、悪いな」

ノーテンキな顔で、イチゴをテーブルに運んでくる。お皿にフォークを置く。

カチャン。

コップをふたつ並べ、冷蔵庫から牛乳のパックを出して注ぐ。

トクトクトク。

急にいらいらした。こんなのんきなこと、してる場合かよ！

ぼくは、意地悪い目でお父さんを見すえた。

③お父さんって、なんで料理ばっかりしてんの」

お父さんが、けげんな顔でぼくを見た。その瞬間、口をついて出たのは、文句のかたまりだった。

「なにもがんばらずに、ちんたらと料理ばっかりして。お父さんって、そんなだったの！？ ぼくは、お父さんみたいにはなりたくない！」

爆弾を投げている気がした。投げられた相手は絶対に傷つく。わかってる。ぼくは、いつだって傷つきたくなくて、傷つきそうなことをさけてきた。

なのに今、お父さんを傷つけている……。

お父さんは、手にした牛乳のパックをあやうく落としそうになって、あわてて持ち直し、むりやりの笑顔を作った。

「ごめんな、大河。たしかに、そうだよな」

ゆっくりした動作でパックを冷蔵庫へもどし、それからジャージャーと水音をたてて、なべを洗いはじめる。

いたたまれずに、ぼくはまた外へ出た。

（中略）

夕方、家にもどると、こっそり玄関ドアのノブを引いた。

ドアがギイッと音を立てる。

「タイちゃん、おかえり！ お父さんに聞いたわよ。主役なんだって!?」

「え、まあ……」

ぼくがくつをぬいであがってからも、お母さんはそばにくっついてきて、うれしそうにまくしたてた。

「いやあ、行け行けってすすめた手前、気になってたのよ。がんばってたのね、えらいえらい！ タイちゃんならだいじょうぶ。きっと主役をやりとげるわよ」

④また気持ちがみだれた。

かんたんに言わないでよ。ぼくは不安でしかたがないのに！

ぼくは自分を支えるように、テーブルに片手をついた。

「ぼくには、むり。ぼくは……」

そこまで言って、のどがつまった。

ぼくは、あんなにたくさんのセリフを覚えられない。度胸もないのに、人前で演技なんてできっこない。舞台でハジをかくかもしれない。ぼくは、こわくてこわくてしかたがないんだ！

お母さんがいすに腰かけて、そんなぼくの顔をのぞきこんだ。

「ねえ、タイちゃん」

⑤すごく真剣な顔だった。パン屋さんで必死に働いていた、注3あのときのお母さんの顔を思い出した。

「なに」

目と目が合った。お母さんが、まばたきをひとつした。

「タイちゃんってさあ、すぐ、『むり』とか『ダメ』とか言うじゃない。だけどそれって、やる前にそう決めちゃってるんだよね」

そう言われたらそうだった。うなずくしかなかった。

「お母さんはね、タイちゃんがダメだなんて思ったこと、一度もないよ。たしかに気が弱いところはあるけど……そのぶん、静かに周りを見て、人の気持ちを考えたり、このあとどうなるか、先のことまで思いやることができる。ほかにもいいところがいーっぱいあるのを、お母さんは知ってるもん。だから、むりなんて言ってないで、あきらめないで、やれるだけやってごらん。だいじょうぶ、絶対にだいじょうぶ」

だいじょうぶ、だいじょうぶ……。

お母さんの目がそう言っている。まぶたが、じわっと熱くなった。

——わたしは絶対にダメだとは思わない。

ぼくは、マキさんにそう言ってもらえる香野がうらやましかった。自分でもみっともないと思うくらい、うらやましかった。

でも、ぼくにもそう言ってくれる人がいる。ぼくは、その気持ちにこたえたい。

「……うん。やれるだけやってみる」

「そうよ、そうよ」

お母さんが、ふわっと笑顔になった。

すると、それまで台所にいて、ひと言も話さなかったお父さんが、ぼくの前につかつかとやってきた。まるで試合直前の選手のように張りつめた顔をしている。

頭のなかに、さっき投げつけた言葉がよみがえった。

——ぼくは、お父さんみたいにはなりたくない！

ああ、きっとおこってる。ぼくは体をかたくする。

お父さんは、そんなぼくの前に立って、おこったような声を出した。

「大河。お父さんも、やれるだけやってみるよ」

そう言ったっきり、さっさと台所にもどり、テーブルに料理を運びはじめた。

「わあ、今日は冷麺ね！ おいしそう！」

お母さんが大げさに目を丸くして、「タイちゃん、早く座って食べようよ！」と、ぼくを急かした。

実際、テーブルにのった冷麺はすっごくおいしそうで、ゴクリとのどが鳴った。だけど、ぼくにも意地がある。言いすぎたから、バ

ツも悪い。座るに座れなくて、テーブルのそばでつっ立っていると、お父さんが先に座って、ぼくのおしりをポンとたたいた。

「大河、麺がのびるから、早く食べろよ」

「え、うん」

わざとぶっきらぼうに言って、ぼくは座った。

細く切ったキュウリをおはしでつまんで口に入れると、しゃりしゃりと軽快な音を立てた。冷麺は、するりとのどを通って、空っぽ

の胃ぶくろに、あまずっぱい味をしみわたらせる。

「どうだ、うまいだろう」

「……うん」

ぼくが小声でこたえると、お父さんは「よかった」と、顔をほころばせた。

（あんずゆき『夏に降る雪』による）

注1　マキさん──土門マキ。今回、大河たちが参加した劇団の主宰者。大河たちを指導している。

注2　香野──香野翼。大河と同じクラスの少女。勉強はよくできるが、クラスではいつも一人でいる。

注3　あのときのお母さんの顔──佐世保に引っ越した後、大河の母はパン屋に勤め始めた。慣れない仕事のため周囲の人から叱られながらも、真剣

に仕事を覚えようとしていた。大河は、仕事中のそうした母の様子を見たことがある。

1　　　　　に入れる言葉として最もふさわしいものを、次の**ア〜エ**から一つ選び、その記号を答えなさい。

ア　目をとおす　　イ　目をかける　　ウ　目をこらす　　エ　目をみはる

2　——線①「香野の顔はマキさんのほうを向いたまま、動かない」とありますが、このときの香野の様子の説明として最もふさわしいものを、次の**ア〜エ**から一つ選び、その記号を答えなさい。

ア　クラスでも他の人とうまくやっていけない自分に対して、演劇を続けるように熱心に引き留めてくれる理由がわからず、何か思惑があるのかと、香野はマキさんに対して疑いの目を向けている。

イ　物事に真剣に取り組むあまり、率直な物言いで周囲から孤立しがちなことを悩んでいた香野は、そうした性質を肯定的に評価して自分のことを認めてくれるマキさんの言葉に聞き入っている。

ウ　正義感の強さから、ときに人を傷つけてしまう香野は、そんな自分をマキさんがどこまで理解したうえで励ましてくれているのか、彼女の表情からその意図を読み取ろうと懸命になっている。

エ　自分に正直でいたくて、香野は級友との間でたびたび摩擦を引き起こしていたが、もう彼らには認められなくていいから、マキさんにだけは認めてほしいと、すがるような目で彼女を見ている。

3　━━線②「複雑な気持ちで家に帰った」とありますが、ここでいう「複雑な気持ち」には、どのようなものが含まれています
か。その内容としてふさわしくないものを、次のア～エから一つ選び、その記号を答えなさい。

ア　劇で自分が主役を演じることに関して、自分にはとうてい無理だと否定する気持ち。

イ　劇に出ることについてマキさんから温かい激励を受けている香野の姿を見て、うらやむ気持ち。

ウ　劇で主役に指名されたことを家族に知られたら、きっと笑われるだろうと恐れる気持ち。

エ　香野が劇に参加することについて悩んでいるのを知って、頑張ってほしいと応援する気持ち。

4　━━線③「お父さんが、けげんな顔でぼくを見た」とありますが、このときのお父さんの心情を四十字以内で説明しなさい。

5　━━線④「また気持ちがみだれた」とありますが、ここで大河の気持ちが乱れたのはなぜですか。五十字以内で書きなさい。

6　━━線⑤「すごく真剣な顔だった」とありますが、このときのお母さんの表情からはどのような思いが読み取れますか。それ
を説明したものとして最もふさわしいものを、次のア～エから一つ選び、その記号を答えなさい。

ア　自分は何もできないと決めつけて嘆く大河に、そんな弱気では何事もうまくゆくはずがないと厳しく叱ってやろうと思っている。

イ　やりもせずに泣き言を言っている大河に、社会に出ればもっとつらい経験が待っていることを教えてやろうと思っている。

ウ　初めから自分は何をやってもだめだとすねる大河に、自分の得意なことだけでも、とりあえずはやってみてほしいと思っている。

エ　本気で取り組まないうちからあきらめてしまいがちな大河に、自分を信じてできる限り頑張ってみてほしいと思っている。

― 9 ―

この文章では、音に関わる表現が効果的に用いられています。本文中に━━━━━線で示したそれぞれの表現について、その説明としてふさわしくないものを、次のア～カから二つ選び、その記号を答えなさい。

ア　1ページ本文2行目の「シーンと静まった廊下をそろそろと歩く」には、誰がいるかも分からない市民ホールに一人で戻る大河の不安な気持ちや緊張感が表されている。

イ　2ページ14行目の「自分のおなかをパンッとたたいた」では、出るに出られない状況である大河の存在に気付いたマキさんが、大河が姿を現しやすいようにわざと滑稽なしぐさを取った様子が表されている。

ウ　4ページ10行目の「カチャン」、12行目の「トクトクトク」では、お皿や牛乳などの立てる音だけが表されることで、かえって大河と父親との間に気まずい沈黙の時間が流れていることが強調されている。

エ　5ページ2行目の「ジャージャーと水音をたてて、なべを洗いはじめる」には、大河にひどい言い方をされて腹を立てた父親が、わざと大きな音を立てて大河をこの場から追い払おうとする意図が表れている。

オ　5ページ6行目の「ドアがギイッと音を立てる」は、両親に知られぬようおそるおそる家に帰ろうとする大河の、父親に対する気まずさも表している。同時に、怒りにまかせて心ない言葉を浴びせてしまった大河の、父親に対する気まずさも表している。

カ　7ページ10行目の「しゃりしゃりと軽快な音を立てた」では、大河の悩みの種となっている演劇のことと父親の仕事のことが、直前の両親とのやり取りを経て、それぞれ好転し解決に向かっていくであろうことが暗示されている。

二 次の文章を読んで、後の問いに答えなさい。なお、本文には一部省略したところがあります。

樹木は、何十年、何百年と、生きるための営みを続けます。しかし、①突然、いのちにかかわるような災難が降りかかることがあります。根は生きていますから、水や養分が運ばれ、残された切り株から、芽が再び出てくるのです。この芽は、伐採されたときに、切り株の幹に残っていたわけではありません。切り株の幹から、新しく芽が生み出されてくるのです。

②切り株の幹から出てくる芽生えは、「ひこばえ」とよばれます。「ひこ」とは「孫」のことであり、「ひばえ」は、孫が生えてきたという意味です。漢字では、「蘖（ひこばえ）」というむずかしい文字が使われます。

ひこばえには、そのまま樹木として成長できる能力があります。「なぜ、芽のない切り株から、ひこばえが出てくるのか」と不思議がられます。これは、幹をつくっている細胞（さいぼう）がもっている、注分化全能性によるものです。その性質に基（もと）づいて、新しい芽が生み出されるということです。

I 、伐採されたからといって、樹木の切り株は、生涯（しょうがい）をそのまま終えない場合があります。樹木は、材木として使われるために、あるいは、密に生育する本数を減らすために、地上部を幹の基部で伐採（ばっさい）されることがあります。

ひこばえは、切り株の中央部からはほとんど生まれず、切り株の周囲から多く出ます。「なぜ、ひこばえは、切り株の周囲から多く出るのか」との疑問がもたれます。これは、切り株の切断面の中央部は歳（とし）を重ねた古い細胞でできているのに対し、切り株の周囲には、若く元気な細胞があり、分化全能性が発現しやすいからです。

「ひこばえ」は、伐採された樹木のいのちをつなぐ若い芽生えとして生きていきます。ということは、この樹木の寿命（じゅみょう）は、伐採されても絶えていないことになり、個体の寿命は延びます。

樹木には、歳を重ねてきた老木であっても、からだには、若く元気な細胞が常にあり、また、新たに生み出されています。そして、それらの細胞には、分化全能性という性質があります。これが、樹木が長い寿命を保つために大切な一因となっているのです。

樹木の細胞が、分化全能性を発揮するには、それを支える大切な部分があります。それは、根です。

-11-

日本では、樹齢の長い樹木として、樹齢約二五〇〇年といわれたり、三〇〇〇年以上といわれたりする、鹿児島県屋久島の「縄文杉」がよく知られています。また、世界でも、長寿の樹木は多くあります。アメリカの西海岸には、樹齢約四七〇〇年とか四八〇〇年の「世界最長寿の樹」といわれるマツのブリッスルコーン・パインがあります。

これらは、第一章の「樹齢の長い樹木」の項で紹介しました。これに対し、一九六八年、アメリカのミシガン大学のバートン・バーンズにより発見された、ヤナギ科のカロリナポプラ（アメリカヤマナラシ）という「樹木の森」である、③樹齢約八万年といわれる樹木の森があります。アメリカのユタ州のフィッシュレイク国立森林公園にある、「約八万年」という桁違いに樹齢の長い樹木があるのなら、なぜ、その樹木が世界一の長寿の樹木として紹介されないのか」との疑問が浮かびます。

でも、この国立公園にあるカロリナポプラという樹は、とてもそのような樹齢には見えません。それもそのはずで、目にできる樹木は樹齢約二〇〇年といわれているのです。「樹木の森」といったように、約八万年という樹齢は、目に見えている一本の木の樹齢ではないのです。

実は、この樹木群を支えている根が、約八万年間生き続けているのです。地上部の樹木が枯れても、また根から新しい樹木が出てきます。こんな極端な場合でなくても、すべての植物の地上部のいのちはすべて根が支えているのです。そして、地上部での分化全能性の発現は、根が支えているから可能なのです。根が生きていて、はたらいていて、水や養分を送っているからこそ、地上部分は生きていられるのです。分化全能性も発揮できるのです。

地下部の根には、それ自体にも分化全能性があるので、根からも芽が出てきます。地下は環境の変化に影響されにくいため、いつまでも根は生き残っていけるというわけです。

Ⅱ、この根は、一本の樹木を出しているのではなく、なんと四万本以上を出しているのです。そのため、地上部は、樹木が群生しているという様相を呈しています。

群生している樹木を地下部で支えている根は、つながっており一つなのです。その面積は、約四三ヘクタールに広がっていて、東京ドーム九個分を超えています。その重さは六〇〇〇トンに及ぶと想像されています。根がここまでに繁殖するには、約八万年かかっているということになるのです。

地中にある根は、夏の暑さや地表面の乾燥、冬の寒さなどにも耐えられます。そして、それが地上部の成長を支えて、水や養分を送り、地上部にある若く元気な細胞が分化全能性を発揮するのを支え、樹木の長い寿命を保っているのです。

とすれば、根の存在の重要性が浮かび上がってきます。大切なはたらきをしている根は、植物が生きていくために、なくてはならないことがよく認識されており、そのことを示す語句が多くあります。

根の大切さは、第二章で、水や養分を吸収する役割を果たしていることで紹介しました。これが根の重要なはたらきの一つですが、根にはほかにも大切な仕事があります。栄養を蓄えて、地上部の成長を支えることです。

物ごとが成り立つためのもっとも大切なもとのもっとも大切なものを指す語句が「根本」であり、「根」という文字が使われます。「物ごとのよりどころや、おおもとになるものが根である」という意味が、これらの語句に込められています。

「幹」が根といっしょになって「根幹」という語句で使われます。「根幹」という語句は、幹と根がいっしょになって大木を支えている様子が思い浮かび、物ごとのおおもとを示すにふさわしいものです。物ごとの重要な部分が「根」という文字に込められているのです。

このように考えると、「根」という語句は、「これなしには、すべてが成り立たない」という存在として使われているのがわかります。ですから、④根の重要性はよく認識されているように思われます。

「 a 」や「 b 」、「 c 」や「根基」などの語句に「根」が使われます。

注　分化全能性——ここでは、幹の細胞が茎や葉などになり、元の樹木の姿に成長しようとする性質のこと。

（田中修『植物のいのち』による）

1 ──線①「突然」は、どの部分にかかっていきますか。次のア〜カから一つ選び、その記号を答えなさい。

突然、ア いのちに イ かかわるような ウ 災難が エ 降りかかる オ ことが カ あります。

2 Ⅰ 、 Ⅱ に入れる言葉として最もふさわしいものを、次のア〜オからそれぞれ一つずつ選び、その記号を答えなさい。
ただし、同じ記号を二度使ってはいけません。

ア たとえば　　イ では　　ウ しかも　　エ だから　　オ しかし

3 ──線②「切り株の幹から出てくる芽生え」とありますが、次の文は、この現象について説明したものです。空欄を本文中の言葉を用いて三十字以内で埋め、説明を完成させなさい。

伐採された後も、根が生きている場合は、分化全能性という性質によって、□ ような現象。

4 ──線③「樹齢約八万年といわれる樹木の森」とありますが、この樹齢を推定するには、本文中にあるものに加えて、さらにどのような情報が必要ですか。必要とされるものを、次のア〜エから一つ選び、その記号を答えなさい。

ア 地上の森が成長する速さ　　イ 地下の根が繁殖する速さ　　ウ 地上の森の広がり　　エ 地下の根の広がり

2022(R4) 奈良学園中 A

5 　　ａ 　、 　ｂ 　、 　ｃ 　に入るのにふさわしくない言葉を、次の**ア〜エ**から一つ選び、その記号を答えなさい。

ア　根底　　イ　根菜　　ウ　根拠(こんきょ)　　エ　根源

6 ──線④「根の重要性」とありますが、筆者は、根には「地上部の成長を支える」という重要な役割もあると述べています。
その役割について説明した次の文の空欄を、本文中の言葉を用いて三十字以内で埋め、文を完成させなさい。

根は、

　　　　　　　　　　　　ことによって、植物の地上部の成長を支えている。

7 この文章の特徴(とくちょう)を説明したものとして**ふさわしくないもの**を、次の**ア〜エ**から一つ選び、その記号を答えなさい。

ア　植物の生態を語るに当たり、身近な言葉との結び付きを示すことで、読者に話を印象づけようとする意識がうかがえる。
イ　全体を通じて専門用語はあまり使われておらず、幾つ(いく)かの具体例を示しながら読者が理解しやすいように書かれている。
ウ　筆者が最も言いたいと考えているところでは、比喩(ひゆ)や数値が効果的に用いられていて、その主張に説得力を与え(あた)ている。
エ　取り上げた話題について、多くの読者が抱き(いだ)そうな不審(ふしん)を提示することにより、話を進めてゆく手法が用いられている。

-15-

（このページは白紙です）

三 （A） 次の問いに答えなさい。

1 「言葉を使わずとも、互いに気持ちが通じ合うこと」を意味する四字熟語を、次のア〜エから一つ選び、その記号を答えなさい。

ア 一意専心　イ 以心伝心　ウ 一心不乱　エ 誠心誠意

2 「逃がした□□は大きい」の□□に漢字一字を入れ、慣用的表現を完成させなさい。

3 「もののふ」の意味として最もふさわしいものを、次のア〜エから一つ選び、その記号を答えなさい。

ア 神殿　イ 幽霊　ウ 肉体　エ 武士

4 ──線部の言葉の使い方として最もふさわしいものを、次のア〜エからそれぞれ一つ選び、その記号を答えなさい。

① たじたじと

ア 心を落ち着け、たじたじと仕事をこなしてゆく。

イ 相手の選手は、鬼の形相でたじたじと迫ってきた。

ウ 庭の柿の木が、枝もたじたじと実をつけている。

エ 大臣が、新聞記者たちの質問攻めにたじたじとなる。

② りりしく

ア　頭を垂れた稲穂が、秋風にりりしく揺れている。

イ　大雨が激しく降りしきり、雷もりりしく鳴り響く。

ウ　学生服を着た息子の姿が、母の目にりりしく映る。

エ　雑踏の中、迷子の泣き声がりりしく響きわたる。

三　（B）次の1～10の文の――線部について、カタカナは漢字になおし、漢字はその読み方をひらがなで書きなさい。

1　大風で傾いた塀をホキョウする。

2　友人の借金をチョウケしにしてやる。

3　雑誌のカントウには、特集が組まれている。

4　違反者を一斉にケンキョする。

5　卒業式にコウキが掲げられる。

6　暖かな日差しにツツまれ、うたた寝する。

7　日曜の遊園地はオヤコヅれでにぎわった。

8　周囲に甘やかされて、ついついズに乗った。

9　その類いの話はこれまでに何度も聞いた。

10　昨日が冬至だったことを忘れていた。

令和４年度

奈良学園中学校

入学試験問題

Ａ日程

算数（６０分）

試験開始のチャイムが鳴り始めるまでは，この問題冊子を開かないで，下記の注意事項をよく読んでおきなさい。

【 注 意 事 項 】

1. 試験開始のチャイムが鳴り始めたら，解答用紙の所定の欄に「**受験番号**」をはっきりと記入し，「**ＱＲコードシール**」を貼りなさい。**学校名や氏名を書いてはいけません。**

2. 問題冊子は７ページあります。また，解答用紙は１枚です。

3. ページの脱落，印刷の不鮮明な箇所などがある場合や，**ＱＲコードシールを貼る際に解答用紙が破れたり，貼ったシールにしわができたりした場合**は，手を挙げて監督の先生に知らせなさい。

4. 解答は，**解答用紙の指定された枠内に濃くはっきりと記入しなさい。枠外に記入した部分は採点の対象にしません。**

5. 試験終了のチャイムが鳴り始めたら，すみやかに筆記用具を置いて，**消しゴムのかすをよく払ってから解答用紙を裏向きにし，問題冊子を閉じなさい。**

6. 監督の先生が解答用紙を回収し，指示をするまでは，そのまま静かに着席しておきなさい。

7. 問題冊子は持ち帰りなさい。

♯教英出版 編集部　注
編集の都合上、白紙は省略しています。

円周率の必要なときは，3.14 としなさい。
小数点などの小さな記号は大きめにはっきりと書きなさい。

1　次の□にあてはまる数を入れなさい。

（1）$15 \times (20 - 22 \div 6 \div 5 - 8) \div 13 = \boxed{}$

（2）$33.7 \times 12.6 + 337 \times 0.42 - 3.37 \times 108 = \boxed{}$

（3）$(12 \times 12 - 1) \div \left\{ \left(7\frac{1}{5} - 6\frac{1}{2} \right) \times \left(7.75 - 1\frac{1}{4} \right) \right\} = \boxed{}$

（4）$\left(6\frac{3}{4} + \frac{9}{20} \right) \div \left(2\frac{2}{3} - \boxed{} \right) = 4$

2 次の□にあてはまる数を入れなさい。

（1）$\frac{8}{13}$ より大きく $\frac{5}{8}$ より小さい分数のうち，分母が 21 で分子が整数のも

のは $\frac{\boxed{}}{21}$ だけです。

（2）図のようなおうぎ形があります。点 P，Q はおうぎ形の円周部分を三等分し

た点です。斜線部分の面積は全部で□ cm²です。

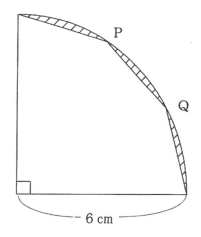

- 6 cm -

（3）半径 10cm，高さ 24cm の円すいの体積は，半径 5 cm，高さ□ cm の円柱

の体積と同じです。ただし，円すいの体積は（底面積）×（高さ）×$\frac{1}{3}$ です。

（4）1 個 120 円のりんごと 1 個 200 円の桃をあわせて 50 個買いました。りんご

を□個買ったので，りんごの合計の値段は，桃の合計の値段より 2160 円

高くなりました。

3　次の問いに答えなさい。

（1）1円硬貨，10円硬貨，100円硬貨を合計3枚使ってつくることのできる金額は何通りありますか。ただし，同じ金額の硬貨を3枚までなら何枚使ってもよいし，使わない硬貨があってもよいものとします。

（2）1円硬貨，10円硬貨，100円硬貨を合計4枚使ってつくることのできる金額は何通りありますか。ただし，同じ金額の硬貨を4枚までなら何枚使ってもよいし，使わない硬貨があってもよいものとします。

（3）10円硬貨，50円硬貨，100円硬貨を合計4枚使ってつくることのできる金額は何通りありますか。ただし，同じ金額の硬貨を4枚までなら何枚使ってもよいし，使わない硬貨があってもよいものとします。

4 大教室に長いすが何脚かあります。生徒が長いすに座るのに1脚に3人ず
つ座ると，生徒の $\frac{1}{3}$ が座れません。次の問いに答えなさい。

（1）長いす1脚に4人ずつ座るとき，座れる人数と座れない人数の比を最も
簡単な整数の比で表しなさい。

（2）長いす1脚に3人ずつ座るときの座れない人数と，長いす1脚に4人ず
つ座るときの座れない人数の比を最も簡単な整数の比で表しなさい。

（3）長いす1脚に5人ずつ座ると4脚の長いすが余り，その他の長いすはす
べて5人ずつ座っています。生徒の人数を求めなさい。

- 4 -

5 休みの日に図書館へ行き，読書を始めるとき時計を見ると正午を少し過ぎていました。しばらくして読書を終えたときもう一度時計を見ると，午後1時を少し過ぎていましたが，長針と短針の位置が，読書を始めたときとちょうど入れかわっていました。次の問いに答えなさい。

（1）読書している間に短針が進んだ角度と，長針が進んだ角度を足しあわせると何度になりますか。

（2）読書していた時間は何分間ですか。

（3）読書している間に短針は何度進みますか。

（4）読書を始めた時刻は12時何分ですか。

6 次の ア ～ テ にあてはまる整数を入れなさい。

2をn回かけた数を[n], 2をn回かけて1をひいた数を〈n〉と書くことにします。例えば，

[2]＝4   〈2〉＝2×2－1＝3

[3]＝8   〈3〉＝2×2×2－1＝7

[4]＝2×2×2×2＝16   〈4〉＝2×2×2×2－1＝15

さらに計算すると，〈5〉＝ ア ，〈6〉＝ イ ，〈7〉＝ ウ ，

〈8〉＝ エ です。

〈n〉を2つの整数の積で表すことを考えましょう。

〈4〉＝3×5＝〈2〉×（[2]＋1）と表すことができます。

〈6〉＝〈2〉×（[4]＋[2]＋1）

〈8〉＝〈2〉×（[オ]＋[カ]＋[キ]＋1）

（ただし， オ ＞ カ ＞ キ ）

〈10〉＝〈2〉×（[ク]＋[ケ]＋[コ]＋[サ]＋1）

（ただし， ク ＞ ケ ＞ コ ＞ サ ）となることが分かります。

また，

〈6〉＝〈3〉×（[3]＋1）と表すこともできます。

〈9〉＝〈3〉×（[シ]＋[ス]＋1）

（ただし， シ ＞ ス ）

〈15〉＝〈3〉×（[セ]＋[ソ]＋[タ]＋[チ]＋1）

（ただし， セ ＞ ソ ＞ タ ＞ チ ）となることが分かります。

次に，［n］＋1を考えてみましょう。［n］＋1は必ず奇数になります。そこで，［n］＋1が3で割り切れるかを考えると，nが奇数のとき［n］＋1は3で割り切れることが分かります。［n］＋1が9で割り切れるような最も小さなnは ツ ，［n］＋1が27で割り切れるような最も小さなnは テ です。

令和 4 年度
奈 良 学 園 中 学 校
入 学 試 験 問 題
A 日 程
理 科 （４０分）

試験開始のチャイムが鳴り始めるまでは，この問題冊子を開かないで，下記の注意
事項をよく読んでおきなさい。

【 注 意 事 項 】

1. 試験開始のチャイムが鳴り始めたら，解答用紙の所定の欄に「**受験番号**」をはっきり
   と記入し，「**QRコードシール**」を貼りなさい。**学校名や氏名を書いてはいけません。**

2. 問題冊子は 14 ページあります。また，解答用紙は 1 枚です。

3. ページの脱落，印刷の不鮮明な箇所などがある場合や，**QRコードシールを貼る際**
   に答案用紙が破れたり，貼ったシールにしわができたりした場合は，手を挙げて監督
   の先生に知らせなさい。

4. 解答は，**解答用紙の指定された枠内に濃くはっきりと記入しなさい。枠外に記入し**
   た部分は採点の対象にしません。

5. 試験終了のチャイムが鳴り始めたら，すみやかに筆記用具を置いて，**消しゴムのか**
   すをよく払ってから解答用紙を裏向きにし，問題冊子を閉じなさい。

6. 監督の先生が解答用紙を回収し，指示をするまでは，そのまま静かに着席しておきな
   さい。

7. 問題冊子は持ち帰りなさい。

1 けんび鏡の使い方と観察について、次の問いに答えなさい。

（1） 図1はけんび鏡の写真です。けんび鏡の使い方として正しいものはどれですか。下の**ア〜オ**からすべて選び、記号で答えなさい。

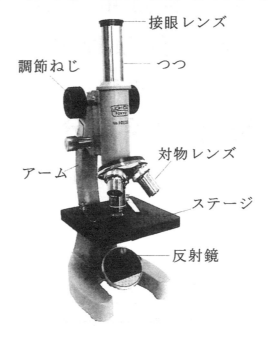

図1

ア 観察物がよく見えるように、直射日光が当たる所で観察する。

イ ほこりが入らないように、接眼レンズを先につけて、対物レンズは後からつける。

ウ 観察物を探しやすくするために、高い倍率の対物レンズから使う。

エ ピントを合わせるために、接眼レンズをのぞきながら、調節ねじを回し、対物レンズとステージの間を近づける。

オ 視野が明るくなるように、接眼レンズをのぞきながら、反射鏡を動かし、全体が明るく見えるように調節する。

（2）　けんび鏡で花粉を観察したところ，図2のように見えました。右端に見えている花粉を拡大して見たいと思います。どのようにすればよいですか。下の**ア〜エ**から1つ選び，記号で答えなさい。

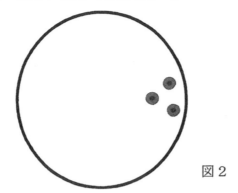

図2

　　ア　対物レンズの倍率を上げてから，スライドガラスを右に動かす。
　　イ　対物レンズの倍率を上げてから，スライドガラスを左に動かす。
　　ウ　スライドガラスを右に動かしてから，対物レンズの倍率を上げる。
　　エ　スライドガラスを左に動かしてから，対物レンズの倍率を上げる。

（3）　ある植物の花粉をけんび鏡で観察すると，図3のように見えました。この花粉はどの植物のものですか。下の**ア〜エ**から1つ選び，記号で答えなさい。

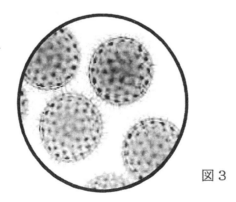

図3

　　ア　アサガオ　　**イ**　ヘチマ　　**ウ**　ホウセンカ　　**エ**　トウモロコシ

（4）　5倍の接眼レンズを用いて100倍の倍率で観察するとき，対物レンズの倍率は何倍になりますか。

（5）　けんび鏡で観察するために，観察物によってはプレパラートをつくることが必要になります。プレパラートはどのようにしてつくりますか。40字以内で説明しなさい。ただし，句読点も一字と数えます。

- 2 -

2 次の文を読んで，下の問いに答えなさい。

　海やプールに入ると身体が軽く感じます。これは身体を押し上げる力が海水や水からはたらくためです。この力を「浮力」と言います。古代ギリシャのアルキメデスは浮力の大きさは物体がおしのけた液体の重さに等しいことを発見しました。これを「アルキメデスの原理」と言います。アルキメデスは王様から王冠を壊すことなく，王冠に金以外の金属が混ぜられていないかを調べるよう命令されました。ではこのことについて調べてみましょう。

　問題を簡単にするために，王冠に混ぜられている金属は銀のみとします。また，水100gの体積が100cm³であるのに対し，金100gの体積は5cm³，銀100gの体積は10cm³とします。

　図1のように，重さが2000gの王冠(銀が混ぜられている)と同じ重さの金のかたまりを棒の両端につけ，棒の中心をつり下げると，棒は水平になります。次に王冠と金のかたまりを水中へ沈めていきます。すると棒は水平の状態から〔　A　〕をつけた側が下がりはじめます。これは王冠と金のかたまりにはたらく浮力の大きさが異なるためです。こうして，アルキメデスは王冠に金以外の金属が混ぜられていることを明らかにしました。

　もう少し詳しく調べてみましょう。次のような場合，この2000gの王冠には銀が何g混ぜられているのでしょうか。

　図2のように，水の入った容器を台ばかりに載せ，台ばかりが1000gを示すよう水の量を調節します。まず金のかたまり2000gをばねばかりにつり下げます。金のかたまりを水中に沈めていくと浮力がはたらきます。金のかたまりを容器の底につくことなく完全に水中に沈めたとき，アルキメデスの原理から金のかたまりには，その体積(　①　)cm³と同じ体積の水の重さに等しい大きさの浮力がはたらきます。そのため，ばねばかりの示す重さは，(　②　)g減って(　③　)gを示しますが，台ばかりが示す重さは(　②　)g増えて(　④　)gを示します。次に金のかたまりを王冠に替えて，完全に水中に沈めます。このとき，ばねばかりが1870gを示したとすると，王冠の体積は(　⑤　)cm³であることがわかります。金1gと銀1gの体積を比べると〔　B　〕の方が(　⑥　)cm³大きいことを利用すると，2000gの王冠には銀が(　⑦　)g混ぜられていたことがわかります。

（1）　文中の〔　A　〕，〔　B　〕にあてはまる語句の組合せとして正しいものはどれですか。次のア〜エから1つ選び，記号で答えなさい。

	A	B		A	B
ア	王　冠	金	ウ	王　冠	銀
イ	金のかたまり	銀	エ	金のかたまり	金

（2）　文中の(　①　)〜(　⑦　)にあてはまる数値を答えなさい。

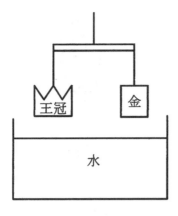

図1

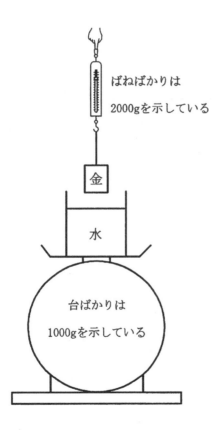

図2

- 4 -

3 豆電球や電気回路について，次の問いに答えなさい。

（1）　図1はソケットに入れた豆電球です。
　　①　電流を流したときに，光が出る部分の
　　　名前をカタカナで書きなさい。
　　②　電流を流したときに，この部分から光
　　　が出るのはなぜですか。理由を簡単に説
　　　明しなさい。

光が出る部分

図1

（2）　図2のような，電熱線や豆電球，乾電池，電流計を用いた，いろいろな
　　電気回路について，電流計が示す電流の大きさを調べました。結果は図中
　　に示した通りです。ただし，用いた電熱線，豆電球，乾電池はすべて同じ
　　ものとします。

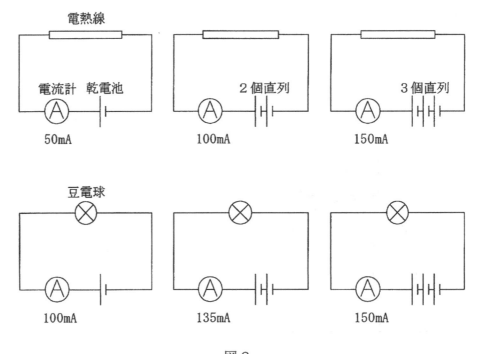

図2

図2で用いたものと同じ電熱線，豆電球，乾電池を使って，次の①～⑤の電気回路をつくりました。回路につながれた電流計が示す電流の大きさはそれぞれ何mAになりますか。

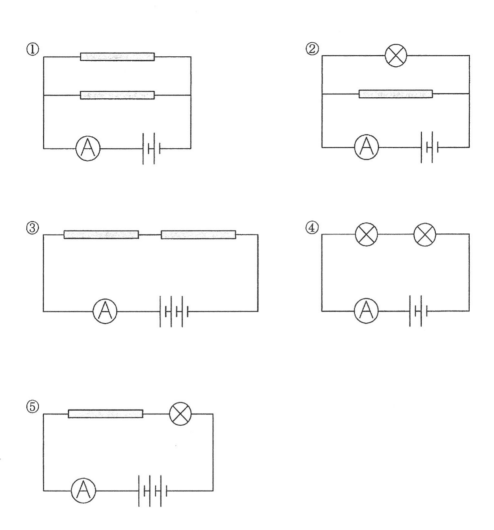

4 奈良県で観察できる月のようすについて，次の問いに答えなさい。

（1）月を毎日観察すると，その形が少しずつ変化していることがわかります。
満月になってから再び満月になるまでの時間として，最も近いものはどれ
ですか。次のア〜エから1つ選び，記号で答えなさい。

　ア　約15日間　　イ　約22日間　　ウ　約30日間　　エ　約37日間

（2）日の入り直後に観察できる月の形と位置の関係を正しく表しているもの
はどれですか。次のア〜エから1つ選び，記号で答えなさい。

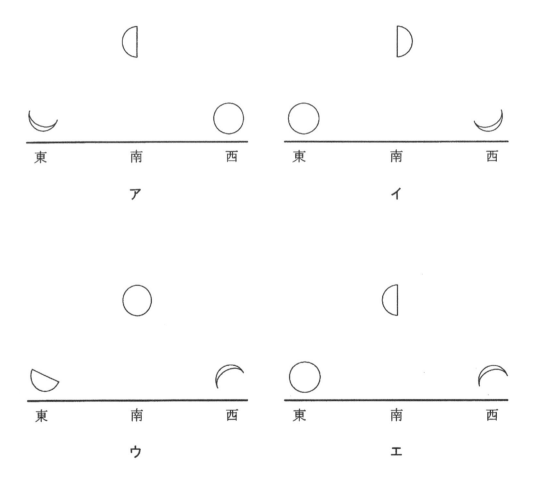

（3）　月はいつも同じ面を見せており，その裏側は地球からは見ることができません。月がいつも同じ面を見せている理由について，正しく説明しているものはどれですか。次の**ア～オ**から１つ選び，記号で答えなさい。

　　ア　地球自身が１回まわる間に，月が地球の周りを反対向きに１回まわっているから。

　　イ　地球自身が１回まわる間に，月が地球の周りを同じ向きに１回まわっているから。

　　ウ　月が地球の周りを１回まわる間に，月自身が反対向きに１回まわっているから。

　　エ　月が地球の周りを１回まわる間に，月自身が同じ向きに１回まわっているから。

　　オ　月は地球の周りをまわっているが，月自身はまわっていないから。

（4）　月の南中時刻（真南にくるときの時刻）は，月の形とともに日ごとに変化します。月の南中時刻の変化について，正しく説明しているものはどれですか。次の**ア～オ**から１つ選び，記号で答えなさい。

　　ア　月の南中時刻は，１日あたり約50分ずつ遅くなる。

　　イ　月の南中時刻は，１日あたり約50分ずつ早くなる。

　　ウ　月の南中時刻は，１日あたり約100分ずつ遅くなる。

　　エ　月の南中時刻は，１日あたり約100分ずつ早くなる。

　　オ　月の南中時刻は，１日おきに約50分遅くなったり早くなったりする。

（5）　満月の南中高度（真南にくるときの高さ）の説明として，最も適切なものはどれですか。次の**ア～オ**から１つ選び，記号で答えなさい。

　　ア　満月の南中高度は，季節によらず一定である。

　　イ　満月の南中高度は，夏は高く，冬は低い。

　　ウ　満月の南中高度は，夏は低く，冬は高い。

　　エ　満月の南中高度は，春と夏は高く，秋と冬は低い。

　　オ　満月の南中高度は，季節に関係なく高くなったり低くなったりする。

（6）　図は，ある日に観察された半月が沈むときのようすを表しています。

　　①　この半月は何と呼ばれていますか。**漢字２字**で答えなさい。

　　②　この日の後，初めて満月になるのは，この日からおよそ何日後ですか。次の**ア～オ**から１つ選び，記号で答えなさい。

　　ア　7日　　**イ**　12日　　**ウ**　17日　　**エ**　22日　　**オ**　27日

5 次の文を読んで，後の問いに答えなさい。

　　酸素，ちっ素，二酸化炭素，アンモニアのどれかの気体が入った３つのボンベ，A，B，Cがあります。次の会話は，ほたるさんとまなぶさんが，それぞれのボンベの中の気体が，どの気体なのかを調べるために先生と一緒に実験を行ったときのものです。

ほたる：水に溶かしたときに，アルカリ性になるのは，（　①　）だけなので，まず，３つのボンベの気体をそれぞれ水に吹きこんで，（　a　）で確かめてみようよ。

まなぶ：どの気体を吹きこんだ水でも（　a　）の色は変わらなかったから，３つのボンベの中には，（　①　）はないんだね。じゃあ，ボンベから出てきた気体を集めて，そこに火をつけたろうそくを入れてみよう。

ほたる：Aのボンベの気体で，ろうそくが激しく燃えたから，Aのボンベの気体が（　②　）だよね。BとCのボンベの気体では，ろうそくの火が消えたから，（　②　）ではないよね。あと，BとCはどうやって区別しようか。

まなぶ：じゃあ，それぞれ（　b　）に吹きこんでみようよ。

ほたる：Bのボンベの気体を吹きこんだ方だけが，白く濁ったよ。Bのボンベの気体が（　③　）で，Cのボンベの気体は（　④　）だね。

先　生：よく調べることができたね。ここで，どうしていろいろな性質の気体ができるのか，少し考えてみよう。これらの気体は，原子という小さな粒が結びついてできた分子からできているんだ。原子にはいろいろな種類の粒があり，どんな種類の粒の原子からできているか，いくつの原子の粒が結びついているかなどによって，これらの気体の性質は違ってきているんだよ。

まなぶ：たとえば，酸素と二酸化炭素は，どんなふうに原子の粒が結びついてできているんですか。

先　生：絵をかいて説明をしてみようね。絵のように酸素は酸素原子と呼ばれる粒が２つ結びついた酸素分子と呼ばれるものから，二酸化炭素は酸素原子２つに，炭素原子が１つ結びついてできた二酸化炭素分子と呼ばれるものからできているんだ。水や燃料として使われるメタンなども，このように原子と呼ばれる粒が結びついてできているんだよ。

ほたる：そんなふうに，結びつく原子という粒の種類や数の違いで，性質の違う気体になるんですね。

【先生の絵】

酸素分子　　　二酸化炭素分子　　　酸素原子　　　炭素原子

（１）（　①　）～（　④　）にあてはまる気体は何ですか。次の**ア〜エ**からそれぞれ１つずつ選び，記号で答えなさい。
　　　ア　酸素　　　**イ**　ちっ素　　　**ウ**　二酸化炭素　　　**エ**　アンモニア

（２）（　a　）にあてはまるものは何ですか。次の**ア〜オ**から１つ選び，記号で答えなさい。
　　　ア　青色リトマス紙　　　**イ**　赤色リトマス紙　　　　**ウ**　塩酸
　　　エ　食塩水　　　　　　　**オ**　水酸化ナトリウム水溶液

（３）（　b　）にあてはまる水溶液の名前を答えなさい。

（４）先生の説明について，次の問いに答えなさい。

　①　二酸化炭素分子の重さは酸素分子の重さの $\frac{11}{8}$ 倍です。酸素原子の重さは炭素原子の重さの何倍になりますか。分数で答えなさい。

　②　メタンが燃えるときには，メタン分子１つと酸素分子２つから二酸化炭素分子１つと水分子２つができます。水分子は水素原子２つと酸素原子１つが結びついてできています。これらのことから，メタン分子は，どのような原子がいくつ結びついてできたものかを答えなさい。ただし，メタンが燃えるときには，燃える前後で，それぞれの原子の数や種類が変わることはありません。

6 　ものが水に溶ける量には限りがあります。また，水の温度によって溶ける量は変わります。次の表は100gの水に溶かすことのできる固体Ⅰ，Ⅱの量を表したものです。下の問いに答えなさい。

表1　水100gに溶かすことのできる固体ⅠとⅡの量

温度〔℃〕	10	20	40	60
固体Ⅰ〔g〕	37.7	37.8	38.3	39.0
固体Ⅱ〔g〕	22	X	64	108

（1）　20℃の水100gに固体Ⅰを溶けるだけ溶かしました。この水溶液を温めて水を半分（50g）蒸発させたのち，温度を20℃にすると，固体Ⅰは何g出てきますか。

（2）　40℃の水25gに固体Ⅱを溶けるだけ溶かしました。この水溶液を10℃に冷やすと，固体Ⅱは何g出てきますか。

（3）　60℃の水150gに固体Ⅱを溶けるだけ溶かしました。この水溶液から水70gを蒸発させたのち，20℃に冷やしたところ固体Ⅱが136.4g出てきました。表1のXにあてはまる数値はいくらですか。

温度による固体の溶ける量の差を利用すると，様々なものが混ざった固体から特定の固体だけを取り出すことができます。このことを知ったまなぶさんは固体Ⅱに少量の固体Ⅰが混ざった「固体A」から純粋な固体Ⅱだけを取り出すために次の実験を行いました。その操作は［1］～［4］の通りです。ただし，ろ過の途中で水の増減はなく，また固体Ⅰと固体Ⅱはお互いに溶ける量に影響を与えないものとします。

［1］「固体A」100gをすべてビーカーに入れ，水160gを加えて十分にかき混ぜた。次に，このビーカーを温めて温度を60℃まで上げたところ，「固体A」はすべて溶けた。
［2］［1］の水溶液を10℃まで冷やしたところ，固体が出てきた。これをろ過して「固体B」と水溶液に分け，「固体B」の重さをはかった。
［3］［2］の水溶液を温めて水を半分蒸発させたのち，再び10℃まで冷やしたところ，固体が出てきた。これをろ過して「固体C」と水溶液に分け，「固体C」の重さをはかった。
　　　上記のような，水を半分蒸発させたのち，再び10℃まで冷やして固体を取り出すという操作をあと3回繰り返して行い，そのたびに得られた固体を「固体D」，「固体E」，「固体F」として，それぞれの重さをはかった。
［4］「固体B」～「固体F」をそれぞれけんび鏡で観察して，粒の種類がいくつあるかを確かめた。

　実験後，まなぶさんはどのくらいの純粋な固体Ⅱが取り出せたかを考えるために，実験結果を表2のようにまとめました。ただし，表2は書きかけのため一部が空白です。

　表2　実験で得られた「固体B」～「固体F」の重さ，およびけんび鏡で
　　観察できた粒の種類

得られた固体	B	C	D	E	F
固体の重さ〔g〕	60.8	Y			
粒の種類	1	1	1	1	2

（4）　①　ろ過を行うときに使う右図の器具の名前を答えなさい。
　　　②　表2のYにあてはまる数値はいくらですか。
　　　③　表2より，この実験全体でまなぶさんが取り出すことができた純粋な固体Ⅱは合計で何gですか。

7 奈良学園の里山には，さまざまな種類のカエルが生息しています。これについて，次の文を読んで，下の問いに答えなさい。

　日本に生息するカエルは40種類をこえると言われており，奈良学園の校内やその周辺でもニホンアマガエルやトノサマガエル，学校のマスコットキャラクターである「やたぴょん」のモデルとなったニホンアカガエルや，外国から移入されてふえてしまったウシガエルなど，さまざまなカエルを観察することができます。
　ニホンアマガエルは乾燥（かんそう）にある程度強いカエルで，おたまじゃくしの時期や卵をうむとき以外は水に入ることはほとんどなく，木の上や森の中で生きていくことができます。春になると，オスのカエルはさかんに鳴きはじめますが，メスのカエルは鳴きません。5〜7月ごろには，水辺に集まったカエルはたくさんの卵をうみ，卵は2〜3日後には「ふ化」しておたまじゃくしになります。おたまじゃくしは1〜2ヶ月くらいでカエルに成長し，陸上で生活するようになります。

（1）　次のア〜エは，卵からかえったおたまじゃくしが陸に上がるまでの成長の過程を表しています。正しい順番に並びかえ「ア→イ→ウ→エ」のように答えなさい。
　　ア　尾（お）が完全になくなる。　　　イ　前あしが出てくる。
　　ウ　水の底でじっとしている。　　　エ　後ろあしが出てくる。

（2）　カエルの卵の特徴（ちょう）や産卵のようすを説明した文として正しいものはどれですか。次のア〜エから1つ選び，記号で答えなさい。
　　ア　外観は緑色をしている。
　　イ　かたい殻（から）に包まれている。
　　ウ　水面から深くもぐったところに産卵される。
　　エ　外側はさらにゼリー状やあわ状のものでおおわれている。

（3）　ニホンアマガエルが鳴く理由について正しく説明したものはどれですか。上の文中の下線部を参考にしながら，次のア〜エから最も適切なものを1つ選び，記号で答えなさい。
　　ア　交尾をする相手を見つけるため。
　　イ　大きく空気を吸うため。
　　ウ　カやハエなどの自分のえさとなるこん虫をおびきよせるため。
　　エ　ヘビなどの自分の敵をおどろかせて食べられないようにするため。

（4） ウシガエルのように，人が外国や他の地域から持ちこんだことによっ
て数をふやしてしまった生物を「外来生物」とよびます。外来生物がふ
えることで，もともとその場所にいた生物（在来生物）は大きな影響を受
けると言われます。その理由として**まちがっているもの**はどれですか。
次の**ア〜エ**から１つ選び，記号で答えなさい。
　ア　在来生物に感染する病気を持ちこむから。
　イ　在来生物をえさとして食べつくしてしまうから。
　ウ　在来生物と住みかやえさをうばいあってしまうから。
　エ　在来生物にえさとして食べつくされてしまうから。

（5） ニホンアマガエルの鳴き方にどのような特徴があるかを調べるため，
次のような実験を行い，下のような結果を得ました。
　〔実験〕同じ大きさのオスのニホンアマガエルを２ひき用意し，それぞ
　　れカエルＡ，カエルＢと区別した。２ひきのカエルをとう明なケー
　　スに別々に入れ，おたがいの鳴き声は聞こえるようにした。マ
　　イクを２つ用意し，マイク１，マイク２と区別した。マイク１に
　　は両方のカエルの鳴き声が，マイク２にはカエルＡの鳴き声のみ
　　が記録されるようにした。なお，どちらのマイクも，鳴き声があ
　　ったかどうかは記録されるが，音の大小は記録されない。
　〔結果〕２つのマイクそれ
　　ぞれにおいて，鳴き
　　声が記録された時間
　　を黒くぬりつぶした
　　ところ，右の図のよ
　　うになった。

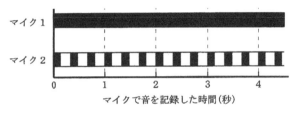

マイクで音を記録した時間（秒）

① 実験結果から，カエルＡは１秒間に何回鳴いていると考えられます
　か。
② 実験結果から，次のａ・ｂのように考えました。これらの考えにつ
　いて正しく説明しているものはどれですか。下の**ア〜エ**から１つ選び，
　記号で答えなさい。
　ａ　カエルＡが鳴いているときは，カエルＢは鳴いていない。
　ｂ　カエルＡの鳴き声を聞き，カエルＢはそれよりも大きな声で鳴く。
　　ア　ａ・ｂともに正しい。
　　イ　ａは正しいが，ｂは実験結果から判断できない。
　　ウ　ａは実験結果から判断できないが，ｂは正しい。
　　エ　ａ・ｂともに実験結果から判断できない。

令和４年度

奈良学園中学校

入学試験問題

Ａ日程

社会（４０分）

　試験開始のチャイムが鳴り始めるまでは，この問題冊子を開かないで，下記の注意事項をよく読んでおきなさい。

【 注 意 事 項 】

1. 試験開始のチャイムが鳴り始めたら，解答用紙の所定の欄に「**受験番号**」をはっきりと記入し，「**QRコードシール**」を貼りなさい。**学校名や氏名を書いてはいけません。**

2. 問題冊子は 18 ページあります。また，解答用紙は１枚です。

3. ページの脱落，印刷の不鮮明な箇所などがある場合や，**QRコードシールを貼る際に答案用紙が破れたり，貼ったシールにしわができたりした場合**は，手を挙げて監督の先生に知らせなさい。

4. 解答は，**解答用紙の指定された枠内に濃くはっきりと記入しなさい。枠外に記入した部分は採点の対象にしません。**

5. 試験終了のチャイムが鳴り始めたら，すみやかに筆記用具を置いて，**消しゴムのかすをよく払ってから**解答用紙を裏向きにし，問題冊子を閉じなさい。

6. 監督の先生が解答用紙を回収し，指示をするまでは，そのまま静かに着席しておきなさい。

7. 問題冊子は持ち帰りなさい。

（このページは白紙です）

1 次の文を読み，後の問いに答えなさい。

　文化庁が2015年から認定を始めた「日本遺産」というものがあります。地域の歴史的魅力や特色を通じてわが国の文化・伝統を語るストーリーが認定され，現在そのストーリーは100以上あります。例えば1番目のストーリーは「①近世日本の教育遺産群」となっており，近代教育制度の導入前から，高い教育水準を示したわが国の教育にまつわるものです。そこで，わが国の教育の歴史をみてみましょう。

　②奈良時代の教育機関といえばまず寺院で，また，役人を育てることを目的とした大学が都におかれ，③平安時代にも引きつがれました。④鎌倉時代になり，武士が政治をおこなうようになると，都の貴族だけでなく，様々な人の学ぶ機会が増えていきました。

　⑤江戸時代に入ると，町人や百姓の子どもたちも読み書きそろばんなど，生活に必要な知識を広く学ぶ教育機関である　⑥　が多くできました。その結果，江戸時代の日本は⑦文字が読める人の割合が高い国でした。

　さらに江戸時代のなかばごろから，西洋の学問を学ぶ人々が増えました。小浜藩の医者杉田玄白や中津藩の医者　⑧　がオランダ語の医学書を苦心してほん訳しました。西洋の学問はオランダ語を通じての学問ということで　⑨　と呼ばれました。一方でこのころ⑩国学も広がりました。今も残される国学者本居宣長の旧宅二階は鈴屋と呼ばれ，彼の書斎でもあり，塾でもありました。

　明治時代になると，政府は1872年に⑪学制を公布しました。これにより，5万以上の小学校の校舎が必要となり，初めは寺院や大きな民家が利用されることも多くありました。そういった中で，⑫長野県松本市では地域の人々がお金を出して小学校を建てましたが，ここからは地域の教育への期待の高さがみてとれます。また，⑬福沢諭吉は私塾をひらいて学生を指導するとともに，『学問のすゝめ』を著し，教育の重要性を説きました。さらに，6才でアメリカに留学した津田梅子は，長期の留学生活のあと，一生を日本の女子教育にささげることを決意し，女子英学塾をつくりました。

　アジア・太平洋戦争が始まると，⑭戦争は教育にも大きな影を落としました。

　1945年，戦争が終わると，ＧＨＱによる占領下にあっても教育は続けられました。空襲によって校舎が焼けてしまったところでは，校庭にいすを並べた「　⑮　教室」で勉強したということです。その後，1947年には教育の制度が変わり，現在にいたる教育のしくみが整えられていきました。

　塾や学校など，現在まで建物が残っているものがある一方で，「　⑮　教室」のように写真は残っていても校舎が残っているわけではないものもありますが，それらすべてを一つのストーリーとして，大切に受けついでいきたいものです。

問1 下線部①について，この日本遺産を構成している文化財に関する以下の問いに答えなさい。

（1）次の写真は，室町時代に今の栃木県につくられ，宣教師ザビエルによって「日本国中最も大きく最も有名な『坂東の大学』」とヨーロッパに伝えられた学校です。この学校を何といいますか，漢字4字で答えなさい。

（2）江戸時代に今の茨城県水戸市につくられた，水戸藩の武士のための学校として正しいものを次のア〜エから1つ選び，記号で答えなさい。

　　ア　日新館　　　　イ　明倫館　　　　ウ　弘道館　　　　エ　学習館

問2 下線部②について，奈良時代にはまだ建てられていなかった寺院として正しいものを次のア〜エから1つ選び，記号で答えなさい。

　　ア　東大寺　　　　イ　法隆寺　　　　ウ　唐招提寺　　　　エ　延暦寺

問3 下線部③について，この時代の学者で，学問の能力の高さを評価され，役人として天皇に重く用いられた人物として正しいものを次のア〜エから1つ選び，記号で答えなさい。

　　ア　平清盛　　　　イ　阿倍仲麻呂　　ウ　清少納言　　　　エ　菅原道真

問4　下線部④について，この時代の武士のやかたを描いた次の図から読み取れることと
して**正しくないもの**を下の**ア～エ**から１つ選び，記号で答えなさい。

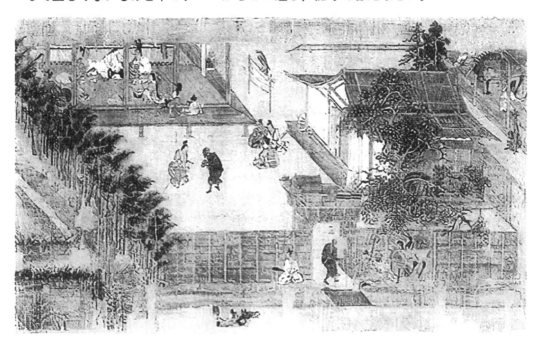

　　ア　物見やぐらが作られている。　　　**イ**　堀と石塁によって守られている。
　　ウ　馬や鷹が飼われている。　　　　　**エ**　門の前に警備の武士がすわっている。

問5　下線部⑤について，この時代におこったできごとa～cを年代の古い順に並べたも
のとして正しいものを下の**ア～カ**から１つ選び，記号で答えなさい。
　　a　天草四郎が多くの農民とともに島原・天草一揆をおこす。
　　b　大塩平八郎が生活に苦しむ人々を救うための兵をあげる。
　　c　シャクシャインがアイヌの人々をひきいて松前藩と戦う。
　　ア　a→b→c　　　　　　**イ**　a→c→b　　　　　　**ウ**　b→a→c
　　エ　b→c→a　　　　　　**オ**　c→a→b　　　　　　**カ**　c→b→a

問6　文中　⑥　にあてはまる語句を漢字３字で答えなさい。

問7　下線部⑦について，これを何といいますか，漢字３字で答えなさい。

- 4 -

問8　文中　⑧　にあてはまる人名として正しいものを次のア～エから1つ選び，記号で答えなさい。

ア　平賀源内　　イ　広瀬淡窓　　ウ　前野良沢　　エ　野口英世

問9　文中　⑨　にあてはまる語句を漢字2字で答えなさい。

問10　下線部⑩について，この学問がどのような学問かを述べた文として正しいものを次のア～エから1つ選び，記号で答えなさい。

ア　仏教や儒教が中国から伝わる前の日本人の考えを研究しようとしたもの。

イ　唐から帰った留学生が学んできた中国の文化を研究しようとしたもの。

ウ　朝鮮や琉球など，日本の周辺諸国について研究しようとしたもの。

エ　ロシアなど外国船を打ち払う方法について研究しようとしたもの。

問11　下線部⑪に関して述べた文として正しいものはどれですか。その組合せとして正しいものを下のア～キから1つ選び，記号で答えなさい。

A　6才以上の子どもが，小学校に通うことになった。

B　義務教育であったので，授業料は無料であった。

C　この制度が始まった当時，就学率は男女で大きくことなっていた。

ア　Aのみ　　　イ　Bのみ　　　ウ　Cのみ　　　エ　AとB

オ　BとC　　　カ　AとC　　　キ　AとBとC

問12　下線部⑫について，次の写真はこの時に建てられた建物です。この学校を何といいますか，漢字で答えなさい。

問13　下線部⑬について，この私塾として正しいものを次の**ア〜エ**から１つ選び，記号で答えなさい。

　　　ア　慶應義塾　　　　**イ**　鳴滝塾　　　　**ウ**　松下村塾　　　**エ**　適塾

問14　下線部⑭について述べた文として**正しくないもの**を次の**ア〜エ**から１つ選び，記号で答えなさい。

　　　ア　小学校は国民学校と名前を変え，教科書は戦争に関係した内容が多くなった。

　　　イ　学校生活も軍隊式のものになり，戦争の訓練などもおこなわれた。

　　　ウ　戦地におくられた男性にかわり，女子生徒が工場などで働くこともあった。

　　　エ　すべての大学生は兵器開発などの研究をおこない，戦地にいくことはなかった。

問15　文中　⑮　について，次の写真は「　⑮　教室」の様子を撮影したものです。
　　　⑮　にあてはまる語句を漢字２字で答えなさい。

2 園子さんは，日本の城に興味をもち，それに関するレポートを作成しました。これを みて，後の問いに答えなさい。

※ 使用した統計は『データブック・オブ・ザ・ワールド2021』などによる。

「現存12天守」について

6年1組　奈良 園子

　日本の城について調べる中で，現存12天守というものを知りました。天守とは城の本丸にある最大の櫓をさし，現存天守とは，江戸時代までに建てられ，修復されながら現在まで残っている天守のことです。その数は日本全国に12しかありません。

　豊臣政権時代にはたくさんあった天守ですが，江戸時代に出された一国一城令や武家諸法度，明治時代に出された廃城令などによってその多くが取り壊されてしまったそうです。さらに，太平洋戦争時の空襲や戦後の失火などでさらに数が減り，残ったのが12ということです。それを現存12天守といいます。表でまとめてみました。

城の名称	所在地	地方	備考
弘前城	①青森県 弘前市	東北地方	重要文化財
②松本城	長野県 松本市	中部地方	国宝
犬山城	③愛知県 犬山市		国宝
丸岡城	福井県 坂井市		重要文化財
彦根城	④滋賀県 彦根市	近畿地方	国宝
姫路城	⑤兵庫県 姫路市		国宝・⑥世界文化遺産
備中松山城	岡山県 高梁市	⑦中国地方	重要文化財
（ Ａ ）城	島根県（ Ａ ）市		国宝
高知城	⑧高知県 高知市	四国地方	重要文化財
伊予松山城	（ Ｂ ）県 松山市		重要文化財
宇和島城	（ Ｂ ）県 宇和島市		重要文化財
丸亀城	香川県 ⑨丸亀市		重要文化財

　まとめてみると，現存12天守は⑩北海道と関東，⑪九州以外の地方に広く分布していることや，すべてが重要文化財や国宝に指定されており，そのうちの1つの姫路城は世界文化遺産にも選ばれていることなどがわかりました。今までに私が行ったことがあるのは，彦根城と姫路城だけですが，いつかは全部の城に行ってみたいと思いました。

問1　表中の（　A　）には，この城がある県の県庁所在地名が入ります。あてはまる語句を漢字で答えなさい。

問2　表中の（　B　）にあてはまる県名を漢字で答えなさい。

問3　下線部①について，この県の農林水産業の特色について述べた文として正しいものを次のア～エから1つ選び，記号で答えなさい。

ア　夏の日照時間の長さと，冬の厳しい寒さを生かした米の栽培がさかんにおこなわれている。

イ　高さ2000mをこえる山々のふもとで，夏でもすずしい気候を生かしたキャベツ作りがさかんにおこなわれている。

ウ　湾や入江を利用した養しょく業がさかんで，のりの収穫量が日本一である。

エ　すずしい気候を生かしたくだもの作りがさかんで，りんごの生産量が日本一である。

問4　下線部②について，次の地図は松本城周辺を示したものです。この地図に描かれている地図記号のうち，下の（1）～（3）は何を示していますか，それぞれ漢字で答えなさい。

（1）　　　　　　　　　（2）　　　　　　　　　（3）

問5　下線部③について，
（1）この県には工場が多く集まり，工業がさかんな地域のひとつですが，この県と三重県
　　に広がる工業地帯を何といいますか，漢字で答えなさい。
（2）次のグラフは日本の四つの工業地帯における工業生産額およびその構成を示したも
　　のです。（1）の工業地帯を示したものとして正しいものをグラフ中のア〜エから１つ
　　選び，記号で答えなさい。

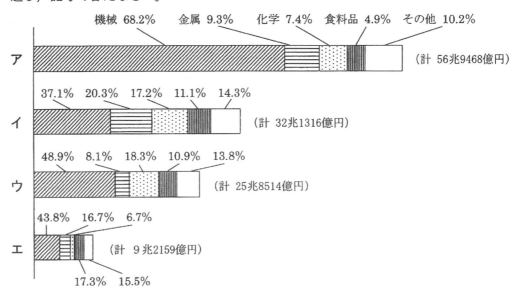

問6　下線部④について，この県には湖の中で日本最大の面積をほこる琵琶湖があります
　　が，その琵琶湖に流れ込んでいる河川として正しくないものを次のア〜エから１つ選
　　び，記号で答えなさい。

　　ア　安曇川　　　　イ　姉川　　　　ウ　宇治川　　　　エ　野洲川

問7　下線部⑤について，
（1）次の文の（　a　）・（　b　）にあてはまる数字と語句の組合せとして正しいものを
　　下のア〜エから１つ選び，記号で答えなさい。

　　| 　日本では，この県の明石市を通る東経（　a　）度の経線の真上に太陽がきた時を正午としており，この経線を日本の（　b　）という。 |

　　ア　a　135　b　標準時子午線　　　　イ　a　135　b　本初子午線
　　ウ　a　140　b　標準時子午線　　　　エ　a　140　b　本初子午線

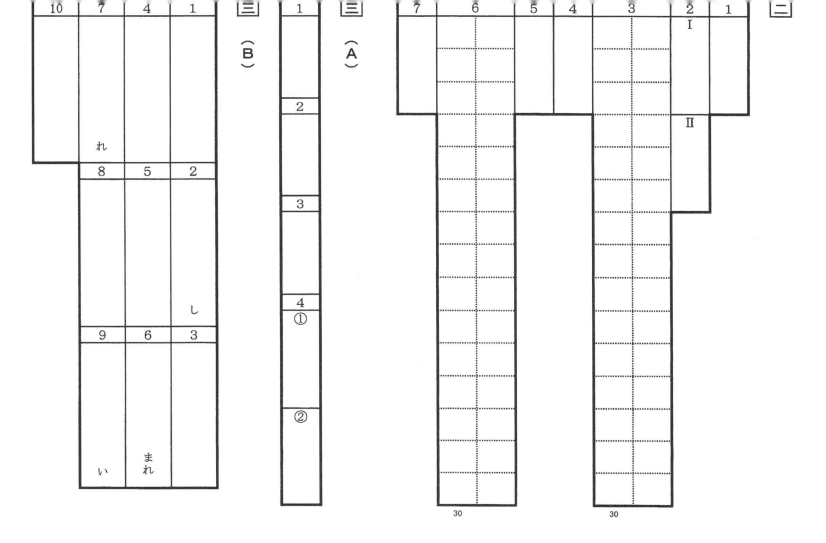

5	（1）	（2）	（3）	（4）
	度	分間	度	分

6	ア	イ	ウ	エ
	オ	カ	キ	
	ク	ケ	コ	サ
	シ	ス		
	セ	ソ	タ	チ
	ツ	テ		

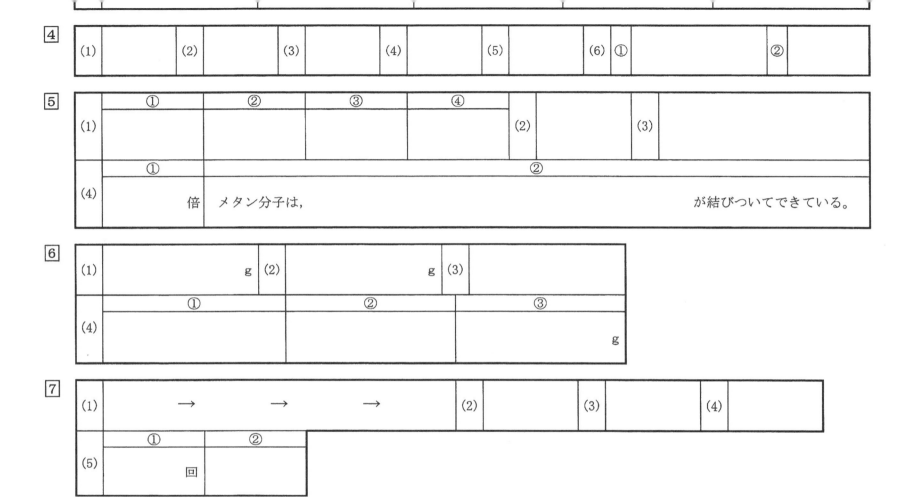

4
| (1) | | (2) | | (3) | | (4) | | (5) | | (6) ① | | ② | |

5
| (1) | ① | ② | ③ | ④ | (2) | | (3) | |

| (4) | ① 倍 | ② メタン分子は, が結びついてできている。 |

6
| (1) | g | (2) | g | (3) | |

| (4) | ① | ② | ③ g |

7
| (1) | → → → | (2) | | (3) | | (4) | |

| (5) | ① 回 | ② | |

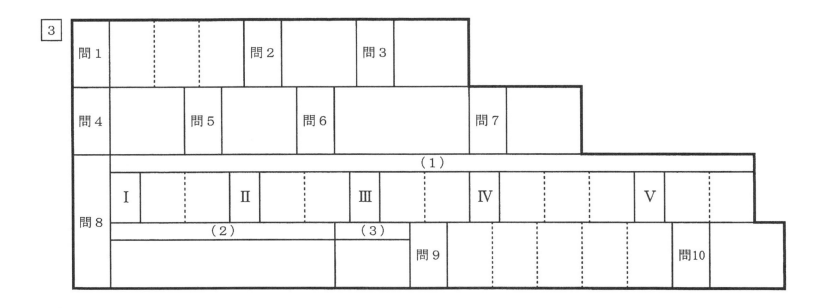

| 問6 | | 問7 | (1) | (2) | 問8 | | 問9 | (1) | (2) | 問10 | |

| 問11 | | 問12 | あ 平野 | い 山脈 | 問13 | (1) | (2) 島 |

| 3 | 問1 | | 問2 | 問3 | |

| 問4 | 問5 | 問6 | 問7 | |

| 問8 | (1) I | II | III | IV | V |

| (2) | (3) | 問9 | 問10 |

令和４年度　中学校入試　Ａ日程

社会　解答用紙

受験番号

↓ここにQRコードシールを貼ってください

※100点満点
（配点非公表）

221141

1

問1	（1）		（2）		問2		問3		問4	

| 問5 | | 問6 | | | | 問7 | | | 問8 | | 問9 | | |

| 問10 | | 問11 | | 問12 | | | | 問13 | |

| 問14 | | 問15 | | |

2

| 問1 | | 問2 | | 問3 | |

令和４年度　中学校入試　Ａ日程

理科　解答用紙

受験番号

221151

※100点満点
（配点非公表）

※医進コースは得点を1.5倍

1

(1)		(2)		(3)		(4)	倍

(5)																

2

(1)		(2)	①	②	③	④
			⑤	⑥	⑦	

3

(1)	①		②

令和４年度　中学校入試　Ａ日程

算数　解答用紙

受　験　番　号

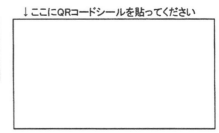

221121

※150点満点
（配点非公表）

1	（1）	（2）	（3）	（4）

2	（1）	（2）	（3）	（4）

3	（1）	（2）	（3）
	通り	通り	通り

4	（1）	（2）	（3）

【解答用

受験番号

221111

↓ここにQRコードシールを貼ってください

令和四年度　中学校入試　Ａ日程

国語　解答用紙

※150点満点
（配点非公表）

一

字数制限のある問題では、句読点やかっこなどの記号も一字に数えます。

6	5	4	1
7			2
			3

50

40

【解答用

（2）この県のなかで，しょうゆの生産がさかんな都市を次の**ア～エ**から１つ選び，記号で
　　答えなさい。

　　ア　倉敷市　　　　　**イ**　たつの市　　　**ウ**　銚子市　　　　**エ**　野田市

問8　下線部⑥について，次のX・Yは世界文化遺産に登録されている建物です。X・Y
　　と，その場所を示した地図上の位置ａ～ｄとの組合せとして正しいものを下の**ア～エ**
　　から１つ選び，記号で答えなさい。

X

Y

　　ア　X－ａ　　　Y－ｃ　　　　　　**イ**　X－ａ　　　Y－ｄ
　　ウ　X－ｂ　　　Y－ｃ　　　　　　**エ**　X－ｂ　　　Y－ｄ

問9　下線部⑦について，

（1）この地方にある，日本海側で最大の水あげ量をほこる漁港の名を漢字で答えなさい。

（2）この地方にあるいずれかの県に属する島を次のア～エから１つ選び，記号で答えな
　　さい。

　　　ア　隠岐諸島　　　　イ　五島列島　　　ウ　小豆島　　　　エ　対馬

問10　下線部⑧について，この県に関して述べた次の文a・bの正誤の組合せとして正しい
　　ものを下のア～エから１つ選び，記号で答えなさい。

　　　a　この県の南の沖合には，親潮とよばれる暖流が流れている。

　　　b　この県の西部には，清流として知られ，土佐湾に注ぐ吉野川がある。

　　　ア　a　正　　b　正　　　　　　　イ　a　正　　b　誤
　　　ウ　a　誤　　b　正　　　　　　　エ　a　誤　　b　誤

問11　下線部⑨について，次のア～エのグラフは４つの都市（丸亀市・上越市・松本市・静
　　岡市）の月別平均気温と月別降水量の変化を示したものです。このうち，丸亀市のもの
　　として正しいものを１つ選び，記号で答えなさい。

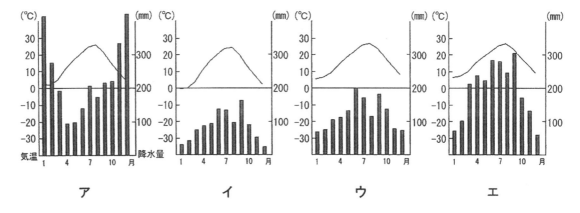

問12　下線部⑩について，下の地図中**あ**の平野と**い**の山脈の名をそれぞれ漢字で答えなさい。

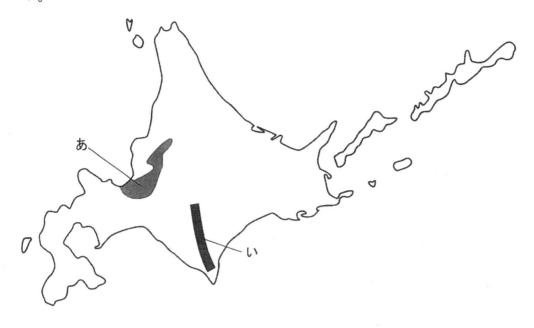

問13　下線部⑪について，

（1）この地方の県の特色について述べた文として**正しくないもの**を次のア〜エから１つ選び，記号で答えなさい。

　　ア　九州地方で最も人口の多い県は，福岡県である。

　　イ　九州地方で最も農業生産額が多い県は，宮崎県である。

　　ウ　佐賀県では，伝統工芸品である有田焼が生産されている。

　　エ　熊本県では，たたみの原料であるい草がさかんに生産されている。

（2）この地方の沖縄県に属する，日本の西のはしにあたる島の名を漢字で答えなさい。

3 次の文章は，総務省がさまざまな情報通信メディアのしくみや，使うときの注意点などについて説明したホームページ「情報通信白書 for Kids」の一部です。この文章を読み，後の問いに答えなさい。

① で友だちと交流しよう

　① とは，ソーシャル・ネットワーキング・サービスのことです。友だちなどとつながって，文章や写真，動画などで自分を表現したり，コミュニケーションするサービスのことです。

会社などを支えるインターネット

　インターネットを利用する会社が増えています。これは ② サービスと呼ばれるもので，情報技術とコミュニケーションを合わせてできた言葉です。

　多くの会社が，情報発信のためにホームページを作ったり，インターネットショッピングができるオンラインショップを用意したり，お客さんとコミュニケーションするために ① を活用したりしています。

　② を活用することで，世界を相手にモノを売ったり，少ない人数で効率的にビジネスができたりしているのです。

③学習に使えるスマートフォン

　④学校でスマートフォンを活用しているところもあります。たとえば都立高校では，学校内にスマートフォンを持ちこんで授業に活用し始めています。

ネットで正しい情報を得る方法は？

　正しい情報を得るためには，必ず信頼できる⑤情報源を調べましょう。総務省などの省庁が出している情報，新聞社などの大手メディアが出している情報，大手企業が発信している情報などは信頼性が高い情報です。

インターネットで情報を発信するとどうなるの？

　インターネット上に情報を発信すると，他の人から情報がもらえたり，新しい知り合いができたりというメリットがあります。自分が作った作品を多くの人に見てもらえたり，遠くに住んでいる人や⑥外国の人と交流ができたりします。（略）

　⑦どのような情報は出してもいいのか，出してはいけないのか，よく考えてから出すようにしましょう。

フェイクニュースって何？

　メディアやブログ，　①　によっては，本当ではない記事を公開していることがあります。これをフェイクニュースなどと呼びます。

　多くの人がだまされてしまい，広まってしまったフェイクニュースもたくさんあります。フェイクニュースの影響で，選挙結果や⑧政治の状況が変化するともいわれています。

　⑨　で自由な時間・場所で仕事ができる

　　⑨　とは，時間や場所にとらわれず自由に働ける働き方のことです。ワークライフバランスを向上させたり（仕事と生活の調和），通勤によるつかれを減らしたり，⑩地方でも多くの仕事につけるようになるという期待があります。

（出題にあたり一部表現を改めた部分があります）

問1　文中の　①　にあてはまる語句をアルファベット3文字で答えなさい。

問2　文中の　②　にあてはまる語句を次のア～エから1つ選び，記号で答えなさい。
　　ア　ICT　　　　イ　IAEA　　　ウ　ILO　　　　エ　IOC

問3　下線部③に関して，次の文A～Eは学習問題の調べ方について示したものです。これらの文を，学習を進める順番に並べたものとして正しいものを下のア～カから1つ選び，記号で答えなさい。
　　A　学習問題についての予想を話し合う。
　　B　学習問題の解決に向けて調べる。
　　C　予想が正しいかを確かめるために調べることを考える。
　　D　調べ方を考える。
　　E　学習をまとめる。
　　ア　A→B→C→D→E　　イ　A→B→D→C→E　　ウ　A→C→B→D→E
　　エ　A→C→D→B→E　　オ　A→D→B→C→E　　カ　A→D→C→B→E

問4　下線部④に関して，次のグラフは世界各国の15才が，普段の１週間のうち教室でおこなわれる社会科の授業でデジタル機器をどのくらい利用するかを調べたものです。グラフを正しく読み取ったものを下の**ア～オ**から１つ選び，記号で答えなさい。

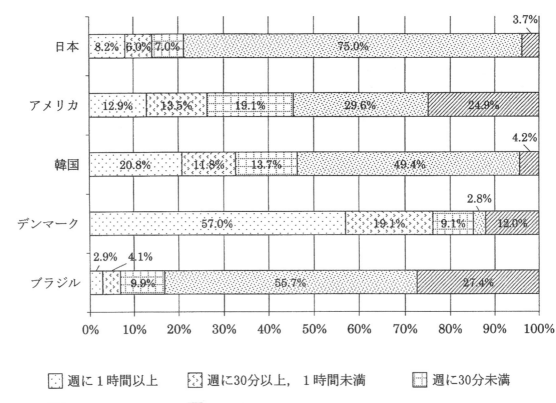

(OECD PISA 2018 による)

- 週に１時間以上
- 週に30分以上，１時間未満
- 週に30分未満
- 利用しない
- その他

ア　日本は，「利用しない」と答えた割合が５か国の中で最も少ない国である。

イ　アメリカは，「週に１時間以上」「週に30分以上，１時間未満」「週に30分未満」の割合を足し合わせた割合が５か国の中で最も大きい国である。

ウ　韓国は，「週に１時間以上」と答えた割合が５か国の中で最も大きい国である。

エ　デンマークは，「週に30分以上，１時間未満」「週に30分未満」の割合を足し合わせた割合が５か国の中で最も大きい国である。

オ　ブラジルは，「利用しない」と答えた割合が５か国の中で２番目に大きい国である。

問5　下線部⑤に関して，次のグラフは情報源としても用いられる通信機器を持っている
　　世帯の割合の変化を示したものです。グラフを正しく読み取ったものを下の**ア〜エ**か
　　ら1つ選び，記号で答えなさい。

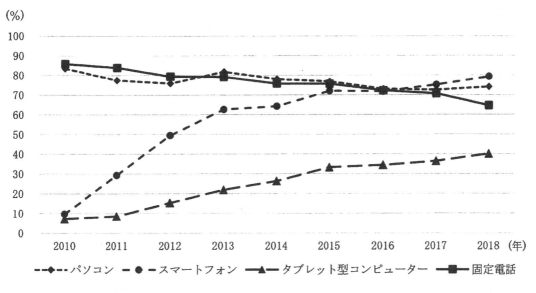

（総務省資料による）

　　ア　パソコンを持つ割合は2010年から2018年にかけて増加し続けている。
　　イ　スマートフォンを持つ割合は2010年から2018年の間に10倍以上に増加した。
　　ウ　2018年現在，固定電話を持つ割合はスマートフォンを持つ割合より少ない。
　　エ　タブレット型コンピューターを持つ割合は30才未満の世代で高まっている。

問6　下線部⑥に関して，2021年には東京で夏季オリンピック・パラリンピックが開催さ
　　れ，スポーツを通した国際交流がおこなわれました。今年，冬季オリンピック・パラリ
　　ンピックが開催される予定になっている都市はどこですか，カタカナで答えなさい。

問7　下線部⑦に関して，情報を発信する時に気をつけることとして**正しくないもの**を次
　　の**ア〜エ**から1つ選び，記号で答えなさい。
　　ア　名前・住所・電話番号や写真など，個人が特定できる情報はのせない。
　　イ　他の人がかいた文章や絵，とった写真などは断りなく使ってよい。
　　ウ　だれかをきずつけることがないような言葉や表現にする。
　　エ　正確な情報を発信し，誤った情報を広めないようにする。

問8　下線部⑧に関して，次の図は国の政治のしくみについて示したものです。これについて以下の問いに答えなさい。

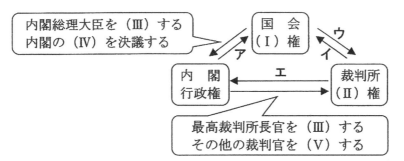

（1）図中の（Ⅰ）～（Ⅴ）にあてはまる正しい語句をそれぞれ漢字で答えなさい。ただし，（Ⅰ）・（Ⅱ）・（Ⅲ）・（Ⅴ）は2字，（Ⅳ）は3字で答えなさい。

（2）図のように，国の権力を分け，一つのところに集まることをさけるしくみのことを何といいますか，漢字4字で答えなさい。

（3）次の文章の波線部は図のどの役割について述べたものですか，正しいものを図のア～エから1つ選び，記号で答えなさい。

　厚生労働省は，2009年，使い方を誤ると健康を損なうおそれがあるとして，一部を除く薬をインターネットで通信販売することを制限する命令を出しました。これに対して，販売会社は通信販売できる薬を厳しく制限することは，憲法が保障する権利をおかしているなどとして，裁判所にうったえました。裁判の結果，最高裁判所は厚生労働省の命令は無効であるという判決を出しました。

問9　文中の　⑨　にあてはまる正しい語句をカタカナ5字で答えなさい。

問10　下線部⑩について，地方の政治のしくみについて述べた文として正しいものはどれですか。その組合せとして正しいものを下のア～キから1つ選び，記号で答えなさい。
　A　住民は市町村議会の議員を選挙で選び，市町村議会の議員が市町村長を選ぶ。
　B　市町村長は市町村議会を解散することができる。
　C　市町村の歳出はその市町村の住民からの税金のみでまかなわなければならないと憲法で定められている。
　ア　Aのみ　　　　イ　Bのみ　　　　ウ　Cのみ　　　　エ　AとB
　オ　BとC　　　　カ　AとC　　　　キ　AとBとC

（このページは白紙です）

令和四年度

奈良学園中学校　入学試験問題　B日程

国語（六〇分）

試験開始のチャイムが鳴り始めるまでは、この問題冊子を開かないで、左の注意事項をよく読んでおきなさい。

【　注　意　事　項　】

一、試験開始のチャイムが鳴り始めたら、解答用紙の所定の欄に「受験番号」をはっきりと記入し、「QRコードシール」を貼りなさい。**学校名や氏名を書いてはいけません。**

二、問題冊子は十八ページあります。また、解答用紙は一枚です。

三、ページの脱落、印刷の不鮮明な箇所がある場合や、QRコードシールを貼る際に答案用紙が破れたり、貼ったシールをにしわができたりした場合は、手を挙げて監督の先生に知らせなさい。

四、解答は、**解答用紙の指定された枠内に濃くはっきりと記入しなさい。枠外に記入した部分は採点の対象にしません。**

五、試験終了のチャイムが鳴り始めたら、すみやかに筆記用具を置いて、**消しゴムのかすをよく払ってから、**解答用紙を裏向きにし、問題冊子を閉じなさい。

六、監督の先生が解答用紙を回収し、指示をするまでは、そのまま静かに着席しておきなさい。

七、問題冊子は持ち帰りなさい。

・**字数制限のある問題では、句読点やかっこなどの記号も一字に数えます。**

・**句読点は解答用紙の枠に重ならないよう記入しなさい。**

一　次の文章を読んで、後の問いに答えなさい。なお、会話文には方言で書かれているところがあります。

東京で暮らす小学校五年生の島谷雪乃は、クラスの女子たちとの関係がこじれ、九月の終わりから学校に行けなくなってしまった。心配した父親の航介は、長野に住む曾祖父母（茂三とヨシ江）の元で生活することを提案した。家族で話し合った結果、仕事で都合のつかない母親を残し、父親と雪乃だけが引っ越すことになった。

長野に移り住み半年が経ち六年生になった雪乃だが、転校先でも学校に行けないまま、曾祖父母の手伝いなどをしながら過ごしている。そういう生活を送る中、父親の幼なじみの息子で、雪乃と同い年の大輝と出会う。二人は農作業の手伝いなどを通して次第に仲良くなっていき、大輝は雪乃と学校生活を過ごしたいと思うようになる。

三時過ぎ、教えてもらいながらブドウの袋かけに　Ａ　を出した雪乃が、ヨシ江とともに家へ帰ってみると、大輝はもう来ているようだった。

土間に、いくつもの運動靴がばらばらと脱いであるのを、雪乃は口を結んで見おろした。大輝の靴と同じくらいのサイズのものがもう二足。残りの一足は、ピンクのラインが入った小ぶりなものだ。

「お帰り。大輝が来てるぞ」

と、先に戻っていた航介が居間から顔を覗かせる。

「あ、帰ってきたか」

そんなこと、今さら言われなくてもわかっている。雪乃は、土間に立ち尽くしたまま、うつむいて拳を握りしめた。むしょうに腹が立っていた。

以前から大輝が、

〈今度ここへ、友だちを連れてきてもいいかな。いいやつばっかりだからさ〉

そんなふうに言うたびに、

〈お願いだからやめて〉

― 1 ―

はっきりと答えてきたはずだ。

〈なんで？　ちゃんと選んで連れてくるよ。乱暴なやつとかいないし、すぐ友だちになれると思うけど〉

〈いやなの。頼むから、そういうお節介しないで〉

そうすると大輝は黙って引き下がる。こちらが意思表示をすれば、無理強いはしないと思って安心していたし、信頼もしていた。そ

れなのに——どうしてこんな勝手なことをするのか。

このまま果樹園へ引き返そうかとも思ったが、何だかそれも癪にさわる。尻尾を巻いて逃げ出したように思われるのはごめんだ。

（だってここは、あたしの家なのに！）

雪乃は、目を上げた。①足を乱暴に振って長靴を脱ぎ捨て、廊下をずんずん歩いて居間の入口に立つ。

いつもの食卓の周りに、見知らぬ男子が二人と、女子が一人座っている。丸顔にショートヘアの小柄な女の子だ。

反射的に身構えてしまった。男子より女子のほうが、注1嫌な記憶に直結している。

雪乃の不機嫌さを感じ取ったのだろう、大輝がちょっと狼狽えたように何か言おうとしたが、それより先に、少女が顔を上げてニコッと笑った。

「こんにちは。おじゃましてますー」

一瞬で　B　を抜かれてしまうような、おっとりとした物言いだった。

「ほら、お前たちも何か言えよ」

大輝に言われて、残る二人の男子が顔を見合わせる。

「何かって？」

「人んち来たら、まず挨拶だろ挨拶」

「あそっか。えっと、どうもー」

「こんちはぁ」

上目遣いのまま、あごを突き出すような仕草をしてよこす。雪乃もまた、どうも、と同じように返すほかなかった。出鼻をくじかれて、怒るタイミングを逸してしまっていた。

何なのだろう、この子たちのつかみどころのなさは。初めて上がり込んだ家だというのに、妙にリラックスして見える。雪乃自身だって、そう、五年生の夏休みより前は友だちと一緒に誰かの家に集まったものだけれど、こんなにダラッとした感じでくつろぐ子たちは見たことがない。これまでは大輝が特別厚かましいのかと思っていたが、もしかして、こちらではそれがふつうなんだろうか。

「そっちのデカいのが、ユタカ」

大輝が遠慮なく指さす。お相撲さんみたいな体型の、優しい顔立ちの男の子だ。その隣にいるひょろっとしていていかにも勉強ができそうな子は、

「こっちはケント」

名前はそれぞれ、西田豊と、湯浅賢人。さっき土間で見た靴の中に黒マジックで書いてあった。

「そんでそっちが……」

「ナカムラ、シオリっていいます」

ただ一人の女子がまたおっとりと言った。

「いい名前だなあ」

と、航介が褒める。

「ありがとうございます」

「どういう字を書くの」

「ポエムの詩に、鶴が機を織る時の、糸へんの織るです」

「詩織んとこはさあ、婆ちゃんがほんとに機を織るんだよな。足で踏んでギッコンバッタンいうやつ。俺、ちっちゃい頃はあの音がおっかなかったっけ」

「あ、俺も俺も。覗いたりしたら、こう、ふり返って『見～た～な～?』とか言われそうでさ」

「わかる!」

「ひどいよー、あんたたち。わたしもそうだったけど」

大輝を含めた四人が、おばけみたいな仕草をしながらげらげら笑っている。

小さな居間が、なおさら狭苦しく感じられる。

②　雪乃は、突っ立ったまま黙っていた。部屋は賑やかなのに、頭の後ろのあたりだけがシンと静かだ。

そうか。この子たちはみんな、幼なじみ同士なのだ。小学校に上がるよりもっと前から、きょうだいみたいに近しく育ってきた。互いの親は顔見知りで、それどころか親同士も幼なじみかもしれない。

いいやつばっかりだからさ、という大輝の言葉をまた思い出す。要するに学校の中でも特に仲のいい、気心の知れた友だちだけを選んで引っぱってきたのだろう。その中に女子がいるのだって、べつにどうってことはない、ふつうの話だ。なのに、それがどうしてこうも引っかかるんだろう。

ああもう、と雪乃は下唇を嚙みしめた。

「あ、雪っぺ！」

大輝の慌てた声がする。かまわず、廊下を戻って土間で運動靴に履き替え、外へ出た。

③　鼻から大きく息を吸い込み、ゆっくりと吐き出す。そうして、くるりと踵を返した。

（中略）

お尻がだんだん冷えてくる。藁の上に座っていても、その下の地面が冷たいからだ。

「今朝、あいつが畑へ来たのはこういうことだっただな」

よっこらせ、とシゲ爺がすぐそばの青いトラクターの前輪に腰を下ろす。

「ランドセルしょって息切らして走ってくっから、いったい何があったかと思ったらほー、わざわざお前の都合を訊きに来たってわけかい。律儀なやつだに」

「知らないよ。都合なんか訊かれてない」

雪乃は口を尖らせた。

「だけんが雪坊、学校の帰りに寄りたいなら好きにすればいいって、おめえが言ったんだに」

「それは、大ちゃん一人だって思ってたからで……友だち連れてくるなんてひと言も言わなかったじゃん。なのに、ヨシばあばとブドウ畑から帰ってみたらもう勝手に上がり込んでてさ。家に上げたのだってあたしじゃないもん」

「そうだな。家に上げたのは、俺だ」

驚いて見やる。ごつごつとしたタイヤに腰かけた茂三が、真顔で雪乃をじっと見おろす。

「勝手に上がり込んだんじゃねえだよ。大輝のやつは、みんなして外の縁側で待ってるっつったただわ。それを、いいからまあ上がっておやつでも食っててくんなって勧めたのはこの俺だに」

「なんでそんなよけいなこと」

「よけいな、こと？」白っぽい眉が、ぎゅっと真ん中に寄る。「A なんでって、雪乃。そんなこともわかんねえだか」

「……だって」

茂三が、ふーっと、深くて長いため息をつく。

④嬉しかったからだわ」

雪乃は、どきっとした。

「涙が出るほど嬉しくって、ほんっとうにありがたかったからだわ。ああして大輝が、仲良くなったおめえを心配してわざわざ友だちまで引っぱって来てくれたってことが──それも、誰かに言われたとかじゃねえに。自分の頭で考えてそうしてくれたってことが、この爺やんは、ほー、そりゃあもう嬉しくってない。それだもの、家に上げたのはよけいなことでも何でもねえ。あの子たちへの、せめてもの気持ちだわ」

返す言葉がない。

⑤膝をきつく抱えて黙りこくっていると、納屋の大きな 注2梁のどこかで、みしりと木の軋む音がした。西側の出入口の向こうのほうから、キョッケーイ、とキジの鳴く甲高い声が聞こえる。オスがメスを呼んでいるのだろうか。

と、母屋の土間のあたりが少し騒がしくなった。子どもたちの話し声に、航介の声と、そしてヨシ江の笑い声が入り混じる。父親はあれからずっと彼らの相手をしていたらしい。

たたっ、と運動靴の足音がして、入口から大輝の顔が覗いた。

「じゃあな、雪っぺ。宿題あるし、帰るわ」

すごい。いつもと態度が変わらない。何て返せばいいのだろう。〈ごめん〉や〈ありがとう〉はもちろんのこと、おんなじ〈じゃあね〉すらうまく出てこない。

注2 梁 —— （はり）

-5-

「B 雪乃」

びっくりして、茂三をふり返る。いま、雪坊じゃなく、雪乃、と呼ばれた。

「そのへんまで、みんなを送ってけ」

「え」

「わざわざ訪ねてきてくれた相手に礼を尽くすのは、人としてあたりまえのことじゃあねえだかい」

そう言われてしまうと、ますます反論できない。

雪乃は、抱えていた膝をほどき、のろのろと立ちあがった。お尻に付いた藁屑を払い、大輝のほうを見ると、彼のほうは話の成り行きが見えないせいで、きょとんとこっちを見ている。

思いきって近づいて行き、そばをすり抜けるようにして納屋から出る。冷えた身体を蒸し暑い空気が包み、注3 キチがじゃらじゃらと鎖を鳴らすと同時に、玄関の土間から子どもらが出てきた。

「ばう、ばう、とキチが吠える中、賢人も豊も何やら微妙な顔で雪乃のほうを見る。わずかに遅れて、詩織も出てきた。

「あ、島谷さん。おじゃましてー」

おじゃま、というのが嫌味なんかでないことは、雪乃にもわかる。かろうじて首を横に振ってみせると、詩織はほっこりと笑った。

「そこまで一緒に行くってさ」

と、大輝が言う。

⑥それこそ勝手なのに、ほっとした。

（村山由佳『雪のなまえ』徳間書店による）

注1　嫌な記憶　——　雪乃は東京の小学校にいたとき、クラスの女子たちから突然無視されるという辛い思いをした。

注2　梁　——　屋根を支えるために、横に張り渡した木材。

注3　キチ　——　曾祖父母が飼っている犬。

1 　 A ・ B に入れるのに最もふさわしいものを、次のア〜エからそれぞれ一つ選び、その記号を答えなさい。

B　ア　勇気　　イ　眠気（ねむけ）　　ウ　毒気　　エ　空気

A　ア　顔　　イ　口　　ウ　気　　エ　精

2 　——線①「足を乱暴に振って長靴を脱ぎ捨て、廊下をずんずん歩いて居間の入口に立つ」とありますが、このときの雪乃の心情を説明したものとしてふさわしいものを、次のア〜オから二つ選び、その記号を答えなさい。

ア　農作業で疲れた身体を休めるために、面倒な用件はさっさと済ましてしまおうとひどく急いでいる。

イ　自分に黙って友だちを家にまで連れてきた大輝に対し、信頼を裏切ったと激しい憤（いきどお）りを覚えている。

ウ　ずうずうしく居間まで上がりこんでいる大輝たちの無神経さに呆（あき）れて、礼儀（れいぎ）知らずだと蔑（さげす）んでいる。

エ　自分の家なのにこちらが引き下がるのは馬鹿（ばか）らしいので、これ見よがしに荒（あら）っぽく振る舞（ふま）っている。

オ　幼稚な連中に関わっている暇（ひま）はないので、不機嫌な態度で大輝たちを追い返そうと意気（いき）込（ご）んでいる。

3 ──線②「雪乃は、突っ立ったまま黙っていた」とありますが、このときの雪乃の様子として最もふさわしいものを、次のア〜エから一つ選び、その記号を答えなさい。

ア 親しげに談笑する四人の姿を見ているうちに、東京での辛い記憶がよみがえり、恐怖にとらわれている。

イ 幼なじみ四人が楽しそうに話している姿を目にして、その場に入っていけない雰囲気を感じ取っている。

ウ 屈託なく話し合う四人のやり取りを観察し、親の関係も含め、冷静にその間柄を分析しようとしている。

エ 他人の家で我が物顔に振る舞っている四人の態度が癪に障るものの、その怒りを押し殺そうとしている。

4 ──線③「鼻から大きく息を吸い込み、ゆっくりと吐き出す」とありますが、次の文は、このときの雪乃の様子を説明したものです。文中の □ にふさわしい語句を十五字以内で入れて、説明を完成させなさい。

> 親しげに話す大輝たち幼なじみの様子を見て高ぶってきた感情を、自分ではどうすることもできなくなり、まずは大きく深呼吸をして間を置いてから、外に出てゆこうと □ ことを避けるために、している。

5 ――線④「嬉しかったからだわ」とありますが、茂三にはどのようなことが「嬉しかった」のですか。四十字程度で説明しなさい。

6 ――線⑤「膝をきつく抱えて黙りこくっている」について、このときの雪乃の様子を説明したものとして最もふさわしいものを、次のア〜エから一つ選び、その記号を答えなさい。

ア 東京の学校では仲間外れになり、引っ越してきた長野でも新しい友達を作れずにいる、そのような自分がますますみじめに思えてきて、悲しみで身体を固くしている。

イ 心の傷が癒えるまでそっとしておいてほしいので、本当は茂三や大輝のお節介はひどく煩わしいのだが、それは絶対に口にしてはいけないと自分に言い聞かせている。

ウ 茂三の優しさをありがたく思い、大輝たちの好意にも素直に甘えるべきだと頭ではわかっているものの、どうしても動き出すことができず、同じ姿勢をとり続けている。

エ 初めて目にした茂三の真面目な表情から、自分の不甲斐なさのためにこれまで色々と辛い思いをさせていたことに気がついて、申し訳なくて顔を上げられないでいる。

―9―

7 ――線A「なんでって、雪乃」、B「雪乃」のように、茂三が「雪坊」ではなく「雪乃」と呼びかけるのはどのようなときだと考えられますか。簡潔に答えなさい。

8 ――線⑥「それこそ勝手なのに、ほっとした」とありますが、このときの雪乃の心情を説明したものとして最もふさわしいものを、次のア〜エから一つ選び、その記号を答えなさい。

ア 自分に黙って家にまで友だちを連れてきていた大輝には呆れたが、物静かで気が合いそうな詩織と出会えたことで、大輝に対する気持ちが怒りから感謝へと変わってきている。

イ 今回のことでとても嫌な思いをさせたにもかかわらず、いつもと同じように自分の気持ちに正直に行動しようとしてくれている大輝の優しさに触れて、心が安らいできている。

ウ 大勢で家に押しかけて来たり、宿題があるから帰ると言ったり、大輝の身勝手さにはいつも振り回されるが、早く一人になりたいと思っていたので、やれやれと安堵している。

エ 大輝の友達にもどうにかして感謝の思いを伝えねばならないと感じていたので、大輝のお気楽な発言がかえって助け船のように思われて、肩の力が抜け気持ちが和らいでいる。

二　次の文章を読んで、後の問いに答えなさい。なお、数字の表記は、漢数字を用いる形に改めています。

（赤い鳥『翼をください』　作詞　山上路夫（やまがみちお）／作曲　村井邦彦（むらいくにひこ））

（Kiroro『未来へ』　作詞／作曲　玉城千春）

（ゴダイゴ　『銀河鉄道９９９』　作詞　奈良橋陽子・山川啓介／作曲　タケカワユキヒデ）

（五輪真弓『恋人よ』作詞／作曲 五輪真弓）

（山田敏弘『あの歌詞は、なぜ心に残るのか――Jポップの日本語力』による）

注1 忌避——嫌って避けること。

注2 破格——言葉の使い方が、通常のきまりに外れていること。

注3 クリスタルキング——日本の音楽バンドの名称。

1 ――線①「この場合、『へ』と置換可能な場合も多い」とありますが、次の**ア～エ**の「へ」のうち、本文で述べられている「着点や方向」を表わす働きとは異なるものを一つ選び、その記号を答えなさい。

ア 思い切って世界へと飛び出す勇気を持つ。

イ 三年前に年号が平成から令和へと変わった。

ウ 選手たちがゴールへと向かって懸命に走る。

エ 大量の水が溝から家へと流れ込んできた。

2 ――線②「そこへ向かって『翼はためかせて行く』ことこそ大切と歌っている」とありますが、筆者はどこへ向かってはばたいてゆくことが大切だと考えているのですか。解答欄に続く形で二十五字以内で答えなさい。

3 　Ｉ　～　Ⅲ　に入れるのに最もふさわしい言葉の組合せを、次の**ア～カ**から一つ選び、その記号を答えなさい。

　　　Ｉ　　　　　Ⅱ　　　　　Ⅲ

ア 達成感 ―― 物理的 ―― 心理的

イ 距離感 ―― 物理的 ―― 心理的

ウ 達成感 ―― 空間的 ―― 時間的

エ 距離感 ―― 空間的 ―― 時間的

オ 達成感 ―― 社会的 ―― 個人的

カ 距離感 ―― 社会的 ―― 個人的

4 ──線③「抽象的な印象を伴う」とありますが、ゴダイゴの歌詞にある「新しい風に心を洗おう」という表現から、歌詞全体のどのような状況が読み取れますか。そのことを説明したものとして最もふさわしいものを、次のア〜エから一つ選び、その記号を答えなさい。

ア 新しい風が吹いてくる時をうまく利用し、人々の汚れてしまった心をしっかりと清めようとする状況。

イ 新しい風に向かってけがれのない純真な心を示して、真っ直ぐに生きていくことを誓おうとする状況。

ウ 新しい風には人の心をきれいにする力があるのだから、それを信じて未来に進んでいこうとする状況。

エ 新しい風が吹くと清らかな雨も降ってくるから、その雨や風に打たれ悲しみを洗い流そうとする状況。

5 ──線④「それでは雅でない」とありますが、次の文は「雨で壊れた」という表現が「雅でない」という理由を説明したものです。文中の X ・ Y にふさわしい語句をそれぞれ五字程度で入れて、説明を完成させなさい。

歌詞にある「雨に壊れた」という表現は、比喩的な表現だとも考えることができ、 X が思い浮かぶのに対し、「雨で壊れた」という表現では、「ベンチが Y 壊れている」という一つの情景しか読み取ることができず、深みがないから。

―15―

6 本文では、格助詞「に」の働きとして、「着点や方向を表わす『に』」と「原因を表わす『に』」が示されていますが、これらの他にも、次のA〜Cのような働きもあります。それぞれの例として最もふさわしいものを、後の**ア〜カ**から一つずつ選び、その記号を答えなさい。

A 時を表わす「に」

B 目的を表わす「に」

C 基準を表わす「に」

ア 近くまでお越しの際には、是非お立ち寄り下さい。

イ いつも優しい兄は、中学の生徒会長に選出された。

ウ 予想以上の寒さに、子供たちも思わず身を縮める。

エ 先生の指示に従って、落ち着いて行動すればよい。

オ 中学受験に備えて、身体と心をゆっくりと休める。

カ 長く厳しかった冬が終わり、ようやく春になった。

三 （A） 次の問いに答えなさい。

1 「すてばちな態度」を意味する四字熟語を、次のア〜エから一つ選び、その記号を答えなさい。

ア 自画自賛　　イ 自縄自縛（じじょうじばく）　　ウ 自由自在　　エ 自暴自棄（じぼうじき）

2 「□下暗（もと）し」の□に漢字二字を入れ、慣用的表現を完成させなさい。

3 「腓（こむら）」の意味として最もふさわしいものを、次のア〜エから一つ選び、その記号を答えなさい。

ア 踵（かかと）　　イ ふくらはぎ　　ウ 尻（しり）　　エ 太もも

4 ──線部の言葉の使い方として最もふさわしいものを、次のア〜エからそれぞれ一つ選び、その記号を答えなさい。

① 大事を取る

ア 大事を取るような大口を叩（たた）いては、彼（かれ）は人の信用を失う。

イ 長年の苦労の末、老学者は晴れて大事を取るにいたった。

ウ 入試の直前なので、微熱（びねつ）とはいえ大事を取ることにした。

エ 見舞客（みまいきゃく）の多くが、大事を取る足取りで彼の病室に向かう。

-17-

② 気を揉む

ア 世の中全体が、ウイルスの感染拡大に何かと気を揉む。

イ お嬢様育ちの彼女は、人に気を揉むことができない。

ウ 飼い主の気を揉むかのように、子犬がクンクンと鳴く。

エ 敗戦に気を揉む選手たちに、観客の温かい拍手が届く。

三 （B）次の 1 ～ 10 の文の ―― 線部について、カタカナは漢字になおし、漢字はその読み方をひらがなで書きなさい。

1 母の用意したおやつを三兄弟でキントウに分ける。

2 おかげさまで、祖父母ともども今もケンザイです。

3 政治家としてのジッセキを積み重ね、大臣となる。

4 父は有名な合唱団のシキを任されることになった。

5 私は将来、セイヤク会社で働こうと勉強している。

6 後継者争いがサイネンしないように議論を尽くす。

7 登校後は貴重品をアズけるよう生徒たちに伝える。

8 風雲急をツげる。

9 とんだ茶番だ。

10 勇んで出発した。

令和4年度

奈良学園中学校

入学試験問題

B日程

算数（60分）

　試験開始のチャイムが鳴り始めるまでは，この問題冊子を開かないで，下記の注意事項をよく読んでおきなさい。

【 注 意 事 項 】

1. 試験開始のチャイムが鳴り始めたら，解答用紙の所定の欄に「**受験番号**」をはっきりと記入し，「**QRコードシール**」を貼りなさい。**学校名や氏名を書いてはいけません。**

2. 問題冊子は 8 ページあります。また，解答用紙は1枚です。

3. ページの脱落，印刷の不鮮明な箇所などがある場合や，**QRコードシールを貼る際に答案用紙が破れたり，貼ったシールにしわができたりした場合**は，手を挙げて監督の先生に知らせなさい。

4. 解答は，**解答用紙の指定された枠内に濃くはっきりと記入しなさい。枠外に記入した部分は採点の対象にしません。**

5. 試験終了のチャイムが鳴り始めたら，すみやかに筆記用具を置いて，**消しゴムのかすをよく払ってから解答用紙を裏向きにし，問題冊子を閉じなさい。**

6. 監督の先生が解答用紙を回収し，指示をするまでは，そのまま静かに着席しておきなさい。

7. 問題冊子は持ち帰りなさい。

＃教英出版 編集部　注
　編集の都合上、白紙は省略しています。

円周率の必要なときは，3.14 としなさい。
小数点などの小さな記号は大きめにはっきりと書きなさい。

1 次の ☐ にあてはまる数を入れなさい。

（1）　$11 \times 1331 + 121 \times 121 + 14641 =$ ☐

（2）　$\dfrac{1}{18} + \dfrac{1}{54} + \dfrac{1}{108} + \dfrac{1}{180} + \dfrac{1}{270} =$ ☐

（3）　$0.875 \div 4\dfrac{2}{3} - 0.0625 + \dfrac{5}{3} \div 0.625 - \dfrac{2}{3} =$ ☐

（4）　$\left(\dfrac{1}{2} - \boxed{} \times \dfrac{1}{3} \div \dfrac{1}{4} \right) \div \dfrac{1}{5} - \dfrac{1}{6} = \dfrac{1}{7}$

2 次の □ にあてはまる数を入れなさい。

（1） 3つの整数Ａ，Ｂ，Ｃの合計は 292 です。ＡをＣで割ると商が６，余り
が９となり，ＢをＣで割ると商が５，余りが７となります。
このとき，Ｃは□です。

（2） 全校生徒数が 1058 人の学校の男女の数を調べてみると，男子の $\frac{3}{5}$ と
女子の $\frac{5}{7}$ の人数が等しいことがわかりました。
この学校の男子の人数は□人です。

（3）下の図１は，縦２マス，横５マスの方眼紙に２本の線がひかれたもので
　　す。xとyの和は□です。

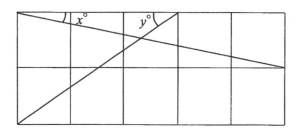

図１

（4）下の図２の台形の外側を，半径１cmの円が台形の辺に沿ってすべること
　　なく１回転して移動するとき，円が移動した部分の面積は□cm²です。

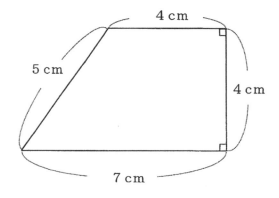

図２

3　1つのサイコロをくり返し振り，出た目の数の合計を得点とします。それまでに出た目と同じ目が出た時点で終了とし，最後に振ったサイコロの目の数まで得点に含めます。このとき，次の問いに答えなさい。ただし，（3）と（4）で目の出方を数えるときは，$\boxed{\bullet} \rightarrow \boxed{\begin{smallmatrix}\ \bullet\\\bullet\ \end{smallmatrix}} \rightarrow \boxed{\bullet}$ と，$\boxed{\begin{smallmatrix}\ \bullet\\\bullet\ \end{smallmatrix}} \rightarrow \boxed{\bullet} \rightarrow \boxed{\bullet}$ は異なる目の出方として数えます。

（1）最大何回までサイコロを振ることができますか。また，そのときの最高得点は何点ですか。

（2）ちょうど4回で終わるときの最高得点と最低得点はそれぞれ何点ですか。

（3）ちょうど3回で終わるようなサイコロの目の出方は何通りですか。

（4）得点が8点になるようなサイコロの目の出方は何通りですか。

$\boxed{4}$　図1のように，奇数の書かれたカードを小さいものから順に，1段目は1枚，2段目は2枚，3段目は3枚，…と並べます。

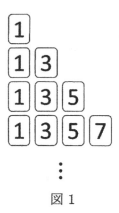

図1

　これらを図2のように，1段目のカードから順に横1列に並べたとき，次の問いに答えなさい。

1 1 3 1 3 5 1 3 5 7 1 …

図2

（1）10枚目の1のカードは最初から数えて何番目にありますか。

（2）1番目から50番目までのカードに書かれた数の和はいくらですか。

（3）1番目から順にカードに書かれた数を続けてかけていきます。その積が初めて19683で割り切れるのは，何番目までかけたときですか。

5 　容器Aには 10％の食塩水 200g，容器Bには５％の食塩水 400g が入ってい

ます。このとき，次の問いに答えなさい。

（１）容器Bから食塩水を何 g か取りだし，容器Aに入れてよくかき混ぜたと

ころ，７％の食塩水ができました。取り出した食塩水は何 g ですか。

（２）（１）の後，容器Bに残った食塩水に食塩を５g，水を何 g か加えてよく

かき混ぜたところ，８％の食塩水ができました。加えた水は何 g ですか。

（３）（２）の後，（１）と（２）でできた食塩水をすべて混ぜ合わせると，何％

の食塩水ができますか。

6 次の ア ～ ツ にあてはまる整数を入れなさい。

1 から N までの整数の中で，N との最大公約数が 1 である整数の個数を【N】とします。例えば【10】は，1 から 10 までの整数の中で，10 との最大公約数が 1 である整数の個数です。この場合，1，3，7，9 の 4 個の整数があてはまるので，【10】＝ 4 となります。

N が 2 から 9 までの整数の場合は，それぞれ次のようになります。

【2】＝ 1   【3】＝ 2   【4】＝ 2

【5】＝ 4   【6】＝ ア   【7】＝ イ

【8】＝ ウ   【9】＝ 6

次に，【64】を求めます。64 を素数の積で表すと，

64 ＝ エ × エ × エ × エ × エ × エ

となります。1 から 64 までの整数の中で，64 との公約数が 1 以外にもある整数はすべて エ の倍数であると考えられます。 エ の倍数は オ 個あるので，

【64】＝ 64 － オ ＝ カ

であることが分かります。

同じように考えて，【81】＝ キ となります。

さらに，【77】を求めます。77 を素数の積で表すと，

77＝ ク × ケ 　（ ク ＜ ケ とする）

となるので，1 から 77 までの整数の中で， ク ， ケ の倍数の個数を考えます。 ク の倍数は コ 個， ケ の倍数は サ 個， ク と ケ の公倍数は シ 個なので，

【77】＝77－（ コ ＋ サ － シ ）＝ ス

であることが分かります。

同じように考えて，【143】＝ セ となります。

最後に，【231】を求めます。231 を素数の積で表すと，

231＝ ソ × タ × チ 　（ ソ ＜ タ ＜ チ とする）

となるので，【77】のときと同じように考えて，【231】＝ ツ であることが分かります。

Ⓚ教英出版

令和 4 年度

奈 良 学 園 中 学 校

入 学 試 験 問 題

B 日 程

理 科 （４０分）

試験開始のチャイムが鳴り始めるまでは，この問題冊子を開かないで，下記の注意
事項をよく読んでおきなさい。

【 注 意 事 項 】

1. 試験開始のチャイムが鳴り始めたら，解答用紙の所定の欄に「**受験番号**」をはっきり
   と記入し，「**QRコードシール**」を貼りなさい。**学校名や氏名を書いてはいけません。**

2. 問題冊子は 14 ページあります。また，解答用紙は 1 枚です。

3. ページの脱落，印刷の不鮮明な箇所などがある場合や，**QRコードシールを貼る際**
   に答案用紙が破れたり，貼ったシールにしわができたりした場合は，手を挙げて監督
   の先生に知らせなさい。

4. 解答は，**解答用紙の指定された枠内に濃くはっきりと記入しなさい。枠外に記入し**
   た部分は採点の対象にしません。

5. 試験終了のチャイムが鳴り始めたら，すみやかに筆記用具を置いて，**消しゴムのか**
   すをよく払ってから解答用紙を裏向きにし，問題冊子を閉じなさい。

6. 監督の先生が解答用紙を回収し，指示をするまでは，そのまま静かに着席しておきな
   さい。

7. 問題冊子は持ち帰りなさい。

1 長さ40cmの棒Aと，長さ60cmで重さ30gの棒Bがあります。細い糸でこれらの棒やいろいろな重さのおもりをつるし，ばねばかりを用いてつり合いの実験をしました。次の問いに答えなさい。ただし，2本の棒の太さは一定で，糸，ばねばかりそして棒Aの重さは考えないものとします。なお，図に示すおもりは重さに関係なく同じ大きさで描いてあります。

（1） 図1のように，天井につるした棒Aにある重さのおもりをつるし，ばねばかりで真下に引いて棒が水平になってつり合ったとき，ばねばかりは40gを示しました。つるしたおもりの重さは何gですか。

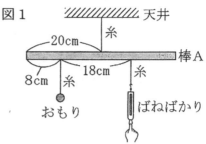

図1

（2） 図2のように，天井につるした棒Aに50gと100gのおもりをつるし，ばねばかりで真下に引いて棒が水平になってつり合ったとき，ばねばかりは何gを示しますか。

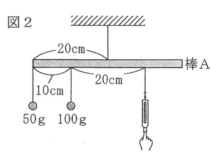

図2

（3） 図3のように，ばねばかりにつるした棒Aに40gと25gのおもりをつるし，棒の左端からある距離Xの位置にとりつけた糸aを手で真下に引いて棒が水平になってつり合ったとき，ばねばかりは140gを示しました。Xは何cmですか。ただし，図に示した糸aの位置は正確には描かれていません。

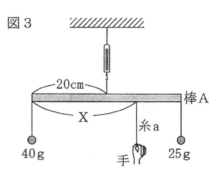

図3

（4） 図4のように，ばねばかりにつるした棒Aに50gと80gのおもりをつるし，棒にとりつけた糸bを真上に引いて棒が水平になってつり合ったとき，ばねばかりは何gを示しますか。

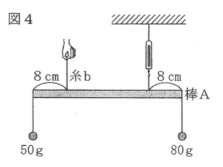

図4

（5）　図5のように，天井に
　　　つるした棒Bをばねばか
　　　りで真下に引いて棒が水
　　　平になってつり合ったと
　　　き，ばねばかりは30gを
　　　示しました。次の①，②
　　　に答えなさい。

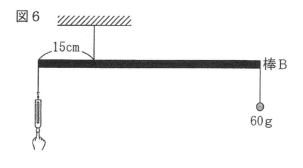

図5

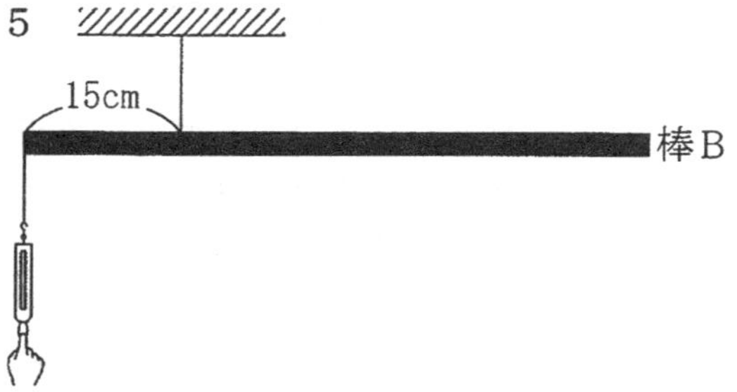

①　図6のように，天井
　　につるした棒Bに60g
　　のおもりをつるし，ば
　　ねばかりで真下に引い
　　て棒が水平になってつ
　　り合ったとき，ばねば
　　かりは何gを示します
　　か。

図6

②　図7のように，天井
　　につるした棒Bに70g
　　と100gのおもりをつる
　　し，棒の左端からある
　　距離Yの位置にとりつ
　　けたばねばかりで真上
　　に引いて棒が水平にな
　　ってつり合ったとき，
　　ばねばかりは50gを示
　　しました。Yは何cmで
　　すか。ただし，図に示
　　したばねばかりの位置は正確には描かれていません。

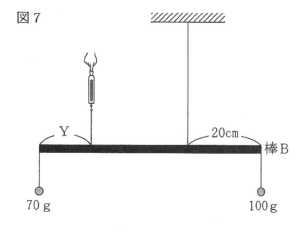

図7

2 　ある日まなぶさんがテレビを見ていると，次のようなニュースが流れました。

　「地球温暖化の原因である温室効果ガスの1つ，I 二酸化炭素の排出削減が世界的に求められる中，日本政府は次世代のエネルギー源として水素やアンモニアを火力発電に用いることを推し進めています。」

　このニュースを見たまなぶさんは，II アンモニアについては知っていたけれど，水素については学校で習っていなかったので調べてみました。

　本によると，水素について「水に溶けにくく，III 空気より軽い気体。色もにおいもない。IV 燃えると水のみができるためクリーンな燃料として利用される。」などの記述がありました。

　次の問いに答えなさい。

（1）　下線部Iについて，二酸化炭素を説明した文として，正しいものはどれですか。次のア〜カからすべて選び，記号で答えなさい。

　　ア　石灰石にうすい塩酸を加えると，発生する。
　　イ　二酸化マンガンにオキシドールを加えると，発生する。
　　ウ　水に溶かしてできた水溶液に青色リトマス紙をつけると，赤色になる。
　　エ　水に溶かしてできた水溶液に赤色リトマス紙をつけると，青色になる。
　　オ　ものを燃やすのを助ける働きをもつ。
　　カ　石灰水に通すと，石灰水が白く濁る。

（2）　下線部IIについて，アンモニアを水に溶かした水溶液に緑色のBTB溶液を加えると色が変化しました。これと同じ色の変化が起こる水溶液はどれですか。次のア〜カからすべて選び，記号で答えなさい。

　　ア　お酢　　　　イ　砂糖水　　　ウ　食塩水　　　エ　石灰水
　　オ　うすい塩酸　　　　　　　　　カ　うすい水酸化ナトリウム水溶液

（3）　下線部IIIについて，気体の体積1Lあたりの重さを気体の密度といい，単位は〔g/L〕と書きます。空気より重いか軽いかは，空気とその気体の密度を比べると分かります。いま，酸素・ちっ素・水素・アンモニア・二酸化炭素・塩化水素の体積と重さを調べると，あとの表1のようになりました。ただし，同じ体積がはかりとれなかったので，はかりとれた分だけの重さを示してあります。

表1　各気体の体積と重さ

気体	酸素	ちっ素	水素	アンモニア	二酸化炭素	塩化水素
体積〔L〕	0.28	0.112	0.56	0.448	0.14	0.224
重さ〔g〕	0.4	0.14	0.05	0.34	0.275	0.365

① 表中の気体で水素の次に密度の小さい気体はどれですか。次の**ア〜オ**から1つ選び，記号で答えなさい。

　ア　酸素　　　　　　　　**イ**　ちっ素　　　　　　**ウ**　アンモニア
　エ　二酸化炭素　　　　**オ**　塩化水素

② 空気の成分はちっ素と酸素のみで，その体積比が4：1とします。空気の密度は何g/Lですか。ただし，答えは小数点以下第3位を四捨五入して求めなさい。

（4）　下線部Ⅳについて，まなぶさんは水素は燃やしても二酸化炭素を出さないことは分かりましたが，他の燃料と比べてどのくらい燃料としての効率が良いのか気になったのでさらにいろいろと調べてみました。

　　次の表2は，水素および燃料としてよく使われるメタン（ガス管で供給されるガス），プロパン（ガスボンベで供給されるガス），ブタン（カセットコンロに使われるガス）を燃やしたときに発生する熱の量について調べたものです。ただし，発生する熱の量は，20℃の水100gの温度が何℃になるかで表しています。

表2　気体を燃やす実験

燃やした気体	水素	メタン	プロパン	ブタン
燃やした気体の重さ〔g〕	0.1	0.32	0.22	0.29
発生する熱の量 （水100gの温度〔℃〕）	54	64.5	46.4	54.3

　　これら4つの気体をそれぞれ1g燃やしたとき，発生する熱の量が2番目に多いものはどれですか。次の**ア〜エ**から1つ選び，記号で答えなさい。

　ア　水素　　**イ**　メタン　　**ウ**　プロパン　　**エ**　ブタン

3 次の文を読んで，下の問いに答えなさい。

現在，地球上で生物は約170万〜190万種見つかっており，一番多いのはこん虫のなかまです。こん虫のなかまには，「休眠する」，「変態する」，「飛行能力がある」など，多様な特徴をもつ生物がいます。そのため，様々な環境に適応することができ，地球上で多くの種が見つかっています。「休眠する」ことで，冬に活動を停止し，生きるのにきびしい寒い時期をのりこえることができます。また，「変態する」ことで，それぞれの成長の段階に合わせてふさわしい場所で活動でき，「飛行能力がある」ことで長距離の移動が可能になり，天敵から逃れたり，数をふやすことができます。

（1） こん虫はどれですか。次の**ア〜ソ**からすべて選び，記号で答えなさい。

ア オオカマキリ	**イ** ミジンコ	**ウ** カタツムリ
エ ナナホシテントウ	**オ** ミミズ	**カ** ゾウリムシ
キ オカダンゴムシ	**ク** クモ	**ケ** カイコガ
コ モンシロチョウ	**サ** ムカデ	**シ** ヤスデ
ス ワラジムシ	**セ** カブトムシ	**ソ** アメンボ

（2） こん虫についての説明として，正しいものはどれですか。次の**ア〜ケ**からすべて選び，記号で答えなさい。
  ア 種子をつくって，なかまをふやす。
  イ 卵をうんで，なかまをふやす。
  ウ 子宮の中で子どもが育つ。
  エ からだの中に，ほねときん肉がある。
  オ からだが，頭，むね，はらからできている。
  カ からだが，根，くき，葉からできている。
  キ 生きていくための養分を，主にほかの生物を食べることでとり入れている。
  ク 生きていくための養分を，主に自分でつくることができる。
  ケ 呼吸をおこなう。

（3） 文中の下線部について，「完全変態」と「不完全変態」の2つがありますが，これらのちがいについて説明した次の文中の（　　）にあてはまる語句を書きなさい。ただし，2つの（　　）には同じ語句が入ります。

　　「完全変態」では，成長の途中で（　　）の状態があるが，「不完全変態」では，（　　）の状態がない。

（4）　次の文を読んで，下の問い①，②に答えなさい。

　　生物の種や数を研究しているまなぶさんは，奈良学園の里山(学校内に
ある森)でサギソウについて調べています。サギソウとは植物のランのな
かまで，名前は鳥のシラサギがつばさを広げたような花の形になっている
ところに由来しています。調べていく中で，チョウの一種であるチャバネ
セセリがサギソウの受粉を助けていることがわかり，そこでチャバネセセ
リの数の調査を行うことにしました。

　　調査は，チャバネセセリが生息している里山の開けた場所(約1250m²)
で行いました。面積が広く調査が簡単ではないので，図書館に行き，生物
の数を調べる方法について調べたところ，次のような方法で数えられるこ
とを知りました。

　「生物の数を調べる方法」

> 　　小さな池にいるある種の魚の数を調査したい時を考えます。まず同じ種
> の魚を100匹つかまえて，魚にラベルなどの標識(マーク)をつけます。標
> 識をつけたあと，再び池に放します。数日後，その種の魚を200匹つかま
> えます。この池にいるその種の魚の全体の数と標識をつけた魚の数の比は，
> 数日後につかまえたその種の魚の数とそのうち標識がついていた魚の数の
> 比と同じになります。数日後つかまえた200匹のうち，8匹に標識がつい
> ていたとすると，この池にいる魚の全体の数は（　　　）匹と計算できます。
> 【条件】
> ・標識は調査中に脱落せず，生物の行動や生存に影響を与えないものを
> 　選びます。
> ・標識をつけている間，死んだり調査場所から出入りしたりすることなく，
> 　標識をつけた生物と標識をつけていない生物が均一に混ざり合っている
> 　とします。

　　里山の開けた場所のうち100m²の場所でチャバネセセリを24匹つかまえ
て標識をつけ，再びその場所に戻しました。数日後，同じ場所で40匹つか
まえたところ，そのうち16匹に標識がついていました。

①　「生物の数を調べる方法」の文中にある（　　　）にあてはまる数字
　を答えなさい。

②　里山の開けた場所全体には，チャバネセセリは何匹いることになり
　ますか。ただし，チャバネセセリの数を調べる条件は「生物の数を調
　べる方法」の【条件】に合うものとし，チャバネセセリは一定の場所
　にかたよることなく，開けた場所に一様に分布しているものとします。

4 　夏のある日，まなぶさんは空に大きな「入道雲」が山のように立ち上がるのを見かけました。その雲の大きさに興味をもったまなぶさんは，天気についていろいろ調べてみることにしました。次の問いに答えなさい。

（1）　入道雲についての説明として，正しいものはどれですか。次のア～キからすべて選び，記号で答えなさい。

　　ア　乱層雲の一種である。　　　イ　高層雲の一種である。
　　　　　　　　　　　　　　　　　　　けん
　　ウ　積乱雲の一種である。　　　エ　巻積雲の一種である。

　　オ　雨を降らせる雲である。　　カ　早朝によく見られる雲である。

　　キ　すぐに消える雲であり，このあと天気がよくなる。

（2）　まなぶさんは，入道雲ができる理由を次のように考えました。文中の（　①　）～（　④　）にあてはまる語の組合せとして正しいものはどれですか。下のア～エから1つ選び，記号で答えなさい。

　　「地面近くの空気は，（　①　）と上昇する。上昇した空気は上空で
　　　　　　　　　　　　　　　　　　　　しょう
　　（　②　），空気中の（　③　）が（　④　）に変化し，雲となる。」

	①	②	③	④
ア	あたためられる	冷やされ	水蒸気	水や氷のつぶ
イ	あたためられる	冷やされ	水や氷のつぶ	水蒸気
ウ	冷やされる	あたためられ	水蒸気	水や氷のつぶ
エ	冷やされる	あたためられ	水や氷のつぶ	水蒸気

　　天気に興味をもったまなぶさんは，テレビで放送されている天気予報にも興味をもち，いろいろな情報が発表されていることを知りました。その中に「熱中症警戒アラート」というものがあることに気付き，どのようなものか調べてみると，「乾球温度」「湿球温度」「黒球温度」の3種類の温度が関係していることがわかりました。まなぶさんは，先生に質問することにしました。

まなぶ：先生，熱中症警戒アラートというのは何ですか？

先　生：熱中症の危険が高まるときに，予防行動をとるように注意を呼びかけるものですね。2021年4月から全国で発表されるようになりました。

まなぶ：まだ新しい予報なのですね。ところで，この熱中症警戒アラートには3種類の温度が関係していると調べてわかったのですが，なぜ3つの温度が必要なのですか？

先　生：よく調べられましたね。乾球温度，湿球温度，黒球温度の3種類ですね。一般的な温度計で測る気温は，このうちの「乾球温度」です。また，温度計の液だめの部分を水でぬらした布などでおおって測ったものが「湿球温度」です。「黒球温度」は，黒くぬっ

たうすい銅板でできた空洞（どう）の球の中の温度を測ったものです。

まなぶ：湿球温度は，なぜ測るのですか？

先　生：湿球温度は，乾球温度に比べて，同じか，低い値（あたい）を示します。こ
　　　れは水が蒸発するときに周囲の熱をうばうからです。暑いときに
　　　私たちは（　⑤　）ことがありますが，湿球温度はこの状態で人が
　　　感じる温度を再現しています。

まなぶ：では，黒球温度は何を表しているのですか？

先　生：黒球には日光が直接当たり，しかも黒色なので熱を吸収しやすい
　　　ため，黒球温度は高くなりやすく，（　⑥　）にいるときに感じる
　　　温度を再現しています。熱中症警戒アラートは，屋外では「湿球
　　　温度×0.7＋黒球温度×0.2＋乾球温度×0.1」で求められる「暑さ
　　　指数」を計算して発表されます。暑さ指数が28℃をこえると熱中
　　　症になる人が増えると言われ，激しい運動をさけなければなりま
　　　せん。また，暑さ指数が33℃をこえたり，こえると予想されたり
　　　すると，地域ごとに熱中症警戒アラートが発表されます。

まなぶ：暑さ指数を計算するときには，湿球温度が最も重視されているの
　　　ですね。それだけ（　⑤　）ことが体温調節に重要だということです
　　　ね。勉強になりました。

（3）　文中の（　⑤　）にあてはまる語を，**5字以内**で書きなさい。

（4）　文中の（　⑥　）にあてはまる語として，正しいものはどれですか。次の
　　　ア～エから1つ選び，記号で答えなさい。

　　　ア　風が強いときの日なた　　　イ　風が強いときの日かげ
　　　ウ　風が弱いときの日なた　　　エ　風が弱いときの日かげ

（5）　文中の下線部について，ある場所で乾球温度と湿球温度を測定したと
　　　ころ，それぞれ27℃，24℃となりました。次のア～エの4つの場所にお
　　　いて同様に乾球温度を測定すると，27℃になりました。このとき，4つ
　　　の場所で湿球温度が最も低い場所はどこですか。ア～エから1つ選び，
　　　記号で答えなさい。ただし，ア～エに挙げている条件以外は，最初に測
　　　定した場所と同じであったとします。

　　　ア　日光が当たらないところ　　イ　風通しがよいところ
　　　ウ　湿ったところ　　　　　　　エ　地面に近いところ

（6）　次の4つの地点ア～エにおける暑さ指数を計算し，暑さ指数が激しい
　　　運動をさけるべき28℃をこえる地点をすべて選び，記号で答えなさい。

地点	ア	イ	ウ	エ
湿球温度	29℃	25℃	25℃	21℃
黒球温度	45℃	36℃	45℃	49℃
乾球温度	30℃	32℃	27℃	29℃

5　次の記事は，2021年4月23日，朝日新聞「天声人語」の一部をぬきだしたものです。下の問いに答えなさい。

　　ブロッコリーに（　a　）色の花が咲くなんて，自分で育ててみるまでしらなかった。菜の花（アブラナ）の仲間だとはっきり分かる可憐な花。野菜としての収穫期はもう終わりなのだが，小さな花畑をもう少しながめていたくなる。

　　目には見えないが，マメ科の植物は根に付いている菌を通じ，空気中の（　b　）を肥料としてとりこんでいる。人類が空気から（　b　）を得る技術を手にいれたのは20世紀初め。化学肥料がつくりやすくなり，農業を劇的に変えたのだが，マメたちは大昔から実践している。近所を歩いていて，田んぼにむらさき色がかった赤色の（　c　）を見た。これもマメ科と聞けば，天然の肥料として昔から重宝されてきた理由がよく分かる。

（1）　文中の（　a　）～（　c　）にあてはまる語句は何ですか。次のヒントを参考にして書きなさい。

　　（　a　）　ブロッコリーの花の色はアブラナと同じである。
　　（　b　）　空気中に最も多くふくまれる気体である。
　　（　c　）　この植物はチョウのような形の花が7～10個ほどついていて，花のみつはミツバチによく集められている。

（2）　アブラナのように1つの花の中にめしべとおしべがあるものを「両性花」といい，トウモロコシのようにめしべとおしべが別々の花にあるものを「単性花」といいます。

　　また，【がく・花びら・おしべ・めしべ】が全部そろった花のことを「完全花」，【がく・花びら・おしべ・めしべ】のうち1つ以上欠けた花を「不完全花」といいます。

　　右の図は，「単性花」と「不完全花」の特徴をまとめた図です。1つの円の内側がそれぞれの特徴を表し，円が重なるBのところは，両方に共通した特徴です。

　　図の中で実際にあてはまる植物がない部分はどこですか。次のア～カから適切なものを1つ選び，記号で答えなさい。

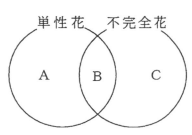

ア　A　　イ　B　　ウ　C　　エ　AとB　　オ　AとC
カ　BとC

（3）　両性花は，花を上部から見て外側から中心に向かって【がく→花びら→おしべ→めしべ】の順にあるのが基本のつくりで，花のつくりは「遺伝子」という生き物のからだをつくる設計図のようなもので決まります。

正常な両性花のつくり(がく，花びら，おしべ，めしべ)は，３種類の遺伝子(●，▲，■)のはたらきによって決まりますが，遺伝子がルールどおりにはたらかないと正常なつくりの花はできません。正常な花がつくられるときの遺伝子のはたらき方のルールを下の図や表にまとめました。

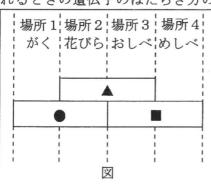

図

説 明
・一番外側の場所１では，●がはたらいてがくがつくられる。
・場所２では，●と▲がはたらいて花びらがつくられる。
・場所３では，▲と■がはたらいておしべがつくられる。
・一番内側の場所４(花の中心)では，■がはたらいてめしべがつくられる。

これを整理したものが，次の表です。

表

場所	1	2	3	4
花のつくり	がく	花びら	おしべ	めしべ
遺伝子	●	●▲	▲■	■

また，遺伝子が正常にはたらかなくなるときにも次のようなルールがあります(上の図をよくみてください)。

・どの遺伝子も２つの場所で同時にはたらいているので，はたらきがなくなるときは，どちらの場所でもはたらかなくなる。例えば，▲がはたらかないときは場所２，場所３の両方ではたらかない。
・●がはたらかないときは，■が場所１〜場所４のすべてではたらく。
・■がはたらかないときは，●が場所１〜場所４のすべてではたらく。
・●，▲，■のすべてがはたらかないときは，葉がつくられる。

① 花の外側から「がく－花びら－花びら－がく」とならんでいて，めしべやおしべができない花がつくられることがあります。このとき，場所１〜場所４ではどの遺伝子がはたらいていると考えられますか。表にならって●，▲，■で答えなさい。

② 遺伝子●と遺伝子▲の２つがはたらかないとき，どのような花のつくりになりますか。場所１〜場所４にできる花のつくりを答えなさい。

③ ある２つの遺伝子がはたらかなくなった結果，場所１は正常な花のつくりですが，場所２〜場所４は本来とは別の花のつくりがつくられました。はたらかなくなったと考えられる遺伝子は何ですか。●，▲，■から２つ選んで答えなさい。また，場所１〜場所４にできる花のつくりも答えなさい。

6　金もアルミニウムもどちらも金属ですが，その性質は異なります。金と
　アルミニウムについての＜実験と結果＞を読んで，下の問いに答えなさい。
　ただし，実験はすべて同じ理科室で行い，室温や気圧は変化なく，発生した
　気体の温度も室温と等しかったものとします。また，実験にはすべて同じ濃
　さの塩酸を使ったものとします。

＜実験と結果１＞
　　金の粉末0.27ｇを三角フラスコにとり，塩酸を加えたが何も変化がなか
　った。
＜実験と結果２＞
　　アルミニウムの粉末0.27ｇを三角フラスコにとり，塩酸を加えたところ，
　すべて溶けて気体が0.36Ｌ発生した。
＜実験と結果３＞
　　アルミニウムの粉末0.81ｇを蒸発皿にとり，塩酸を加えてすべて溶かし
　た。この蒸発皿を加熱し，水を完全に蒸発させたところ，4.05ｇの固体が
　得られた。

（１）　アルミニウムに塩酸を加えて1.0Ｌの気体を発生させるには，アルミニ
　　　ウムは何ｇ必要ですか。

（２）　アルミニウムを塩酸ですべて溶かしたところ1.44Ｌの気体が発生しまし
　　　た。残った液体を加熱して水を完全に蒸発させたとき，固体は何ｇ得られ
　　　ますか。

（３）　アルミニウムの粉末と金の粉末が混ざり合った粉末が2.0ｇあります。
　　　これを蒸発皿に入れて気体が発生しなくなるまで塩酸を加えると，1.8Ｌ
　　　の気体が発生しました。このあと蒸発皿を加熱して水を完全に蒸発させた
　　　ところ，全部で7.4ｇの固体が得られました。
　　　①　初めの粉末にアルミニウムは何ｇふくまれていましたか。
　　　②　得られた7.4ｇの固体中にふくまれる金の重さの割合は何％ですか。
　　　小数点以下第２位を四捨五入して求めなさい。

（このページは白紙です。）

7 磁石と電磁石に関する次の問いに答えなさい。ただし，方位磁針の針の
N極は図で黒色に塗られており，N極が示す向きが地球上では北です。

（1） 次の文中の（ ① ）〜（ ③ ）にあてはまる語句
の組合せとして正しいものはどれですか。下のア〜
クから1つ選び，記号で答えなさい。

図1は水平な面の上に置いた棒磁石のN極とS極
の近くに方位磁針を置いたときの様子です。方位磁
針の針はどちらが北向きかに関係なく，図のような
向きを示します。方位磁針の針のN極は北を示すこ
とから，地球を大きな磁石と考えると北極付近は
（ ① ）であると考えればよいことがわかります。

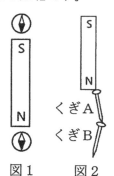

図1　　　図2

図2は棒磁石のN極に小さな鉄のくぎAとBがひきつけられている様子
です。図2の磁石にくぎAがひきつけられるのは，くぎAの上の端（円形
部分）が磁石の（ ② ）に，下の端（とがった部分）が磁石の（ ③ ）にな
っていると考えればよいことがわかります。そのために，くぎAがくぎB
をさらにひきつけるのです。

記号	ア	イ	ウ	エ	オ	カ	キ	ク
①	N極	N極	N極	N極	S極	S極	S極	S極
②	N極	N極	S極	S極	S極	S極	N極	N極
③	N極	S極	S極	N極	S極	N極	N極	S極

（2） 次の文を読んで，文中の〔 〕にあてはまる
最も適切な語句は何ですか。〔 〕内からそれ
ぞれ1つ選び，記号で答えなさい。

くぎC　くぎD

図3

2本の軽い鉄のくぎCとDを近づけると，図3
のようにひきつけあいました。これはくぎCとD
の両方か，あるいは一方が磁石になっているからだと考えられ
ます。このことを調べるために，図4のようにくぎCの端の円
形部分をくぎDの中央部分に近づけると，2本のくぎはひきつ
けられました。次にくぎDの端の円形部分をくぎCの中央部分
に近づけると，ひきつけられませんでした。これらのことから，
〔① ア くぎC　　イ くぎD　　ウ くぎCとDの両方 〕が磁石にな
っていたことがわかります。この調べ方は，磁石から生じるひきつける力，
すなわち磁力が，磁石の両端は〔② ア 大きい　　イ 小さい 〕こと
を利用した方法です。

図4

（3） 電磁石と乾電池，検流計
を図5のようにつなぎ，電
流を流すと，検流計の針と
Aに置いた方位磁針の針が
図のようになりました。

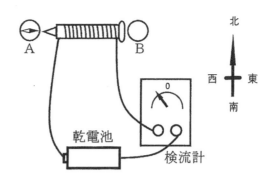

図5

① 電池の向きを反対にし
たとき，Bに置いた方位
磁針の針が示す向きと検
流計の針が示す向きの組
合せとして正しいものは
どれですか。次の**ア**〜**エ**から1つ選び，記号で答えなさい。

記号	ア	イ	ウ	エ
方位磁針				
検流計				

② 電磁石の磁力の強さと電流の関係を調べるために，図5の検流計を電
流計にかえ，乾電池の数を変えて，電磁石の端の円形部分にクリップが
何個ひきつけられたかを調べたところ，次の表のようになりました。電
流の大きさが350mAのとき，ひきつけられるクリップの数は何個ですか。

乾電池の数〔個〕	0	1	2	3
電流の大きさ〔mA〕	0	200	400	600
クリップの数〔個〕	0	4	8	12

K 教英出版

令和４年度

奈良学園中学校

入学試験問題

Ｂ日程

社会（４０分）

試験開始のチャイムが鳴り始めるまでは，この問題冊子を開かないで，下記の注意事項をよく読んでおきなさい。

【 注 意 事 項 】

1. 試験開始のチャイムが鳴り始めたら，解答用紙の所定の欄に「**受験番号**」をはっきりと記入し，「**ＱＲコードシール**」を貼りなさい。**学校名や氏名を書いてはいけません。**

2. 問題冊子は 18 ページあります。また，解答用紙は 1 枚です。

3. ページの脱落，印刷の不鮮明な箇所などがある場合や，**ＱＲコードシールを貼る際に答案用紙が破れたり，貼ったシールにしわができたりした場合**は，手を挙げて監督の先生に知らせなさい。

4. 解答は，**解答用紙の指定された枠内に濃くはっきりと記入しなさい。枠外に記入した部分は採点の対象にしません。**

5. 試験終了のチャイムが鳴り始めたら，すみやかに筆記用具を置いて，**消しゴムのかすをよく払ってから**解答用紙を裏向きにし，問題冊子を閉じなさい。

6. 監督の先生が解答用紙を回収し，指示をするまでは，そのまま静かに着席しておきなさい。

7. 問題冊子は持ち帰りなさい。

1 　各時代をまとめた次の文を読んで，後の問いに答えなさい。

①縄文時代：人々は主に狩りや漁をおこない，土器を使って生活した。小さい集落だけで
　　　　　　なく，大きな集落もあったことが分かっている。

　弥生時代：人々は②米づくりをおこない，生活や社会は変化した。むらはくにへと発展
　　　　　　していった。

③古墳時代：大和朝廷が九州地方から東北地方南部までの豪族や王を従えた。

　飛鳥時代：④聖徳太子が天皇を中心とする政治のしくみを整えていき，それは⑤中大兄
　　　　　　皇子や中臣鎌足によって受けつがれた。

⑥奈良時代：天皇中心の政治のしくみが確立した。しかし，災害や反乱が起こるなど，世
　　　　　　の中が乱れた。そこで，⑦聖武天皇は仏教の力で社会の不安をしずめようと
　　　　　　した。

　平安時代：藤原氏など貴族が大きな力を持って政治をおこなった。⑧藤原道長が活躍し
　　　　　　たころ，中国の文化をもとに，新たに日本の風土にあった文化が生まれた。ま
　　　　　　た，武士が力を持つようになり，この時代の終わりごろに⑨平清盛が登場し，
　　　　　　武士が政治をおこなうようになった。

⑩鎌倉時代：源頼朝が御恩と奉公の関係によって武士を従えた。この時代には元の大軍が
　　　　　　日本に攻めてきた。

⑪室町時代：足利氏が幕府を開き，武士による政治が続いた。幕府の力が衰えると，戦国
　　　　　　大名とよばれる各地の武将がお互いに勢力を争うようになった。この時代に
　　　　　　生まれた文化は，今も多くの人に親しまれている。

安土桃山時代：⑫織田信長や豊臣秀吉により，戦国の世は統一されていった。

　江戸時代：⑬徳川氏が幕府を開き，様々な政策をおこなって大名を統制した。この時代
　　　　　　は身分のちがいをもとに支配がおこなわれた。⑭この時代の中ごろには，町
　　　　　　人を中心とした文化が花開いた。また，西洋の学問や国学を学ぶ人々も出て
　　　　　　くるようになった。

　明治時代：⑮新しくできた政府は様々な改革をおこない，欧米の文化も取り入れながら
　　　　　　国の近代化を進めた。この時代に起こった⑯日清戦争や日露戦争に勝利し，
　　　　　　国際的な地位も向上した。さらに，⑰産業も発展し，人々の生活や社会に大
　　　　　　きな変化をもたらした。

　大正時代：人々は自分たちの願いを政治にいかそうとし，様々な⑱社会運動を起こした。
　　　　　　また，⑲第一次世界大戦が起こり，日本も参加して戦勝国となった。日本は中
　　　　　　国などに勢力を拡大しようとし，欧米諸国が警戒を強めるようになった。

昭和時代：不景気が続く中で，⑳日本はアジア・太平洋地域での戦争への道を進んでいった。この戦争は国民生活に大きな影響を及ぼし，日本の敗北で終わった。戦後は，様々な改革をおこなって平和で民主的な国家として出発した。その後，㉑高度経済成長などを経て国民生活は向上し，日本は国際社会でも重要な役割を果たすようになった。

問1　下線部①について述べた文として**正しくないもの**を次の**ア～エ**から１つ選び，記号で答えなさい。

　　ア　くりやくるみなどを食料としていた。

　　イ　黒曜石でつくった石器を使っていた。

　　ウ　遠方の地域と交易をおこなっていた。

　　エ　銅鐸を用いた祭りをおこなっていた。

問2　下線部②について，米づくりのあとが発見された遺跡として**正しくないもの**を次の**ア～エ**から１つ選び，記号で答えなさい。

　　ア　板付遺跡　　　**イ**　登呂遺跡　　　**ウ**　三内丸山遺跡　　　**エ**　吉野ヶ里遺跡

問3　下線部③について述べた次の文a・bの正誤の組合せとして正しいものを下の**ア～エ**から１つ選び，記号で答えなさい。

　　a　漢字や仏教が日本に伝わった。

　　b　土偶がつくられ，古墳にならべられた。

　　ア　a　正　　b　正　　　　**イ**　a　正　　b　誤

　　ウ　a　誤　　b　正　　　　**エ**　a　誤　　b　誤

問4　下線部④について述べた文として正しいものを次の**ア～エ**から１つ選び，記号で答えなさい。

　　ア　小野妹子を唐へ送った。

　　イ　仏教を取り入れ，国分寺をつくった。

　　ウ　蘇我氏と協力して政治をおこなった。

　　エ　家柄に応じて役人を取り立てた。

問5　下線部⑤について，次の問いに答えなさい。
（1）この人物は即位して何天皇となりましたか，漢字2字で答えなさい。
（2）この人物がおこなったこととして**正しくないもの**を次の**ア〜エ**から1つ選び，記号で答えなさい。
　　　ア　全国の土地や人民を国のものにした。
　　　イ　水時計をつくり，時を管理した。
　　　ウ　本格的な都として藤原京をつくった。
　　　エ　九州に防人とよばれる兵士を送った。

問6　下線部⑥について，次の問いに答えなさい。
（1）この時代につくられた，各地の人々の生活の様子や地域の自然などを記した書物を何といいますか，漢字3字で答えなさい。
（2）次の文は，右の写真にある荷札木簡に書かれた文字です。これから読み取れることとして正しいものを下の**ア〜エ**から1つ選び，記号で答えなさい。

「紀伊国安諦郡幡陀郷戸主秦人小麻呂調塩三斗」

　　　ア　紀伊国の特産物に塩があった。
　　　イ　紀伊国の人が都で10日働く代わりに塩を納めていた。
　　　ウ　都から紀伊国に塩が運ばれていた。
　　　エ　都にいる紀伊国の人に塩が与えられていた。

問7　下線部⑦について述べた文の組合せとして正しいものを次の**ア〜エ**から1つ選び，記号で答えなさい。
　　　a　恭仁京や紫香楽宮に都をうつした。
　　　b　役人の心構えを示すために十七条の憲法を定めた。
　　　c　使っていた品物が正倉院におさめられた。
　　　d　大仏づくりの協力を得るために中国から行基を招いた。
　　　ア　a・c　　　**イ**　a・d　　　**ウ**　b・c　　　**エ**　b・d

問8　下線部⑧について，このころのこととして正しいものを次の**ア〜エ**から１つ選び，記号で答えなさい。

　　ア　中国との貿易が完全にとだえた。

　　イ　阿倍仲麻呂が摂政の地位についた。

　　ウ　宇治に中尊寺金色堂が築かれた。

　　エ　紫式部が『源氏物語』を著した。

問9　下線部⑨について述べた文として正しいものを次の**ア〜エ**から１つ選び，記号で答えなさい。

　　ア　平治の乱で勝利した。

　　イ　東北の藤原氏を滅ぼした。

　　ウ　壇ノ浦で敗れて死去した。

　　エ　宮島に東照宮をつくった。

問10　下線部⑩について，次の問いに答えなさい。

（１）鎌倉幕府において，御家人の土地の所有争いをめぐる裁判をおこなう役所の名前を漢字３字で答えなさい。

（２）この時代に起こった承久の乱について述べた文として正しいものを次の**ア〜エ**から１つ選び，記号で答えなさい。

　　ア　源氏の将軍を討つよう，朝廷が命じた。

　　イ　この時の執権は北条時宗であった。

　　ウ　この乱の後，初めて守護・地頭が置かれた。

　　エ　この乱の後，京都に六波羅探題が置かれた。

（３）この時代の農業について述べた文として**正しくないもの**を次の**ア〜エ**から１つ選び，記号で答えなさい。

　　ア　牛や馬を使って土地を耕した。

　　イ　千歯扱きで米を脱穀した。

　　ウ　米と麦の二毛作がおこなわれた。

　　エ　草や灰が肥料として使われた。

問11　下線部⑪について，次の問いに答えなさい。

（1）この時代の文化について述べた文として正しいものを次のア～エから１つ選び，記号で答えなさい。

　　ア　寝殿造の建物が初めてつくられた。

　　イ　雪舟により大和絵が芸術として大成された。

　　ウ　枯山水という様式の庭が数多くつくられた。

　　エ　世阿弥らにより歌舞伎が大成された。

（2）この時代に起こった応仁の乱について述べた文として**正しくないもの**を次のア～エから１つ選び，記号で答えなさい。

　　ア　将軍足利義政のあとつぎなどをめぐって争われた。

　　イ　京都が戦場となって混乱し，家や神社が焼かれた。

　　ウ　この乱がきっかけとなって都の文化が地方に普及した。

　　エ　この乱の直後，室町幕府が滅亡した。

問12　下線部⑫について，これらの人物の時におこなわれた政策や出された法令として**正しくないもの**を次のア～エから１つ選び，記号で答えなさい。

　　ア　楽市・楽座　　　イ　朝鮮出兵　　　ウ　刀狩令　　　エ　一国一城令

問13　下線部⑬について述べた文として正しいものを次のア～エから１つ選び，記号で答えなさい。

　　ア　大名が守るべき決まりとして御成敗式目が制定された。

　　イ　大名は参勤交代により１年おきに江戸に住むことになった。

　　ウ　大名を取りしまるために目付がおかれた。

　　エ　古くからの徳川家の家来である親藩をはじめ，大名を３つに分けた。

問14　下線部⑭について述べた文として**正しくないもの**を次のア～エから１つ選び，記号で答えなさい。

　　ア　歌川広重が『冥途の飛脚』などの人形浄瑠璃の脚本を書いた。

　　イ　伊能忠敬が全国を測量し，日本地図が作られた。

　　ウ　杉田玄白らがオランダ語の医学書をほん訳し，『解体新書』が出版された。

　　エ　本居宣長は古事記の研究をおこない，『古事記伝』を完成させた。

問15　下線部⑮について，この時に大名の領地や領民を天皇に返還させたことを何といいますか，漢字４字で答えなさい。

問16　下線部⑯について，この２つの戦争の間に起こった出来事として正しいものを次のア～エから１つ選び，記号で答えなさい。
　　　ア　第１回帝国議会開催　　イ　八幡製鉄所建設　　ウ　沖縄県設置　　エ　韓国併合

問17　下線部⑰について，次のグラフは，それぞれ日本の1890年，1910年のどちらかの輸出品および輸入品の割合を示したものです。1890年を示したグラフの組合せとして正しいものを下のア～エから１つ選び，記号で答えなさい。

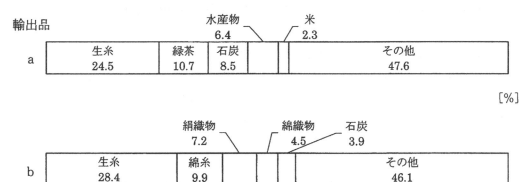

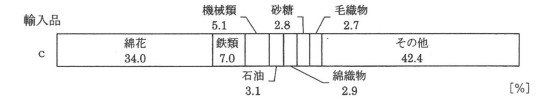

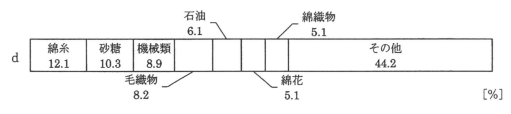

　　　ア　a・c　　　イ　a・d　　　ウ　b・c　　　エ　b・d

問18　下線部⑱について，この時の運動と政府の対応について述べた文として**正しくない**ものを次の**ア〜エ**から１つ選び，記号で答えなさい。

　　ア　新婦人協会が設立された。

　　イ　全国水平社が設立された。

　　ウ　25才以上の男女に選挙権が与えられた。

　　エ　治安維持法が制定された。

問19　下線部⑲について，この後の出来事として**正しくない**ものを次の**ア〜エ**から１つ選び，記号で答えなさい。

　　ア　ラジオ放送の開始　　　　　**イ**　世界恐慌がおこる

　　ウ　関東大震災の発生　　　　　**エ**　日本の関税自主権の回復

問20　下線部⑳について，これに関する日本の行動を示した次の文ａ〜ｃを，年代の古い順に並べたものとして正しいものを下の**ア〜カ**から１つ選び，記号で答えなさい。

　　ａ　満州事変　　　　　ｂ　マレー半島攻撃_{こうげき}　　　　　ｃ　国際連盟脱退_{だったい}

　　ア　ａ→ｂ→ｃ　　　　　　　**イ**　ａ→ｃ→ｂ　　　　　　　**ウ**　ｂ→ａ→ｃ

　　エ　ｂ→ｃ→ａ　　　　　　　**オ**　ｃ→ａ→ｂ　　　　　　　**カ**　ｃ→ｂ→ａ

問21　下線部㉑の時期のことについて述べた文として**正しくない**ものを次の**ア〜エ**から１つ選び，記号で答えなさい。

　　ア　日中平和友好条約が結ばれた。

　　イ　日本でオリンピックや万国博覧会が開催された。

　　ウ　沖縄が日本に返還された。

　　エ　経済協力開発機構（ＯＥＣＤ）に加盟した。

（このページは白紙です）

2 次のＡ～Ｄはある都道府県（以下，県とする）について説明した文章です。後の問い
に答えなさい。

　　　　　　※使用した統計は『データブック・オブ・ザ・ワールド2021』などによる。

Ａ　①この県は，日本海に面しており，その②総面積は全国５位で，沖合には③金の産出地
として知られていた島が存在している。日本最長の河川が流れ，その流域に広がる平野を
はじめ各地で米の生産がさかんであり，その収穫量は全国１位である。高度経済成長期
には（　あ　）川の下流域で工場から流された物質を原因とする公害病が問題となり，の
ちに四大公害病の１つに数えられた。

Ｂ　④この県は，⑤東北地方にあり，⑥世界自然遺産に登録されている山地が北で隣接する
県にまたがって広がっている。また県中央部に位置する田沢湖はわが国で最も深い湖で
ある。わが国の中でも特に高齢化が進んでおり，⑦65才以上の人口の割合は全国１位であ
る。日本海に突き出た（　い　）半島とその周辺では，大みそかの夜に鬼の格好をした人
々が神の使者として家々を回り，子どもの健康を願う伝統行事が受けつがれている。

Ｃ　この県は，九州地方にあり，太平洋と東シナ海に囲まれた広大な範囲に世界自然遺産に
登録されている屋久島など，⑧多数の島が点在している。県南部の薩摩半島と（　う　）
半島の間には現在も活発に活動している火山があり，周辺には⑨火山灰が積もった水は
けの良い台地が広がる。その台地を利用した農業のほか，家畜の飼育もさかんに行われて
いる。

Ｄ　この県は，海に面していない県であり，県南部には⑩木曽三川によって作られた広大な
（　え　）平野の一部が広がる。この平野には上流から運ばれた土や砂が積もってできた
州がたくさんあり，⑪輪中を見ることができる。第２次産業で働いている人の割合が非常
に高く，全国４位である。これは日本で最も⑫工業がさかんな県が隣接しており，県境を
越えて通勤している人々が多いためである。

問１　文章中の空欄（　あ　）～（　え　）にあてはまる語句を漢字で答えなさい。

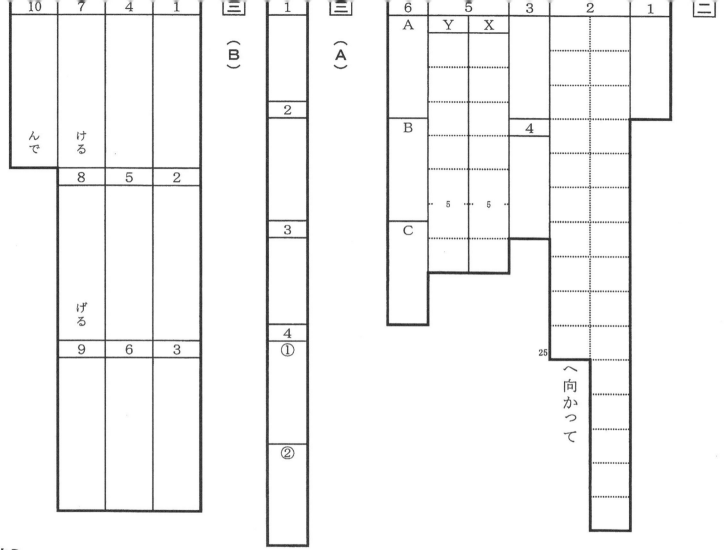

4	（1）	（2）	（3）
	番目		番目

5	（1）	（2）	（3）
	g	g	%

6	ア	イ	ウ	エ	オ	カ
	キ	ク	ケ	コ	サ	シ
	ス	セ	ソ	タ	チ	ツ

5

(1)	a	b	c		(2)		(3)	①			
								場所1	場所2	場所3	場所4

(3)	②				③				
	場所1	場所2	場所3	場所4	遺伝子	場所1	場所2	場所3	場所4

6

(1)	g	(2)	g	(3)	①	②
					g	%

7

(1)		(2)	①	②	(3)	①	②
							個

	（1）	（2）			（1）	（2）	（3）
問2			問3	問4			

		（1）		（2）	
問5		問6	I	V	（a）	（b）

					台地
問7		問8		問9		問10	

問11		問12		問13	

3

問1		問2		問3		問4		問5	

		（a）	（b）			
問6		問7				問8		問9	

	（1）	（2）	（3）		
問10					問11		問12	

令和４年度　中学校入試　Ｂ日程

社会　解答用紙

受験番号

↓ここにQRコードシールを貼ってください

※100点満点
（配点非公表）

221241

1

問1	問2	問3	問4	問5	（1）天皇	（2）

問6	（1）	（2）	問7	問8	問9

問10	（1）	（2）	（3）	問11	（1）	（2）	問12	問13

問14	問15	問16	問17	問18

問19	問20	問21

2

（あ）	（い）	（う）	（え）

受験番号

↓ここにQRコードシールを貼ってください

※100点満点
（配点非公表）

※医進コースは得点を1.5倍

221251

1

(1)	g	(2)	g	(3)	cm

(4)	g	(5)	① g	② cm

2

(1)	(2)	(3) ①	② g/L	(4)

3

(1)	(2)

(3)	(4) ①	② 匹

4

(1)	(2)	(3)	(4)	(5)

【解答用

令和４年度　中学校入試　Ｂ日程

算数　解答用紙

受験番号

↓ここにQRコードシールを貼ってください

221221

※150点満点
（配点非公表）

1	（1）	（2）	（3）	（4）

2	（1）	（2）	（3）	（4）

3	（1）		（2）	
		回　　　　　　　点	最高得点　　　　　　点	最低得点　　　　　　点
	（3）	（4）		
	通り	通り		

【解答用

受験番号

221211

↓ここにQRコードシールを貼ってください

令和四年度 中学校入試　Ｂ日程

国語　解答用紙

※150点満点
（配点非公表）

一

字数制限のある問題では、句読点やかっこなどの記号も一字に数えます。

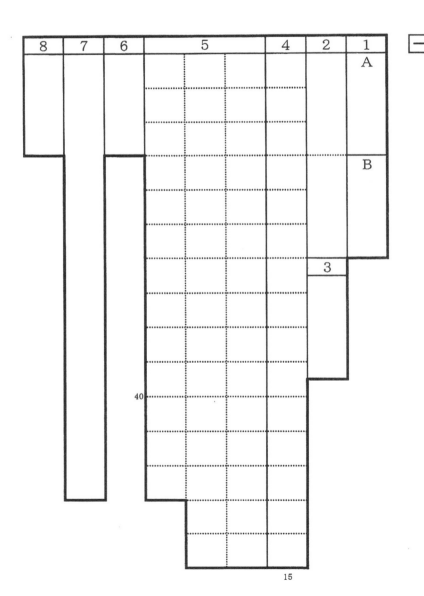

8	7	6	5	4	2	1
						A
						B
					3	

40

15

問2　下線部①について，右の図はA県を示したものです。この図を見て次の問いに答えなさい。

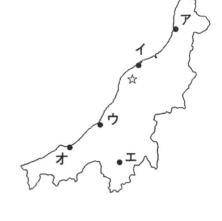

（1）A県の県庁所在都市の位置として正しいものを図中のア〜オから1つ選び，記号で答えなさい。

（2）図中の☆は燕市を示しており，この市でつくられているある工業製品は，全国総生産量の約90％を占めています。この工業製品として正しいものを次のア〜エから1つ選び，記号で答えなさい。

　　ア　眼鏡　　　イ　くつした　　　ウ　自転車　　　エ　金属洋食器

問3　下線部②について，A県よりも面積が大きい県の組合せとして正しいものを次のア〜エから1つ選び，記号で答えなさい。

　　ア　北海道・茨城県　　　　イ　福島県・長野県
　　ウ　山形県・奈良県　　　　エ　岩手県・兵庫県

問4　下線部③について，この島に関する次の問いに答えなさい。

（1）この島の名を漢字で答えなさい。

（2）図の上方向を北とした時のこの島を示したものとして正しいものを次のア〜エから1つ選び，記号で答えなさい。

　　ア　　　　　　　イ　　　　　　　ウ　　　　　　　エ

（3）この島には，日本の国鳥に指定されている鳥の保護センターが置かれています。この鳥の名をカタカナで答えなさい。

問5　下線部④について，この県内に位置する盆地や平野として正しいものを次のア～エから１つ選び，記号で答えなさい。

　　ア　北上盆地　　　イ　庄内平野　　　ウ　横手盆地　　　エ　仙台平野

問6　下線部⑤について，次の表は東北地方に属する県に関する統計をまとめたもので，Ⅰ～Ⅵはいずれかの県を示しています。これについて後の問いに答えなさい。

	人口 （万人）	人口密度 （人／km²）	農業産出額 （億円）	製造品出荷額 （億円）	主な伝統工芸品
Ⅰ	123	80	2,727	25,260	南部鉄器・秀衡塗
Ⅱ	107	115	2,480	28,990	天童将棋駒
Ⅲ	127	132	3,222	19,120	（　a　）
Ⅳ	98	84	1,843	13,750	大館曲げわっぱ
Ⅴ	227	312	1,939	44,700	雄勝硯
Ⅵ	187	135	2,113	51,200	（　b　）

（1）表中のⅠとⅤにあてはまる県名を漢字で答えなさい。

（2）表中の空欄（　a　）・（　b　）にあてはまる伝統工芸品として正しいものを次のア～オからそれぞれ１つ選び，記号で答えなさい。

　　ア　会津塗　　イ　備前焼　　ウ　津軽塗　　エ　越前焼　　オ　若狭塗

問7　下線部⑥について，この地域にはある樹木の原生林が残っています。この樹木の名をカタカナで答えなさい。

問8　下線部⑦について，次のグラフは日本，韓国，アメリカ，スウェーデンの65才以上の人口割合の変化を示したものです。日本を示したものとして正しいものをグラフ中のア〜エから1つ選び，記号で答えなさい。

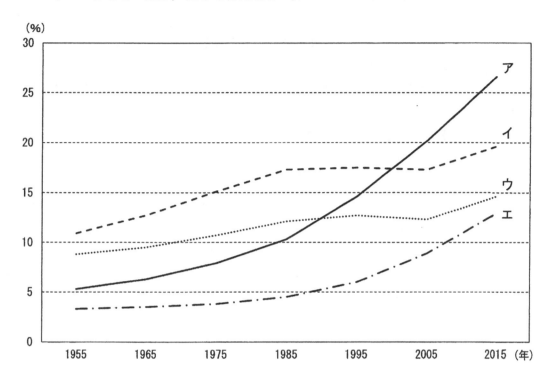

問9　下線部⑧について，C県に属している島として正しくないものを次のア〜エから1つ選び，記号で答えなさい。

ア　奄美大島　　イ　口永良部島　　ウ　種子島　　エ　宮古島

問10　下線部⑨について，この台地の名をカタカナで答えなさい。

問11　下線部⑩について，木曽三川とよばれる3つの河川は木曽川と揖斐川とあと1つは何ですか，河川名を漢字で答えなさい。

問12　下線部⑪について述べた文として**正しくないもの**を次の**ア〜エ**から１つ選び，記号で答えなさい。

　ア　川よりも陸地の方が低い地域が多く，洪水を防ぐために州の周りを堤防で囲んでいる。

　イ　古くからある家には普段生活する水家のほかに緊急避難用の母屋が建てられており，食べ物や衣類などが保存されていた。

　ウ　かつて，水はけの悪い輪中の内側では，田として使う場所の両どなりを掘って積み上げたほり田で米作りをしていた。

　エ　技術が発達した現在では，堤防の内部の州に流れ込んだ水を外へ排水するためのポンプが設置されている。

問13　下線部⑫について，日本の工業都市と主要な産業との組合せとして**正しくないもの**を次の**ア〜エ**から１つ選び，記号で答えなさい。

　ア　広島市　－　自動車　　　　**イ**　四日市市　－　石油化学

　ウ　倉敷市　－　製紙　　　　　**エ**　舞鶴市　－　造船

（このページは白紙です）

3 次の文は，マララ・ユサフザイさんが，2013年に国連本部で行ったスピーチの一部です。マララさんは，2014年にノーベル平和賞を受賞しています。これを読んであとの問いに答えなさい。

…… 事務総長殿，　①　には②平和が必要です。③パキスタンや④アフガニスタンをはじめ，世界各地では　⑤　や⑥戦争，紛争によって子どもたちが学校に通えなくなっています。こんな戦争はもうたくさんです。女性と子どもは世界各地で，⑦さまざまな苦しみを抱えています。…… ⑧ナイジェリアでは多くの学校が破壊されました。…… 貧困，無知，不正，人種主義，そして⑨基本的権利の剥奪は，男性にとっても女性にとっても重大な問題です。

親愛なる仲間の皆さん，私はきょう，⑩女性の権利と女児の権利を中心にお話ししています。……

私たちはすべての政府に対し，　⑤　や暴力と闘い，⑪残虐行為や危害から子どもたちを守るよう呼びかけます。……

親愛なる兄弟姉妹の皆さん，何百万もの人が貧困，不正，無知に苦しんでいることを忘れてはなりません。何百万もの子どもたちが学校に通えていない現実を忘れてはなりません。私たちの兄弟姉妹が，明るく平和な未来を待ち望んでいることを忘れてはならないのです。

ですから，本とペンを手に取り，全世界の無学，貧困，　⑤　に立ち向かいましょう。それこそ私たちにとって最も強力な武器だからです。

1人の子ども，1人の教師，1冊の本，そして1本のペンが，世界を変えられるのです。　①　以外に解決策はありません。　①　こそ最優先です。

（国連広報センターのホームページによる）

問1　文章中の　①　にあてはまる語句として正しいものを次のア〜エから1つ選び，記号で答えなさい。
　　ア　教育　　イ　福祉　　ウ　労働　　エ　経済

問2　下線部②に関して，国連による平和維持活動を意味するアルファベットの略称として正しいものを次のア～エから1つ選び，記号で答えなさい。

　　ア　ODA　　**イ**　JICA　　**ウ**　NGO　　**エ**　PKO

問3　下線部③に関して，マララさんが生まれ育ったパキスタンでは，多くの人がイスラム教を信じています。イスラム教の聖典をカタカナ4字で答えなさい。

問4　下線部④に関して，次の文の（　　）にあてはまる人物として正しいものを下のア～エから1つ選び，記号で答えなさい。

> 　2019年12月にアフガニスタンで銃撃事件が発生し，（　　）医師がなくなりました。（　　）医師は，アフガニスタンの国民のために，医療やかんがい等の分野で貢献されました。

　　ア　小柴昌俊　　**イ**　中村哲　　**ウ**　中曽根康弘　　**エ**　緒方貞子

問5　文章中の　⑤　にあてはまる語句をカタカナ2字で答えなさい。なお，この語句は，政治的な目的を果たすために，暴力にうったえて行われる行為を意味します。

問6　下線部⑥に関して，次の文の（　　）にあてはまる語句を漢字2字で答えなさい。

> 　日本国憲法は，第9条2で「前項の目的を達するため，陸海空軍その他の（　　）は，これを保持しない」と明記しています。

問7　下線部⑦に関して，次の文の（　a　）にあてはまる語句を漢字で答え，（　b　）にあてはまる語句を下のア～エから1つ選び，記号で答えなさい。

> 　「（　a　）なき医師団」は，世界各地で十分な医療を受けられない人たちのために医療援助を行っています。1999年にノーベル平和賞を受賞しました。2020年のノーベル平和賞は，飢餓と闘う努力などが評価され，「国連（　b　）」が受賞しました。

　　ア　安全保障理事会　　　　　　　　　　**イ**　教育科学文化機関（ユネスコ）
　　ウ　難民高等弁務官事務所（UNHCR）　　**エ**　世界食糧計画（WFP）

問8　下線部⑧に関して，次の表はパキスタン・ナイジェリア・ブラジル・サウジアラビア
アの一人あたり国民総所得・乳児死亡率・識字率を示したものです。ナイジェリアを
示しているものとして正しいものを次の**ア～ウ**から1つ選び，記号で答えなさい。

	パキスタン	**ア**	**イ**	**ウ**
一人あたり国民総所得（ドル）	1,590	21,600	9,080	1,970
乳児死亡率（%）	5.7	0.6	1.3	7.6
識字率　男（%）	71.1	97.1	93.0	71.3
識字率　女（%）	46.5	92.7	93.4	52.7

（『データブック・オブ・ザ・ワールド 2021』による）

　注　国民総所得は，主に国の経済活動の規模を比べるときに用いられます。一人あたり国民総
所得は，国民総所得をその国の国民の数で割った値をあらわしたものです。

問9　下線部⑨に関して，次の文の（　　　）にあてはまる語句として，**ふさわしくないも
の**を下の**ア～エ**から1つ選び，記号で答えなさい。

> 日本国憲法は，基本的人権として（　　　）を保障することを定めています。

ア　職業を選ぶ自由　　　　**イ**　裁判員になる自由
ウ　言論の自由　　　　　　**エ**　学問の自由

問10　下線部⑩に関して，

（1）次の文の（　a　）にあてはまる数字として正しいものを下の**ア～エ**から1つ選び，
記号で答えなさい。

> 日本では，（　a　）年に女性に選挙権が認められました。

ア　1890　　　**イ**　1925　　　**ウ**　1945　　　**エ**　1960

（2）次の文の（　b　）・（　c　）にあてはまる数字の組合せとして正しいものを下の**ア
～エ**から1つ選び，記号で答えなさい。

> 2021年10月に日本で行われた第49回衆議院議員総選挙の結果，定数（　b　）名
> のうち（　c　）名を女性が占めることになりました。

ア　b 245　c 45　　　　　　**イ**　b 245　c 125
ウ　b 465　c 45　　　　　　**エ**　b 465　c 125

（3）次の文の（　　　）にあてはまる語句を漢字で答えなさい。

日本では，男女が互いに人権を尊重しつつ，個性と能力を十分に発揮できる社会をつくるため，国の行政機関である「（　　　）府」に男女共同参画局が設けられています。

問11　下線部⑪に関して，次の文の（　a　）・（　b　）にあてはまる語句の組合せとして正しいものを下の**ア〜エ**から１つ選び，記号で答えなさい。

1997年にカナダのオタワで調印された「（　a　）全面禁止条約」は，（　a　）の使用・製造・入手・保有などを禁止した条約です。日本は，この条約を確認同意して（　b　）。

ア　a　対人地雷　b　います　　　　**イ**　a　対人地雷　b　いません
ウ　a　核兵器　　b　います　　　　**エ**　a　核兵器　　b　いません

問12　2021年３月現在，国連の加盟国数として正しいものを次の**ア〜エ**から１つ選び，記号で答えなさい。
　　ア　143　　　　　**イ**　193　　　　**ウ**　243　　　　**エ**　293

令和三年度

奈良学園中学校　入学試験問題　A日程

国語（六〇分）

試験開始のチャイムが鳴り始めるまでは、この問題冊子を開かないで、左の注意事項をよく読んでおきなさい。

【　注　意　事　項　】

一、試験開始のチャイムが鳴り始めたら、解答用紙の所定の欄に「受験番号」をはっきりと記入し、「QRコードシール」を貼りなさい。**学校名や氏名を書いてはいけません。**

二、問題冊子は十八ページあります。また、解答用紙は一枚です。

三、ページの脱落、印刷の不鮮明な箇所がある場合や、QRコードシールを貼る際に解答用紙が破れたり、貼ったシールにしわができたりした場合は、手を挙げて監督の先生に知らせなさい。

四、解答は、**解答用紙の指定された枠内に濃くはっきりと記入**しなさい。枠外に記入した部分は採点の対象にしません。

五、試験終了のチャイムが鳴り始めたら、すみやかに筆記用具を置いて、**消しゴムのかすをよく払ってから**解答用紙を裏向きにし、問題冊子を閉じなさい。

六、監督の先生が解答用紙を回収し、指示をするまでは、そのまま静かに着席しておきなさい。

七、問題冊子は持ち帰りなさい。

・**字数制限のある問題では、句読点やかっこなどの記号も一字に数えます。**

・**句読点は解答用紙の枠に重ならないよう記入しなさい。**

一　次の文章を読んで、後の問いに答えなさい。

小学五年生の「僕（司）」たちのクラスで運動会のリレーに出場する人を選ぶことになった。運動ができてクラスの中心人物である渋谷亜矢は、自分の出る選抜チーム（Aチーム）のメンバーをさっさと決めてしまった後、もう一つのチーム（Bチーム）をくじ引きで選ぶことを強引に提案した。その結果、走るのが苦手な「僕」と村田花が、Bチームの走者に選ばれてしまった。転校してきたばかりの高城かれんは、友達になった村田花を心配して、Bチームの練習に付き合っていた。体育の授業で見る限り、高城かれんも運動が苦手そうだったが、彼女が調べてきてくれた速く走る方法をもとに練習を重ねると、タイムは少しずつ上がり、チームの雰囲気も良くなった。

運動会当日、リレーが近づくにつれて「僕」の緊張感はどんどん高まっていく。

-1-

著作権に関係する弊社の都合により
本文は省略いたします。

教英出版編集部

（伊坂幸太郎「スロウではない」による）

注1　悠太──司の親友で、彼も走るのが苦手。高城かれんと同じようにリレーの練習に付き合っていた。

注2　磯憲のトランプ占い──「磯憲」は司たちの担任の先生のあだ名。磯憲先生はよく、相談に来た生徒にトランプで未来を占ってあげていた。

注3　ピッコロがマントを脱いだ感じだ──「ピッコロ」はアニメ『ドラゴンボール』のキャラクター。鍛錬のために重いマントを羽織っているが、戦いの時が来るとマントを脱いで本当の力を発揮する。

注4　心の中のドン・コルレオーネ──「ドン・コルレオーネ」は映画『ゴッドファーザー』に出てくる主人公の一人。彼のもとには様々な人が依頼を持ってやってくる。司と悠太は嫌なことがあると「お願いします、ドン・コルレオーネ」と言って、もやもやした気持ちを発散させていた。

注5　磯憲の言葉を思い出す──以前に、かれんが前の学校でいじめられていたといううわさが立ったことがあり、司と悠太は、それが本当かどうかを、磯憲先生に聞きに行っていた。

－7－

1 ――線①「まわりにいる子供や保護者が……どんどん後ろに流れていく」とありますが、これは「僕」のどのような様子を表していますか。それを説明したものとして最もふさわしいものを、次の**ア～エ**から一つ選び、その記号を答えなさい。

ア 一秒でも早くバトンを渡したいということ以外は何も考えず、ただ走ることだけに集中している様子。

イ 追い抜かれたらどうしようという不安のために、地面に力がうまく伝わらず、ひどく焦っている様子。

ウ 自分のことなど誰も見てはいないと気づいたが、それでも責任を全うするのだと意気込んでいる様子。

エ 心の準備が整う前に加藤さんからバトンを受け取ったため、視界が狭まるくらいに緊張している様子。

2 ――線②「僕は口をぽかんと開けたまま、動けない」とありますが、このときの「僕」の心情を説明しなさい。

3 ┃ Ⅰ ┃～┃ Ⅲ ┃ に入れるのに最もふさわしいものを、次の**ア～ク**からそれぞれ一つ選び、その記号を答えなさい。

ア のこのこ　　イ きびきび　　ウ もじもじ　　エ へなへな

オ ぐんぐん　　カ がつがつ　　キ とぼとぼ　　ク くねくね

4 ――線③「つまり、そういうことなのではないか」とありますが、「そういうこと」とはどういうことですか。それを説明した次の文の空欄を三十字以内で埋めて、説明を完成させなさい。

高城かれんが足の遅いふりをしていたのは、

┃　　　　　┃ことを恐れたからだということ。

5 ──線A「一目置く」、B「便乗する」の意味として最もふさわしいものを、次の**ア〜エ**からそれぞれ一つ選び、その記号を答えなさい。

A「一目置く」

ア 一定の距離を置いて人と接する。

イ 相手の動作を細かく観察し見習う。

ウ 自分より優れている人に敬意を払う。

エ 遠くからそれと知られないように見る。

B「便乗する」

ア 目の前の機会をうまく利用する。

イ その場の雰囲気を素早く見抜く。

ウ 多くの人がそろって賛辞を送る。

エ 何も考えずに他人の真似をする。

6 ──線④「渋谷亜矢がぴしゃりと言う」とありますが、「ぴしゃりと」という言葉は、渋谷亜矢のどのような様子を表していますか。それを説明したものとして最もふさわしいものを、次の**ア〜エ**から一つ選び、その記号を答えなさい。

ア 怒りのあまりに我を忘れて、相手に食ってかかる様子。

イ この場の混乱の原因を、冷静に分析して指摘する様子。

ウ 周囲の不満や反発を、高圧的に抑えつけようとする様子。

エ 自分の意見をみんなに正確に伝えようとしている様子。

7 ──線⑤「悲しげな眼差しで、懇願するようだった。『本当にやめたほうがいいの』」とありますが、高城かれんが渋谷亜矢に伝えようとしているのはどのようなことですか。六十字以内で説明しなさい。

－9－

――線⑥「高城かれんはやり直したかったのだろうか」とありますが、このことについて五人の中学生が話し合っています。これらのうち、「僕」の思いを踏まえた発言として最もふさわしいものを、次の**ア〜オ**から一つ選び、その記号を答えなさい。

ア　Aさん――いじめっ子というかれんの過去を知って驚きはしても、直接いじめられたわけではないから、私だったら今までと同じように付き合ってあげられると思うの。きっとやり直しをさせてあげようと手助けをするわ。

イ　Bくん――それは違うな。前の学校で苦しんでいた子たちがいるんだから、そんなに簡単に許しては駄目だ。転校してそれですまそうなんて、身勝手すぎるよ。

ウ　Cさん――でも、転校してきて目立たないように大人しくしていたし、運動会で友達の花を助けたりもしたし、かれんも頑張って過去を償おうとしているんじゃないかな。その思いを受け止めて支えてあげなきゃ。

エ　Dくん――償いではなくて戒めだろ。自己中心的な行動を抑えようという自覚があるなら、もう人は傷つけないと思う。してきたことは悪いことだけれど、今しようとしていることは認めてあげてもいいのかな。

オ　Eくん――いじめっ子の亜矢をギャフンと言わせてくれたんだから、クラスのヒーローだよ。運動会でも亜矢を抜き去ったんだし、口には出さないけれど、クラスのみんなはかれんの味方だよ。つまり、痛みを知ることで人は強くなれるし、だからこそ人に優しくできるってことだね。

二 次の文章を読んで、後の問いに答えなさい。

植物の発芽に必要な三つの要素は何だろうか？

教科書には、「水、酸素、温度」と書いてある。

そのため、暖かい時期に、土を耕して空気が入りやすいようにしてから種子を播き、水を掛けてやれば、水と酸素と温度の三つが揃って芽が出てくるのである。

ところが、雑草はこの三つの要素が揃っても芽を出さない。それは、雑草が「休眠」という性質を持つからなのである。

「休眠」というと休眠会社や、休眠口座など、　Ａ　という良くないイメージがある。何しろ、「休眠」は「休む」「眠る」と書くのだ。

たくましい雑草の戦略が、「休む」「眠る」というのは、情けないような気もするが、そうではない。①「休眠」は雑草にとって、もっとも重要な戦略の一つなのである。

休眠は、すぐには芽を出さないという戦略である。

野菜や花の種子は、播けばすぐに芽が出てくる。芽を出す時期は、人間が決めているのだ。

芽を出す時期は、人間が適期を見定めて播いてくれる。そのため、すぐに芽を出すことが得策なのである。

ところが、雑草の種子は発芽のタイミングを自分で決める必要がある。

雑草の種が熟して地面に落ちたとしても、それが発芽に適しているタイミングとは限らない。たとえば、秋に落ちた種子が、そのまま芽を出してしまうと、やがてやってくる厳しい冬の寒さで枯れてしまう。また、まわりの植物がうっそうと茂っていれば、芽を出しても光が当たらずに枯れてしまう。

いつ芽を出すかという発芽の時期は、雑草にとっては死活問題なのである。

もっとも、種子が落ちた時期と発芽に適した時期が異なるということは、雑草以外の野生植物にとっても重要な問題である。その

ため、雑草を含む野生の植物は、種子が熟してもすぐには芽を出さない仕組みを持っている。この仕組みは「二次休眠（内生休眠）」と呼ばれている。

一次休眠は発芽に適する時期を待つための休眠である。

また、春に芽が出やすくなるのは、アサガオが硬実種子だからである。種子が熟した秋も春と気温はよく似ている。種子はどのようにして、春であることを知るのだろう。

植物の種子が春を感じる条件は、「冬の寒さ」である。冬の低温を経験した種子のみが、春の暖かさを感じて芽を出すのである。

見せかけの暖かさは、やがて訪れる冬の寒さの前触れに過ぎない。長く寒い冬の後にだけ本当の春がやってくる。

Ⅲ 種子は見せかけの暖かさにぬか喜びすることなく、じっと冬の寒さを待っているのである。冬の寒さ、すなわち低温を経験しないと発芽しない性質は「低温要求性」と呼ばれている。低温に耐えるのでなく、低温を必要とし要求しているのである。

Ⅱ 、種皮が固くて水分や酸素を通さないようになっており、時間が経つと皮がやわらかくなって酸素が通って芽を出すような「硬実種子」と呼ばれる種子もある。アサガオの種子に、やすりやナイフで傷をつけると芽が出やすくなるのは、アサガオが硬実種子だからである。

春に芽が出る種子は、「春」という季節を感じて芽を出す。

B という言葉があるように冬になっても、春のように暖かな日はある。種子

② 「冬が来なければ本当の春は来ない」

何だか人生にも示唆的な、種子の戦略である。

このように、時間が経った種子は休眠から覚めて芽を出そうとする。

しかし、雑草の種子は春だからといって芽を出せばよいという単純なものでもない。弱く小さな雑草の芽生えにとっては、いつ芽を出すかが生死を分ける。そのため、環境を複雑に読み取って、発芽のタイミングを計るのである。芽を出そうとしても、発芽には適さないかも知れない。そんなとき、雑草の種子は再び休眠状態になる。これは「二次休眠（誘導休眠）」と呼ばれている。

人間でいえば、一度、目を覚ましたものの時計を見るとまだ早かったので二度寝してしまうような感じだろうか。その後、私たちがふとんの中で寝たり目が覚めたりを繰り返すように、雑草種子は、覚醒と二次休眠を繰り返しながら、発芽のチャンスを窺っていくのである。

雑草の休眠の仕組みは極めて複雑であると言われている。

雑草は季節に従って規則正しく芽を出せば良いというものではない。雑草の生える環境には予測不能な変化が起こる。春になったからといって発芽のチャンスだとは限らないし、③いつ劇的なチャンスが訪れるかもわからない。そのため、雑草は一般的な野生の植物よりも、より複雑な休眠の仕組みを持っているのである。

雑草を育てることの難しさは、芽が出ないことだけではない。たとえ、結果的に芽が出たとしても、④芽が出るタイミングが、バラバラなのだ。

休眠は、雑草にとっては重要な性質である。しかし、雑草のやっかいなところは、同じ種であっても一粒一粒の休眠に差があることである。休眠したり、覚醒したりというタイミングがまちまちで、ある種子が覚醒していても、別の種子は休眠していたりするのだ。

ちなみに、種子から根や芽が出ることを「発芽」と言い、地面の上に芽が出てくることを「出芽」と言う。発芽のタイミングが、バラバラだから、地面の上に出芽してくるのも一斉ではない。次から次へとだらだらと出芽してくるのである。

野菜や花の種子は、種を播けば一斉に芽が出てくる。どれだけの種子が発芽したかは「発芽率」で表されるのに対して、どれくらいそろって発芽したかは「発芽勢」という言葉で表現される。野菜や花の種子の発芽のタイミングがそろわないと、その後の成長もそろわなくなってしまう。そのため、栽培する植物にとっては、「そろう」ということがとても大切なのである。

しかし、雑草の種子は、できるだけ「そろわない」ことを大切にしている。

もし、野菜や花の種子のように一斉に出芽してきたとしたら、どうだろう。人間に草取りをされてしまえば、それで全滅してしまう。そのため、わざとそろわないようにして、出芽のタイミングをずらし、次から次へと「不斉一発生」するようになっているのである。

バラバラであるという性質は、人間の世界では「個性」と呼ばれるものかも知れない。雑草の世界では個性がとても重要なのだ。

（稲垣栄洋『雑草はなぜそこに生えているのか』ちくまプリマー新書による）

1　　　A　　、　　B　　に入れるのに最もふさわしいものを、次の**ア〜エ**からそれぞれ一つ選び、その記号を答えなさい。

A　ア　働いていない　　イ　存在していない　　ウ　手を抜いている　　エ　細々(ほそぼそ)と活動する

B　ア　花冷え　　イ　春一番　　ウ　三寒四温　　エ　小春日和(こはるびより)

2　──線①『休眠』は雑草にとって、もっとも重要な戦略の一つなのである」とありますが、次の文は、なぜ休眠が雑草にとって大事なのかを説明したものです。　　ア　〜　　ウ　にふさわしい語句を入れて、説明を完成させなさい。ただし、アには二字の言葉が入ります。また、イは十字以内、ウは二十五字以内で書きなさい。

地面に落ちた種がすぐに芽を出すと、　　ア　や　　イ　ことによって枯れてしまうおそれがある。枯れてしまっては次の世代に繋(つな)げることができなくなるので、雑草は「休眠」して、　　ウ　必要がある。

3　　　I　　〜　　Ⅲ　　に入れるのに最もふさわしいものを、次の**ア〜カ**からそれぞれ一つ選び、その記号を答えなさい。

ア　では　　イ　たとえば　　ウ　しかし　　エ　なぜなら　　オ　だから　　カ　すると

4 ──線②『冬が来なければ本当の春は来ない』」何だか人生にも示唆的な、種子の戦略である）とありますが、「人生にも示唆的な」とは、「人生に対して何かをそれとなく教えてくれる」ということだと考えられます。ここで「種子」が人生に対して示してくれる教訓とはどのようなことですか。三十字以内で説明しなさい。

5 ──線③「いつ劇的なチャンスが訪れるかもわからない。」とありますが、「いつ」という言葉は、次のア～エのどの部分にかかっていますか、記号で答えなさい。

いつ ア 劇的な イ チャンスが ウ 訪れるかも エ わからない。

6 ──線④「芽が出るタイミングが、バラバラなのだ」とありますが、このことにはどのような利点があると筆者は考えていますか。具体的に説明しなさい。

7 本文の表現や内容についての記述として最もふさわしいものを、次の**ア〜エ**から一つ選び、その記号を答えなさい。

ア 雑草が「一次休眠」「二次休眠」「環境休眠」と様々な休眠を操ることででたくましく生き延びていることを示した上で、現代社会では人々が休む間もなく活動することが求められていることを対比的に捉え、現代社会を批判する内容となっている。

イ 「硬実種子」についての説明では、一般によく知られるアサガオが具体例として挙げられているが、これにより、雑草のほとんどが、発芽するタイミングの個体差が大きい硬実種子であるということを端的に示そうとしている。

ウ 「二次休眠」を「二度寝」というなじみのある言葉に置き換えたり（12ページ19行目）、「不斉一発生」を「個性」という分かりやすい言葉を用いて説明したりする（13ページ最終行）ことで、専門的な用語に不慣れな読者の理解を助けようとしている。

エ 「次から次へとだらだらと出芽してくる」（13ページ12行目）という表現からは、雑草の出芽の仕方を否定的に捉える視点が見て取れるが、これは雑草を取り除くべきものとして研究する筆者の立場を明確に反映したものといえる。

三 （A） 次の問いに答えなさい。

1 「雰囲気や態度が立派である様子」を意味する四字熟語を、次のア〜エから一つ選び、その記号を答えなさい。

ア 勇猛果敢　　イ 威風堂々　　ウ 大胆不敵　　エ 質実剛健

2 「残り物には□がある」の□に漢字一字を入れ、慣用的表現を完成させなさい。

3 「手負い」の意味として最もふさわしいものを、次のア〜エから一つ選び、その記号を答えなさい。

ア 技量　　イ 荷車　　ウ 負傷　　エ 敗北

4 ――線部の言葉の使い方として最もふさわしいものを、次のア〜エからそれぞれ一つ選び、その記号を答えなさい。

① さしでがましく

ア 友人からの援助の申し出を、さしでがましくも断る。

イ 先生のなさったことに、さしでがましくも口を挟む。

ウ 友達の失態に、さしでがましくもクラス全体が笑う。

エ 幼い弟を、さしでがましくも目立たぬように支える。

-17-

② はがゆく

ア　弟の上達の遅れをはがゆく思ってしまう。

イ　雨上がりの星空をはがゆく見上げている。

ウ　軽快な鼓笛の調べをはがゆく聞いている。

エ　優秀な友人の成績がはがゆくてならない。

三　（B）次の1〜10の文の──線部について、カタカナは漢字になおし、漢字はその読み方をひらがなで書きなさい。

1　学級委員が今日も元気にゴウレイをかける。

2　幼児が異物をゴインしないように注意する。

3　コロナ禍でタクハイ業者の仕事が激増した。

4　今現在、女性にはコウイの継承が行われないことになっている。

5　彼は巧みなワジュツで聴衆の心をつかんだ。

6　生徒達をヒキいて最新の設備を見学しに行く。

7　出版されたばかりの本を友達にカりて読む。

8　野辺に咲く花を摘む。

9　原稿を口述筆記する。

10　古くは養蚕で栄えた。

令和3年度

奈良学園中学校

入学試験問題

A日程

算 数（60分）

試験開始のチャイムが鳴り始めるまでは，この問題冊子を開かないで，下記の注意事項をよく読んでおきなさい。

【 注 意 事 項 】

1. 試験開始のチャイムが鳴り始めたら，解答用紙の所定の欄に「**受験番号**」をはっきりと記入し，「**QRコードシール**」を貼りなさい。**学校名や氏名を書いてはいけません。**

2. 問題冊子は 7 ページあります。また，解答用紙は1枚です。

3. ページの脱落，印刷の不鮮明な箇所などがある場合や，**QRコードシールを貼る際に答案用紙が破れたり，貼ったシールにしわができたりした場合**は，手を挙げて監督の先生に知らせなさい。

4. 解答は，**解答用紙の指定された枠内に濃くはっきりと記入しなさい。枠外に記入した部分は採点の対象にしません。**

5. 試験終了のチャイムが鳴り始めたら，すみやかに筆記用具を置いて，**消しゴムのかすをよく払ってから解答用紙を裏向きにし，問題冊子を閉じなさい。**

6. 監督の先生が解答用紙を回収し，指示をするまでは，そのまま静かに着席しておきなさい。

7. 問題冊子は持ち帰りなさい。

円周率の必要なときは，3.14 としなさい。
小数点などの小さな記号は大きめにはっきりと書きなさい。

1　次の□□□にあてはまる数を入れなさい。

（1）　$8 \times (91 \div 4 \div 7 - 11 \div 8) = \boxed{}$

（2）　$\left(13\dfrac{2}{3} - 7\dfrac{1}{4}\right) \div \left(7\dfrac{3}{5} - 5\dfrac{1}{6} - 2\right) \times \left(8\dfrac{2}{7} - 6\dfrac{1}{11}\right) = \boxed{}$

（3）　$47 \times 43 - 4.3 \times 26 + 560 \times 0.43 = \boxed{}$

（4）　$\dfrac{4}{5} \div \left\{\left(\boxed{} + \dfrac{1}{5}\right) \times \dfrac{3}{4} \div 1.75\right\} = 3.5$

2 次の□にあてはまる数を入れなさい。

（1） $\dfrac{2}{13}$ の小数第 2021 位の数字は□です。

（2） Aさん，Bさん，Cさんの3人が本を古いたなから新しいたなに運びます。
1時間に，BさんはAさんの1.2倍の本を，CさんはBさんの1.5倍の本を運ぶことができます。3人で運べば，すべての本を運び終えるのに12時間かかります。Bさん1人で運ぶと，すべての本を運び終えるのに□時間かかります。

（3） 12 を1以上の整数3個の和で表す表し方は□通りあります。ただし，1＋1＋10 と 1＋10＋1 のように足す順番がちがうだけのものは，同じものとみなしています。

（4） あめが□個あり，それをあるグループに配ることにします。1人に3個ずつ配ると，27個余ってしまいます。4個ずつ配ることにすると，もらえない人が4人と2個しかもらえない人が1人出てしまいます。

3

（1）図のような中心がO，半径が 10cmの円があります。おうぎ形⑦の面積は直角三角形⑦の面積の何倍ですか。

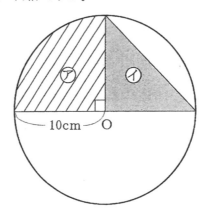

（2）下の図のような図形に対して以下の問いに答えなさい。ただし，

四角形ABCD，AEFGは二辺の長さが３cmと６cmの長方形です。

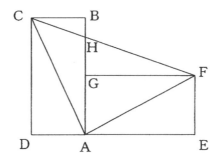

（ⅰ）BHの長さは何cmですか。

（ⅱ）三角形AFCの面積は何cm²ですか。

（ⅲ）長方形ABCDを，Aを中心に 90°回転させて長方形AEFGに重ねたとき，

長方形ABCDの通過する部分の面積は何cm²ですか。

4 AさんとBさんが1周 920mの池の周りを走りました。2人はスタート地点から同じ向きに同時に走り始めました。Aさんは分速 230mで走り，池を1周するたびにスタート地点で1分間休憩をしました。Bさんははじめ分速200mで走り，走り始めて13分後からは走る速さを遅くして一定の速さで走りました。すると，AさんとBさんは同時にちょうど4周走り終えることができました。次の問いに答えなさい。

（1）2人が4周走り終えたのは，走り始めてから何分後ですか。

（2）Bさんの走る速さは，走り始めて13分後から分速何mになりましたか。

（3）BさんがはじめてAさんに追いぬかれるのは，走り始めてから何分何秒後ですか。

（4）2人が走り始めてから16分後には，BさんはAさんより何m前にいますか。

5　ふたつの容器Ａ，Ｂがあり，それぞれ食塩が入っています。Ａの食塩の重さと，Ｂの食塩の重さの比は１：２です。それぞれの容器に水を加えてよくかき混ぜ，食塩をすべて溶かして食塩水を作りました。Ａの食塩水の重さとＢの食塩水の重さはあわせて 500 g になりました。Ａの食塩水の濃さはＢの食塩水の濃さの２倍になっています。次の問いに答えなさい。

（１）Ａの食塩水の重さは何 g ですか。

　　この後，Ｂの食塩水の一部を取り出し，Ａの食塩水に加えたところ，Ａの食塩水の濃さはＢの食塩水の濃さの $\frac{5}{4}$ 倍になりました。

（２）ＡにＢの食塩水を何 g 移しましたか。

（３）Ａの食塩水に溶けている食塩の重さとＢの食塩水に溶けている食塩の重さの比を最も簡単な整数の比で答えなさい。

6 次の ア ～ キ にあてはまる数，またはAかBを入れなさい。

AさんとBさんがn個の小石の山から交互に何個かの小石をとるゲームをします。最後に残りの小石をすべて取った人が勝ちとします。ルールは次のようになっています。

ルール１：自分の番では，１個以上の小石を取らなければならない。

ルール２：自分の番のときに，取れる小石の数は，前の番の人がとった小石の２倍以下である。

ルール３：最初の番の人は全部の小石を取ってはいけない。全部でなければ何個でもよい。

このルールでAさんから小石を取り始めることにします。

n＝2の場合，Aさんは１個しか取ることができないので，残り１個をBさんが取って，Bさんが必ず勝ちます。

n＝3の場合，Aさんは１個か２個取ることになります。Aさんが１個ならば，Bさんは２個以下，Aさんが２個ならば，Bさんは４個以下取ることができるので，いずれの場合でも残りの小石をBさんがすべて取ることができ，Bさんは必ず勝つことができます。

n＝4の場合，Aさんが１個取っておけば，残り３個で，Bさんは２個以下取ることができます。これはn＝3の場合と同じ状況になり，このときBさんから取り始めることになるので，ア さんが必ず勝つことができます。

n＝5の場合，Aさんが１個取るとn＝4の場合と同じ状況になり，このときBさんから取り始めることになるので，イ さんが必ず勝つことができます。Aさんが２個以上取ると，残りの小石をすべて イ さんは取ることができます。いずれの場合でも イ さんは必ず勝つことができます。

同様に考えると，n＝6の場合，　ウ　さんは必ず勝つことができます。

n＝7の場合，Aさんは初めに　エ　個取っておけば，Aさんは必ず勝つことが

できます。n＝8の場合は　オ　さんが，n＝9の場合は　カ　さんが，それぞ

れ必ず勝つことができます。n＝10 の場合，Aさんは初めに　キ　個取ってお

けば，Aさんは必ず勝つことができます。

令 和 3 年 度
奈 良 学 園 中 学 校
入 学 試 験 問 題
A 日 程
理 科 （４０分）

試験開始のチャイムが鳴り始めるまでは，この問題冊子を開かないで，下記の注意事項をよく読んでおきなさい。

【 注 意 事 項 】

1. 試験開始のチャイムが鳴り始めたら，解答用紙の所定の欄に「**受験番号**」をはっきりと記入し，「**QRコードシール**」を貼りなさい。**学校名や氏名を書いてはいけません。**

2. 問題冊子は 14 ページあります。また，解答用紙は 1 枚です。

3. ページの脱落，印刷の不鮮明な箇所などがある場合や，**QRコードシールを貼る際に答案用紙が破れたり，貼ったシールにしわができたりした場合**は，手を挙げて監督の先生に知らせなさい。

4. 解答は，**解答用紙の指定された枠内に濃くはっきりと記入しなさい。枠外に記入した部分は採点の対象にしません。**

5. 試験終了のチャイムが鳴り始めたら，すみやかに筆記用具を置いて，**消しゴムのかすをよく払ってから**解答用紙を裏向きにし，問題冊子を閉じなさい。

6. 監督の先生が解答用紙を回収し，指示をするまでは，そのまま静かに着席しておきなさい。

7. 問題冊子は持ち帰りなさい。

1　2種類のニクロム線Ａ，Ｂと乾電池，電流計を用いて，いろいろな回路をつくり，電流の強さをはかりました。図１はその結果です。この結果を参考に図２〜図６の回路について，電流計が示す電流の強さを求めなさい。

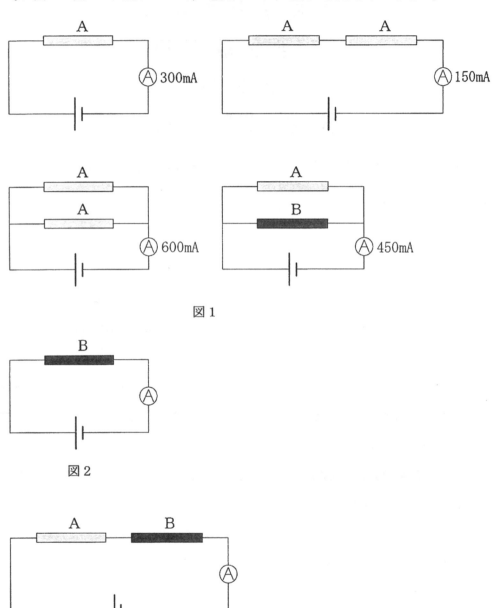

図１

図２

図３

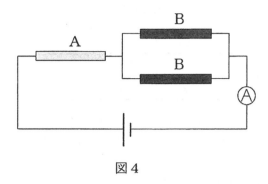

図4

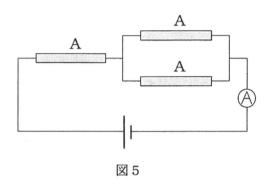

図5

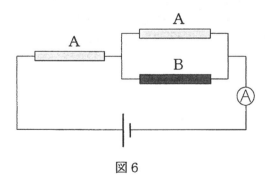

図6

2 次の表は，いろいろな温度の水100gに溶けるだけ溶かした食塩とホウ酸の重さを表しています。この表をもとにして，下の問いに答えなさい。

水の温度〔℃〕	0	20	40	60	80
食塩の重さ〔g〕	35.6	36.0	36.4	37.0	38.0
ホウ酸の重さ〔g〕	2.8	5.0	x	15.0	23.5

（1）　次のア～オを，①食塩水だけにあてはまるもの，②ホウ酸水溶液だけにあてはまるもの，③両方にあてはまるもの，④どちらにもあてはまらないものに分けて，記号で答えなさい。

　　ア　無色透明で，見た目には水と区別がつかない。
　　イ　緑色のBTB溶液を加えると，黄色に変色する。
　　ウ　水の温度を下げると，溶ける量は少なくなる。
　　エ　しばらくすると，水溶液が白くにごってくる。
　　オ　溶けているものを取りだす方法として，水の温度を下げる方法は効果的でない。

（2）　80℃の水20gにホウ酸を4.5g加えたら，全部溶けました。それに同じ温度の水30g加えてから温度を下げていったところ，40℃でホウ酸の粒が出始めました。このことから，表のxの値はいくらになりますか。

（3）　60℃の水がそれぞれ50gずつ入っているビーカーA，B，Cを用意し，ホウ酸をAには5g，Bには10g，Cには15g加えてよくかき混ぜました。しばらくしてから，A，B，Cのホウ酸水溶液を20mLずつはかりとって重さを比べると，どのようになりますか。次のア～オから1つ選び，記号で答えなさい。

　　ア　BはAより重く，Cより軽い。
　　イ　BはCより重く，Aより軽い。
　　ウ　AとBは同じ重さで，Cより重い。
　　エ　BとCは同じ重さで，Aより重い。
　　オ　A，B，Cとも，同じ重さである。

（4）　40℃の水25gに食塩を15g加え，よくかき混ぜてしばらく置いておきました。この水溶液の濃さは何％ですか。割り切れない場合は，小数点以下第1位を四捨五入して求めなさい。

（5）　20℃の水150gに食塩を18g溶かして食塩水をつくりました。この食塩水をちょうど3分の1はかりとり，そこへ19.2gの食塩を新たに加えてよくかき混ぜたら，加えた食塩は全部溶けきらずに少し残りました。この溶けずに残った食塩をちょうど全部溶かすのに，20℃の水を何g加えたらいいですか。

3 川について，次の問いに答えなさい。

（1）　川の上流にくらべて，下流にはどのような特徴が見られますか。次の
　　　ア〜コからすべて選び，記号で答えなさい。
　　　　ア　流れが速い　　　イ　流れが遅い　　　ウ　川幅が広い
　　　　エ　川幅がせまい　　オ　小石や砂が多い　カ　角ばった大きな石が多い
　　　　キ　水の質がよい　　ク　しん食作用が大きい
　　　　ケ　運ぱん作用が大きい　　　コ　たい積作用が大きい

（2）　川底や地層などで見られる小石の中で，特に粒の大きさが2mm以上の小
　　　石は何とよばれますか。

（3）　図1は川の曲がっているところを上空から見たものです。Aの部分とB
　　　の部分で，しん食作用が大きいのはどちらですか。また，たい積作用が大
　　　きいのはどちらですか。正しい組合せを，次のア〜エから1つ選び，記号
　　　で答えなさい。

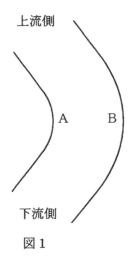

上流側

A　B

下流側

図1

	しん食作用	たい積作用
ア	A	A
イ	A	B
ウ	B	A
エ	B	B

（4）　水量が増えると，しん食作用や運ぱん作用はどうなりますか。正しい組合せを，次のア～エから１つ選び，記号で答えなさい。

	しん食作用	運ぱん作用
ア	大きくなる	大きくなる
イ	大きくなる	小さくなる
ウ	小さくなる	大きくなる
エ	小さくなる	小さくなる

（5）　川の水によって運ばれてきた小石，砂，泥が海に流れ出たあと，海底にどのように積もるか調べるため，図２のように水を入れたプラスチック容器に，小石，砂，泥を入れて，よくかき混ぜて水平なところに置きました。しばらくしてから見ると，どのようになっていると考えられますか。次のア～キから１つ選び，記号で答えなさい。

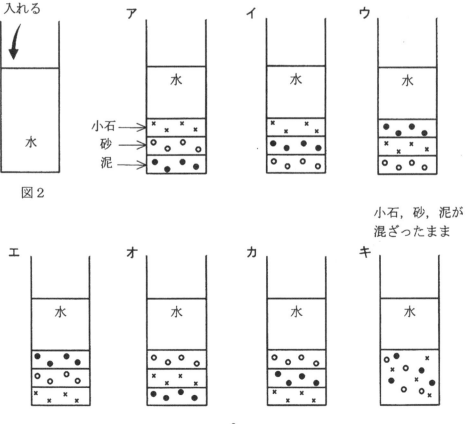

図２

－ 6 －

4 図1のような，厚さが一定で薄くて変形しない長方形の板があります。糸で，この板やいろいろな重さのおもりをつるし，つり合いの実験をしました。最初に，図2のように，板の中央の点Mをばねはかりにつるすと，点P，Q，R，Sが同じ高さになってつり合い，ばねはかりは140 gを示しました。下の問いに答えなさい。ただし，板は均一な材質でできており，どの場所も1cm²あたりの重さは一定であるとします。また，糸の太さと重さは考えないものとします。なお，図に示すおもりは重さに関係なく同じ大きさで描いてあります。

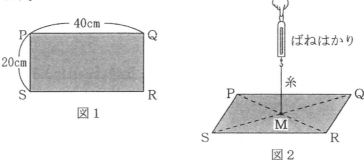

図1　　　　　図2

（1）　図3および図4のようにつるしたとき，点PとQが同じ高さになってつり合いました。おもりA，Bはそれぞれ何gですか。

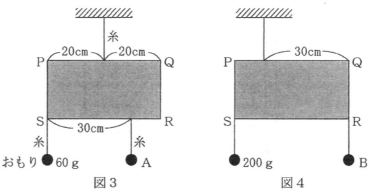

図3　　　　　図4

（2）　図5のようにつるしたとき，点P，Q，R，Sが同じ高さになってつり合いました。図中の長さXは何cmですか。

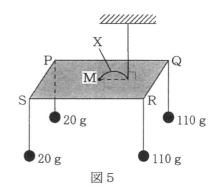

図5

（3）　図6および図7のようにつるしたとき，点PとQが同じ高さになってつり合いました。ばねはかりはそれぞれ何gを示していますか。

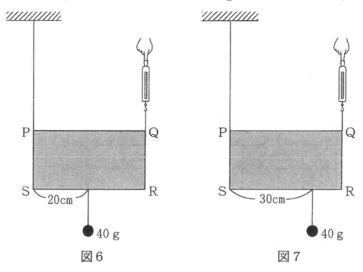

図6　　　　　　　図7

（4）　板を図8のように切りとり，穴のあいた板にしました。
　①　穴のあいた板の重さは何gですか。
　②　穴のあいた板を図9のようにつるしたとき，点PとQが同じ高さになってつり合いました。ばねはかりは何gを示していますか。

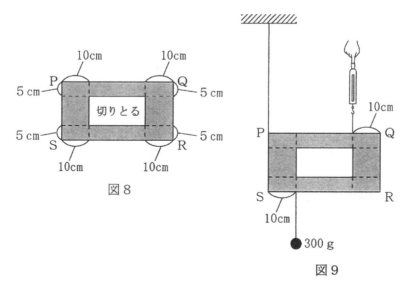

図8

図9

5 人のからだのしくみについて，次の問いに答えなさい。

（1） 次の文の（ ① ）～（ ④ ）にあてはまる語句で，正しいものの組合せ
を下の**ア～ク**から1つ選び，記号で答えなさい。

　　人の心臓は，（ ① ）つの部屋に分かれていて，それぞれの部屋は心臓
の（ ② ）によって規則正しく動いています。心臓から血液が出ていく血
管を（ ③ ），心臓に血液が入ってくる血管を（ ④ ）といいます。

	①	②	③	④
ア	2	脈はく	静脈	動脈
イ	2	脈はく	動脈	静脈
ウ	2	はく動	動脈	静脈
エ	2	はく動	静脈	動脈
オ	4	脈はく	静脈	動脈
カ	4	脈はく	動脈	静脈
キ	4	はく動	動脈	静脈
ク	4	はく動	静脈	動脈

（2） 図1は，心臓のつくりをあらわしています。全身から流れてきた血液は，
心臓に入り，どの順番に流れて心臓から出ていきますか。次の**ア～カ**から
1つ選び，記号で答えなさい。

ア ①→②→③→④
イ ①→③→④→②
ウ ①→④→③→②
エ ①→②→④→③
オ ①→③→②→④
カ ①→④→②→③

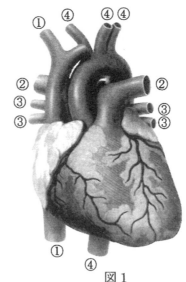

図1

（3）　かん臓は，大人ではどれくらいの重さがありますか。次の**ア〜エ**から１つ選び，記号で答えなさい。

　　ア　0.5kg　　**イ**　1.5kg　　**ウ**　2.5kg　　**エ**　3.5kg

（4）　わたしたちのからだの中にある肺，小腸，かん臓とじん臓のはたらきや特徴として正しいものを次の**ア〜オ**から１つ選び，記号で答えなさい。また，それはからだの中のどの場所にあるかを図２のA〜Hから１つ選び，記号で答えなさい。

〈はたらきや特徴〉

　ア　内側にはひだがあり，食べ物に含まれている養分は，ここの毛細血管から血液に取り入れられる。

　イ　二酸化炭素が多い空気を酸素が多い空気に変えている。

　ウ　アルコールなどの，からだにとって害のあるものを害のないものに変えている。

　エ　からだの中でいらなくなったものを血液の中から取りのぞいて，尿をつくる。

　オ　魚のからだでは，えらがこれと同じはたらきをしている。

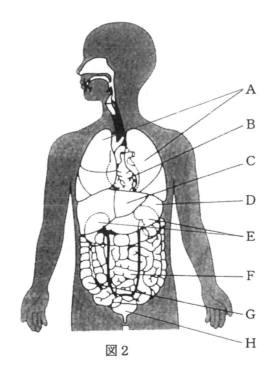

図２

6 水は液体だけでなく，固体の氷や気体の水蒸気などさまざまな姿をとり
　ます。このような固体，液体，気体の姿の変化と，それぞれの姿での性質に
　興味を持ったまなぶさんはさまざまなものの姿と，その性質について調べて
　みました。次の問いに答えなさい。

（1） 主に固体の姿をとるものに金属があります。一般的な金属の性質を記し
　　たA〜Dの文に関して正しいものの組合せはどれですか。次のア〜カから
　　1つ選び，記号で答えなさい。
　　A　磁石につく　　　　　　　　B　電気を通す
　　C　熱を伝えにくい　　　　　　D　かがやきがある

　　ア　AとB　　　　　イ　AとC　　　　　ウ　AとD
　　エ　BとC　　　　　オ　BとD　　　　　カ　CとD

（2） ものが水に溶けた液体のことを水溶液といいます。水溶液A〜Dに関す
　　る説明として正しいものはどれですか。次のア〜エから1つ選び，記号で
　　答えなさい。
　　A　アンモニア水　　　　　　　B　塩酸
　　C　炭酸水　　　　　　　　　　D　水酸化ナトリウム水溶液

　　ア　あたためるとにおいがする水溶液は，2つある。
　　イ　緑色のBTB溶液を青色に変える水溶液は，1つある。
　　ウ　石灰石を溶かすことのできる水溶液は，この中にはない。
　　エ　おだやかにあたためると最後に固体が残る水溶液は，この中にはない。

（3） 空気にはさまざまな気体が含まれています。空気に関係する内容を記し
　　た文のうち，**まちがっているもの**はどれですか。次のア〜エから1つ選
　　び，記号で答えなさい。
　　ア　とじこめた空気に力を加えると，体積は小さくなる。
　　イ　とじこめた空気を冷やすと，体積が大きくなる。
　　ウ　空気中に含まれる気体で最も多いものは，ちっ素である。
　　エ　空気中でものを燃やすと，含まれる気体の体積の割合が変わる。

（4） 水について説明した文のうち，正しいものはどれですか。次の**ア〜カ**から2つ選び，記号で答えなさい。

ア 水はおよそ100℃でふっとうし，0℃でこおる。

イ 水は，氷になると体積が小さくなる。

ウ 水が氷になるとき，こおり始めより全部こおったときの温度の方が低い。

エ 水は，容器に入れてあたためられると，下の方の水が上に動く。

オ 水がふっとうするとき，出てくる湯気は気体である。

カ 水がふっとうするとき，出てくるあわは液体である。

（5） 姿が変わる温度が，ものによって違うことを知ったまなぶさんはさまざまなものの姿が変わる温度を調べて，表にまとめました。

調べたもの	固体が液体に変わるときの温度〔℃〕	液体が気体に変わるときの温度〔℃〕
銅	1085	2571
食塩	800	1413
エタノール	−115	78
水銀	−39	357
ちっ素	−210	−196
プロパン	−188	−42

① エタノールが液体の姿をとる温度の範囲で，姿を変えるものはいくつありますか。次の**ア〜カ**から1つ選び，記号で答えなさい。

ア 0 　　　　 **イ** 1 　　　　 **ウ** 2

エ 3 　　　　 **オ** 4 　　　　 **カ** 5

② 表にあげた6つのものに関する説明として，**まちがっているもの**はどれですか。次の**ア〜オ**から1つ選び，記号で答えなさい。

ア 表にあげた6つのもののうち，液体の姿をとるものが3つとなる温度は存在しない。

イ 銅と食塩が共に液体の姿をとる温度の範囲で，他の4つはすべて気体である。

ウ 水銀の液体が気体に変わるときの温度において，液体のものは存在しない。

エ ちっ素の液体が気体に変わるときの温度において，残りの5つはすべて固体である。

オ プロパンの液体が気体に変わるときの温度において，固体のものは2つある。

7　まなぶさんと先生が，サクラについて話しています。次の会話文を読み，あとの問いに答えなさい。なお，会話文中の表現は，現代的な表現に改めているところがあります。

まなぶ：奈良県の花に「ナラノヤエザクラ」が選ばれていると知りました。どんな花ですか。

先　生：百人一首の61番に「いにしえの奈良の都の八重桜」とよまれていることでも有名な花ですね。古くから奈良でさいていた花として知られていて，奈良市の花にも選ばれています。植物名の「ヤエ」は，花びらがたくさんあることを表していて，奈良市のホームページによると，1つの花で花びらは22枚から，多いもので79枚もあるそうですよ。

まなぶ：学校の校庭などに見られるサクラと，どんなところが違うのですか。

先　生：学校の校庭などに見られるサクラは「ソメイヨシノ」という種類が多いですね。ソメイヨシノなどのサクラは花びらを（　①　）枚もち，（　②　）を多数もっています。この（　②　）の一部または全部が花びらに変化したものが「ヤエザクラ」とよばれます。花全体の形は違うところが多いのですが，葉などのほかの部分ではソメイヨシノとナラノヤエザクラで共通するところもありますよ。明日，実際にナラノヤエザクラの木を見に行きましょう。

〜　翌　日　〜

先　生：これがナラノヤエザクラの木です。緑色の葉がたくさんついていますね。

まなぶ：ソメイヨシノと同じように，□□□□□□□□□□。

先　生：その葉の特徴は，難しい言葉ですが「鋸歯」といいます。植物の葉に鋸歯がある理由はまだよくわかっていませんが，植物の葉の化石の研究によると，寒い地域ほど鋸歯をもつ葉をつける植物が多いことがわかっているので，植物の生活に関係するのではないかと考えられています。

まなぶ：まだまだわからないこともあるんですね。将来，私もそんな不思議を解明する研究をしてみたいと思います。

（1）　会話文中の（　　）にあてはまる数字・語の正しい組合せを，次の**ア**～
　　カから１つ選び，記号で答えなさい。

	①	②
ア	4	がく
イ	4	おしべ
ウ	4	めしべ
エ	5	がく
オ	5	おしべ
カ	5	めしべ

（2）　会話文中の　　　　　　　にあてはまる内容として最も適切なものはど
　　れですか。次の**ア**～**エ**から１つ選び，記号で答えなさい。
　　ア　葉が厚く，表面がピカピカしていますね
　　イ　葉のまわりがギザギザしていますね
　　ウ　葉の一部に，白くなっている部分がありますね
　　エ　葉が細長い形をしていて，表面にまっすぐすじが入っていますね

（3）　会話文中の下線部について，葉が鋸歯をもつことで，植物のからだか
　　ら水が水蒸気となって出ていく現象がさかんになると考えられています。
　　①　植物のからだから水が水蒸気となって出ていくはたらきを何といい
　　　ますか。**漢字**で答えなさい。
　　②　①のはたらきは，植物が生きていく上でどのような点で有利になり
　　　ますか。15字以内で説明しなさい。ただし，句読点も字数に含みます。

（4）　この会話が行われた時期はいつごろと考えられますか。次の**ア**～**エ**か
　　ら１つ選び，記号で答えなさい。
　　ア　２月の初めごろ　　　　**イ**　４月の初めごろ
　　ウ　７月の初めごろ　　　　**エ**　12月の初めごろ

K教英出版

令和３年度

奈良学園中学校

入学試験問題

Ａ日程

社会（４０分）

試験開始のチャイムが鳴り始めるまでは，この問題冊子を開かないで，下記の注意

事項をよく読んでおきなさい。

【 注 意 事 項 】

1. 試験開始のチャイムが鳴り始めたら，解答用紙の所定の欄に「**受験番号**」をはっきり

　と記入し，「**QRコードシール**」を貼りなさい。**学校名や氏名を書いてはいけません。**

2. 問題冊子は 22 ページあります。また，解答用紙は１枚です。

3. ページの脱落，印刷の不鮮明な箇所などがある場合や，**QRコードシールを貼る際**

　に答案用紙が破れたり，貼ったシールにしわができたりした場合は，手を挙げて監督

　の先生に知らせなさい。

4. 解答は，**解答用紙の指定された枠内に濃くはっきりと記入しなさい。枠外に記入し**

　た部分は採点の対象にしません。

5. 試験終了のチャイムが鳴り始めたら，すみやかに筆記用具を置いて，**消しゴムのか**

　すをよく払ってから解答用紙を裏向きにし，問題冊子を閉じなさい。

6. 監督の先生が解答用紙を回収し，指示をするまでは，そのまま静かに着席しておきな

　さい。

7. 問題冊子は持ち帰りなさい。

1 学さんのグループと園子さんのグループは歴史の授業で学んだことをふりかえり，争いを中心とした歴史の年表をつくりました。それぞれの年表に関して，後の問いに答えなさい。

学さんのグループがつくった年表

西　暦	で　き　ご　と
前221年	（　a　）の始皇帝が中国を統一する
3世紀	邪馬台国が，30ほどの国を従える
5世紀	①大和朝廷が多くの豪族を従える
589年	②隋が中国を統一する
618年	隋が滅び，唐が建国される
645年	③中大兄皇子らが蘇我氏をたおす
	④中国にならった国づくりが進められる
907年	唐が滅ぶ
936年	⑤　を滅ぼした高麗が朝鮮半島を統一する ┐ X
1159年	平治の乱がおこる ┘
1185年	⑥平氏が源氏に滅ぼされる
1221年	承久の乱がおこる ┐
1274年	（　b　）が日本に攻めてくる Y
1333年	鎌倉幕府が滅びる
1368年	（　c　）が建国され，（　b　）が滅びる ┘
1467年	応仁の乱がおこる ┐ Z
1600年	⑦関ヶ原の戦いがおこる ┘

問1　年表中（　a　）～（　c　）にあてはまる中国の王朝名を次のア～カから1つずつ選び，それぞれ記号で答えなさい。

ア　明　　イ　秦　　ウ　漢　　エ　元　　オ　魏　　カ　宋

問2　下線部①について，この頃，大和朝廷の大王であったワカタケルの名前が刻まれた鉄剣が関東の古墳から発見されています。その古墳を次のア～エから1つ選び，記号で答えなさい。

ア　稲荷山古墳　　イ　江田船山古墳　　ウ　大仙古墳　　エ　藤ノ木古墳

問3　下線部②について，607年に聖徳太子が隋に派遣した人物は誰ですか，漢字4字で答えなさい。

問4　下線部③について，中大兄皇子は，このあと中国から帰国した留学生らとともに，新しい政治を進めました。中国にならってこの年に定められた年号（元号）を何といいますか，漢字2字で答えなさい。

問5　下線部④について，
（1）この時期の日本に関して述べた次の文a～cを年代の古い順に並べたものとして正しいものを下のア～カから1つ選び，記号で答えなさい。

　a　唐の長安にならって，平城京がつくられた。
　b　菅原道真の意見が取り入れられ，遣唐使がとりやめられた。
　c　唐から鑑真が訪れ，唐招提寺を開いた。

ア　a→b→c　　イ　a→c→b　　ウ　b→a→c
エ　b→c→a　　オ　c→a→b　　カ　c→b→a

（2）この時期に活躍した人物について述べた文として正しいものを次のア～エから1つ選び，記号で答えなさい。

ア　天智天皇が，『日本書紀』をまとめた。
イ　桓武天皇が，都を平安京にうつした。
ウ　藤原道長が，むすめを天皇のきさきにして権力をにぎった。
エ　紫式部が，ひらがなや漢字を使って『枕草子』を書いた。

問6　年表中　⑤　にあてはまる国名を次のア～ウから1つ選び，記号で答えなさい。
ア　高句麗　　イ　百済　　ウ　新羅

問7　下線部⑥に関して，

（1）源氏一族の中心であった源頼朝について述べた文として正しいものを次の**ア〜エ**から1つ選び，記号で答えなさい。

ア　幼い時には，平氏との戦いに敗れて隠岐に流された。

イ　むすめを高倉天皇のきさきとした。

ウ　全国に守護や地頭をおいた。

エ　武士として初めて関白の地位についた。

（2）源氏が平氏を滅ぼした戦いを次の**ア〜エ**から1つ選び，記号で答えなさい。

ア　壇ノ浦の戦い　　**イ**　屋島の戦い　　**ウ**　一ノ谷の戦い　　**エ**　白村江の戦い

問8　下線部⑦について，この戦いに勝利した徳川家康について述べた文として正しいものを次の**ア〜カ**からすべて選び，記号で答えなさい。

ア　天下布武の印をもちいた。　　　　**イ**　長篠の戦いに参加した。

ウ　島原・天草一揆をしずめた。　　　**エ**　三河国の大名の子に生まれた。

オ　検地や刀狩をおこなった。　　　　**カ**　金閣を建てた。

問9　次のa・bは年表中X〜Zのどの時期の文化にあてはまるものですか，その組合せとして正しいものを下の**ア〜カ**から1つ選び，記号で答えなさい。

a　平等院鳳凰堂

b　日本に来た船と人々

ア　a−X　b−Y　　　**イ**　a−X　b−Z　　　**ウ**　a−Y　b−Z

エ　a−Y　b−X　　　**オ**　a−Z　b−X　　　**カ**　a−Z　b−Y

園子さんのグループがつくった年表

西　暦	で　き　ご　と
1603年	⑧江戸時代がはじまる
1840年	清とイギリスの間で ⑨ 戦争がおこる
1864年	長州藩がイギリスなど４カ国と戦い敗れる
1866年	⑩薩摩藩と長州藩が同盟を結ぶ
1867年	15代将軍徳川慶喜が政権を朝廷に返す
1868年	新政府軍が鳥羽伏見で旧幕府軍に勝つ
	⑪この間，近代化が進む
1894年	日清戦争がおこる…………………A ⎫
1904年	日露戦争がおこる…………………B ⎪ ⑫
1914年	第一次世界大戦がおこる…………C ⎪
1931年	満州事変がおこる…………………D ⎭
1937年	日中戦争がおこる
1939年	⑬第二次世界大戦がおこる
1941年	⑭太平洋戦争がおこる
1945年	日本は連合国に降伏する
	⑮アメリカとソ連を中心に，東西冷戦がはじまる

問10　下線部⑧について，

（1）幕府は，大名が守らなければならない決まりを定めました。参勤交代の制度が後に加えられたこの決まりの名前は何ですか，漢字５字で答えなさい。

（2）この時代に描かれた作品a・bとその説明の組合せとして正しいものを下のア〜エから1つ選び，記号で答えなさい。

a

b

X　版画の印刷技術が発達し，浮世絵が出版された。
Y　中国から伝わった水墨画が描かれるようになった。

ア　a−X　　　　イ　a−Y　　　　ウ　b−X　　　　エ　b−Y

問11　年表中　⑨　にあてはまる語句をカタカナ3字で答えなさい。

問12　下線部⑩について，この同盟を仲介した土佐藩出身の人物を次のア〜エから1つ選び，記号で答えなさい。
ア　吉田松陰　　　イ　大隈重信　　　ウ　坂本龍馬　　　エ　勝海舟

問13　下線部⑪について，『西洋事情』や『学問のすゝめ』を書き，新しい考え方を人々に広めたのは誰ですか，漢字で答えなさい。

問14　年表中⑫について，次のできごとa〜cがおこった時期と年表中A〜Dのできごとがおこった時期との関係について述べたものとして正しいものを下のア〜オから1つ選び，記号で答えなさい。
a　日本が不平等条約の完全な撤廃に成功する。
b　日本が韓国を併合する。
c　普通選挙法が制定される。
ア　aは，Aの前に行われた。　　　イ　aは，BとCの間に行われた。
ウ　bは，AとBの間に行われた。　エ　bは，CとDの間に行われた。
オ　cは，Dの後に行われた。

問15　下線部⑬について，この戦争はドイツがある国に侵攻したことをきっかけに始まりました。ある国とはどこですか，カタカナで答えなさい。

問16　下線部⑭について，この戦争について述べた文として正しいものを次の**ア〜エ**から１つ選び，記号で答えなさい。

ア　この戦争は，日本がイギリス領の真珠湾を攻撃したことから始まった。

イ　中国への侵略を非難された日本は，この戦争が始まると国際連盟から脱退した。

ウ　この戦争が長期化すると，国家総動員法が制定され，勤労動員が始まった。

エ　空襲をさけるために，この戦争末期には，小学生らは都市から農村へ疎開した。

問17　下線部⑮について，これ以降におこったできごとと関連する写真 a 〜 c を年代の古い順に並べたものとして正しいものを下の**ア〜カ**から１つ選び，記号で答えなさい。

a　ベトナム戦争がおこる。

b　アメリカで同時多発テロがおこる。

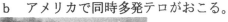

c　ベルリンの壁がなくなり，東西ドイツが統一される。

ア　a→b→c　　　**イ**　a→c→b　　　**ウ**　b→a→c
エ　b→c→a　　　**オ**　c→a→b　　　**カ**　c→b→a

2 次の図①～⑥に示されているルート A～H について，後の問いに答えなさい。

※ 使用した統計は『データブック・オブ・ザ・ワールド2020』などによる。

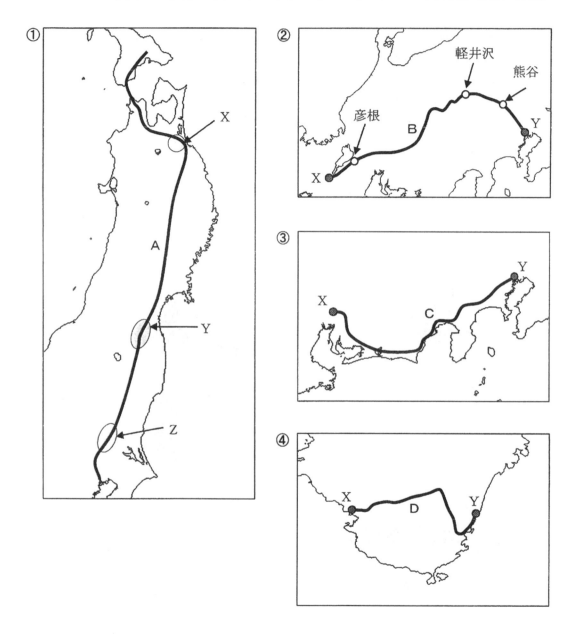

⑤

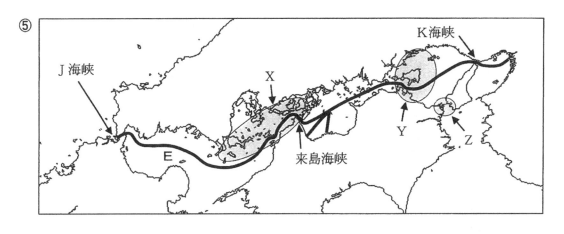

J 海峡

K 海峡

X

来島海峡

E

Y

Z

⑥

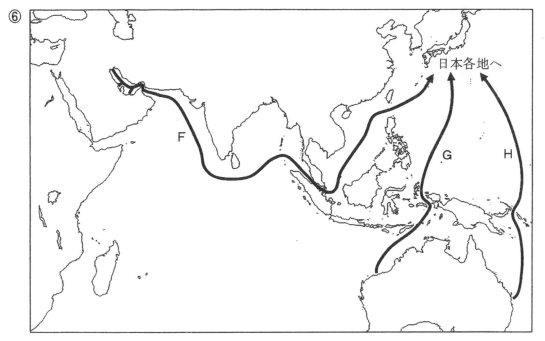

日本各地へ

F

G

H

— 8 —

問1　図①中のルートＡは北海道・東北新幹線（北海道・東京間）を示しています。

（1）ルートＡにおいて，北海道・東京を除き，県庁所在地に駅がおかれている県はいくつありますか，数字で答えなさい。

（2）次のグラフは，東北新幹線（東京・新青森間）の各駅における一日あたりの乗車人数を駅順に示したものです。グラフ中（あ）の駅は，ある県の県庁所在地にありますが，この都市の名前を漢字で答えなさい。

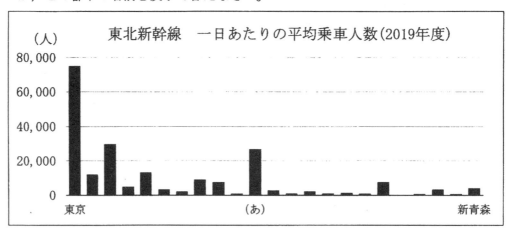

（3）次の文ａ〜ｃは，図①中に示したＸ〜Ｚの地域における農業の特色についてそれぞれ説明したものです。ａ〜ｃとＸ〜Ｚとの組合せとして正しいものを下のア〜カから１つ選び，記号で答えなさい。

ａ　この地域では，阿武隈川ぞいの水はけのよい土地と夏の高い気温を利用して，桃などの果物作りがさかんです。

ｂ　この地域では，台地が広がり，米作りをはじめ畑作や畜産業がさかんですが，ヤマセが吹くと夏でも気温の低い状態が続き，冷害が起きることもあります。

ｃ　この地域では，利根川にそった低地で米作りがおこなわれていますが，大消費地に近いためレタスやハクサイなどの野菜作りもさかんです。

ア	ａ	Ｘ	ｂ	Ｙ	ｃ	Ｚ		イ	ａ	Ｘ	ｂ	Ｚ	ｃ	Ｙ
ウ	ａ	Ｙ	ｂ	Ｘ	ｃ	Ｚ		エ	ａ	Ｙ	ｂ	Ｚ	ｃ	Ｘ
オ	ａ	Ｚ	ｂ	Ｘ	ｃ	Ｙ		カ	ａ	Ｚ	ｂ	Ｙ	ｃ	Ｘ

問2　図②中のルートBは，江戸時代に整えられた五街道のうちの一つを示したものです。

（1）この街道の名前を漢字で答えなさい。

（2）現在にあてはめて考えたとき，この街道が通過している県として**ふさわしくないも**
　　のを次の**ア～エ**から1つ選び，記号で答えなさい。

　　ア　群馬　　**イ**　岐阜　　**ウ**　埼玉　　**エ**　山梨

（3）次のグラフa～cは，ルートB上に位置する熊谷，軽井沢，彦根の月別平均気温と
　　月別降水量の変化を示したものです。a～cと都市との組合せとして正しいものを下
　　の**ア～カ**から1つ選び，記号で答えなさい。

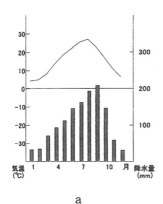
a

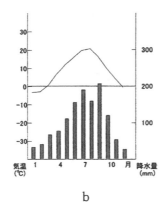
b

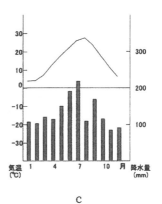
c

ア　a　熊谷　　　　b　軽井沢　　　c　彦根

イ　a　熊谷　　　　b　彦根　　　　c　軽井沢

ウ　a　軽井沢　　　b　熊谷　　　　c　彦根

エ　a　軽井沢　　　b　彦根　　　　c　熊谷

オ　a　彦根　　　　b　熊谷　　　　c　軽井沢

カ　a　彦根　　　　b　軽井沢　　　c　熊谷

問3　図③中のルートCは，1964年に開通した東名高速道路を示しています。

（1）ルートC上にある政令指定都市として**ふさわしくないもの**を次の**ア～エ**から1つ選び，記号で答えなさい。

　　ア　豊橋　　**イ**　浜松　　**ウ**　横浜　　**エ**　川崎

（2）次の表は，ルートCが通過する県において，生産がさかんな農産物a～cと，それらの生産割合が全国上位である6府県を示したものです。なお，（あ）～（う）はルートCが通過する県です。この表に関して述べた文として正しいものを下の**ア～カ**からすべて選び，記号で答えなさい。

a		b		c	
（あ）	39.3%	（い）	27.2%	群馬	18.3%
鹿児島	35.9%	沖縄	16.6%	（い）	17.2%
三重	7.9%	鹿児島	6.0%	茨城	7.8%
宮崎	4.8%	福岡	5.1%	千葉	7.8%
京都	3.6%	長崎	3.6%	（う）	5.4%
福岡	2.6%	（あ）	3.4%	長野	5.0%

　　ア　aは，サツマイモである。

　　イ　bは，サトウキビである。

　　ウ　cは，キャベツである。

　　エ　（あ）は，静岡である。

　　オ　（い）は，愛知である。

　　カ　（う）は，山梨である。

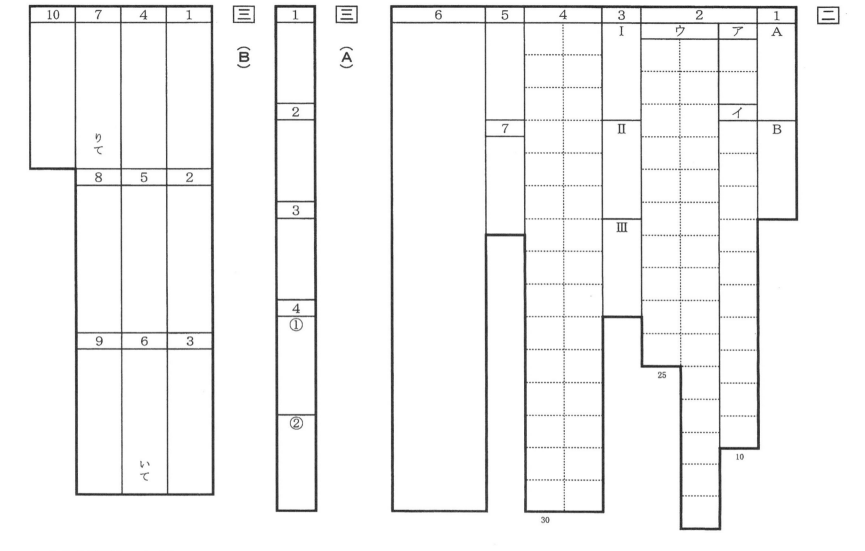

分後	分速 m	分 秒後	m

5	(1)	(2)	(3)
	g	g	：

6	ア	イ	ウ	エ
	オ	カ	キ	

5

(1)		(2)		(3)		

(4)		肺	小腸	かん臓	じん臓
	はたらきや特徴				
	場所				

6

(1)		(2)		(3)		(4)			(5)	①	②

7

(1)		(2)	

(3)	①	
	②	

(4)	

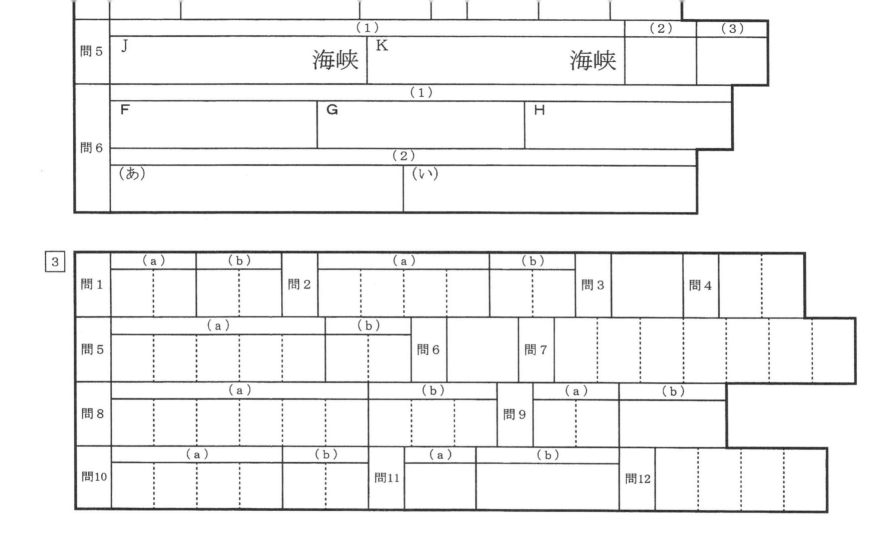

問5
(1)			(2)	(3)
J　　　　　　　海峡	K　　　　　　　海峡			

問6
(1)		
F	G	H

(2)	
(あ)	(い)

3

問1
(a)	(b)

問2
(a)	(b)

問3

問4

問5
(a)	(b)

問6

問7

問8
(a)	(b)

問9
(a)	(b)

問10
(a)	(b)

問11
(a)	(b)

問12

受験番号

1

問1	（a）	（b）	（c）	問2		問3			問4	

問5	（1）	（2）	問6		問7	（1）	（2）	問8	

問9		問10	（1）		（2）	問11		問12	

問13		問14	問15	

問16	問17	

2

問1	（1）	（2）	（3）	問2	（1）	（2）	（3）
		市					

【解答用

令和３年度　中学校入試　Ａ日程

理科　解答用紙

受験番号

211151

※100点満点
（配点非公表）

※医進コースは得点を1.5倍

1

	図2	図3	図4	図5	図6
	mA	mA	mA	mA	mA

2

（1）	①	②	③	④

（2）		（3）		（4）	%	（5）		g

3

（1）		（2）		（3）		（4）		（5）	

4

（1）	A	B	（2）	cm
	g	g		

（3）	図6	図7	（4）	①	②
	g	g		g	g

受 験 番 号

※150点満点
（配点非公表）

211121

1	(1)	(2)	(3)	(4)

2	(1)	(2)	(3)	(4)

3	(1)	(2)		
		(i)	(ii)	(iii)
	倍	cm	cm^2	cm^2

【解答用

211111

↓ここにQRコードシールを貼ってください

受験番号

令和三年度　中学校入試　A日程
国語　解答用紙

※150点満点
（配点非公表）

一

字数制限のある問題では、句読点やかっこなどの記号も一字に数えます。

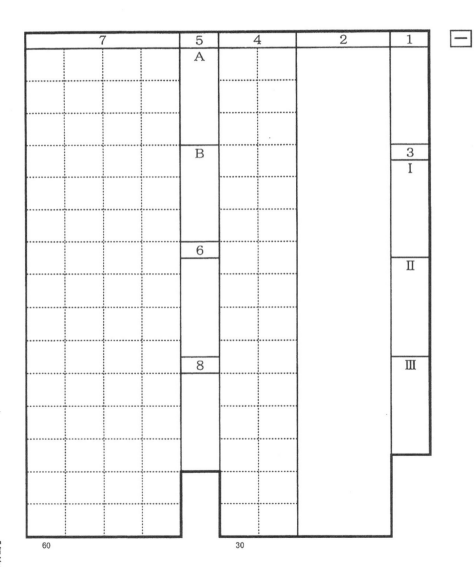

【解答用

（3）ルートCは自動車生産で有名な都市を通ります。その工場でつくられた自動車は工場から届け先まで，様々な輸送手段を使い分け国内各地に運ばれています。次の表はその輸送手段a・bと，それらの長所・短所を示したものです。a・bの組合せとして正しいものを下の**ア～カ**から1つ選び，記号で答えなさい。

輸送手段	a	b
長所	1台当たりの輸送にかかる費用を少なくできる。	天候の影響を受けにくい。
短所	輸送に時間がかかる。	一度に運ぶ車の台数が少ない。

ア a キャリアカー b 船

イ a キャリアカー b 航空機

ウ a 船 b キャリアカー

エ a 船 b 航空機

オ a 航空機 b キャリアカー

カ a 航空機 b 船

問4　図④中のルートDは，世界遺産「紀伊山地の霊場と参詣道」の一部を示しており，寺院や神社など宗教にゆかりのある場所を結んでいます。

（1）次の図は，ルートB～Dの地点X－Y間の高低差を示したものです。ルートDとしてふさわしいものを次のア～ウから1つ選び，記号で答えなさい。（高低差はそれぞれのルートの地表の高さで表されています。）

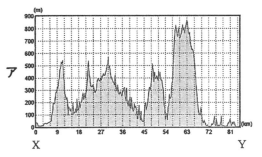

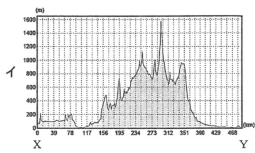

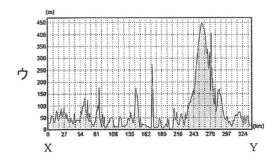

（2）次に示した世界遺産のうち，「紀伊山地の霊場と参詣道」に登録されている寺院や神社としてふさわしくないものを次のア～エから1つ選び，記号で答えなさい。

　　　ア　熊野那智大社　　イ　金剛峰寺（高野山）
　　　ウ　日光東照宮　　　エ　金峯山寺（吉野山）

（3）次の図にはルートDの一部が含まれています。この図について説明した文として，下線部が**ふさわしくないもの**を下の**ア〜エ**から1つ選び，記号で答えなさい。

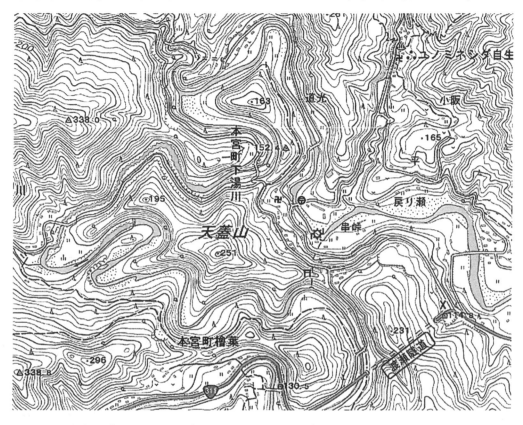

ア 図の中央を曲がりながら流れている河川の下流は<u>東方向</u>である。

イ 図の中央部には，郵便局や寺院，<u>工場</u>がみられる。

ウ 図のほとんどは山がちであるが，川沿いには<u>水田</u>がみられる。

エ 図中の渡瀬隧道（トンネル）付近にある交番は<u>約110m</u>の標高にある。

問5　図⑤中のルート**E**は，古くから国内外を結ぶ海上交通として栄えた瀬戸内海を通る航路の一部を示しています。

（1）図⑤中の**J**海峡・**K**海峡の名前を漢字で答えなさい。

（2）次のグラフは，それぞれ図中の海峡（**J**海峡・**K**海峡・来島海峡）を通航する1日平均の船舶数の推移を示したものです。なお，（あ）・（い）には海峡名が，a・bには貨物船か旅客船のいずれかが入ります。このグラフに関して述べた文として正しいものを下の**ア～エ**から1つ選び，記号で答えなさい。

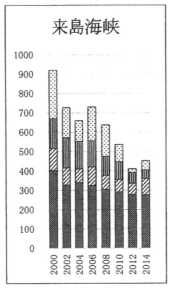 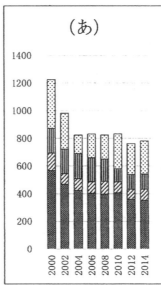 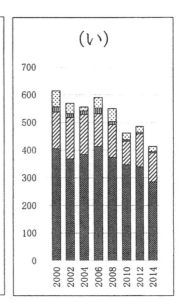

■ a　☑ タンカー　▥ b　⊡ 漁船

ア　（あ）は**J**海峡であり，aは貨物船である。

イ　（あ）は**J**海峡であり，aは旅客船である。

ウ　（あ）は**K**海峡であり，aは貨物船である。

エ　（あ）は**K**海峡であり，aは旅客船である。

（3）次の文a～cは，図⑤中のX～Zの地域における農水産業の特色についてそれぞれ説明したものです。a～cとX～Zとの組合せとして正しいものを下のア～カから1つ選び，記号で答えなさい。

a　この地域では，潮の満ち引きによって大きなうずしおができる有名な海峡があり，特にワカメの養殖が三陸海岸と同じくさかんです。

b　この地域では，栄養に恵まれたおだやかな海が広がり，ハマチやのりの養殖がおこなわれています。特にのりの養殖が有明海沿岸と同じくさかんです。

c　この地域では，温暖で雨が少ない気候を利用して，平地の少ない島々の斜面につくられた段々畑が広がり，特にみかんの栽培が紀伊半島南西部と同じくさかんです。

ア a X　b Y　c Z　　　　　**イ** a X　b Z　c Y
ウ a Y　b X　c Z　　　　　**エ** a Y　b Z　c X
オ a Z　b X　c Y　　　　　**カ** a Z　b Y　c X

問6　図⑥中のルートF～Hは，国内で得ることがむずかしい資源の主な輸入ルートを示しています。また，次のグラフはわが国が輸入する主な資源の輸入相手先を示しています。

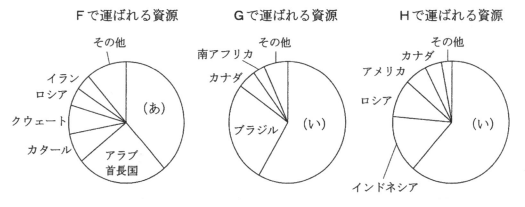

Fで運ばれる資源　　　Gで運ばれる資源　　　Hで運ばれる資源

（1）ルートF～Hで主に輸入される資源は何ですか，それぞれ答えなさい。
（2）グラフ中（あ）・（い）にあてはまる国名を答えなさい。

3 2015年９月の国際連合のサミットで，SDGs（持続可能な開発目標）が採択されました。目標は17あり，2030年を期限として国際社会全体で取り組むことが求められています。このSDGsに関する日本の課題について後の問いに答えなさい。

目標１ ①貧困をなくそう
目標２ ②飢餓をゼロに
目標３ ③すべての人に健康と福祉を
目標４ ④質の高い教育をみんなに
目標５ ジェンダー平等を実現しよう
目標６ 安全な水とトイレを世界中に
目標７ ⑤エネルギーをみんなにそしてクリーンに
目標８ ⑥働きがいも経済成長も
目標９ 産業と⑦技術革新の基盤をつくろう
目標10 人や国の⑧不平等をなくそう
目標11 住み続けられる⑨まちづくりを
目標12 ⑩つくる責任つかう責任
目標13 気候変動に具体的な対策を
目標14 ⑪海の豊かさを守ろう
目標15 ⑫陸の豊かさも守ろう
目標16 平和と公正をすべての人に
目標17 パートナーシップで目標を達成しよう

（国際連合広報センターによる）

問１ 下線部①に関して，次の文の（ a ）・（ b ）にあてはまる語句をそれぞれ漢字２字で答えなさい。

> 「（ a ）労働省」の調査によると2015年に日本における「子どもの貧困率」は13.9%で，子どものおよそ７人に１人が「相対的な貧困」の状態にあります。なお，日本は，国際連合で採択された「子どもの（ b ）条約」を1994年に確認同意しています。

問2　下線部②に関して，次の文の（　a　）・（　b　）にあてはまる語句をそれぞれ答えなさい。なお，（　a　）はカタカナ4字，（　b　）はカタカナ2字で答えなさい。

> 　第二次世界大戦後，（　a　）は，1949年から1964年までの15年間にわたって，給食用の粉ミルクや薬などを日本に送って子どもたちを支援しました。（　a　）は，世界中の子どもたちのために活動する国際連合の中のひとつの機関です。現在の日本では，多くの食品が廃棄されています。このうち，まだ食べられるのに廃棄される食品，いわゆる「食品（　b　）」は，2017年度で約612万トンと推計されており，世界中で飢餓に苦しむ人々に向けた世界の食糧援助量（2018年で年間約390万トン）を上回っています。

問3　下線部③に関して，次の文の（　　　）にあてはまる語句を下のア～エから1つ選び，記号で答えなさい。

> 　このような考え方は，日本国憲法にも定められています。第25条では，国民に「健康で文化的な生活を営む権利」として（　　　）を保障しています。

ア　生存権　　イ　自由権　　ウ　環境権　　エ　参政権

問4　下線部④に関して，次の文の（　　　）にあてはまる語句を漢字2字で答えなさい。

> 　このような考え方は，日本国憲法にも定められています。第26条では，「子どもに普通教育を受けさせる（　　　）」が定められています。

問5　下線部⑤に関して，次の文の（　a　）・（　b　）にあてはまる語句をそれぞれ答えなさい。なお，（　a　）はカタカナ5字，（　b　）は漢字2字で答えなさい。

> 　植物の一部や家畜の排せつ物などをエネルギー源として利用する「（　a　）エネルギー」が注目されています。（　a　）とは，動植物などから生まれた生物資源の総称です。また，日本の大手自動車会社は，水素と酸素から電気をつくって走る「燃料（　b　）自動車」の開発を進めています。

問6　下線部⑥に関して，次の文の（　　）にあてはまる語句を下の**ア～エ**から１つ選び，記号で答えなさい。

> 2018年６月29日に「働き方改革関連法」が，参議院の（　　）で与党などの賛成多数で可決，成立しました。

ア　委員会　　**イ**　公聴会　　**ウ**　本会議　　**エ**　閣議

問7　下線部⑦に関して，次の文の（　　）にあてはまる語句をカタカナ７字で答えなさい。

> 電気製品や自動車などさまざまなものが（　　）につながり，情報をやり取りする「モノの（　　）」（IoT）が，さまざまな産業で活用されつつあります。

問8　下線部⑧に関して，次の文の（　a　）・（　b　）にあてはまる語句をそれぞれ答えなさい。なお，（　a　）はカタカナ６字，（　b　）はカタカナ３字で答えなさい。

> 「（　a　）デザイン」は，障がいの有無，年齢，性別，国籍等に関係なく，最初からすべての人が利用しやすいように，まちや建物，製品などをデザインし，つくっていこうという考え方をいいます。（　a　）とは，「普遍的な」「すべての人の」等と訳され，「だれもが～しやすい」「だれもが～できる」という意味で使われています。また，「（　b　）フリー」は，多様な人が社会に参加する上でのさまたげになる障壁をなくすことをいいます。障がいの有無にかかわらず，高齢になっても，どんな立場でも，安心して自由に生活をするために，一人ひとりが多様な人のことを思いやる「心の（　b　）フリー」を広げていくことが求められています。

問9　下線部⑨に関して，次の文の（　a　）・（　b　）にあてはまる語句をそれぞれ答えなさい。なお，（　a　）は漢字２字で，（　b　）は数字で答えなさい。

> 市町村において，その地域だけに適用されるきまりを議会で話し合って決めることがあります。このきまりを（　a　）といいます。なお，市町村議会の議員の選挙に立候補できる年齢は，「（　b　）才以上」です。

問10　下線部⑩に関して，次の文の（　a　）・（　b　）にあてはまる語句をそれぞれ答え
　　　なさい。なお，（　a　）は漢字4字，（　b　）は漢字2字で答えなさい。

> 地元でとれた食材を地元で消費しようとする取り組みを（　a　）といいます。
> （　a　）は，「食料（　b　）率」の向上にもつながります。2018年度の日本の食
> 料（　b　）率は，カロリーベースでは37％です。

問11　下線部⑪に関して，次の文の（　a　）にあてはまる語句を下の**ア**〜**エ**から1つ選び，
　　　（　b　）にあてはまる語句を漢字で答えなさい。

> 2013年に「（　a　）に関する（　b　）条約」が採択されました。条約には，か
> つて日本で発生した「（　b　）病」のような健康被害や環境破壊を繰り返してはな
> らないという決意が込められています。なお，「（　b　）市」は，2008年に国の環
> 境モデル都市に認定されています。

ア　フロンガス　　　**イ**　水銀　　　**ウ**　カドミウム　　　**エ**　アルコール

問12　下線部⑫に関して，次の文の（　　　　　）にあてはまる語句をカタカナ4字で答えなさ
　　　い。

> 寄付を集めて土地などを買い取り，森林など自然環境を保存・管理していく運動
> （活動）を「ナショナル（　　　　　）」といいます。

（このページは白紙です）

（このページは白紙です）

令和三年度

奈良学園中学校　入学試験問題　B日程

国語（六〇分）

試験開始のチャイムが鳴り始めるまでは、この問題冊子を開かないで、左の注意事項をよく読んでおきなさい。

【　注　意　事　項　】

一、試験開始のチャイムが鳴り始めたら、解答用紙の所定の欄に「受験番号」をはっきりと記入し、「QRコードシール」を貼りなさい。**学校名や氏名を書いてはいけません。**

二、問題冊子は十八ページあります。また、解答用紙は一枚です。

三、ページの脱落、印刷の不鮮明な箇所がある場合や、QRコードシールを貼る際に解答用紙が破れたり、貼ったシールにしわができたりした場合は、手を挙げて監督の先生に知らせなさい。

四、解答は、**解答用紙の指定された枠内に濃くはっきりと記入しなさい。枠外に記入した部分は採点の対象にしません。**

五、試験終了のチャイムが鳴り始めたら、すみやかに筆記用具を置いて、**消しゴムのかすをよく払ってから解答**用紙を裏向きにし、問題冊子を閉じなさい。

六、監督の先生が解答用紙を回収し、指示をするまでは、そのまま静かに着席しておきなさい。

七、問題冊子は持ち帰りなさい。

・字数制限のある問題では、句読点やかっこなどの記号も一字に数えます。

・句読点は解答用紙の枠に重ならないよう記入しなさい。

一　次の文章を読んで、後の問いに答えなさい。

中学校に入学した「僕（ダイスケ）」と「コウキ」は、柔道の経験はないものの、一緒に柔道部に入部した。

僕たちは入部以来ずっと、二年生のクドウ先輩に基礎を叩き込まれていた。正面に向かって右の壁ぎわで、経験者の練習のじゃまにならないように　　　　　　三人で固まって、初心者向けの練習をする。

クドウ先輩の指導は気をつけの作法から始まった。気をつけ、立礼、正座、座礼、起立、そのどれにも決まった姿勢と手順があった。気をつけるなら、かかとをつけてつま先を離す。礼をするときは腰から体を折って、両手の指先が膝の上端に触れるように。正座をするには、立った状態でまず左足から引いて座る。右足ではいけない。反対に正座から立ち上がるときは右足から。左足ではいけない。ひとつでもまちがえると怒られてしまいそうで、僕は必死になって憶えようと努めた。

けれど、先輩は僕の表情を読んだのか、はにかんで「おれなんかにビビらなくていいよ、ふたりとも」といった。「確かにキタザワさんとかは怖いと思うけど、おれは負け犬だから」

聞き返していいものかどうかわからず、僕とコウキはあいまいな表情で黙る。クドウ先輩は気まずさを振り払うように明るい声で「勝つの諦めてるから」とつけ加えた。「ははっ。それじゃあ、負け犬のなかの負け犬、かもな」

それからクドウ先輩は正座している僕たちの後ろに回り込み、「足の親指は重ねるんだ」といった。「右の親指が上、左が下な」

手を置く位置はももの付け根。座礼は、手の親指と人差し指で三角形をつくり、ただし人差し指どうし、親指どうしがくっつくようにはしないで、手のひらを畳につけて頭を下げる。このとき、おでこと畳のあいだは三十センチくらい。

あるときクドウ先輩は、ふたりはどうして柔道始めようと思ったの、と尋ねた。「この学校がちょっと特殊だけど、ふつう、柔道部なんて人気ないし、もっと部員少ないよ。とくに公立は」

コウキがすぐに答える。

「僕、運動神経ないんですけど、柔道かっこいいいなって思ってたんで」

クドウ先輩は笑って聞いている。

-1-

僕も慌ててつづいた。

「僕は、強くなりたくて」

口に出すと、頬がむずがゆくて、背中がそわそわした。自分がいつから強くなりたいなんて思うようになったのか全然憶えていなかった。強さとはなんなのだって知らない。

ふたりともいいね、とクドウ先輩はうなずいた。

「うち、ちょっと厳しいけど、がんばってな」

先輩は笑顔だった。頬が上がりきっていなくて、目だけ涼しげに細くなって、なんだか泣いているみたいだった。おれみたいになるなよといっているようでもあった。僕たちはそれに気づかないふりをして、元気よく返事をした。

①満足げで、どことなくさびしげにも見えた。一瞬、まぶたを閉じて、開ける。

（中略）七月に行われる市大会の団体戦メンバーは、部内戦を行って正式に決められる。部内戦が近づくにつれて、クドウ先輩は部活を休むようになった。

翌日の練習にもクドウ先輩は来なかった。

部内戦期間中のひりついた空気。あしたは誰が誰と戦い、どちらが勝つのか、その問いが——疑いといったほうが近いかもしれない——武道場に充満している。

およそ二時間の部活時間のうち、前半に寝技の、後半に立技の稽古をした。

後半、あしたに備える意味もあり、乱取りという実戦形式の練習は短めだった。いつもなら試合時間と同じ三分か、それより長い四分で八本前後行うが、きょうは二分を五本だ。

コーチも顧問も不在のなか、キタザワ先輩は部員を集めて「ここで怪我だけはするな」と注意を促した。「あしたと大会に向けて調整してくれ」

あしたの部内戦やこんどの市大会を見据えた練習に、僕たち初心者コンビがお呼びであるはずがない。あんのじょう相手を見つけるのに苦労した。先輩にお願いしに行っても不機嫌な表情で「あとで」といわれるし、そうやって手間取っているあいだに、ほかのひと

たちはおのおのの相手を確保している。

結局一本めはコウキと組んだ。最後の一本、五本めもコウキと組んだ。あいだの三本は順に、同学年のトヤマとイイダ、それからオオハタ先輩が組んでくれた。

強い。三人ともだ。

なかでも、何十年経っても敵わないだろうと感じたのではない。むしろ組みやすい。どこだって余裕で握らせてくれる。それにもかかわらず、自分の力が相手にかけらも伝わっていないと思わされるのだ。地に足がつかない感じがする。重心がうわついて、怖い。

そうこうしているうちに、なめらかにオオハタ先輩の足技が入り、いつのまにかというのがなんともしっくりくる。気づいたときには背中を畳に打ちつけて見事に受身をとらされていた。

A 的に悟らされたのは、やっぱりオオハタ先輩だった。歴然とした腕力の差を感

「おう、ダイスケ、どんどん仕掛けてこいよ」

先輩はそうやって僕をけしかける。

② なんとかひと泡吹かせてやりたい一心で先輩に立ち向かっていく。投げるまではいかないかもしれないけれど、どうにかバランスを崩したい。先輩が思わず「おっ」といってしまうくらい。

知っている技をぜんぶかけた。

足払い、大内刈り、小内刈り、大外刈り、背負い投げ、体落とし。

どれもだめだった。ちっとも効きやしない。うまく懐に潜り込めた気がしても、そんなのは一瞬で、先輩はひょいと軽くかわしてくる。技がかかっている、という手応えに乏しい。

「おう」オオハタ先輩は組んだままいった。「下向くな」

「はい」

「相手の足見てたって反応遅れるだけだぞ」

これはクドウ先輩にも何度も注意されていることだった。視覚で捉えた情報を処理しているとワンテンポ遅くなる。ほんとうは、下なんか足を見て相手がどう動くのか判断しようとしても、

注1 内股が決まっていた。いつのまにかというのが

―3―

見ずに前を向いて、相手の動きを全身で感じとらなければならない。それで、□B□的に動けるようにしなくてはならない。

これがむずかしいのだった。

「止まるな！」

先輩の声にはっとする。考えすぎて足が止まっていた。

その後もくりかえし投げられた。先輩は足技を□C□的に試しているみたいだった。足払いとか小内刈りとか、ふつうは相手のバランスを崩すために使われる技たちだ。だけど、絶妙のタイミングで繰り出されれば、僕はあっけなく飛んでしまう。

二分間でいちどだけ僕に投げさせてくれた。体落とし。大内刈りで一旦相手を背中側に崩したあと、体勢を立て直そうと重心が前のめりになったところに入り込む。それがうまくいった。ヨイショーッ、と大声を出す。

オオハタ先輩は受身をとって、仰向けのまま、

「いいじゃん」

と褒めてくれた。

「ありがとうございます！」

③応えながら、僕は悔しかった。

だって、いまのはまるで、投げ込みだった。投げやすいように飛んでくれただけだ。決して僕が強くなったんじゃない。

おまえはまだ弱いんだから、とやさしく諭されたみたいだった。

次の日の部内戦二日め、クドウ先輩がやっと来た。

コーチにいわれた「絶対来い」というのをその日の夜にそのままメールすると、了解、という返事があったのだった。試しに体調大丈夫ですかと尋ねてみたら、まあね、と返ってきた。やっぱり仮病だったのだ。

コーチはクドウ先輩と一年生のササキを試合させた。先輩は返事をした直後にため息をこぼしてオオハタ先輩に後ろ頭をはたかれていたけれど、結果は 注2 瞬殺だった。クドウ先輩が、ササキを瞬殺だ。決まり技は払い腰だった。

④全然負け犬なんかじゃないじゃないですか、先輩。コウキがいっても、クドウ先輩は首を振るだけだった。

「弱い相手には勝てるんだ」あとになって先輩は説明してくれた。「正確には、自分より弱いとわかっている相手、だな」情けないよ、と笑う。自分より強いかもしれない相手だと、すごく弱気になるんだ。

確かに、ひと月前にあった大会の個人戦でも、クドウ先輩は一回戦負けを喫していた。ほとんど攻め込むことができず、三つで反則負けになる指導をふたつももらった、払い腰だったかなにかで豪快な投げられかたをした。一本負けだった。

部内戦のあと、クドウ先輩はなにやらコーチにいわれていた。その内容は教えてくれない。もうおれは諦めてるのにな、と、ぼそりとつぶやく。僕とコウキは顔を見あわせ、諦めなかったらいいのに、と目で会話した。コーチが僕たち初心者コンビの指導役に先輩を抜擢したのは、⑤レギュラー候補圏外の負け犬だからなんかではないのだ、きっと。先輩がそれを、自覚しているくせに認めようとしないのがなんともどかしかった。

「悔しくなるのが嫌なんじゃない？」

コウキがいう。

帰り道で、いつものように話していた。

きょう一日じゅう曇ってこそいたが、雨は降っていなかった。「公園行こうぜ」と僕が提案して、ベンチに並んで腰かけていた。歩道橋の、いつもの階段を下りないでまっすぐ行くと、その公園に繋がっているのだ。

「どういうこと？」と僕は訊く。ところどころうっすらと湿った木製のベンチは、決して座り心地がいいとはいえない。濡れないように、尾骨を少しだけ座面に載せた。

「だって、クドウ先輩が本気でがんばったとしても、やっぱり、いまのレギュラーに勝つってのはむずかしいだろ。結局レギュラーには入れない」

「まあ、そうなのかもしれないけど」

「たぶん先輩はそれが嫌なんだ。諦めたほうが楽ってことかもしれないし、諦めないでがんばって、でもむりで、泣くくらい悔しくなるのがつらいのかもしれない」

僕はベンチから立ち上がり、ブランコへ歩いていく。

「楽しいのかな、クドウ先輩は？」

「むずかしいね」ベンチに残っているコウキが少しだけ声を張る。

「なあ、コウキだからいうんだけど」

「うん?」

⑥ブランコの座面に直接足を載せた僕は、立ち漕ぎを始める。両手で握った鎖には、米粒大の水滴が 注3 幾何学的に並んでいる。

手のひらが濡れる。

「もう諦めてるって先輩いってたけどさ、じゃあ、なんで柔道つづけてられるんだろう?」

コウキは答えてくれなかった。

(北川樹『ホームドアから離れてください』による)

注1　内股 —— 柔道の技の一つ。

注2　瞬殺 —— ここでは、あっという間に相手を負かすこと。

注3　幾何学的に並んでいる —— 規則正しく並んでいるさま。

1

□に入れるのに最もふさわしいものを、次のア〜エから一つ選び、その記号を答えなさい。

ア　堂々と　　イ　これ見よがしに　　ウ　がむしゃらに　　エ　こぢんまりと

2 ——線①「満足げで、どことなくさびしげにも見えた」とありますが、ここでクドウ先輩はどのようなことをさびしく思っていますか。それを説明したものとして最もふさわしいものを、次のア〜エから一つ選び、その記号を答えなさい。

ア 後輩たちからは、柔道に対する純粋な思いや前向きに取り組もうとしている姿勢が見て取れたが、その姿勢はもはや今の自分自身からは失われてしまっているように感じられたこと。

イ 後輩たちは威勢よく柔道の世界に足を踏み入れようとしているが、彼らを待ち受けている練習の過酷さにはきっと耐えられずに、たちまち投げ出してしまうだろうと予想したこと。

ウ 後輩たちの世話役を務めることで自分自身が鍛錬する時間は失われるばかりで、ライバルである他の部員たちとの実力の差がますます大きくなっていく現実が頭をよぎったこと。

エ 後輩たちにできる限り優しく接しようと努めてはいるものの、なかなか打ち解けることができず、二人との間に大きな心の隔たりがあることを実感してしまったこと。

3 ［ A ］〜［ C ］に入れるのに最もふさわしい言葉の組み合わせを、次のア〜エから一つ選び、その記号を答えなさい。

ア A 感情　　B 反発　　C 経験

イ A 客観　　B 機能　　C 科学

ウ A 瞬間　　B 精神　　C 一時

エ A 感覚　　B 反射　　C 重点

4 ──線②「なんとかひと泡吹かせてやりたい」とありますが、これは具体的にどうすることですか。三十字以内で説明しなさい。

5 ──線③「応えながら、僕は悔しかった」とありますが、それはどうしてですか。その理由を説明したものとして最もふさわしいものを、次の**ア〜エ**から一つ選び、その記号を答えなさい。

ア 先輩に技が通用したことは嬉しいが、それまで「僕」を何回も投げていた先輩に褒められると嫌味にしか聞こえず、ばかにされたように感じたから。

イ 一度だけでも先輩を投げられたことは嬉しいが、これは練習のために先輩が技を受けてくれたにすぎないのだと気がつき、改めて自分の未熟さを痛感したから。

ウ 「僕」の技がうまくいって先輩に認めてもらえたことは嬉しいが、これまで投げられっぱなしだった原因が自分でもまだよくわからず、もどかしく思っていたから。

エ 最後に先輩に褒めてもらえたことは嬉しいが、乱取りの練習中、自分なりに動きを改めようと努力しているのに先輩に理解してもらえず、叱られたことには納得がいかないから。

6 ——線④「全然負け犬なんかじゃないじゃないですか」、⑤「レギュラー候補圏外の負け犬だからなんかではない」とあります

が、これは1ページにある〜〜〜線「負け犬のなかの負け犬」というクドウ先輩の発言を踏まえたものです。次の文は、この言葉

を口にしたクドウ先輩の心情などを説明したものです。説明を完成させなさい。

ただし、　X　　は本文中から十五字以内で抜き出し、　Y　　にふさわしい語句を入れて、　X　　〜　Z　　にふさわしい内容を自分で考えて十五字以内で入れなさい。また、

　Z　　についてはここに入れるのに最もふさわしいものを、後の語群にあるア〜エから一つ選び、その記号を答えなさい。

　X　（十五字以内で抜き出し）　には勝てないので、クドウ先輩は自分のことを「負け犬」と言い表した。また、

クドウ先輩は　Y　（十五字以内で記述）　を諦めてしまっているから、部内戦が近づいたことで部活を休むようになった。

試合になると　X　　には勝てないので、このような状況からすると、「負け犬のなかの負け犬」とは、クドウ先輩が　Z　　表現であると考えられる。

《　Z　　の語群》

ア　自分自身を慰めようとした　　イ　自分自身を奮い立たせようとした

ウ　自分で自分をばかにしている　　エ　自分で自分を苦しめている

7

――線⑥「ブランコの座面に直接足を載せた僕は、立ち漕ぎを始める」とありますが、この場面での「僕」の心情を説明したものとして最もふさわしいものを、次のア～エから一つ選び、その記号を答えなさい。

ア　クドウ先輩がどれだけ頑張って練習しても、今より強くなれるとは思えない。そうすると、大好きな先輩が柔道を辞めてしまうかもしれないということに気がついて悲しくなり、その考えをコウキにきっぱりと否定してほしいと思っている。

イ　クドウ先輩が柔道を楽しんでいない理由が気にかかってはいたものの、先輩に対して出すぎたことを聞くことになりそうで口に出せずにいた。だからこそ、この機会に思いきってコウキに問いかけて、彼の反応を窺ってみたいと考えている。

ウ　クドウ先輩の柔道に対する思いを考えていくうちに、心の中に先輩への素朴な疑問がふと浮かび上がった。その途端に先輩のことが心配で仕方なくなり、自分たちにできることはないのか、コウキの率直な意見を聞いてみたいと思っている。

エ　クドウ先輩の柔道への取り組み姿勢は、初心者である自分から見てもおかしなものだった。このまま教わっていては自分たちの上達はないと思えて居ても立ってもいられなくなり、コウキに打ち明けて少しでも気を紛らわそうと考えている。

二 次の文章を読んで、後の問いに答えなさい。

注1　号令一下 ── 号令がひとたび下されると、という意味。

注2　某 ── 名をはっきりと表さないときに用いることば。

注3　ために ── そのために、という意味。

注4　ゼラニウム ── 観賞用の花の名前。

注5　あいや ── ここでは、自分が述べたことを言い直す表現として用いられている。

（清水由美『すばらしき日本語』による）

-13-

1　──線「Ⅰも湧かないしⅡも躍らない」は、「Ⅰ、Ⅰ湧きⅡ躍る」という慣用的表現に基づいたものです。Ⅰ・Ⅱにそれぞれ漢字一字を入れなさい。

2　═線a「いささか」、b「往々にして」の意味として最もふさわしいものを、次のア～エからそれぞれ一つ選び、その記号を答えなさい。

a「いささか」
ア　大いに
イ　ときには
ウ　いつの間にか
エ　少しばかり

b「往々にして」
ア　しばしば
イ　かえって
ウ　あちらこちらで
エ　残念ながら

3　──線①「敬語」とありますが、次のア～エから敬語の用い方に誤りがないものを一つ選び、その記号を答えなさい。

ア　みなさん、お手元の資料は拝見しましたか。
イ　私たちは、今から急いでそちらに参ります。
ウ　温かいお茶と冷たいお茶、あなたはどちらにいたしますか。
エ　先生がお話ししたことを、しっかり受け止めたいと思います。

4

　の中には「あげる」のさらにへりくだった言い方が入ります。その言葉を五字で答えなさい。

5 ──線②「いやだ」とありますが、それはなぜですか。その理由を説明した次の文の空欄〈くうらん〉を十五字程度でうめて、説明を完成させなさい。

「お前」と呼ばれると、

　から。

6 ──線③『規範的な……と断言したい』について、次の問いに答えなさい。

(1) 「奥歯に何かはさまったような言い方」とは、どのような言い方ですか。その説明として最もふさわしいものを、次のア〜エから一つ選び、その記号を答えなさい。

ア 相手の気持ちを思いやって、丁寧にさとすような言い方。

イ つっけんどんな態度で、他人を鼻であしらうような言い方。

ウ 思ったことをはっきり言わず、何かを隠〈かく〉しているような言い方。

エ あやふやな発言に終始し、物事を深く考えていないような言い方。

(2) ……線部「Ｂ　いただいてください」の使い方を間違っていると断言しないのは、どのような現実に基づいて判断しているからですか。それを説明した次の文の空欄を七十五字以内でうめて、説明を完成させなさい。

| という現実。 |

7　本文で用いられている表現について説明したものとして最もふさわしいものを、次の**ア〜エ**から一つ選び、その記号を答えなさい。

ア　「スポーツ音痴のわたくし」や「作る気も能力もないくせに」などのへりくだった表現を用いることで、筆者は敬語の大切さを間接的に読者へ伝えようとしている。

イ　「豆粒みたいな選手」「猫さまのお世話にいそしむ」のように、筆者ならではの擬人的な表現を用いることによって、読者に親しみを感じてもらおうとしている。

ウ　「お前」は「御前」のように、ひらがなを漢字に直して言葉の歴史を説明することで、筆者は自分の説に対する反対意見を封じ込めようとしている。

エ　「あげる」や「いただく」という身近な言葉を例として挙げながら、言葉の意味や使われ方が変化しつつあることを読者にわかりやすく示そうとしている。

三 (A) 次の問いに答えなさい。

1 「真面目すぎて融通が利かず面白みがないこと」を意味する四字熟語を、次のア～エから一つ選び、その記号を答えなさい。

ア 清廉潔白　イ 青天白日　ウ 公明正大　エ 四角四面

2 「雨垂れ □ を穿つ」の □ に漢字一字を入れ、慣用的表現を完成させなさい。

3 「火影」の意味として最もふさわしいものを、次のア～エから一つ選び、その記号を答えなさい。

ア 夕焼け　イ 灯火　ウ 恩恵　エ 陰謀

4 ──線部の言葉の使い方として最もふさわしいものを、次のア～エからそれぞれ一つ選び、その記号を答えなさい。

① しがない

ア 人類のしがない夢を乗せ、ロケットは火星へと向かう。
イ 恩師のしがない言葉に、卒業生達が思わず涙を落とす。
ウ しがない貧乏生活にも、遂に終止符を打つときが来た。
エ 国中が、しがない事件のために未曾有の騒ぎとなった。

② そしる

ア　歴史好きの兄は、年号を全てそしることができる。

イ　彼は他人をそしるだけで自らを省みることはない。

ウ　父はまるでそしるかのように、兄を笑顔で迎えた。

エ　母は長い間、家族をそしるために努力をしてきた。

三　（B）　次の1～10の文の――線部について、カタカナは漢字になおし、漢字はその読み方をひらがなで書きなさい。

1　レバーをソウサして重機を動かす。

2　劇場に目のコえた観客が集まる。

3　大自然の絶景をヒトりじめする。

4　「菜の花」は、春のキゴだ。

5　私の母はアみモノが上手である。

6　記録的なダントウをもたらした要因を探る。

7　祖父のヒゾウの皿をゆずり受ける。

8　市松モヨウの着物を着る。

9　国益を損なうおそれのある発言。

10　株主として会議に参加する。

令和3年度

奈良学園中学校

入学試験問題

B日程

算数（60分）

試験開始のチャイムが鳴り始めるまでは，この問題冊子を開かないで，下記の注意事項をよく読んでおきなさい。

【 注 意 事 項 】

1. 試験開始のチャイムが鳴り始めたら，解答用紙の所定の欄に「**受験番号**」をはっきりと記入し，「**QRコードシール**」を貼りなさい。**学校名や氏名を書いてはいけません。**

2. 問題冊子は 8 ページあります。また，解答用紙は1枚です。

3. ページの脱落，印刷の不鮮明な箇所などがある場合や，**QRコードシールを貼る際に答案用紙が破れたり，貼ったシールにしわができたりした場合**は，手を挙げて監督の先生に知らせなさい。

4. 解答は，**解答用紙の指定された枠内に濃くはっきりと記入しなさい。枠外に記入した部分は採点の対象にしません。**

5. 試験終了のチャイムが鳴り始めたら，すみやかに筆記用具を置いて，**消しゴムのかすをよく払ってから解答用紙を裏向きにし**，問題冊子を閉じなさい。

6. 監督の先生が解答用紙を回収し，指示をするまでは，そのまま静かに着席しておきなさい。

7. 問題冊子は持ち帰りなさい。

円周率の必要なときは，3.14 としなさい。
小数点などの小さな記号は大きめにはっきりと書きなさい。

1 次の ____ にあてはまる数を入れなさい。

（1） $[2021-\{50+150\div25-(5\times7-4\times6)\}\div9]\div9=$ ____

（2） $1-\left(0.4-\boxed{}\right)\div1\dfrac{1}{2}=\dfrac{4}{5}$

（3） $2\dfrac{5}{8}-\left(1\dfrac{3}{4}\times\dfrac{5}{14}-\dfrac{5}{12}\div1\dfrac{1}{3}\right)\times\dfrac{4}{9}-1\dfrac{1}{3}=$ ____

（4） $1\dfrac{3}{5}\div2\dfrac{2}{3}\times7\dfrac{1}{2}-0.75\div\left(\dfrac{3}{10}+0.1\right)=$ ____

2 次の□にあてはまる数を入れなさい。

（1）図の平行四辺形 ABCD において BE：EF：FC＝1：2：3で，AE と
GF は平行です。平行四辺形 ABCD の面積が 1 cm² であるとき，四角形
ABHG の面積は□cm²です。

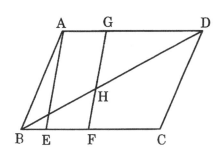

（2）図のような，半径 2 cm のおうぎ形の周りを，直径 1 cm の円がすべるこ
となく回転して移動します。円が移動した部分の面積は□cm²です。

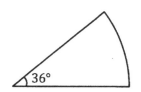

（３）図の正十二角形において，角⑩の角度は□度です。

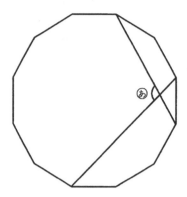

（４）大，小２個のさいころを投げるとき，出る目の積が４の倍数になるの
は□通りです。

3 ケーキ屋さんがショートケーキとフルーツタルトを販売します。開店前にショートケーキを 60 個，フルーツタルトを 80 個用意し，下の表のように商品とその値段を設定しました。

商品	商品の内容	値段
A	ショートケーキ 1 個	300 円
B	フルーツタルト 1 個	400 円
C	ショートケーキとフルーツタルト 1 個ずつのセット	500 円

このような設定で開店して販売を始めたところ，閉店までにショートケーキは 7 個売れ残りましたが，フルーツタルトは完売することができました。次の（1）から（3）のそれぞれの場合において，商品の売れた個数や売り上げを求めなさい。

（1）もし商品 A が 1 個も売れなかったとすると，商品 B は何個売れたことになりますか。

（2）もし商品 C の売り上げが 25000 円であったとすると，商品 A と商品 B の売り上げの合計はいくらになりますか。

（3）もし商品全部の売り上げの合計が 43300 円であったとすると，商品 A と商品 B はそれぞれ何個売れたことになりますか。

4　400gの食塩水が入っている十分大きな容器に，3つの管A，B，Cから食塩水を入れます。Aの管からは毎秒10gの割合で，Bの管からは毎秒20gの割合で，Cの管からは毎秒一定の割合で食塩水が入ります。また，Aの管とBの管から入る食塩水の濃さの比は2：1で，Bの管とCの管から入る食塩水の濃さの比は3：2です。

　　はじめに，Aの管とBの管の両方を40秒間開けます。その後Aの管を閉めて同時にCの管を開け，容器の中の食塩水が2400gになったところですべての管を同時に閉めました。グラフは，最初の管を開けてから最後の管を閉めるまでの時間と容器にたまった食塩水中の食塩の重さの関係を表しています。次の　ア　～　オ　にあてはまる数を入れなさい。

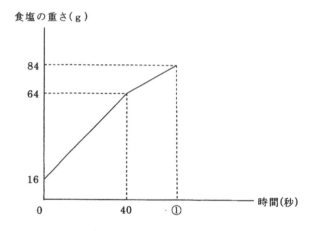

（1）それぞれの管から入る食塩水の濃さは，

　　　Aが　ア　%，Bが　イ　%，Cが　ウ　%です。

（2）Cの管からは毎秒　エ　gの割合で食塩水が入ります。

（3）上のグラフの①は　オ　です。

5 1辺が5cmの立方体があります。面に色をつけた部分から反対側の面に向かってまっすぐ穴をあけます。次の（1）から（3）のように面に色をつけたとき，穴をあけたあとの立体の体積はそれぞれ何cm³ですか。ただし，図の目盛りは1cmとします。

（1）

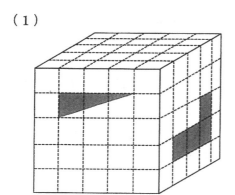

（2）

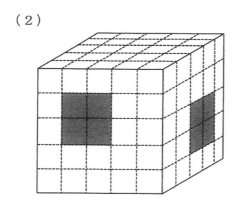

（3）

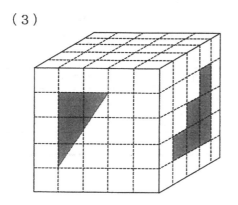

6　次の ア ～ ニ にあてはまる数を入れなさい。

　　バケツに 10 リットルの水が入っている。今ここに 3 リットル入る容器 A と 7 リットル入る容器 B がある。この 2 つの容器を使って，5 リットルの水を容器 B に取り出したい。太郎さんと花子さんはこれについて先生と話している。

　先生：操作のルールを次の 3 つに決めて水の量の変化をノートに書いて考察してみましょう。

　　操作1　容器 A が空であれば，バケツから A がいっぱいになるように水をくむ。

　　操作2　容器 A に水が入っており，容器 B に余裕があれば，入る分だけ A から B に水を移す。

　　操作3　容器 B がいっぱいになったとき，B からバケツに水を全て戻す。

　太郎：僕は，操作に従って容器の水の量がどう変化するのか，表にして調べてみました。

〈太郎くんのノート〉

操作回数	1	2	3	4	5	6	7	8	9	10
容器 A	3	0	ア	エ	キ	コ	ス	タ	3	0
容器 B	0	3	イ	オ	ク	サ	セ	チ	2	5
操作の種類	1	2	ウ	カ	ケ	シ	ソ	ツ	1	2

先生：よくできましたね。表から，10回の操作で容器Bに5リットルの水
　　　が取り出せることがわかりますね。

花子：先生，私はこんな図を書いてみましたが，どうですか？

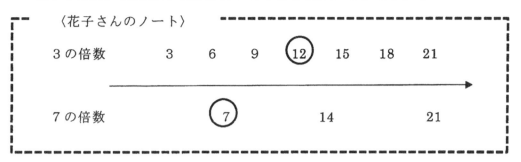

先生：なるほど，これも良いじゃないですか。丸で囲んで印をつけた12と
　　　7の差が5になるところが，5リットルの水を容器Bに取り出せる
　　　ことを表していますね。

太郎：本当だね。それに花子さんの図は，他にも色んなことがわかるんじ
　　　ゃない？例えば4リットルの水を容器Bに取り出すためには，花子
　　　さんのノートの範囲だと，操作1が　テ　回で，操作3が　ト　回
　　　だとわかるよね。

花子：そうね。それに容器Bに取り出すことのできる水の量を，1リット
　　　ルから7リットルまでで考えてみたら，全部で　ナ　通りの取り出
　　　し方があるわ。

先生：では2つの容器を，4リットルと6リットルの容器に変えるとどう
　　　ですか？

太郎：はい。その場合でも，別の図を書くことでわかりました。1リット
　　　ルから6リットルまでで，取り出すことのできる水の量は全部で
　　　　ニ　通りです。

K 教英出版

令和３年度
奈良学園中学校
入学試験問題
Ｂ日程
理　科　（４０分）

試験開始のチャイムが鳴り始めるまでは，この問題冊子を開かないで，下記の注意事項をよく読んでおきなさい。

【　注　意　事　項　】

1. 試験開始のチャイムが鳴り始めたら，解答用紙の所定の欄に「**受験番号**」をはっきりと記入し，「**QRコードシール**」を貼りなさい。**学校名や氏名を書いてはいけません。**

2. 問題冊子は 14 ページあります。また，解答用紙は１枚です。

3. ページの脱落，印刷の不鮮明な箇所などがある場合や，**QRコードシールを貼る際に答案用紙が破れたり，貼ったシールにしわができたりした場合**は，手を挙げて監督の先生に知らせなさい。

4. 解答は，**解答用紙の指定された枠内に濃くはっきりと記入しなさい。枠外に記入した部分は採点の対象にしません。**

5. 試験終了のチャイムが鳴り始めたら，すみやかに筆記用具を置いて，**消しゴムのかすをよく払ってから解答用紙を裏向きにし，**問題冊子を閉じなさい。

6. 監督の先生が解答用紙を回収し，指示をするまでは，そのまま静かに着席しておきなさい。

7. 問題冊子は持ち帰りなさい。

1 図1のように，重さ200gのおもりを取り付けたばねを，長さ100cmの板の右端に固定して，水平な机の上に置きました。この板の右端を図2のように持ち上げて，傾斜角を大きくしていくと，ばねの伸びも大きくなっていきました。表は，持ち上げた高さとばねの伸びとの関係を調べた結果です。下の問いに答えなさい。

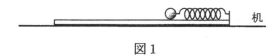

図1

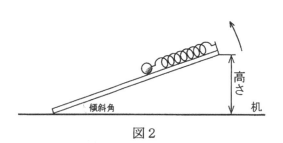

図2

高さ〔cm〕	伸び〔cm〕
0	0
20	12
35	21
65	39
80	48

（1）　表の結果を解答らんのグラフ用紙にとり，0を通る直線をかきなさい。

（2）　板の右端の高さを50cmにしました。板の傾斜角は何度になりますか。

（3）　板の右端の高さを70cmにしました。ばねの伸びは何cmになりますか。

（4）　ばねの伸びが27cmになるのは，板の右端の高さが何cmのときですか。

（5）　ばねを板からはずして，図3のように天井からつるしました。ばねの伸びは何cmになりますか。

図3

- 1 -

（このページは白紙です。）

2 まなぶさんは，2020年7月1日よりレジ袋（ぶくろ）が有料化されたというニュースを見て，レジ袋の材料であるプラスチックに興味を持ちました。調べてみると，レジ袋はプラスチックの一種であるポリエチレンでできていることが分かりました。また，一般的なプラスチックについて調べると以下のことが書いてありました。

「プラスチックは，石油などを原料として人工的に作られたもの。様々な種類がある。一般に軽く，熱や力を加えると形を変えやすい。電気を通さない。また，長時間変化しにくい。」

次の問いに答えなさい。

(1) プラスチックがもつ性質について考えるため，比較（かく）として金属の性質を見てみます。

① 金属の一種である銅について**まちがっているもの**はどれですか。次のア〜エから1つ選び，記号で答えなさい。

ア 水に沈（しず）む。　　　　イ 10円玉に使われている。

ウ 電気を通す。　　　　　　エ あたためると体積が小さくなる。

② 鉄とアルミニウムを区別する方法として**まちがっているもの**はどれですか。次のア〜エから1つ選び，記号で答えなさい。

ア 磁石につくかどうかで判断する。

イ 同じ体積のかたまりを作り，その重さを比べる。

ウ それぞれ試験管に入れ，うすい塩酸を加えて反応を見る。

エ それぞれ試験管に入れ，うすい水酸化ナトリウム水溶液を加えて反応を見る。

(2) プラスチックには酸性やアルカリ性の水溶液と反応しにくいものがあります。そこで，酸性やアルカリ性について見てみます。

色々な水溶液とその性質について書かれた文として正しいものはどれですか。次のア〜カからすべて選び，記号で答えなさい。

ア お酢（す）は，緑色のＢＴＢ溶液が黄色になるから酸性である。

イ 炭酸水は，緑色のＢＴＢ溶液が青色になるからアルカリ性である。

ウ アンモニア水は，緑色のＢＴＢ溶液が黄色になるから酸性である。

エ うすい塩酸は，赤色リトマス紙が青色に，青色リトマス紙は変化しないから酸性である。

オ 石灰（かい）水は，赤色リトマス紙が青色に，青色リトマス紙は変化しないからアルカリ性である。

カ 塩化ナトリウム水溶液は，青色リトマス紙が赤色に，赤色リトマス紙は変化しないからアルカリ性である。

- 3 -

（3） プラスチックには様々な種類があります。調べてみると，液体への浮き
沈みによって，その種類が判断できることが分かりました。そこで，次の
表にあげた４種類のプラスチックをそれぞれA～Dとして，〔実験１〕～
〔実験３〕を行い，それぞれ結果を得ました。ただし，表には各プラスチ
ックの密度(体積１cm³あたりの重さ。単位は〔g/cm³〕と表す。)が示して
あります。

　　なお，液体の密度より小さい密度のプラスチックはその液体中で浮き，
液体の密度より大きい密度のプラスチックはその液体中で沈みます。

プラスチック	密度〔g/cm³〕
ポリエチレン	0.94
ポリスチレン	1.06
ポリプロピレン	0.91
ポリエチレンテレフタラート	1.38

〔実験１〕ビーカーに水を入れた後，プラスチックA～Dのかけらをそれぞれ
　　　　ピンセットではさみ，水中に入れて静かにはなした。その結果，AとCは
　　　　水に浮いた。
〔実験２〕実験１で水の代わりにある密度の食塩水を用いた。その結果，Bだ
　　　　けが沈んだ。
〔実験３〕実験１で水の代わりに水とエタノール(液体の一種)を混ぜて，ある
　　　　密度にした液体を用いた。その結果，Cだけが浮いた。

① プラスチックB，Cとして正しいものはどれですか。次のア～エから
　それぞれ１つずつ選び，記号で答えなさい。
　ア　ポリエチレン　　　　　　　　イ　ポリスチレン
　ウ　ポリプロピレン　　　　　　　エ　ポリエチレンテレフタラート
② 水の密度は１g/cm³です。実験２と３で用いた液体の密度はいくらで
　あれば実験結果どおりになりますか。次のア～カからそれぞれあてはま
　るものをすべて選び，記号で答えなさい。
　ア　0.8　　　　　　　イ　0.92　　　　　　ウ　1.04
　エ　1.16　　　　　　オ　1.28　　　　　　カ　1.4

3　季節によって野山で観察できる花は異なります。奈良県で観察できる花について，次の問いに答えなさい。

（1）　奈良県において，春（主に4月と5月）に観察することができる花はどれですか。また，秋（主に9月と10月）に観察することができる花はどれですか。次の**ア〜ク**からそれぞれすべて選び，記号で答えなさい。

ア　セイタカアワダチソウ　　　　**イ**　ナズナ

ウ　オオイヌノフグリ　　　　　　**エ**　ホウセンカ

オ　シロツメクサ　　　　　　　　**カ**　アジサイ

キ　ヒガンバナ　　　　　　　　　**ク**　ツバキ

（2）　次の写真の花は春に観察することができます。写真の植物の特徴について正しいものはどれですか。下の**ア〜キ**からすべて選び，記号で答えなさい。

ア　花びらの数は5枚である。

イ　おしべのふくらんだ部分が実になる。

ウ　めしべのふくらんだ部分が実になる。

エ　おしべの数は8本である。

オ　がくは4枚である。

カ　花びらはたがいにくっついており，アサガオやツツジと同じである。

キ　花びらはたがいにはなれており，サクラやツバキと同じである。

（3）　インゲンマメの花は夏に観察することができます。インゲンマメの種子が発芽するために必要な条件は何ですか。次の**ア〜キ**からすべて選び，記号で答えなさい。

　　ア　日光を当てる。
　　イ　水をあたえる。
　　ウ　5℃くらいの温度で育てる。
　　エ　20℃くらいの温度で育てる。
　　オ　空気にふれないようにする。
　　カ　空気にふれるようにする。
　　キ　肥料をあたえる。

（4）　コスモスの花は秋に観察することができます。コスモスの花のはたらきについて，正しいものはどれですか。次の**ア〜オ**からすべて選び，記号で答えなさい。

　　ア　二酸化炭素を吸収し，酸素を出す。
　　イ　日光を浴びることで，養分をつくりだす。
　　ウ　土から水を吸い上げる。
　　エ　受粉がおこることで，種子がつくられる。
　　オ　花粉をつくる。

4 　図1はある学校近くの地図で，図中のA〜Cの3地点で地層の重なり方を調べました。図中の線は等高線を表しています。図2は各地点で調べた結果をもとにして，地下の様子を表した図です。

　なお，この地域では火山灰の地層は1つしかなく，地層には上下の逆転や断層は見られません。また，各層は平行に重なり，<u>東西南北のある一方向にのみ傾いて</u>います。あとの問いに答えなさい。

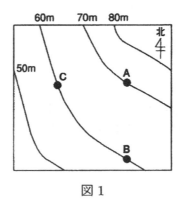

図1

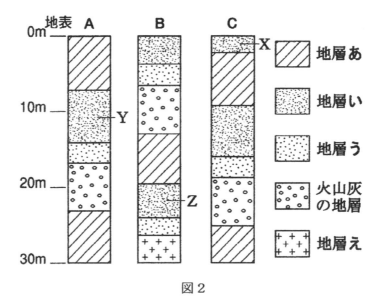

図2

（1）　一般に，でい岩，砂岩，れき岩の３つを区別する基準として正しいもの
　　　はどれですか。次の**ア〜オ**から１つ選び，記号で答えなさい。
　　　　　ア　岩石の色
　　　　　イ　岩石を構成する粒の大きさ
　　　　　ウ　岩石を構成する粒の固さ
　　　　　エ　岩石を構成する粒の形
　　　　　オ　岩石中にふくまれている化石

（2）　図２の「地層え」でサンゴの化石が見つかりました。この地層ができた
　　　ころの，この付近の様子として正しいものはどれですか。次の**ア〜オ**から
　　　１つ選び，記号で答えなさい。
　　　　　ア　河口や湖だった。
　　　　　イ　アンモナイトがすむ海だった。
　　　　　ウ　ドングリなどが実る森だった。
　　　　　エ　あたたかくて浅い海だった。
　　　　　オ　たくさんの火山がある場所だった。

（3）　図２のＸ〜Ｚの地層について，たい積した時代が古い順に記号を並べな
　　　さい。

（4）　下線部について，この地図の地域の地層はどの方向に向かって低くなっ
　　　ていると考えられますか。解答らんの東・西・南・北のうち，１つを○で
　　　囲みなさい。

（5）　火山のはたらきによってできた地層の特徴を説明した文章はどれです
　　　か。次の**ア〜オ**からすべて選び，記号で答えなさい。
　　　　　ア　やわらかい土と角ばった岩石が積み重なり，層のようになっている。
　　　　　イ　よう岩の丸みをおびた細かい粒がたい積してできている。
　　　　　ウ　運ぱんされてきた砂などの細かい粒が白く固まってできている。
　　　　　エ　運ぱんされてきたどろなどの細かい粒が固まってできている。
　　　　　オ　角ばった石や，小さな穴がたくさん空いた石が混じっている。

5　ソケットがついた豆電球と直接導線をつないだ豆電球を３つ用意し，以下のような回路を作って豆電球が点灯するかを調べる実験をしました。あとの問いに答えなさい。

金属　プラスチック

ソケットがついた
豆電球A

豆電球B　　豆電球C　　豆電球D

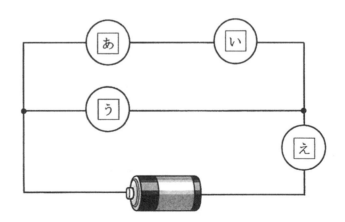

あ　　い

う

え

＜実験方法＞
　回路のあ，い，う，えの位置に豆電球を接続します。あの位置にはソケットのついている豆電球Aを接続し，い，う，えの位置には直接導線をつないだ豆電球B，C，Dをいろいろ場所を変えて接続し，全部で６通りの場合を調べました。

- 9 -

<実験結果>
　豆電球Bを い，豆電球Cを う，豆電球Dを え に接続したとき，あ と え の位置の豆電球が点灯しました。このときの結果(点灯の有無)を次のような表にまとめました。

	あ の位置		い の位置		う の位置		え の位置	
	接続した豆電球	点灯の有無	接続した豆電球	点灯の有無	接続した豆電球	点灯の有無	接続した豆電球	点灯の有無
	豆電球A	○	豆電球B	×	豆電球C	×	豆電球D	○
①	豆電球A		豆電球B		豆電球D		豆電球C	
②	豆電球A		豆電球C		豆電球B		豆電球D	
③	豆電球A		豆電球C		豆電球D		豆電球B	
④	豆電球A		豆電球D		豆電球B		豆電球C	
⑤	豆電球A		豆電球D		豆電球C		豆電球B	

　　　　○・・・点灯したとき　　　　×・・・点灯しなかったとき

問　上の表の①〜⑤の場合について，それぞれの実験結果を表しているものはどれですか。次の**ア**〜**タ**からそれぞれ１つずつ選び，記号で答えなさい。ただし，同じ記号を何回選んでもかまいません。

	あ	い	う	え
ア	○	○	○	○
イ	○	○	○	×
ウ	○	○	×	○
エ	○	×	○	○
オ	×	○	○	○
カ	○	○	×	×
キ	○	×	○	×
ク	○	×	×	○

	あ	い	う	え
ケ	×	○	○	×
コ	×	○	×	○
サ	×	×	○	○
シ	○	×	×	×
ス	×	○	×	×
セ	×	×	○	×
ソ	×	×	×	○
タ	×	×	×	×

6　まなぶさんとそのこさんが動物の冬の過ごし方について話しています。次の会話文を読み，下の問いに答えなさい。

まなぶ：今朝はすごく寒かったね。今日の最低気温は氷点下３℃だそうだよ。
そのこ：本当に寒いね。でも，沖縄県は１月でも最低気温が15℃くらいですって。
まなぶ：日本って本当に南北に長いね。寒い地域の生きものは，冬はどのように過ごしているのかな。
そのこ：冬になると，こん虫のなかまはあまり見なくなるね。
まなぶ：クマは「冬ごもり」するって聞いたことがあるから，こん虫のなかまも冬ごもりしているのかな。ほかの動物についても調べてみよう。

（1）　気温を測るのに温度計を使いました。
　①　温度計の使い方として正しいものはどれですか。次のア〜エからすべて選び，記号で答えなさい。
　　ア　温度計を地面から1.2〜1.5mくらいの高さにして温度を測る。
　　イ　液だめの部分に日光が直接当たらないようにして温度を測る。
　　ウ　温度計を傾（かたむ）けたり，横だおしにしたりすることなく温度を測る。
　　エ　空気の動きがないところで温度を測る。

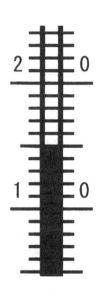

　②　15℃のとき，温度計は右図のように示しています。氷点下３℃のとき，温度計はどのように示していますか。右図を参考にして，解答らんの図の適切な部分をぬりつぶして表しなさい。

（2）　こん虫の名前と冬ごしの状態の組合せとして正しいものはどれですか。次のア〜エからすべて選び，記号で答えなさい。
　　ア　オオカマキリ―卵　　　　イ　ナナホシテントウ―よう虫
　　ウ　アゲハ―さなぎ　　　　　エ　オンブバッタ―成虫

2021(R3) 奈良学園中　B日程
K 教英出版

（3） 日本で見られるいろいろな動物の冬の過ごし方の説明として正しいもの
はどれですか。次の**ア〜エ**からすべて選び，記号で答えなさい。

　　ア　ツバメは，冬のころには北緯が90度に近い地域へ移動している。

　　イ　カモは，秋から冬にかけて日本に飛んできて，池などで過ごす。

　　ウ　トカゲは，土などにもぐってじっとしている。

　　エ　トノサマガエルは，オタマジャクシになって水の中を泳ぎ回っている。

（4） クマの冬ごもりを研究するために，東京の上野動物園ではツキノワグマ
の「冬眠チャレンジ」という研究が続けられています（この問題では，ク
マの冬ごもりを冬眠と表します）。研究の中で，ツキノワグマは，活動期
（9月ごろ）から冬眠前（12月ごろ）に体重を20％増やし，冬眠後（3月ごろ）
では，冬眠前と比べて体重を20％減らすことがわかっています。また，別
の研究から，冬眠前に増えた体重はほぼすべて脂肪の重さであることがわ
かっており，クマのなかまは冬眠前に脂肪をたくわえることで長い冬眠に
たえられるようにしていると考えられています。

　　いま，活動期に体重が70.5kgで，からだに脂肪を20kgたくわえているク
マが，この条件で冬眠を行ったとします。このとき，活動期から冬眠前に
増えた体重はすべて脂肪の重さによるものであり，活動期のクマがからだ
にたくわえている脂肪の量は，冬眠後のクマがからだにたくわえている脂
肪の量に比べて1kgだけ多かったことがわかっています。このクマの冬眠
前後の状態を説明しているものとして**まちがっているもの**はどれですか。
次の**ア〜カ**から1つ選び，記号で答えなさい。なお，体脂肪率は，体重の
うちで脂肪の重さが占める割合を百分率で示したものとします。

　　ア　冬眠前のクマの体重は，85kgをこえない。

　　イ　冬眠後のクマの体重は，活動期の体重と比べて小さくなっている。

　　ウ　冬眠前のクマの体脂肪率は，40％をこえている。

　　エ　冬眠後のクマの体脂肪率は，活動期のクマの体脂肪率よりも低くなっ
ている。

　　オ　冬眠前のクマのからだにたくわえられている脂肪の重さは，活動期の
クマのからだにたくわえられている脂肪の重さの2倍をこえない。

　　カ　冬眠後のクマのからだにたくわえられている脂肪の重さは，冬眠前に
たくわえられている脂肪の重さの半分より少ない。

7　水の入った集気びんに，２本のガラス管をさしたゴム栓（せん）できっちりとふたをして実験器具を作りました。次の問いに答えなさい。

（1）　この実験器具をお湯の入ったビーカーにつけました。集気びんの中の水がガラス管から外へ出るのはどれですか。次の**ア**〜**エ**から１つ選び，記号で答えなさい。

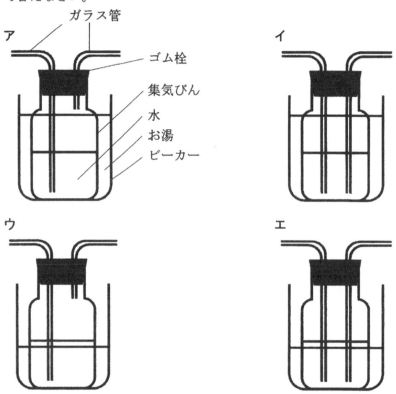

（2）　4種類の気体A～Dがあり，その特徴（ちょう）は次のようになっています。

　気体A…細かくくだいた貝がらを加熱すると発生する。石灰水（かい）にふきこむと変化がおこる。水が半分入ったペットボトルにとじこめて振る（ふ）とペットボトルが少しへこんで，元に戻（もど）らなくなる。

　気体B…すりつぶした大根に過酸化水素水を加えると発生する。においはなく，火のついた線こうにふきかけると激しく燃える。水が半分入ったペットボトルにとじこめて振っても，変化しない。

　気体C…アンモニア水を加熱すると発生する。においがあり，水が半分入ったペットボトルにとじこめて振るとペットボトルが一瞬（しゅん）にしてへこんで，元に戻らなくなる。

　気体D…塩酸を加熱すると発生する。においがあり，水の中にふきこむと塩酸ができる。水が半分入ったペットボトルにとじこめて振るとペットボトルが一瞬にしてへこんで，元に戻らなくなる。

①　気体A，Bの名前をそれぞれ**漢字**で答えなさい。

②　右の実験器具の左のガラス管に，一定量の気体Aと空気をまぜてゆっくりとふきこみ，気体検知管で調べたところ右のガラス管からは空気が出てきて，まぜた気体Aはほとんど出てきませんでした。気体Aの代わりに同量の気体Bまたは気体Cと空気をまぜて左のガラス管へふきこんだとき，右のガラス管から空気だけが出てきて，まぜた気体が出てこないのはどれですか。次の**ア**～**ウ**から１つ選び，記号で答えなさい。ただし，ガラス管の中の空気は考えないものとします。

　ア　気体Bのときのみ　　　　**イ**　気体Cのときのみ
　ウ　気体Bのときと気体Cのとき

③　水が半分入った500mLペットボトルに５ｇのアルミホイルを小さく丸めて入れました。そのペットボトルに気体Dをとじこめて振りつづけるとペットボトルはどうなりますか。次の**ア**～**オ**から１つ選び，記号で答えなさい。

　ア　変化しない。
　イ　少しへこむが，再びふくらんでくる。
　ウ　少しへこんで，元に戻らなくなる。
　エ　一瞬にしてへこむが，再びふくらんでくる。
　オ　一瞬にしてへこんで，元に戻らなくなる。

K 教英出版

令和３年度

奈良学園中学校

入学試験問題

Ｂ日程

社 会（４０分）

　試験開始のチャイムが鳴り始めるまでは，この問題冊子を開かないで，下記の注意

事項をよく読んでおきなさい。

【 注 意 事 項 】

1. 試験開始のチャイムが鳴り始めたら，解答用紙の所定の欄に「**受験番号**」をはっきり

　と記入し，「**QRコードシール**」を貼りなさい。**学校名や氏名を書いてはいけません。**

2. 問題冊子は 15 ページあります。また，解答用紙は１枚です。

3. ページの脱落，印刷の不鮮明な箇所などがある場合や，**QRコードシールを貼る際**

　に答案用紙が破れたり，貼ったシールにしわができたりした場合は，手を挙げて監督

　の先生に知らせなさい。

4. 解答は，**解答用紙の指定された枠内に濃くはっきりと記入しなさい。枠外に記入し**

　た部分は採点の対象にしません。

5. 試験終了のチャイムが鳴り始めたら，すみやかに筆記用具を置いて，**消しゴムのか**

　すをよく払ってから解答用紙を裏向きにし，問題冊子を閉じなさい。

6. 監督の先生が解答用紙を回収し，指示をするまでは，そのまま静かに着席しておきな

　さい。

7. 問題冊子は持ち帰りなさい。

1 日本は海に囲まれた国土のため，各地に港ができ，船を使った交通が発達しました。それに関して述べた次のA～Eの文を読み，後の問いに答えなさい。

A 古代から鎌倉・室町時代における博多と海外のつながり

博多は古くから，日本と大陸をつなぐ地として，とくに重要な港でした。博多湾入口の志賀島からは，弥生時代に中国の皇帝からもらった「漢委奴国王」ときざまれた金印が発見されています。

①奈良時代，朝廷は中国への使者を送り，留学生に大陸の文化を学ばせました。博多はその使者が乗った船が必ず立ち寄る重要な拠点でした。さらに，朝廷の役所の一つである（ a ）が置かれ，外交や軍事を担当していました。

12世紀になると，平氏が中国の宋との貿易を進めました。②平清盛は，兵庫の港を新たに整備し，海上交通の安全を祈るため，それまでの窓口であった博多との間にあった（ b ）神社をより立派な建物にしました。

室町時代には，３代将軍（ c ）が中国の明との国交を開き，貿易を始めました。この時も博多は重要な港でした。

問１ 下線部①について，これを何といいますか，漢字３字で答えなさい。

問２ 文中（ a ）にあてはまる役所の名前を次のア～エから１つ選び，記号で答えなさい。
　ア　国分寺　　　イ　大宰府　　　ウ　大極殿　　　エ　幕府

問３ 下線部②の人物が武士としてはじめてついた朝廷の役職を次のア～エから１つ選び，記号で答えなさい。
　ア　征夷大将軍　　イ　関白　　　ウ　摂政　　　エ　太政大臣

問４ 文中（ b ）にあてはまる現在の広島県廿日市市にある神社の名前を漢字２字で答えなさい。

問５ 文中（ c ）にあてはまる人名を漢字４字で答えなさい。

B　平安時代から江戸時代にかけてさかんになった交易

　平安時代から鎌倉時代にかけて，現在の津軽半島には天然の良港である（　d　）が日本海での交易で重要な役割を果たしていました。

　江戸時代には，東北地方から日本海側を南下し，（　e　）を経由して大阪へ年貢米や特産物を運ぶ西まわり航路ができました。一方，東北地方から太平洋側を通って江戸へとつながる航路を東まわり航路といいます。大阪は日本の商業の中心地として「（　f　）」と呼ばれ，一方，江戸は「将軍のおひざもと」と呼ばれました。

問6　文中（　d　）にあてはまる地名を次の**ア〜エ**から1つ選び，記号で答えなさい。
　　ア 十三湊　　　　**イ** 酒田　　　　**ウ** 仙台　　　　**エ** 敦賀

問7　文中（　e　）にあてはまる地名を次の**ア〜エ**から1つ選び，記号で答えなさい。
　　ア 下関　　　　**イ** 長崎　　　　**ウ** 鹿児島　　　　**エ** 室戸

問8　文中（　f　）にあてはまる語句を5字で答えなさい。

C　鉄砲とキリスト教が伝来し，ヨーロッパとのつながりができる

　1543年，（　g　）人を乗せた中国船が種子島に漂着し，鉄砲が伝来しました。その後，鉄砲は国内でも大量に生産され，戦いに使用されるようになりました。

　1549年には，③キリスト教も伝えられ，日本での信仰が広まりました。そうした中で，キリスト教をあつく信仰していた九州の大名たちが4人の少年をヨーロッパへ送りました。少年たちは，キリスト教（カトリック）において位が最も高い指導者であるローマ（　h　）に会い，8年後に帰国しました。

問9　文中（　g　）にあてはまる国名を次の**ア〜エ**から1つ選び，記号で答えなさい。
　　ア イギリス　　　**イ** オランダ　　　**ウ** ポルトガル　　　**エ** スペイン

問10　下線部③について，室町時代から江戸時代初めのキリスト教について述べた文としてふさわしくないものを次のア〜エから１つ選び，記号で答えなさい。

　　ア　日本にキリスト教を伝えたのはザビエルである。

　　イ　織田信長は朝廷の勢力に対抗していくため，キリスト教を保護した。

　　ウ　安土にはキリスト教の教会や学校が建てられた。

　　エ　江戸幕府はキリスト教信者の勢力が大きくなることを恐れ，信仰を禁止した。

問11　文中（　h　）にあてはまる語句を漢字２字で答えなさい。

D　江戸時代における他の国や地域との交流

　1600年代の前半には，幕府は海外に行く許可状である朱印状を大名や商人に与え，東南アジアとの貿易がさかんにおこなわれました。しかし，キリスト教の取りしまりが強められて鎖国の状態になってからは，外国人との交流は限られ，主な窓口となった長崎での貿易が認められたのは（　i　）と（　j　）の商人だけでした。（　i　）人は④長崎の港内につくられた埋め立て地で，（　j　）人は（　k　）屋敷でのみ貿易することが認められていました。朝鮮との交流は，（　l　）藩が間に入っておこなわれ，⑤朝鮮からは将軍がかわるごとに使節が来日しました。また，琉球王国との交流は（　m　）藩を通しておこなわれ，将軍や国王がかわるごとに江戸へ使節が送られました。アイヌの人々との交流は主に（　n　）藩を通した交易の形でおこなわれました。しかし17世紀中ごろ，不当な取り引きに対する不満が高まり，大首長（　o　）を中心に多くのアイヌの人々が立ち上がりましたが，幕府の助けを借りた（　n　）藩におさえられました。

問12　文中（　i　）・（　j　）にあてはまる国名を次のア〜オからそれぞれ１つずつ選び，記号で答えなさい。

　　ア　イギリス　　イ　オランダ　　ウ　ポルトガル　　エ　スペイン　　オ　中国

問13　下線部④について，これを何といいますか，漢字２字で答えなさい。

問14　文中（　k　）にあてはまる語句を漢字２字で答えなさい。

問15　文中（　l　）・（　m　）・（　n　）にあてはまる藩を次の**ア～ク**からそれぞれ１つ
　　ずつ選び，記号で答えなさい。
　　ア　長州　　　　　**イ**　対馬　　　　　**ウ**　薩摩　　　　**エ**　岡山
　　オ　土佐　　　　　**カ**　鳥取　　　　　**キ**　松前　　　　**ク**　仙台

問16　下線部⑤について，この使節を何といいますか，漢字５字で答えなさい。

問17　文中（　o　）にあてはまる人名をカタカナで答えなさい。

E　ペリーの来航から明治以後の交通の発達

　1853年に，アメリカのペリー率いる艦隊（かんたい）が（　p　）に現れて，開国を求めました。幕府
は朝廷に報告し，どうすべきか大名にも広く意見を求めました。アメリカの強い態度におさ
れた幕府は，翌年の1854年に日米和親条約を結び，函館と下田の港を開くことになりました。
さらにアメリカは，幕府に対して貿易をおこなうように強く求めてきました。ついに1858年
日米修好通商条約を結び，他にも港が開かれ貿易が行われるようになりました。アメリカに
続いて，オランダ・ロシア・イギリス・フランスとも同様の条約が結ばれ，つながりをもつ
国が増えていきました。

　通商条約は，船による外国との交通をさかんにしていきました。通商条約を結んだアメリ
カとヨーロッパの国々からは近代的な政治制度や文化を学ぶことになり，とくに⑥1871年
に明治政府は，政府の中心人物を使節団としてこれらの国々の視察に派遣（はけん）しました。

　一方，1872年，日本で初めての鉄道が（　q　）間で開通しました。その後，各地に鉄道
がつくられ，人やものの移動がいっそう便利になりました。第二次世界大戦後には交通手段
の高速化が図（はか）られ，東京オリンピックに合わせて東海道新幹線が開通しました。またその前
年に開通した名神高速道路をはじめとして，全国に高速道路網（どうろもう）がつくられるようになり，現
在では⑦自動車は交通手段としてなくてはならないものとなっています。また，海外への移
動や国内でも遠距離（えんきょり）の移動には航空機が当たり前のように利用される時代になりました。

　鉄道・自動車・航空機の普及（ふきゅう）により，船を使った交通は一見目立たなくなりましたが，
今でも大量の物資の輸送には，欠かせないものとして利用されています。

問18 文中（ p ）にあてはまる地名を次の**ア～エ**から１つ選び，記号で答えなさい。
ア 長崎 　　 **イ** 博多 　　 **ウ** 函館 　　 **エ** 浦賀

問19 下線部⑥について，
（１）この時の使節団に含まれる人物としてふさわしくないものを次の**ア～エ**から１つ選び，記号で答えなさい。
　ア 岩倉具視 　 **イ** 大久保利通 　 **ウ** 西郷隆盛 　 **エ** 木戸孝允
（２）この使節団の成果として正しいものを次の**ア～エ**から１つ選び，記号で答えなさい。
　ア 津田梅子は留学生としてこの使節団に同行し，帰国後女子教育に力を入れた。
　イ アメリカの憲法にならって，大日本帝国憲法を制定した。
　ウ これまでの藩を廃止し，新たに県や府を置く廃藩置県を行った。
　エ 国民の生活を安定させるため，地租改正を行った。

問20 文中（ q ）にあてはまる２つの駅名の組合せとして正しいものを次の**ア～エ**から１つ選び，記号で答えなさい。
　ア 大阪・神戸 　 **イ** 大阪・京都 　 **ウ** 小樽・札幌 　 **エ** 新橋・横浜

問21 下線部⑦について，1970年代から自動車と家庭電化製品が普及していきました。これらは３Ｃと呼ばれましたが，その家庭電化製品として正しいものを次の**ア～カ**から２つ選び，記号で答えなさい。
　ア 白黒テレビ 　 **イ** カラーテレビ 　 **ウ** 電気冷蔵庫 　 **エ** 電気洗濯機
　オ クーラー 　 **カ** 携帯電話

2 次の表はいくつかの統計を地方ごとにまとめたものです。これをみて後の問いに答え
なさい。

※ 使用した統計は『データブック・オブ・ザ・ワールド2020』などによる。

	人口(万人)	面積(k㎡)	農業産出額 (億円)	製造品出荷額 (十億円)	政令指定 都市の数
①北海道地方	527	(B)	12,762	6,058	1
②関東地方	4,226	32,433	18,138	77,013	(E)
(Ⅰ)	808	43,236	7,585	21,332	1
③近畿地方	(A)	27,351	5,030	48,103	4
(Ⅱ)	879	66,948	14,000	17,108	1
(Ⅲ)	1,107	50,726	9,120	33,017	2
④東海地方	1,471	29,345	7,790	(D)	3
⑤九州地方	1,434	44,512	(C)	23,171	3

※東海地方－三重・愛知・静岡・岐阜　　北信越地方－新潟・富山・石川・福井・長野

問1　表中の（　A　）～（　E　）にあてはまる数値として最もふさわしいものを次のア
　　～エからそれぞれ1つ選び，記号で答えなさい。
　　（　A　）　ア　1,026　　イ　2,026　　ウ　3,026　　エ　4,026
　　（　B　）　ア　23,424　　イ　43,424　　ウ　63,424　　エ　83,424
　　（　C　）　ア　9,362　　イ　14,362　　ウ　19,362　　エ　24,362
　　（　D　）　ア　16,321　　イ　36,321　　ウ　56,321　　エ　76,321
　　（　E　）　ア　3　　イ　4　　ウ　5　　エ　6

問2　表中の（　Ⅰ　）～（　Ⅲ　）にあてはまる地方の組合せとして正しいものを次のア
　　～カから1つ選び，記号で答えなさい。
　　ア　Ⅰ－東北地方　　　　Ⅱ－北信越地方　　　Ⅲ－中国・四国地方
　　イ　Ⅰ－東北地方　　　　Ⅱ－中国・四国地方　　Ⅲ－北信越地方
　　ウ　Ⅰ－北信越地方　　　Ⅱ－東北地方　　　　Ⅲ－中国・四国地方
　　エ　Ⅰ－北信越地方　　　Ⅱ－中国・四国地方　　Ⅲ－東北地方
　　オ　Ⅰ－中国・四国地方　Ⅱ－東北地方　　　　Ⅲ－北信越地方
　　カ　Ⅰ－中国・四国地方　Ⅱ－北信越地方　　　Ⅲ－東北地方

問3　下線部①に関して，

（1）この地方では，同じ場所に同じ作物を作り続けることによる土の養分の低下を防ぎ，収穫量を安定させる目的で，耕地をいくつかの区画に分けて，年ごとに作る作物をかえる農業がおこなわれています。この方法を何といいますか，漢字2字で答えなさい。

（2）この地方で昔から生活してきたアイヌ民族について述べた次の文の（　a　）にあてはまる語句を漢字2字で答えなさい。

　2007年，国連において「（　a　）民族の権利に関する宣言」が採択されたことをうけて，2008年の国会で「アイヌ民族を（　a　）民族とすることを求める決議」が採択されました。2019年には，アイヌ民族を法律として初めて（　a　）民族と明記した「アイヌ施策推進法」が成立しました。現在は，それまでの文化振興や福祉政策に加えて，地域や産業の振興などを含めたさまざまな課題を解決するための取り組みがおこなわれています。

（3）この地方には日本国内で4か所登録されている世界自然遺産のうちの1つがあります。その場所を下図のア～オから1つ選び，記号で答えなさい。

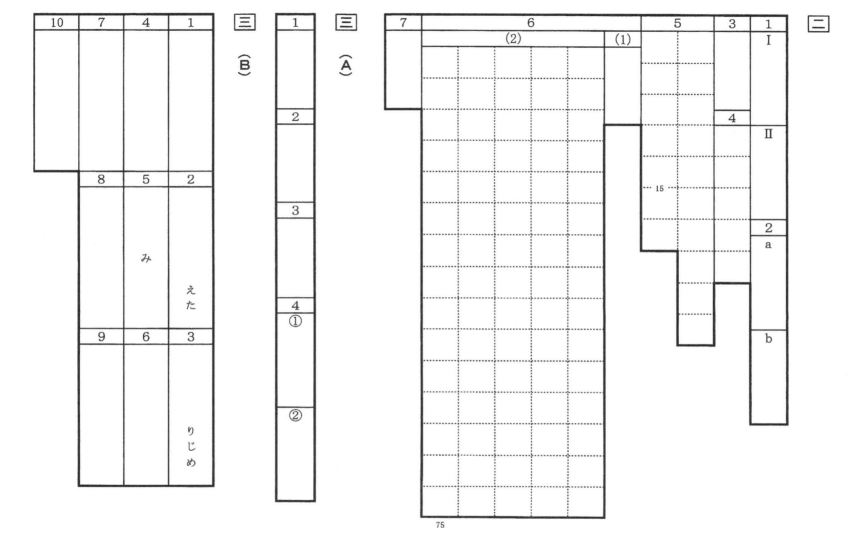

4	(1)			(2)	(3)
	ア	イ	ウ	エ	オ

5	(1)	(2)	(3)
	cm³	cm³	cm³

6	ア	イ	ウ	エ	オ	カ
	キ	ク	ケ	コ	サ	シ
	ス	セ	ソ	タ	チ	ツ
	テ	ト	ナ	ニ		

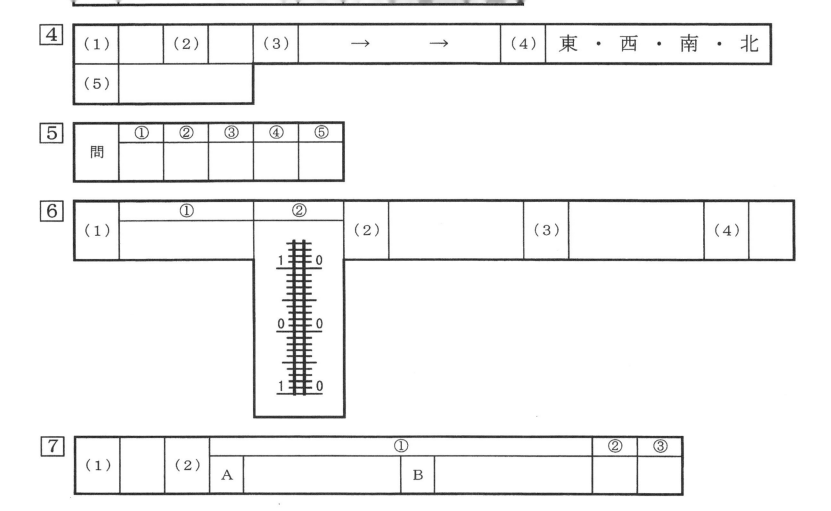

4	（1）		（2）		（3）	→	→		（4）	東 ・ 西 ・ 南 ・ 北
	（5）									

5		①	②	③	④	⑤
	問					

6		①	②					
	（1）			（2）		（3）		（4）

7				①				②	③
	（1）		（2）	A		B			

令和３年度　中学校入試　Ｂ日程

社会　解答用紙

受験番号

↓ここにQRコードシールを貼ってください

※100点満点
（配点非公表）

211241

1

問1				問2		問3		問4		神社

| 問5 | | | | 問6 | | 問7 | | 問8 | |

| 問9 | | 問10 | | 問11 | | 問12 | (i) | (j) | 問13 | | 問14 |

| 問15 | (l) | (m) | (n) | 問16 | | 問17 | |

| 問18 | 問19 | (1) | (2) | 問20 | 問21 | |

2

	(A)	(B)	(C)	(D)	(E)	
問1						問2

令和３年度　中学校入試　Ｂ日程

理科　解答用紙

受験番号

211251

※100点満点
（配点非公表）

※医進コースは得点を1.5倍

1 (1)

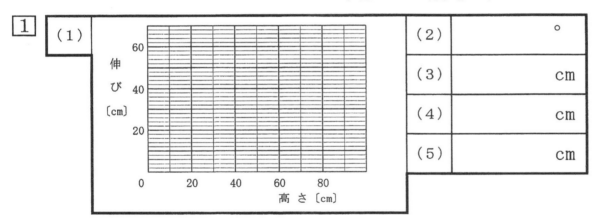

伸び〔cm〕／高さ〔cm〕

（２）	°
（３）	cm
（４）	cm
（５）	cm

2

（１）	①	②	（２）	

（３）	①				②		
	B		C		実験２		実験３

3

（１）	春	秋	（２）	

令和３年度　中学校入試　Ｂ日程

算数　解答用紙

※150点満点
（配点非公表）

受　験　番　号

↓ここにQRコードシールを貼ってください

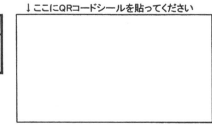

211221

1	（1）	（2）	（3）	（4）

2	（1）	（2）	（3）	（4）

3	（1）	（2）	（3）	
	個	円	商品Ａ　　　　　　個	商品Ｂ　　　　　　個

【解答用

受験番号

211211

↓ここにQRコードシールを貼ってください

令和三年度　中学校入試　B日程

国語　解答用紙

※150点満点
（配点非公表）

一

字数制限のある問題では、句読点やかっこなどの記号も一字に数えます。

7	6			5	4	1
	Z	Y	X			

2

3

30

15　15

【解答用

問4　下線部②に関して，

（1）次の文は，この地方にある京浜工業地帯，京葉工業地域，関東内陸工業地域の特色について それぞれ述べたものです。A〜Cと工業地帯・地域（以下，工業地域とする）との組合せとして正しいものを下の**ア〜カ**から1つ選び，記号で答えなさい。

A　重化学工業が発達しているとともに，出版社がたくさん集まっているため，印刷・出版業の占める割合が他の工業地域と比べると高い。

B　大規模な石油化学コンビナートや製鉄所が多く立ち並んでおり，この工業地域における製造品出荷額のうち化学工業が占める割合がもっとも高い。

C　もともと絹織物の生産がさかんな地域であったが，周辺工業地域からの工場移転により機械工業が発達している。

ア　A−京浜工業地帯　　　　　B−京葉工業地域　　　　C−関東内陸工業地域

イ　A−京浜工業地帯　　　　　B−関東内陸工業地域　　C−京葉工業地域

ウ　A−京葉工業地域　　　　　B−京浜工業地帯　　　　C−関東内陸工業地域

エ　A−京葉工業地域　　　　　B−関東内陸工業地域　　C−京浜工業地帯

オ　A−関東内陸工業地域　　　B−京浜工業地帯　　　　C−京葉工業地域

カ　A−関東内陸工業地域　　　B−京葉工業地域　　　　C−京浜工業地帯

（2）わが国の政治や経済の中心であるこの地方の都市部には，自然災害に備えたさまざまな工夫がなされており，右の写真で示した施設もその1つです。地下に建設されているこの施設に関して述べた文として正しいものを次の**ア〜エ**から1つ選び，記号で答えなさい。

ア　大規模な噴火が発生した時に，住民が避難する目的で作られた。

イ　大きな地震が起きた時に，高層建築物の倒壊を防ぐ目的で作られた。

ウ　大雨が降った時に，雨水をためることにより洪水を防ぐ目的で作られた。

エ　自然災害の種類を問わず，緊急時に配布する食料を保管する目的で作られた。

（3）この地方の山間部には，右の写真で示したような施設がつくられています。土石流などによる災害を防ぐ目的でつくられているこの施設を何といいますか，4字で答えなさい。

問5　下線部③に関して，

（1）この地方の各府県について述べた文として**ふさわしくないもの**を次のア〜エから1つ選び，記号で答えなさい。

　　ア　この地方で面積が一番小さい府県は大阪府である。

　　イ　この地方で人口が一番少ない府県は和歌山県である。

　　ウ　この地方で製造品出荷額が一番少ない府県は奈良県である。

　　エ　この地方で農業産出額が一番少ない府県は京都府である。

（2）河川は都道府県の境界に利用されることがあります。この地方を流れている河川のうち，都道府県の境界に利用されている河川を次のア〜エから1つ選び，記号で答えなさい。

　　ア　熊野川　　イ　紀ノ川　　ウ　加古川　　エ　淀川

（3）奈良県内にある世界文化遺産に登録されているものを次のア〜エから1つ選び，記号で答えなさい。

ア

イ

ウ

エ

問6　下線部④に関して，

（1）静岡県には遠洋漁業で有名な焼津港があります。次に示した表は，焼津港，釧路港（北海道），境港（鳥取県）における各漁港の水揚げ量と水揚げ量上位の魚種を示したものです。X〜Zと漁港名との組合せとして正しいものを下の**ア**〜**カ**から１つ選び，記号で答えなさい。

	水揚げ量（トン）	水揚げ量上位の魚種
X	172,013	イワシ　タラ類　サンマ
Y	88,405	アジ　サバ　イワシ
Z	171,421	マグロ類　カツオ類　サバ

ア　X−焼津港　　Y−釧路港　　Z−境港
イ　X−焼津港　　Y−境港　　Z−釧路港
ウ　X−釧路港　　Y−焼津港　　Z−境港
エ　X−釧路港　　Y−境港　　Z−焼津港
オ　X−境港　　Y−焼津港　　Z−釧路港
カ　X−境港　　Y−釧路港　　Z−焼津港

（2）焼津港の位置を右図の**ア**〜**エ**から１つ選び，記号で答えなさい。

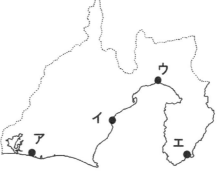

（3）漁業がさかんなこの地方をはじめ，日本各地において人間の手で魚や貝のたまごをかえして，川や海に放流し，自然の中で育ててからとる漁業がおこなわれています。このような漁業を何と言いますか，ひらがな４字で答えなさい。

問7　下線部⑤に関して，

（１）次の文はこの地方のある県について述べたものです。それぞれどの県について述べ
　　たものですか，県名を漢字で答えなさい。

　　　A　この県の海岸線は複雑に入り組んでおり，その長さは北海道に次いで２番目に長
　　　　い。県南東部に位置する半島の中央には雲仙岳が存在し，1990年に発生した大規模
　　　　な噴火によって大きな被害（ひがい）が生じた。

　　　B　この県の海岸線は出入りが少なく，比較的（ひかくてき）まっすぐにのびている。県東部に広が
　　　　る平野では施設を利用した農業がさかんに行われており，キュウリやピーマンの生
　　　　産量が多いことで有名である。

（２）火山が多いこの地方には，マグマがもたらす熱エネルギーを利用した発電所が多く
　　建設されています。このような発電所を何と言いますか，漢字２字で答えなさい。

（３）この地方の県の中で，陸続きで接する県の数が一番多い県はどこですか，県名を漢
　　字で答えなさい。

（４）この地方には３都市が政令指定都市に指定されています。このうち県庁所在都市では
　　ない都市はどこですか，都市名を漢字で答えなさい。

3 次の文を読んで，後の問いに答えなさい。

　今年は，①日本国憲法が公布されて75年をむかえる。日本国憲法には②国民主権・平和主義・③基本的人権の尊重の３つの原則がある。

　このうち，基本的人権の尊重については，国民に④政治に参加する権利や⑤裁判を受ける権利などさまざまな権利が憲法で保障されている。しかし，そういった人権が，十分に守られていない問題も起きている。例えば，アイヌ民族への差別，⑥外国人への差別，⑦女性に対する差別，障がいのある人への差別，などがある。

　わたしたちは，憲法の考え方を再確認し，おたがいの人権を尊重しながら，多文化共生できる社会をめざし，さらには⑧広く国際社会にも貢献したいものである。

問１　下線部①に関して，日本国憲法が公布された日は，現在祝日になっています。その祝日を次のア～エから１つ選び，記号で答えなさい。
　　　ア　建国記念の日　　イ　昭和の日　　ウ　憲法記念日　　エ　文化の日

問２　下線部②に関して，
（１）国民主権に基づいて国民が行えることについて述べた文として正しいものを次のア～エから１つ選び，記号で答えなさい。
　　　ア　憲法改正のための国民投票
　　　イ　すべての裁判所の裁判官の国民審査
　　　ウ　国会議員をやめさせる請求
　　　エ　首相を直接選ぶ投票

（２）国民主権に基づく天皇の地位や天皇の仕事について述べた次の文の（　ａ　）～（　ｃ　）にあてはまる語句を答えなさい。なお，（　ａ　）・（　ｃ　）は漢字２字で，（　ｂ　）は漢字４字で答えなさい。また（　ｄ　）にあてはまるものとして**ふさわしくないもの**を下のア～エから１つ選び，記号で答えなさい。

　　　　日本国憲法において天皇は国や国民のまとまりの（　ａ　）となりました。天皇は憲法に定められている仕事である（　ｂ　）を（　ｃ　）の助言と承認に基づいて行います。（　ｂ　）には（　ｄ　）などの仕事があります。

　　　ア　国会を召集すること　　イ　衆議院を解散すること
　　　ウ　予算を承認すること　　エ　法律を公布すること

問3　下線部③に関して，次の文の（　a　）・（　b　）にあてはまる語句を答えなさい。
　　なお，（　a　）は漢字2字で，（　b　）は漢字1字で答えなさい。

> 　憲法では，第13条で「すべて国民は（　a　）として尊重される」，第14条で「すべて国民は（　b　）の下に平等」であると書かれています。

問4　下線部④に関して，この権利について述べた文として**ふさわしくないもの**を次のア～エから1つ選び，記号で答えなさい。
　　ア　参議院議員選挙で投票できるのは18才以上の人である。
　　イ　参議院議員選挙で立候補できるのは25才以上の人である。
　　ウ　都道府県議会議員選挙で投票できるのは18才以上の人である。
　　エ　都道府県議会議員選挙で立候補できるのは25才以上の人である。

問5　下線部⑤に関して，日本の裁判について述べた文として**ふさわしくないもの**を次のア～エから1つ選び，記号で答えなさい。
　　ア　裁判員裁判は，重大な事件に関する裁判に限って地方裁判所で行われる。
　　イ　未成年者が起こした事件に関する裁判は，最初に家庭裁判所で行われる。
　　ウ　日本の裁判制度では，同じ裁判所で3回まで裁判を受けることができる。
　　エ　裁判所は，法律が憲法に違反していないかも判断する。

問6　下線部⑥に関して，
（1）次の文の（　a　）にあてはまる語句を下のア～エから1つ選び，記号で答えなさい。

> 　昨年の8月に（　a　）は，住民基本台帳に基づく人口動態調査を発表し，2020年1月1日の段階で日本に住む外国人は前年より7.5％増えて過去最多の286万6715人であると発表した。なお（　a　）は，国の行政組織や地方自治・通信などに関する仕事を行う省である。

　　ア　総務省　　イ　経済産業省　　ウ　外務省　　エ　国土交通省

（2）次のグラフは，日本で暮らす外国人の割合（2017年）を示したものです。下の説明文を参考にして，グラフ中のA〜Dにあてはまる国の組合せとして正しいものを下のア〜エから１つ選び，記号で答えなさい。

日本で暮らす外国人の割合（2017年）

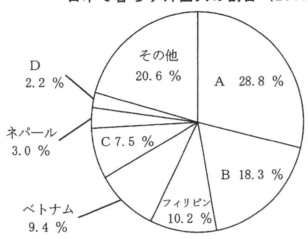

（法務省資料による）

A　2019年の統計では日本の最大の貿易相手国であり，この国から多くの観光客が日本を訪（おとず）れました。また，この年の５月において日本に留学している外国人のうち，最も人数が多いのはこの国からの留学生でした。

B　1910年〜1945年の間，日本の植民地となりました。1970年代に高度経済成長をとげ，近年は半導体などの新しい産業も発展しています。日本でも，この国の会社のスマートフォンを使っている人を見かけます。

C　毎年２月に行われるカーニバルが世界的に有名です。明治時代以降に仕事を求めて日本人がこの国に移住し，コーヒー農園などで働きました。この国から日本に働きに来ている人の中には，祖先が日本人だという人が多くいます。

D　もとから住んでいた人々に加えて，世界各地から移り住んできた人々やその子孫などが暮らしています。日本からの移民やその子孫も住んでいます。第二次世界大戦後，世界の中心的な役割を果たす中で国際連合の本部が置かれました。

ア　A－中国　　C－アメリカ　　イ　A－韓国　　C－ブラジル
ウ　B－中国　　D－ブラジル　　エ　B－韓国　　D－アメリカ

問7　下線部⑦について，次の文の（　a　）・（　b　）にあてはまる語句をそれぞれ漢字
　　　4字で答えなさい。

> 　1979年に国際連合が女子差別撤廃条約を採択し，それを受けて1985年に日本では
> 男女雇用（　a　）法が制定され，雇用における女性差別が禁止されました。また，
> 2006年に国際連合が障害者権利条約を採択し，それを受けて2013年に日本では障害
> 者（　b　）法が制定され，障がいを理由に差別することが禁止されました。

問8　下線部⑧について，

（1）次の文の（　　　）にあてはまる語句を漢字5字で答えなさい。

> 　青年（　　　）は，国際協力機構（JICA）の事業の一つで，発展途上国に出向
> き，その国で必要とされる手助けをし，発展させる活動を行っている。

（2）平和や人権，環境などの問題に対して，国のちがいをこえて活動している非政府組
　　　織のことを何といいますか，アルファベット3字で答えなさい。